Maurer
Geschichte Irlands

AF511388

Reclam Sachbuch premium

Michael Maurer

Geschichte Irlands

Reclam

RECLAMS UNIVERSAL-BIBLIOTHEK Nr. 19134
1998, 2021, 2023 Philipp Reclam jun. GmbH & Co. KG,
Siemensstraße 32, 71254 Ditzingen
Umschlagabbildung: Cashel Castle – © Alamy Stock Photo
Karte auf Umschlagklappe: Michael Maurer
Druck und Bindung: EsserDruck Solutions GmbH,
Untere Sonnenstraße 5, 84030 Ergolding
Printed in Germany 2022
RECLAM, UNIVERSAL-BIBLIOTHEK und
RECLAMS UNIVERSAL-BIBLIOTHEK sind eingetragene Marken
der Philipp Reclam jun. GmbH & Co. KG, Stuttgart
ISBN 978-3-15-019134-7
www.reclam.de

Inhalt

Das 19. Jahrhundert: Die Union und der Kampf um *Home Rule*; das Wiedererwachen des gälischen Irland

Das 20. Jahrhundert: Das geteilte Irland

Das 21. Jahrhundert: Hoffnungen und Enttäuschungen

Vorwort

»Das geschichtliche Urteil sollte eigentlich immer ein solches sein, das wenigstens alle Nationen, wenn auch nicht alle Parteien, unterschreiben könnten.« Dieses Postulat Jacob Burckhardts stößt in bezug auf die irische Geschichte auf besondere Schwierigkeiten, da hier die Gesichtspunkte der Trennung fast unüberwindlich scheinen. Ein Unionist des Nordens und ein *Sinn Féin*-Anhänger des Südens gehören nicht nur verschiedenen Parteien und Konfessionen an; es fragt sich gar, ob man sie zur selben Nation rechnen darf. Eine irische Geschichte aus englischem Blickwinkel unterscheidet sich grundsätzlich von einer irischen Geschichte vom Standpunkt der Republik Irland.

Vielleicht liegt hier die Chance für einen Blick von außen, eine europäische Perspektive. Immerhin gehörten beide Seiten – Nordirland im Verbund mit Großbritannien und die Republik Irland – von 1973 bis 2020 zur Europäischen Gemeinschaft, deren Normen auf beide Teile vereinheitlichende Kraft ausübten. Und der Historiker hat die Aufgabe, an Zeiten zu erinnern, die v o r dieser unseligen Trennung von Nord und Süd lagen. Es gab eine Epoche, in welcher die irische Peripherie auf das europäische Zentrum zurückwirkte, als irische Mönche das Christentum in den von der Völkerwanderung verwirrten Zentralbereich Europas trugen. Die irische Geschichte auch des letzten Jahrtausends ist vielfältig und reich; es läßt sich historisch gut begründen, daß die Gemeinsamkeit der irischen Traditionen stark genug sein müßte, wieder eine Tradition der Gemeinsamkeit zu begründen.

Dabei ist unübersehbar, daß die Teilung Irlands tiefe Wurzeln hat, wenn diese auch nicht notwendig zur Abtrennung von sechs Ulster-Grafschaften im Norden führen mußten. Ein Irland der zwei Gesellschaften und zwei Kulturen läßt sich bis ins 12. Jahrhundert zurückverfolgen! Die Trennung, die schließlich im 20. Jahrhundert eine staatliche Aufteilung von Nord und Süd nach sich zog, ist eine Grundgegebenheit der irischen Geschichte und mithin auch das Hauptthema einer kurzgefaßten historischen Überblicksdarstellung. Sie soll die Basis bilden für ein Verständnis des Antagonismus, dessen Explosivität selbst noch unsere Gegenwart beeinträchtigt, dabei aber die Differenzierungen und Grenzverschiebungen, den Mentalitätswandel und die Akkulturationsvorgänge nicht verwischen.

Ein solcher Versuch einer einheitlichen Geschichte Irlands aus der Geschichte der Gegensätze Irlands kann an ehrenwerte Traditionen anknüpfen. Auch in der irischen Geschichte ist dieser Gesichtspunkt immer wieder geltend gemacht worden. Theobald Wolfe Tone formulierte im späten 18. Jahrhundert aus aufklärerischem Geist und mit politischer Absicht, es gelte, die Konfessionsbezeichnungen Protestant und Katholik zu überwinden durch die gemeinsame Bezeichnung für alle: Iren. Daß dieser Weg realgeschichtlich gescheitert ist, diskreditiert ihn nicht als Denkmodell für die Zukunft.

Eine Darstellung unter dem Gesichtspunkt der Einheit der irischen Geschichte ist deshalb kein alt-neuer Nationalismus, sondern ein Vorschlag für eine gewaltärmere Zukunft, die gerechte Lebensbedingungen für alle Iren vorsieht. Offenbar gibt es gegenwärtig eine Nivellierung der Differenzen: der konfessionellen in einer sich säkularisierenden Gesellschaft, der wirtschaftlichen in einer wohlhabender werdenden, schließlich der politischen. Während in Großbritannien über Regionalisierung für Wales und

Schottland nachgedacht wird, darf man in bezug auf Irland an neue Verteilungen staatlicher Gewalt denken, mit Übertragungen von Teilkompetenzen auf die europäische Ebene und Verlagerungen auf eine niedere Ebene, die regionale (Nordirland). Auch diesen Vorschlag gab es schon im 19. Jahrhundert: *Home Rule Within Home Rule*. Minderheitenschutz für die Protestanten des Nordens als Basis einer friedlicheren Geschichte der ganzen Nation in einem vereinigten Irland gestufter Kompetenzen – eine Utopie?

Das Mittelalter: Kelten, Wikinger, Anglonormannen

Epochenüberblick

Für die Iren ist das Mittelalter nicht nur die Vorgeschichte der Neuzeit, sondern eine Epoche, an der sich ihr Stolz entzündet: eine ruhmreiche Vergangenheit. Außerhalb des griechisch-römischen Kulturkreises, der ja noch Gallien und Britannien erreicht hatte, konnte sich eine autochthone Kultur erhalten: die einzige keltische, die es zu einer dauerhaften Staatsbildung brachte.

In den Zeiten der Völkerwanderung blieb nur Irland unberührt von den großen Zügen der Goten, Vandalen und Hunnen. In Irland konnte sich deshalb eine verchristlichte keltische Kultur entwickeln, die auf den Kernbereich Europas wirkte, als sich die Verhältnisse auf dem Kontinent unter den Karolingern konsolidierten. Vor allem das 8. und 9. Jahrhundert gelten als »Goldenes Zeitalter« Irlands: die einzige Periode, in der es auf ganz Europa ausstrahlte und einen wesentlichen Beitrag zur Stabilität und Erneuerung, zur Traditionspflege und christlichen Kultur beizutragen vermochte.

Andererseits war die christliche Kirche in Irland von Anfang an keltisch beeinflußt; sie blieb weit von dem entfernt, was man sich in Rom unter orthodoxem Christentum vorstellte. Das Ineinanderwirken von keltischer Sozialverfassung und christlicher Erneuerung schuf indessen eine einzigartige Verbindung. Die Identifizierung von christlich und irisch hat hier ihre tiefen Wurzeln. Irland brachte eine christliche Kultur hervor, der einiges von dem abging oder erspart blieb, was die christlichen Gesellschaften Mitteleuropas schüttelte: In Irland gab es keine christlichen Märtyrer. In Irland gab es keine Ketzerbewegungen. Und in Irland gab es keine Hexenverfolgungen.

Zur Spezifik Irlands gehörte schon im Mittelalter eine Konstellation aus zwei antagonistischen Kulturen. Die frühmittelalterlichen Einwanderer, namentlich die Wikinger, welche sich zuerst nur als Plünderer an den Küsten bemerkbar machten, konnten alle absorbiert werden: Die heidnischen Wikinger nahmen das Christentum an. Aus Seefahrern wurden sie zu seßhaften Landbewohnern, die Städte gründeten und Handel und Handwerk emporbrachten. Sie assimilierten sich den Iren und nahmen ihre Sprache an. Ihre Hinterlassenschaft floß in das irische Erbe ein und war später kaum noch zu identifizieren – abgesehen von einigen Relikten im Wortschatz, von spezifischen Gegenständen und Städten. Wo sie in geringer Zahl ansässig waren, gingen sie in der Mehrheitsgesellschaft unter. Wo sie eine kompakte Kolonie bildeten, wie in dem von ihnen gegründeten Dublin, wurden sie marginalisiert. Während die irische Insel vor der Wikingerzeit vor allem Verbindungen nach Wales und nach Schottland pflegte, brachte dieses skandinavische Seefahrervolk eine verstärkte Einbindung in den Seekosmos des Nordens, einschließlich Islands und der Färöer, aber auch nach Süden hin, über den Südwesten Frankreichs bis zum Mittelmeer. Als folgenreich erwies sich das gleichzeitige Engagement der Wikinger in Britannien; paradoxerweise wurde Irland gerade durch die Staatsbildung der Wikinger in England mit dem Süden der britischen Insel in einer neuen Intensität verbunden.

Irlands Schicksal wurde schließlich 1169 der Einfall der anglonormannischen Barone mit dem König von England und dem Papst in Rom im Rücken. Einerseits waren diese militärisch höchst erfolgreich und überzogen das agrarische Irland binnen kurzem mit Burgen und einem kompletten

System feudaler Beziehungen; andererseits waren sie zahlenmäßig zu gering, um ein in weiten Teilen unzugängliches Land restlos beherrschen und unterwerfen zu können. Vor allem die Sumpfgebiete und Wälder sowie die Höhenlagen blieben Reservate der gälischen Gesellschaft. Seit dem späten 12. Jahrhundert stand Irland also in einer spezifischen Form staatlichen Kontaktes mit England, der zunächst auf nichts weiter als Feudalbeziehungen beruhte, in der Frühen Neuzeit dann allerdings in den umfassenden europäischen Staatsbildungsprozeß einmündete. Die französischsprachigen Feudalherren aus dem Zentrum Europas kultivierten ein unangefochtenes Bewußtsein eigener Zivilisation und irischer Barbarei. Von Anfang an wurde aber auch ein partieller Assimilationsprozeß erkennbar, der die Eroberer, eben weil sie Teil einer internationalen Feudalelite waren und keinerlei nationale Ideologie kannten, in erstaunlicher Weise mit den Iren in Kontakt treten ließ: über die Sprache, die Musik, den Sport, selbst über manche Sozialformen und Rechtsbräuche. Dabei tauchten sie nur zum Teil ununterscheidbar in die Mehrheitsgesellschaft ein; der wahrscheinlich größere Teil hielt am Überlegenheitsbewußtsein der Eroberer fest. Anpassungsmaßnahmen, Ehebündnisse und Adoptionsverhältnisse waren sicher oftmals überlebensnotwendig, politisch opportun und machtstrategisch unwiderstehlich. Die Kehrseite dieses Assimilationsprozesses war die Trennung der nach Irland eingewanderten Engländer von den Engländern in England. Schon in der ersten Generation fühlten sie sich ihrem Herkunftsland und späteren Einwanderern gegenüber fremd. Sie bildeten eine *media natio*, eine eigene Gruppe zwischen den Engländern und den Iren.

Die Kirche spielte hier eine paradoxe Rolle. Das Papsttum stellte sich hinter die Eroberer und sanktionierte ihre anglonormannische Bischofskirche. In englisch beherrschte Klöster und Kapitel durften keine Iren aufgenommen werden. Ebenso versuchten die Iren im gälisch dominierten Irland, die Engländer aus ihren kirchlichen Institutionen fernzuhalten. Aus dem 13. Jahrhundert sind gar militärische Auseinandersetzungen zwischen englischen und irischen Klöstern bezeugt! Während es im Frühmittelalter nur eigene irische Mönchsklöster gegeben hatte, die ihre spezifische Gestalt in der Zeit der Trennung von der lateinischen Kirche angenommen hatten, kamen seit Bernhard von Clairvaux auch neuere Orden nach Irland, zunächst die Zisterzienser, später die Bettelorden, von denen vor allem die Franziskaner und Dominikaner Erfolg hatten. In aller Regel bauten diese Orden jeweils zwei Affiliationen von Klöstern auf, immer je eine für die Engländer und eine für die Iren. Eine Ausnahme bildeten die Franziskaner, die sich von Anfang an ganz auf die Seite der einheimischen Bevölkerung schlugen.

Das Vermächtnis des mittelalterlichen Irland an die Neuzeit bestand also in einer spannungsvollen Konfrontation zweier Kulturen: Die anglonormannische Seite war nicht stark genug, Irland vollkommen zu überwältigen und zu überformen, bewahrte aber ein deutliches Bewußtsein der eigenen Überlegenheit. Die gälische Seite war nicht stark genug, sich der ungeliebten Eroberer zu entledigen, wohl aber, sie auf den *Pale*, einen geringen Bezirk um Dublin, zurückzudrängen. Gleichzeitig erlebte die gälische Kultur im Spätmittelalter einen beachtlichen Aufschwung: Die gelehrten Kasten, die für die Weitergabe der Sprache und Literatur, der Musik und des Rechts zuständig waren, hatten ihre Traditionen bewahrt und konnten zu neuer Vitalität erweckt werden. Trotz aller Eingriffe und Überlagerungen blieb die gälische Kultur bis zum 16. Jahrhundert intakt. Um dieses mittelalterliche Erbe in Gefahr zu bringen, bedurfte es der neuzeitlichen Staatsbildung mit einer starken Monarchie und der identitätsbildenden Kraft einer erneuerten Religion.

Von den Anfängen bis 1169

431 Palladius wird vom Papst nach Irland geschickt.
432 St. Patrick beginnt seine Missionstätigkeit in Irland.
563 Colum Cille (Columba d. Ä.) gründet das Kloster Iona.
615 Columban (Columba d. J.) stirbt in dem von ihm gegründeten Kloster Bobbio in Savoyen.
frühes 8. Jh. Schriftliche Aufzeichnung des ältesten irischen Epos *Táin Bó Cuailnge*.
795 Wikinger erreichen erstmals Irland.
841 Gründung der Stadt Dublin durch die Wikinger.
849 Iona wird aufgegeben; die Relikte von Colum Cille werden nach Kells transferiert (gegr. 807).
1014 Brian Ború, der Hochkönig von Irland, stirbt in der für die Iren siegreichen Schlacht von Clontarf gegen die Wikinger.
1155 Bulle *Laudabiliter*: Unterordnung der irischen Kirche unter die englische.
1169 Anglonormannische Ritter setzen nach Irland über.

Drei Antworten auf die Frage nach dem Beginn der irischen Geschichte

Wann soll man den Beginn der irischen Geschichte ansetzen? Die erste Antwort könnte lauten: mit dem Beginn der schriftlichen Überlieferung, also im 5. Jahrhundert. Dann stände St. Patrick, der Apostel Irlands, am Beginn; die Geschichte begänne mit der Christianisierung Irlands; der Blick auf die vorchristliche Zeit wäre somit geprägt durch die Perspektive der Bischöfe und Mönche.

Die zweite Antwort könnte darin bestehen, daß man die Geschichte des keltischen Irland einbezieht, weil sie eine jahrhundertelange mündliche Tradition kannte. Auch wenn wir diese vorchristliche Phase als Historiker nur im Spiegel später geschriebener Quellen und oft gar nur in Handschriften des Spätmittelalters vorliegen haben, kommt ihr doch große Plastizität und eine spezifische Zuverlässigkeit zu, da die keltische Kultur gelehrte Stände kannte, deren Mitglieder als Rechtsgelehrte, als Geistliche und als Dichter ihr ganzes Leben mit dem Auswendiglernen und Weitersagen der wesentlichen Dinge befaßt waren. Problematisch ist daran für ein modernes wissenschaftliches Bewußtsein vor allem, daß das Fabelhafte vom Historischen schwer zu trennen ist und wir, beispielsweise bei der Rechtsüberlieferung, Mühe haben, Ist-Zustände von Soll-Zuständen zu unterscheiden.

Die dritte Antwort würde sich aus der Auskunft der Archäologie ergeben: Seit der letzten Eiszeit bereits lebten Menschen auf der irischen Insel, die sich von Britannien abtrennte, bevor sich dieses selbst vom Festland ablöste und ebenfalls eine Insel bildete. Reste einer Kultur der mittleren Steinzeit, die man im Norden Irlands fand, werden in der Zeit um 7000 v. Chr. angesiedelt. Jungsteinzeitliche Funde verteilen sich über die ganze Insel, insbesondere 1200 Megalithen haben den Jahrtausenden standgehalten. Aus der Jungsteinzeit sind Grabanlagen verschiedener Art erhalten, Hügelgräber, Ganggräber und Dolmen. Wir wissen, daß die Menschen der Jungsteinzeit Jäger und Sammler, namentlich Küstenfischer waren. Sie wurden durch Neueinwanderer der Bronzezeit zurückgedrängt, die aus dem Nahen Osten Techniken der Metallverarbeitung mitbrachten sowie Akkerbau und Viehzucht trieben. Aus dieser Phase haben wir reiche archäologische Funde: Ringe und Schmuck, Grabbeigaben und Geschirr. Die erhaltenen Stücke sind oft von erstaunlichem künstlerischem Wert.

Die archäologischen Funde wurden größtenteils erst in neuester Zeit gemacht. Für die Identität und Bewußtseinsbildung der Iren haben sie erst seit dem 20. Jahrhundert Bedeutung. Dagegen reicht die keltische mündliche Überlieferung, die seit der Christianisierung durch die schriftliche gestützt wurde, kontinuierlich bis ins frühe 17. Jahrhundert. Sie wurde erst durch die Anglisierung Irlands in der Frühen Neuzeit unterbrochen und erlebte bereits ab dem späten 18. Jahrhundert eine Renaissance, bevor sie im 19. Jahrhundert für die irische Nationalbewegung tragend wurde.

Die erste Antwort läßt sich mit der zweiten oft gut kombinieren: Mit der Überlieferung schriftlicher Quellen haben wir die Basis für eine historisch-philologische Wissenschaft; gleichzeitig kommt die christliche Sicht dem breiten Strom des irischen Selbstverständnisses, das Irland als Hort der römischen Kirche sieht, sehr entgegen.

Auch diese Darstellung beginnt mit St. Patrick und der Christianisierung Irlands unter Berücksichtigung der frühesten Schriftquellen. Zuvor soll aber ein Rückblick auf die heidnische keltische Gesellschaft gegeben werden, wie sie sich in den erschlossenen Quellen darstellt. Dies ist unverzichtbar, weil die Christianisierung Irlands keineswegs die Auslöschung der keltischen Gesellschaft bedeutete, sondern nur ein neues Element in die weiterbestehenden Verhältnisse hineintrug. Um die irische Gesellschaft des Mittelalters zu verstehen, brauchen wir eine Vorstellung von keltischen Institutionen, keltischen Organisationsformen, keltischem Glauben und keltischer Kultur.

Die keltische Gesellschaft

Wann die Kelten nach Irland kamen, wissen wir nicht, da sie über den Zeitpunkt keine verläßliche Überlieferung bewahrten und von Nachbarn mit Schriftkulturen nicht bemerkt wurden. Es muß im ersten vorchristlichen Jahrtausend gewesen sein. Fest steht nur, daß sie der jungsteinzeitlichen Urbevölkerung dasselbe Schicksal bereiteten, von dem sie später selbst bedroht waren: Vertreibung und Ausrottung. Ihrer eigenen Überlieferung nach kamen sie von Spanien nach Irland. Das läßt sich mit historischer Evidenz in Übereinstimmung bringen. Bemerkenswerter ist jedoch der indoeuropäische Zusammenhang. Während überall sonst in Europa germanische und romanische Einwanderer frühere Kulturen überlagerten und vertilgten, bewahrte die irische Gesellschaft bis zum 17. Jahrhundert Reste einer archaischen eisenzeitlichen Kultur, die mancherlei Parallelen mit indischen Traditionen erkennen läßt: in der Sprache, in der Religion, in den Erbsitten und Herrschaftsformen.

Die mündliche Überlieferung der irischen Kelten reicht zuverlässig bis ins 3. und 4. vorchristliche Jahrhundert zurück. Das älteste literarische Werk von Bedeutung heißt *Táin Bó Cuailnge* (»Der Rinderraub von Cooley«). Nach jahrhundertelanger mündlicher Überlieferung erhielt es seine definitive, schriftlich fixierte Gestalt wohl im frühen 8. Jahrhundert. In diesem Epos ist Irland schon ein keltisches Land, das in vier Provinzen zerfällt (*cóiceda*, eigentlich ›Fünftel‹). Sie tragen die Namen Ulaid, Connachta, Laigin und Mumu und sind unschwer mit den späteren Provinzen Ulster, Connaught, Leinster und Munster zu identifizieren.

Wichtig ist außerdem die altirische Rechtsüberlieferung, der sich im Abendland außer der griechischen und römischen nichts Vergleichbares an die Seite stellen läßt. Die schriftlichen Aufzeichnungen, die ebenfalls ein jahrhundertealtes mündliches Überlieferungsgut bewahren, konservieren einen frühen, archaischen Zustand des Rechts, das als unveränderlich angesehen wird. Modifikationen rechtlicher Zustände werden in dieser Überlieferung kaum oder nur mit langer Verzögerung zur Kenntnis genommen.

Die grundlegende Herrschaftseinheit im alten Irland heißt *túath*, wörtlich: Stamm, Volk. Das »Buch der Rechte« aus dem 11. Jahrhundert kennt 97 solcher *túatha*, doch waren es noch weit mehr. Jede *túath* wurde von einem König

Grafschaften und Provinzen im Mittelalter und in der Frühen Neuzeit

(*rí*) regiert, der seine Abstammung von einer Ahnengottheit ableitete und eine geheiligte Persönlichkeit war. Ein *rí* trat die Herrschaft unter besonderen Inaugurationsriten an und war von bestimmten Tabus umgeben. Er war der Herrscher seines Volkes in Friedenszeiten und der Heerführer im Krieg. Er war aber dem als unveränderlich gedachten Gesetz unterworfen; weder konnte er neue Gesetze erlassen, noch Recht sprechen, weil es dafür eigens Experten gab. Er hatte den Vorsitz bei der jährlichen Volksversammlung, die auf heiligem Begräbnisgrund gehalten wurde (*oenach*). Ein *rí* war durch ein persönliches Treueverhältnis an einen übergeordneten König (*ruiri*) gebunden, der seinerseits ebenso einem *rí ruirech*, einem König der übergeordneten Könige, verbunden war: Dieser höchste König, den die Gesetzessammlungen kennen, beherrschte eine der vier oder fünf Provinzen Irlands. Die Vorstellung eines allen Provinzen übergeordneten Königs von Irland, der vom archaischen Königshügel Tara in Meath aus das ganze Land beherrschte, kam erst im 5. nachchristlichen Jahrhundert auf und wurde in Sagen und Dichtungen verbreitet, nicht aber in das Gesetz aufgenommen. Die hierarchischen Beziehungen zwischen einem König und seinem übergeordneten König und diesem und dem höchsten König waren Lehensbeziehungen: Der Untergeordnete stellte dem Übergeordneten jeweils Geiseln und empfing als Zeichen seiner Abhängigkeit einen Sold. Er war dem Übergeordneten zur Heeresfolge und zu festgelegten Tributzahlungen verpflichtet; umgekehrt gewährte der Übergeordnete dem Untergeordneten rechtlichen Schutz und Beistand in seinen Streitigkeiten. Die allgemeine Rechnungseinheit war eine Färse (junge Kuh). Um abgrenzbaren Landbesitz ging es in dieser Gesellschaft nicht. Alle Herrschaftsbeziehungen waren Personenverbandsbeziehungen.

In der keltischen Gesellschaft irischer Ausprägung kamen nach dem König die adligen Krieger. Eine Besonderheit, die sich in dieser Weise nur im alten Indien findet, besteht in den Gelehrtenkasten der Priester (*druí*), Dichter (*filí*) und Rechtskundigen (*brithemin*). Den dritten Stand bildeten Freie, die den Boden bearbeiteten und gewöhnlich in einem Klientelverhältnis zu einem Adligen standen, dem sie Naturalleistungen schuldeten und von dem sie Vieh geliehen bekamen, das sie auf seinem Land weiden durften, und der ihnen Schutz gegen Übergriffe gewährte. Außerdem kannte die altirische Gesellschaft Sklaven, die wohl meist Kriegsgefangene waren.

Eine Besonderheit der keltischen Gesellschaft, die wiederum in Indien ihre Analogie hat, ist die Viergenerationenfamilie (*derbfine*), die eine rechtliche Einheit bildete. Die Nachkommen eines gemeinsamen Urgroßvaters besaßen Land und Vieh gemeinsam, hafteten gemeinsam und erbten gemeinsam. Der Erbgang, selbst bei der Thronfolge der Könige, ging nicht einfach vom Vater auf den Sohn, sondern auf den jeweils durchsetzungsfähigsten männlichen Angehörigen der *derbfine* über. Statt dem ältesten Sohn konnte also ein jüngerer Sohn, ein Onkel oder Großonkel folgen. Daraus ergaben sich innerhalb der *derbfine*, auch innerhalb einer Königssippe, oft erbitterte Rivalitätskämpfe, in denen sich die männlichen Aspiranten gegenseitig zu töten oder zu verstümmeln suchten. Andererseits war eine solche Viergenerationeneinheit von außen fast unantastbar: Sie konnte kaum aussterben und es war fast unmöglich, alle Erbberechtigten zu beseitigen. In den politischen Zwisten der altirischen Gesellschaft spielte diese Besonderheit eine wichtige Rolle; auch in der Auseinandersetzung mit Einwanderern und Eroberern kam sie immer wieder, für diese überraschend, zum Tragen.

Im Unterschied zu den Nachbarvölkern kannten die Iren bis ins 17. Jahrhundert familientransgredierende Erziehung: Jungen bis zum 17. und Mädchen bis zum 14. Jahr gab man zur Erziehung in eine andere Familie (*fostering*). Man stellte sie gewissermaßen als Geiseln und verband die verschiedenen Sippenverbände miteinander. Die Pflegeeltern waren zur Ausbildung der angenommenen Kinder verpflichtet (die alten Gesetze schreiben vor, daß man Jungen das Reiten, Schwimmen, den Waffengebrauch und die Brettspiele lehren mußte); umgekehrt waren die Pflegekinder verpflichtet, ihren Adoptiveltern im Alter Unterhalt zu gewähren. Zwischen solchen Ziehkindern verschiedenen Blutes, die in einer Adoptivfamilie aufwuchsen, ergaben sich meist enge Bande, die oft stärker waren als die zu ihren leiblichen Eltern und Geschwistern.

Der zentrale Begriff der altirischen Gesellschaft ist für alle Freien der der Ehre, die, je nach Stand und Herkunft, durch einen Ehrenpreis, meist als Äquivalent zu Färsen, später dann auch in Geld, bestimmt wurde. Nach diesem Preis der Ehre richtete sich die Entschädigung für einen Mord oder eine Verwundung; ebenso die Pfandleistung in allen Arten von Rechtsstreitigkeiten. An die Ehre konnten zudem die Dichter greifen: Ihre Macht bestand zum Teil darin, daß sie selbst Könige verfluchen oder durch Schmähreden ihre Ehre herabsetzen konnten. In einer archaischen Gesellschaft hatte das Wort noch magische Kraft.

Für Streitigkeiten innerhalb einer *túath* waren die Rechtskundigen zuständig. Gewöhnlich wählten sich streitende Parteien einen Richter aus dieser Kaste, der unter Rekurs auf die mündliche Rechtstradition, die er in einem langjährigen Studium erlernt hatte, als Schiedsrichter fungierte. Dafür erhielt er meist ein Zwölftel des Streitwertes. Es gab Verfahrensvorschriften für den Fall, daß sich der Beklagte keinem Richter unterwerfen wollte, und für den Fall der Zahlungsverweigerung. Alle Rechtshändel wurden durch die Stellung von Bürgen und Pfandleistungen reguliert.

Die altirische Gesellschaft unterscheidet sich von den benachbarten außerdem dadurch, daß sie selbst in christlicher Zeit noch an ihren spezifischen Ehegebräuchen festhielt. Polygamie war grundsätzlich erlaubt. Das alte Recht unterschied zwischen der Ehefrau eines Mannes, seiner Konkubine und schließlich drittens seiner Geliebten. Scheidungen waren jederzeit ohne Umstände möglich. Manche Ehen wurden sogar ausdrücklich nur für ein Jahr geschlossen. Gegenüber kirchlichem Drängen auf Monogamie beriefen sich die Iren auf das Alte Testament.

Zusammenfassend läßt sich über die altirische Gesellschaft soviel sagen: Sie war eine Kriegergesellschaft, in der kämpferische Tugenden die entscheidende Rolle spielten. Auffallend ist dabei, daß auch Frauen als Heldinnen und Königinnen überliefert sind; manch ein Held der Sage lernte seine Künste von einer erfahrenen Frau. Man kämpfte auf zweirädrigen Streitwagen stehend, die von einem Doppelgespann von Pferden gezogen wurden; teilweise hatte der Kämpfer noch einen ihm untergeordneten Wagenlenker. Die wichtigsten Waffen waren Schild, Schwert und Speer; daneben gab es kleinere Pfeile, die man warf. Man forderte den Gegner zum Zweikampf, wobei vor den eigentlichen Waffengängen den Schelt- und Schmähreden, den verbalen Drohungen und der Entmutigung durch Worte eine entscheidende Rolle zugeschrieben wurde. Der Sieger schlug dem Gegner den Kopf ab und bewahrte diesen als Trophäe. Die Hauptursache zum Kampf war Viehraub. Jagd und Viehraub waren die Hauptbeschäftigung des Adels. Es gab weder Städte noch Dörfer. Irland war überzogen von Einzelsiedlungen: Ein Haus, das oft aus fünf Gebäuden für die verschiedenen Arten von Mensch und Vieh bestand, wurde mit einem kreisförmigen Graben und Wall umzogen, der teilweise zu Verteidigungszwecken ausgebaut werden konnte, in jedem Fall aber den Rechtsbezirk bezeichnete. Solche Hauskreise umfaßten gewöhnlich ein Areal von 10 bis 100 Metern Durchmesser. Archäologisch konnte man bisher in ganz Irland etwa 10 000 solcher Häuser nachweisen.

Wenn die Adligen nicht auf der Jagd waren, ließen sie sich zu Hause von ihren Dichtern und Geschichtenerzählern unterhalten. Man kannte verschiedene Brettspiele, darunter eines, bei dem man mit zwei Figurensätzen auf einem in schwarze und weiße Quadrate unterteilten Brett um einen Einsatz spielte. Ferner waren Ballspiele bekannt, namentlich eines, bei dem zwei Mannschaften abwechselnd angriffen und einen Ball durch das Tor des Gegners treiben mußten.

Daß wir über die irische Gesellschaft der Frühzeit so genau Bescheid wissen wie sonst nur noch über die griechische und römische, ist drei Tatsachen zu verdanken:

1. Die materiellen Relikte sind in einzigartiger Weise bewahrt, weil Irland (vor der Neuzeit) nie von einem kolonisierenden Volk eingenommen wurde und weil dem agrarisch bestimmten Land mit den Segnungen der industriellen Zivilisation auch deren Zerstörungen erspart blieben (bis ins späte 20. Jahrhundert).

2. Die irische Tradition konnte sich als außerordentlich dauerhaft erweisen, weil sie die mündliche Weitergabe ihrer Überlieferungsgüter kastenmäßig geregelt hatte. Durch ihre Priester, Rechtskundigen, Dichter und Historiker hatte sie Berufsgruppen mit vieljähriger Lehrzeit sozial privilegiert: Man erkannte ihnen einen hohen Grad an Ehre zu und verdankte ihnen eine hohe Kultur in einem schriftlosen Zeitalter.

3. Diese orale Kultur mündete in eine schriftliche nach der Christianisierung und der Übernahme des Lateinischen als Kirchensprache. Eigentümlicherweise bedeutete die Christianisierung aber nicht, daß die heidnischen Traditionen abgeschnitten und getilgt wurden, sondern sie führte dazu, daß sich die keltische Kultur mit neuen Mitteln perpetuierte.

Das Irland der Klöster

Während die Römer vor Irland halt machten – Agricola erwog nach der Biographie seines Schwiegersohnes Tacitus, von Britannien aus nach Irlands Küsten hinübersehend, eine Invasion, führte sie aber nicht durch –, eroberte die Religion des christlichen Rom Irland zu eben der Zeit, als die weltliche Herrschaft der Römer in sich zusammenfiel. Um 410 n. Chr. gab die römische Zentrale Britannien auf. 431 notierte ein Chronist: »Palladius wird vom Papst Caelestin nach seiner Weihe als erster Bischof zu den christusgläubigen Schotten gesandt.« »*Scotti*« war bis zum 12. Jahrhundert der Name für die Iren, bevor er auf die von ihnen kolonisierten und missionierten Schotten im Norden der britischen Insel überging und die Iren als »*Hibernici*« gesondert bezeichnet wurden.

Der lapidare Chroniksatz läßt erkennen, daß es damals in Irland schon Christen gegeben haben muß; aber wie das Christentum nach Irland kam, liegt völlig im Dunkeln. Es gab rege Kontakte zwischen Irland und Britannien wie zwischen Irland und Gallien. Möglicherweise waren verschleppte Sklaven die ersten irischen Christen; vielleicht wurden sie auch von den Weinhändlern aus Bordeaux gewonnen, die in Irland eine Niederlassung hatten.

Die irischen Chroniken wissen von Palladius nur wenig, um so mehr aber von St. Patrick, dem »Apostel Irlands«. Wie ist das zu verstehen? Aller Wahrscheinlichkeit nach wirkte Palladius nur kurze Zeit in Irland, und zwar im Süden, in Munster. Die Schriftüberlieferung der Klöster reflektiert aber den Aufstieg des Nordens, den Aufstieg des Königsgeschlechts der Uí Néill zur Herrschaft in Ulaid. Aus dieser Überlieferungstradition heraus erscheint Patrick, der nachweislich später als Palladius nach Irland kam, weil sein Wirkungsbereich im Norden lag, als »Apostel Irlands«.

Patrick, der uns mit seiner lateinisch geschriebenen *Confessio* gewissermaßen das älteste Werk der irischen Literatur hinterlassen hat, wurde vielleicht um 385 im Westen Britanniens als Sohn eines römischen Provinzbeamten und christlichen Diakons geboren und als Sechzehnjähriger von Piraten als Sklave nach Irland verschleppt, wo er sechs Jahre lang Dienste leistete, dann aber fliehen konnte und nach Britannien zurückkehrte. Patrick berichtet von einer Vision, in der er den Auftrag erhalten haben will, Irland für das Christentum zu gewinnen. Nach den irischen Chroniken erreichte er im Jahre 432 – das wäre ein Jahr nach Palladius – Irland und begann seine Missionstätigkeit in einem Gebiet, das bis dahin noch nicht vom Christentum berührt worden war, im Norden und Westen der Insel. Er soll der Tradition zufolge das Kloster Armagh gegründet haben – nur 3 Kilometer entfernt vom Königssitz von Ulaid in Emain Macha. Jedenfalls gelang es ihm, irische Könige durch Geschenke und mirakulöse Taten für sich einzunehmen, so daß sie ihm Schutz gewährten.

Patrick versuchte, die römische Bischofsorganisation auf Irland zu übertragen, jedoch ohne großen Erfolg, da die Städte und der Verwaltungsaufbau des Römischen Reiches den Iren fremd waren. Statt der Bischofssitze wurden schließlich die Klöster zu den entscheidenden Zentren christlicher Organisation in Irland. In gewisser Hinsicht traten sie an die Stelle der Städte des Römischen Reiches. Die Organisationsform der Klöster mit einem Abt an der Spitze und einer großen Klientel – teils mit Weihen, teils ohne – in ihren Mauern konnte der altirischen Sozialverfassung angepaßt werden. Eine Sippe, die den neuen Glauben angenommen hatte, übergab ihren Besitz dem Kloster und wählte sich den geeignetsten männlichen Vertreter als Abt. Das Führungsamt des Abtes blieb zumeist innerhalb des *derbfine* erhalten. Diese Form christlicher Organisation stand zur römischen Hierarchie von Anfang an in einem gewissen Widerspruch, da Bischöfe ja vom Papst ernannt werden sollten. In der Praxis führte das dazu, daß die Jurisdiktionsgewalt des Abtes und die Weihegewalt des Bischofs in

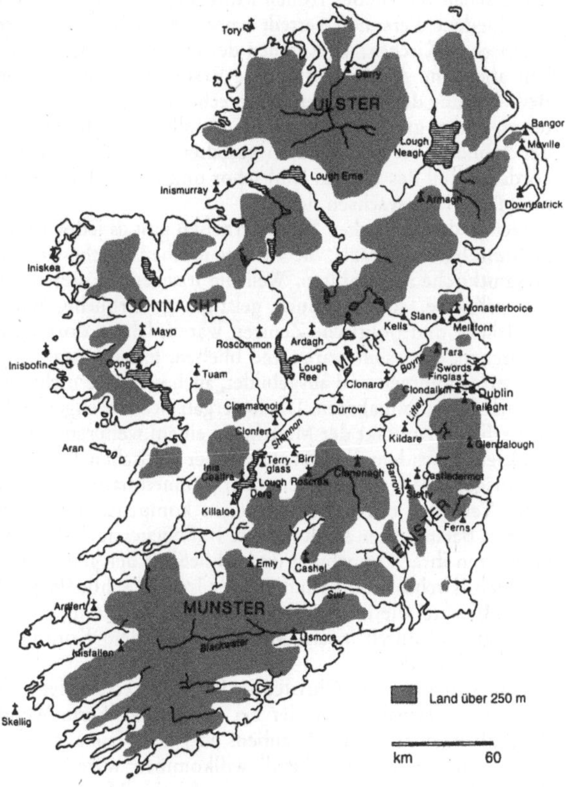

Die wichtigsten irischen Klöster im Mittelalter

der irischen Kirche des frühen Mittelalters häufig auf zwei verschiedene Personen verteilt waren: Kennzeichen dieser »keltischen Kirche«, im Rahmen der lateinischen Christenheit aber eine Anomalie. Weitere Besonderheiten sind die Beibehaltung der keltischen Osterrechnung, über die es später zu einem großen Streit kommen sollte, und die Tonsur der Mönche, die in Irland so gestaltet war, daß man den vorderen Teil des Kopfes kahl schor und hinter den Ohren die Haare lang wachsen ließ.

Neben den keltischen Besonderheiten gibt es jedoch Elemente religiöser Praxis, die aus der irischen Kirche auf die Gesamtkirche ausstrahlten. Weil die irischen Klöster nicht nur religiöse, sondern auch geistige, gewerbliche, wirtschaftliche und politische Zentren waren, lebten dort viele Menschen, die Laien waren und blieben. Junge Leute wurden aufgenommen und ausgebildet, auch wenn sie nicht am Mönchsleben teilnahmen. Daraus ergab sich ein enger seelsorgerlicher Kontakt der Mönche zu einem weiteren Personenkreis. Nachdem die Mönche aus der keltischen Tradition ein ausgeklügeltes Bußsystem übernommen hatten, in dem jedes Vergehen durch Bußleistungen kompensiert werden konnte, beeinflußten sie durch ihre Bußbücher auch die Laienchristen ihrer Umgebung und schließlich der ganzen römischen Kirche. Eine Erfindung der Iren ist schließlich die Ohrenbeichte, die in der alten römischen Kirche nicht üblich war und durch irische Missionare auf dem Kontinent verbreitet wurde.

Die Aufnahme der Christen in Irland unterscheidet sich in mancher Hinsicht von der bei anderen Völkern. Wenn die Anhänger des neuen Glaubens auch teilweise angefeindet wurden und nicht überall willkommen waren, ist es doch auffallend, daß es im alten Irland keine Märtyrer gab. Das bedeutet, daß die keltische Kultur offen war für die neue Religion. Ihre naturmagischen Vorstellungen und eine Vielzahl meist lokaler Gottheiten stand nicht grundsätzlich im Widerspruch zu den neuen Geschichten aus der Bibel und zu den modifiziert gepredigten religiösen Ideen der neuen Religion. Christus wurde den Iren als ein Held gepredigt, wie sie in ihrer eigenen Überlieferung Helden gekannt hatten: stark, schön, mächtig und kriegerisch. Der Kreuzestod weckte allgemeine Bewunderung wegen der physischen Qualen, die der starke Gottessohn auf sich genommen hatte. In ihrer Lehre wie in ihrer Organisationsform paßte sich die lateinische Kirche den keltischen Vorstellungen an. So gewann sie zum Teil die Könige für sich, und die Gelehrtenkaste wurde keineswegs angefeindet. Daß die *filí* in das Klosterleben integriert werden konnten, ist der Überlieferung nach Colum Cille (Columba d. Ä.) zu verdanken.

Er hieß eigentlich Crimthann, wurde 521/522 geboren und stammte aus dem Königshaus der Uí Néill. Als Mönch erhielt er den Namen Columba, und in der irischen Überlieferung lebte er unter dem Ehrennamen Colum Cille (»Taube der Kirche«) fort. Colum Cille vereinigte die Eigenschaften eines keltischen Fürsten mit denen eines monastischen Gelehrten. Einer Legende zufolge ließen viele Männer ihr Leben in einer Fehde, die daraus entstand, daß sich Colum Cille ohne Erlaubnis des Besitzers eines damals in Irland noch unbekannten Psalters heimlich eine Abschrift anfertigen wollte. Derselben Legende zufolge faßte Colum Cille nach dieser desaströsen Schlacht den Plan, Irland zu verlassen, um der Kirche mindestens so viele Seelen durch Mission wiederzugewinnen, wie er durch seine Streitsucht auf dem Gewissen hatte. Er ging mit seinen Gefährten nach Schottland, um die heidnischen Pikten zu missionieren. Damit sind wir wieder auf historischem Boden: 563 überließ ihm der König von *Dál Riata*, eines Königreichs, das den Nordosten Ulsters und Teile von Schottland umfaßte, die Hebrideninsel Iona, die durch das jahrzehntelange Wirken Colum Cilles zu einem der Zentren der irischen Kirche werden sollte. Aus Iona kam zum Beispiel Aidan, der Lindisfarne gründete, von wo aus Northumbria missioniert wurde. Aus Iona stammt auch der berühmteste erhaltene altirische Kodex, das *Book of Kells*. Colum Cille, der von zu Hause weggegangen war, *pro Christo peregrinari volens* (mit der Absicht, um Christi willen in die Fremde zu gehen), nahm damit die in der Gesellschaft seiner Zeit am höchsten geschätzte Buße auf sich. Damit erweiterte er jedoch schließlich den Bereich des Christentums beträchtlich und gründete ein Reich des Geistes und der Gelehrsamkeit. Doch wie er selber nicht nur bei christlichen Mönchen, sondern auch bei irischen *filí* gelernt hatte, nahm er die irischen Dichter und Sänger wiederum unter seinen Schutz, als man ihm ansann, sie zu verfluchen. Daraus entstand das älteste schriftlich überlieferte altirische Gedicht, *Amra Coluim Cille*, der Lobgesang eines heidnischen Barden auf den christlichen Heiligen. In der Tradition von Ulster genießt Colum Cille höchsten Ruhm. Ein von ihm geschriebener Psalter, *Cathach* genannt (»Schlachtenbuch«), wurde lange Zeit von seiner Sippe als Talisman mit in den Krieg genommen. Colum Cille kann hier also als symbolische Figur für die Vereinigung christlicher mit heidnischen Werten, für die Annäherung des Christentums an die altirische Kriegergesellschaft und für die Besonderheiten einer »keltischen Kirche« innerhalb der lateinischen stehen.

Eine dritte christliche Persönlichkeit, der eine Generation jüngere Columban (Columba d. J.), repräsentiert die Tendenz der irischen Mönche, in ihrer *peregrinatio* auf dem Kontinent tätig zu werden und die Franken und ihre Nachbarn mit altirischer Religiosität zu konfrontieren. Columban stammte aus dem Adel von Leinster und hatte seine Klosterausbildung in Bangor im Norden Irlands erhalten, bevor er nach Gallien übersetzte und in der Einsamkeit der Vogesen Luxeuil und zwei andere Klöster gründete. Er zog später weiter nach Bregenz und starb 615 in dem von ihm gegründeten Kloster Bobbio in Savoyen.

Columban kann für drei wichtige Charakteristika irischer Spiritualität als repräsentativ gelten:

1. Die Iren lehnten in aller Regel die Finessen theologischer Spekulation ab. Der einzige spekulative Philosoph von Bedeutung, den Irland im Mittelalter hervorbrachte, ist Johannes Scottus Eriugena. Dagegen lehrte Columban: »Niemand soll versuchen, die unerforschlichen Aspekte Gottes zu erforschen. [...] Glaube einfach, aber stark, daß Gott so ist und so sein wird, wie er gewesen ist, denn er ist unwandelbar.« Columban predigte Weltabkehr, christliche *humilitas* und geistige Umkehr.

2. Besonders tritt bei Columban die Weltoffenheit und Romorientierung der irischen Kirche in den Vordergrund. Er schrieb: »Glaubt nicht, daß wir uns für anders halten als euch: Denn wir sind gemeinsame Glieder eines Leibes, ob Gallier, Briten, Iren oder welches Volkes auch immer.« Columban hatte ein ausgesprochenes Vertrauen in die Macht und Legitimität des römischen Papstes zu einer Zeit, als dessen Stellung noch eher bescheiden und zweifelhaft war.

3. Columban ist wesentlich verantwortlich für die Übertragung der tarifierten Privatbuße aus dem irischen Mönchsleben auf die kontinentale Kirche.

Bleibende Zeugnisse vom Stand irischen Christentums und von der Blüte monastischer Kultur des irischen Mittelalters haben wir vor allem in den irischen Manuskripten und Buchmalereien. Irische Schreiber wirkten nicht nur auf den irischen und britischen Inseln, sondern waren auch auf dem europäischen Kontinent überall als Experten geschätzt, die in einer eigenen, höchst dekorativen Schrift, der irischen Majuskel, heilige und profane Texte auf Pergament übertrugen. Daß sie im 9. Jahrhundert mehr und mehr von dieser vergänglichen Kunst abgingen und statt dessen die dauerhafteren irischen Hochkreuze aus Stein schufen, zeugt von einer neuartigen Gefährdung der Klöster: vom Einfall der Wikinger.

Einfälle und Einfluß der Wikinger

Seit dem späten 8. Jahrhundert kam es zu Angriffen auf die irische Insel von außen. 795 erreichten Wikinger aus Norwegen Irland und plünderten die Insel Lambey; in den folgenden 30 Jahren verzeichneten die irischen Annalen 26 weitere Wikingerüberfälle. Sie kamen in schnellen seetüchtigen Schiffen, die aber auch für Binnengewässer nicht zu schwer waren, zu regelmäßigen Überfällen auf die Klöster an der Nord- und Ostküste sowie im seenahen Binnenland. Die kultischen Gefäße der Kirche mußten aus Edelmetall sein; deshalb hatten sich in den Klöstern Schätze angehäuft, welche für skrupellose Abenteurer eine leichte Beute darstellten. Die Wikinger waren noch nicht christianisiert und kannten auch die Tabus der keltischen Gesellschaft nicht. Die irischen Klöster der frühen Zeit waren noch weitgehend unbefestigt; die Mönche waren nach ihrem Glauben und ihrer Lebensweise nicht wehrtüchtig genug, um den Einfällen standzuhalten. Ihnen blieb nichts, als die immer wieder geplünderten Klöster aufzugeben. 807 beispielsweise gründeten die Mönche Kells, im Inneren von Meath, wohin 849 bei der endgültigen Aufgabe des exponierten Iona die Relikte des Colum Cille transferiert wurden. Andererseits führten die Wikingereinfälle dazu, daß Klöster zunehmend aus Stein gebaut und wehrhaft angelegt wurden. In den Klöstern setzten sich anstelle gelehrter und geweihter Äbte mehr und mehr kriegserprobte Laien durch.

Doch die Wikinger waren nicht zu fassen. Sie erschienen jährlich und zogen sich nach verrichtetem Raubzug schnell wieder zurück. In den irischen Annalen, die von Mönchen geschrieben wurden, erscheinen sie als grausame Barbaren, denen nichts heilig war, in einem denkbar schlechten Licht.

Die Wikinger wirkten auf eine nicht mehr in jeder Hinsicht stabile und starke Gesellschaft im Abstieg katalysierend ein; unter ihren Schlägen entstand ein Neues von eigenem Wert. 840 überwinterten erstmals Wikinger in Irland.

Dies war der erste Schritt zu dauerhafteren Niederlassungen. 841 gründeten sie Dublin an der Mündung des Flusses Liffey. Während die regierende Dynastie von Ulaid, die Uí Néill, stark genug war, die Versuche der Wikinger, sich im Norden dauerhaft festzusetzen, zunichte zu machen, kam es im Süden, im Bereich der schwächeren Dynastie der Eóganachta in Munster, zu einer Kette von Stadtgründungen an der Küste und in Küstennähe: Wicklow, Arklow, Wexford, Waterford, Cork und Limerick verdanken ihre Entstehung den Wikingern. In einer agrarischen Gesellschaft mit Klöstern, aber ohne Städte und Dörfer, entstanden nun, seit dem 9. Jahrhundert, Städte mit eigenem Recht als Wirtschaftsmittelpunkte. Hier entwickelten sich eine differenziertere Arbeitsteilung, Handwerk und Handel. Die neuen Städte wurden in einen Zustand versetzt, in dem sie verteidigt werden konnten. Die Wikinger brachten die Geldwirtschaft nach Irland. Die ersten einheimischen Münzen Irlands wurden kurz vor dem Jahr 1000 in Dublin geprägt. Die Rechnungseinheit »Färse« wurde abgelöst durch die Rechnungseinheit *sét*, eine Unze Silber. Die skandinavischen Wörter für Geld und Handel, für Seefahrt und bestimmte Handwerke gingen in die irische Sprache ein.

Während die ersten Wikinger aus Norwegen gekommen waren, erlebte Irland seit der Mitte des 9. Jahrhunderts eine Phase der Einfälle dänischer Wikinger, von denen manche aus Britannien herüberkamen. Teilweise bekämpften sich die Norweger und die Dänen in Irland, teilweise hielten sie zusammen. Der Höhepunkt ihres Einflusses war um 900 bereits erreicht. Danach hatte sich die irische Gesellschaft auf die Neuankömmlinge eingestellt; sie wurden weitgehend absorbiert. Offenbar gab es weder auf der einen noch auf der anderen Seite grundsätzliche Vorbehalte gegenüber gemischten Heiraten. Die Wikinger nahmen das Christentum an. Die Herrschaftsbereiche der Iren wurden durch die Stadtgründungen nur wenig tangiert. Zu größeren politischen Zusammenschlüssen oder wikingischen Reichsgründungen kam es in Irland nicht.

Eine unerwartete Folgewirkung hatten die Wikingersiedlungen freilich doch: Sie stärkten das wirtschaftliche Gewicht des Südens. Die Uí Néill im Norden erhielten Konkurrenz durch den Aufstieg der südlichen Königsgeschlechter. Seit der Wikingerzeit wurde die politische Bedeutung einzelner *túatha* reduziert; die Könige ganzer Provinzen zogen mehr Macht an sich. Vor allem aber kämpften sie von nun an um die Herrschaft ganz Irlands miteinander, um den legendenumwobenen Königssitz von Tara. Die Institution eines *ard rí*, eines Hochkönigs von ganz Irland, die in der archaischen Rechtsüberlieferung noch nicht vorhanden war, wurde nun zum Faktor eines allgemeinen Bewußtseins und zu einer vielfach umkämpften Realität.

Eine der legendären Heldengestalten der älteren irischen Geschichte, Brian Ború, ist in diesem Kontext zu verstehen. Er usurpierte schrittweise Macht im Süden der Insel und griff im Jahre 1001 die Herrschaft der Uí Néill im Norden direkt an. Fünf Jahre später konnte er seine nominelle Herrschaft über ganz Irland durch eine große Umfahrt im Norden manifestieren. Das religiöse Zentrum des Nordens, Patricks Kloster Armagh, vermochte er ebenfalls für seine Ziele zu gewinnen. In der Chronik des Klosters ist er als *»imperator Scottorum«* bezeichnet, als »Kaiser der Iren«. Brian Ború starb in der Schlacht von Clontarf (Dublin) 1014 gegen die Wikinger. Er ging in die Legende als ein »nationaler Held« der Iren ein, der er natürlich nicht war: Es ging ihm wesentlich um seine eigene Oberherrschaft; er wurde keineswegs von allen irischen Königen unterstützt.

Seit Brian Ború hat die irische Geschichte eine fast lückenlose Reihe von Hochkönigen: Wenige führende Dynastien kämpften jahrhundertelang um die Würde eines *ard rí*. Freilich hatte keiner mehr die Macht, die sich Brian Ború errungen hatte: Seine Nachfolger gingen als »Könige mit Opposition« in die Geschichte ein.

Die Herrschaft der Wikinger hatte drei dauerhafte Folgen:

1. Die Macht blieb stärker zentralisiert.
2. Das geistige Zentrum verlagerte sich vom Norden und Osten in den Süden und Westen – von Armagh unweit des Lough Neath nach Clonmacnois am Shannon.
3. Die Verbindungen nach Britannien wurden durch die Wikinger neu geknüpft und intensiviert.

Das sollte sich als folgenreich erweisen.

Die Anglonormannen und die Feudalisierung Irlands (1169–1348)

1171	Heinrich II., König von England, setzt nach Irland über.
1172	Synode von Cashel unter seiner Führung.
1185	Johann (Ohneland), Sohn Heinrichs II., *Lord of Ireland* (1199–1216 engl. König).
nach 1185	Giraldus Cambrensis: *Topographia Hibernica.*
um 1240	Höhepunkt der anglonormannischen Ausdehnung in Irland.
1315–1318	Invasion des Schotten Eduard Bruce.
1348	Die Große Pest erreicht auch Irland und dezimiert vor allem die anglonormannischen Stadtbewohner.

1169

Das Jahr 1169 scheint eines der entscheidenden Daten der irischen Geschichte: In diesem Jahr setzten anglonormannische Adlige von Pembrokeshire in Südwales nach Irland über und eroberten dank ihrer militärischen Überlegenheit irisches Land für sich. Sie waren Lehensmänner des englischen Königs; insofern wurde bei dieser Gelegenheit jene Verbindung hergestellt, die im Rückblick leicht als Anfangspunkt einer jahrhundertelangen verhängnisvollen Entwicklung gesehen werden konnte. In Wirklichkeit waren die Geschehnisse von 1169 von eher zufälligem und bescheidenem Charakter; sie waren keineswegs die Ausführung eines Plans zur Eroberung Irlands oder das Ergebnis eines nationalen Gegensatzes.

Vor allem waren sie zunächst einfach die Folge der in Irland üblichen Machtkämpfe um das Hochkönigtum. Nachdem Rory O'Connor 1166 die Würde eines *ard rí* erstritten hatte, sah sich der in seinem Einfluß bedrohte König von Leinster, Dermot Mac Murrough, nach Hilfe im Ausland um. Er versuchte, unter den landhungrigen und abenteuerlustigen anglonormannischen Baronen in Wales Anhänger zu mobilisieren, und wandte sich an den englischen König, Heinrich II., dem er durch Frankreich nachreisen mußte. Dermot Mac Murrough kehrte mit einem kleinen Ritterheer nach Irland zurück, das seine Ansprüche unterstützen sollte. Die anglonormannischen Barone waren den Iren militärisch überlegen, weil sie in drei Waffengattungen kämpften: Schwer gepanzerte Ritter wurden unterstützt von leichter Kavallerie (teilweise mit Langbogen bewaffnet) und von Bogenschützen zu Fuß. Diese Formationen siegten, wo immer es ihnen gelang, die Einheimischen auf ebenes, freies Gelände zu locken. Denn durch ihre Bogenschützen konnten sie die Iren, die den Nahkampf gewohnt waren, auf Distanz halten; und bei direkten Begegnungen waren die schwer gepanzerten Ritter relativ gut geschützt gegen Angriffe mit Schwertern, Äxten und Pfeilen. Es kam hinzu, daß sich diese Ritter auf Burgen- und Festungsbau verstanden: Wo sie sich niedergelassen hatten, waren sie kaum mehr zu vertreiben.

Die Einwanderer sprachen französisch und gehörten zu einer internationalen feudalen Oberschicht. Manche von ihnen hatten auch in Wales, in England, in der Normandie oder in Südfrankreich Besitz. Sie operierten nicht für die Engländer oder für die englische Krone, sondern einzig für sich selbst und ihren jeweiligen Herrn.

Freilich waren bei dieser Invasion noch andere Interessen im Spiel. Dabei ist namentlich an die römische Kirche zu denken. Die Erzbischöfe von Canterbury vertraten die Auffassung, den Bischöfen in Irland übergeordnet zu sein. Ein englischer König konnte vielleicht diese Position durchsetzen. Religiöse Reformer mußten irritiert sein durch die Lokalfärbung der irischen Kirche, die mit ihrem weltlichen Klosterleben, ihren polygamen Ehesitten und ihrer sächlichen Einschätzung von Tötungsdelikten in deutlichem Widerspruch zur lateinischen Kirche stand. Das Papsttum schließlich war daran interessiert, sich als höchste Instanz, gewissermaßen als Lehensherr über allen Lehensherren, auch in England und Irland durchzusetzen. Diese Motive wirkten zusammen bei der Entstehung der berüchtigten Bulle *Laudabiliter*, die Papst Hadrian IV., der einzige englische Papst der Kirchengeschichte, 1155 erlassen hatte.

In dieser Bulle beauftragte er den englischen König, nach Irland zu gehen und die kirchlichen Angelegenheiten zu regeln, freilich mit der Auflage, für jedes Haus den Peterspfennig nach Rom abzuführen. Denn auch der Kirchenzehnt und dergleichen Abgaben waren bis dahin in Irland nicht durchsetzbar gewesen.

Daß Heinrich II. nicht sofort nach Irland aufbrach, um das Werk zu verrichten, sondern sich 16 Jahre Zeit ließ, zeigt deutlich genug, daß er eigene Absichten verfolgte. Obendrein wurde die Bulle damals nicht bekannt, so daß man später sogar ihre Echtheit bezweifeln konnte. Wahrscheinlich ist sie aber echt, und der englische König veröffentlichte sie einfach deshalb nicht, weil er die Oberhoheit des Papstes über England nicht in dieser Form bekräftigen wollte. Heinrich II. war nicht nur Erbe Englands, der Normandie und des Anjou, sondern darüber hinaus Herrscher Aquitaniens und der Bretagne. Irland war für ihn nur ein Nebeninteresse. Doch war es ihm immerhin wichtig genug, 1171 selbst dorthin zu reisen, die kirchlichen Angelegenheiten in einer nach Cashel einberufenen Synode zu regeln, die anglonormannischen Barone zu zügeln und sich von allen erreichbaren irischen Königen huldigen zu lassen. Im übrigen vermachte er die Lordschaft von Irland seinem vierten Sohn Johann. Seit diesem Besuch von 1171 galt Irland, trotz der nur punktuellen Herrschaft anglonormannischer Barone, die weitgehend auf eigene Faust handelten, als *Lordschaft* – bis Heinrich VIII. am Beginn der Neuzeit die verfassungsrechtliche Stellung neu definierte.

Giraldus Cambrensis

Es lohnt sich, an dieser Stelle einen Blick auf einen klassischen, jahrhundertelang zitierten, variierten, bezweifelten und widerlegten Text über das Verhältnis der Eroberer zu den Unterlegenen zu werfen: Giraldus Cambrensis (Gerald of Wales) verfaßte die Schrift *Topographia Hibernica* (»Topographie Irlands«). Der Autor stammte aus Pembrokeshire, wo er 1146 geboren war, Sproß einer der bekanntesten und einflußreichsten Familien seiner Zeit, der Geraldines. Er hatte in Paris bei führenden Geistesgrößen seines Zeitalters studiert und verfügte über hervorragende Beziehungen innerhalb der Kirche und der politischen Welt. Mehrere seiner nächsten Verwandten gehörten zu den ersten anglonormannischen Baronen, die Irland eroberten.

Giraldus selbst besuchte Irland 1183 und später erneut als Lehrer und Begleiter Johanns, des englischen Herrschers über Irland und späteren Königs von England. Er verfaßte sein Werk über Irland im Anschluß an die zweite Reise; es ist bezeugt, daß er es um 1188 in Oxford öffentlich vorlas. Es war in elegantem Latein geschrieben und allem Anschein nach ein unmittelbarer Erfolg. Der Autor arbeitete es in den folgenden Jahrzehnten immer wieder um und fügte ein weiteres historisches Werk hinzu, die *Expugnatio Hibernica* (»Die Eroberung Irlands«). Es ist aber auch bezeugt, daß Giraldus schon bei Zeitgenossen auf Widerspruch stieß. Er schrieb nämlich ein durchaus parteiisches Werk, das die Eroberung Irlands durch die anglonormannischen Barone rechtfertigt, die Leistung seiner Angehörigen dabei in den Vordergrund stellt und das Land gewissermaßen dem englischen König zu Füßen legt. Das Bild der Iren in Europa wurde seit dem 12. Jahrhundert wesentlich von Giraldus Cambrensis bestimmt. Wir wollen uns näher ansehen, wie er im dritten Teil seiner *Topographia* die Einheimischen charakterisiert.

Zunächst steht der Gegensatz von Natur und Kultur im Vordergrund. Von der Natur sind die Iren begünstigt; aber sie überlassen die Erziehung auch ganz dieser. Den guten natürlichen Gaben, die sich ungestört entwickeln, wird das Äußere der Iren entgegengestellt: Ihre Wildheit in bezug auf Haar- und Barttracht und das für den englischen Beobachter Absonderliche ihrer Kleidung. Desgleichen werden sie in der Behandlung der Pferde als Naturvolk gezeichnet, das möglichst wenig Zwang und Kunst auf das Reiten verwendet und ohne Sattel reitet. Die Kampfesweise der Iren – ohne Panzer und mit leichten Waffen – wird als ebenso naturnah wie barbarisch geschildert. Wild und ungastlich sei dieses Volk. Es lebe nur von Tieren, und es lebe wie die Tiere. Alle menschlichen Künste, vor allem aber Ackerbau und Handwerk, Bergbau und Handel, seien bei den Iren unbeliebt. Der Autor führt das auf Faulheit zurück. Die

Natur biete alles, fruchtbaren Boden und Edelmetalle, aber die Einwohner wüßten diesen Reichtum nicht zu nutzen.

In diesem einseitigen Bild macht einzig die Liebe zur Musik und die Geschicklichkeit auf den Instrumenten eine Ausnahme. Der englische Beobachter gibt zu, daß es nirgendwo auf der Welt eine solche Blüte der Musik gebe. – Wie kommt es, daß dieser eine Punkt so eklatant aus dem negativen Gesamtbild herausfällt? – Unter den privilegierten Gelehrtenständen der keltischen Gesellschaft konnte Giraldus Cambrensis einzig die Sänger und Instrumentalisten würdigen, weil die Musik jedem Ohr zugänglich ist, während er die sprachlichen Leistungen der Dichter, Druiden und Rechtskundigen nicht wahrnehmen konnte, da er ihre Sprache nicht verstand. So erreichte ihn von den Leistungen der gälischen Kultur einzig die Musik.

Bemerkenswerterweise erklärte er dasselbe Irland, das bis zum Hochmittelalter auf ganz Europa ausgestrahlt hatte durch seine Missionare, seine Gelehrten und Schreiber, nun für ein barbarisches Land, in dem das Christentum noch gar nicht durchgedrungen sei. Der Graben zwischen der lateinischen Kirche und der keltischen wird möglichst aufgerissen. Die Tatsache, daß sich die christliche Kirche in wesentlichen Stücken an die keltische Gesellschaft angepaßt hatte, wird dazu verwendet, den Iren weitgehend das Christentum abzusprechen. Daß innerhalb der Kirche Irlands im 12. Jahrhundert bereits eine Reform stattgefunden hatte, nimmt er nicht wahr (oder will er nicht wahrnehmen). Die Hauptkritikpunkte am keltischen Christentum sind dabei folgende: Die Iren kennen die (theoretische) christliche Glaubenslehre zu wenig. Sie zahlen keinen Zehnten und schließen keine christlichen Ehen. Sie kennen die kirchliche Auslegung des Inzestverbotes nicht. Sie verhalten sich in der Kirche und beim Gottesdienst nicht, wie sich der Besucher das vorstellt. Sie sind lasterhaft, schmutzig und betrügerisch. Man kann mit ihnen keine Absprachen treffen und keine Verträge schließen, weil sie einen stets zu hintergehen suchen. Sie sind heimtückisch und gewalttätig. Da sie immer eine Streitaxt bei der Hand haben, begehen sie bei jeder kleinen Zorneswallung gleich einen Mord. Während Schwertträger wie die anglonormannischen Barone das Schwert erst aus der Scheide ziehen müssen, bevor sie angriffsfähig sind, brauchen die Iren nur ihren Arm mit dem immer zuhandenen Instrument ein bißchen zu heben – und schon ist der Mord geschehen.

Immer wieder wird die unberechenbare Gefährlichkeit der Einwohner hervorgehoben. Damit gibt Giraldus auch Warnungen und Ratschläge für nachfolgende Eroberer. Gewiß müssen die Einwohner Irlands die Invasoren für gefährlicher gehalten haben – auf seiten des englischen Klerikers ist das Bild genau umgekehrt. Bei Friedensverhandlungen und Waffenstillständen, bei Verträgen und Abtretungen stießen Menschen aus zwei verschiedenen Rechtskulturen aufeinander, die sich offenbar verschiedener Zeichensysteme bedienten, welche nur partiell kompatibel waren. Die Iren nutzten wohl, wenn wir hier Giraldus folgen können, den Spielraum, der daraus entstand, daß die eindringenden Anglonormannen gewisse Gesten und Tauschhandlungen als rechtskräftig auffaßten, denen nach autochthonen Vorstellungen diese Kraft nicht zukam, so daß sie folgenlos gebrochen werden konnten.

In der irischen Überlieferung ist das Bild der Engländer seit 1169 negativ. Aber durch die lateinische Weltsprache und durch die Schriftform, durch die Universitäten und die kirchlichen und politischen Beziehungsnetze ging einzig die Sicht der Eroberer in die kulturelle Überlieferung Europas ein. Die anglonormannischen Barone waren nicht nur eine internationale Elite; sie hatten zudem den König des aufsteigenden England im Hintergrund und die Legitimation der Invasion durch das Papsttum.

Die Feudalisierung Irlands

Nach 1169 breiteten sich die anglonormannischen Barone zwei Generationen lang immer weiter aus. Sie überzogen Irland mit einem Netz von Feudalbeziehungen. Die Großen belehnten Kleinere als Untervasallen. Land erhielt man, wenn man den Lehenseid leistete und eine gewisse Anzahl von Rittern stellte. Beispielsweise mußten für die ganze Provinz Leinster hundert Ritter ausgerüstet werden. Der Lehensträger von Leinster unterteilte sein Gebiet in so viele Teile, daß ihm schließlich 180 Ritter gestellt werden mußten. Bei weiterer Unterteilung erreichte man bald Rechnungsgrößen, die nur Bruchteile eines Ritters ausmachten. Gewöhnlich veranschlagte man acht Bogenschützen zu Fuß für einen Ritter. Man rechnete jeweils mit einem Heereszug von vier Wochen pro Jahr. Allmählich ging man dazu über, diese Verpflichtungen in Geld abzugelten. Der Lehensherr stellte dann Söldner in seinen Dienst.

Obwohl sich Heinrich II. einige Zeit persönlich in Irland aufgehalten hatte, vermochte er keinen durchgreifenden Verwaltungsapparat einzurichten. Als er die Insel wieder verließ, setzte er einen *Justiciar* ein, der ihn vertreten sollte. Dabei achtete der englische König darauf, daß dieses Amt nicht lange innerhalb einer Familie blieb, um keine zu mächtig werden zu lassen. Die Lehensabgaben mußten eingesammelt werden, und dafür bestellte er einen Finanzbeamten der Krone und richtete ein Schatzamt ein (*Exchequer*). Sein Sohn und Nachfolger Johann hielt sich ebenfalls nur einige Jahre in Irland auf. Unter seiner Herrschaft wurde ein oberster Gerichtshof begründet (*Court of the King's Bench*). Dabei versteht es sich von selbst, daß die Rechtsprechung eigentlich nur zur Beilegung von Streitigkeiten unter den Vasallen geschaffen war, die sich außerdem oft genug noch des Faustrechts bedienten. Die eingeborenen Iren waren keine Subjekte des englischen Rechts. Unabhängig von ihrer sozialen Stellung in der irischen Gesell-

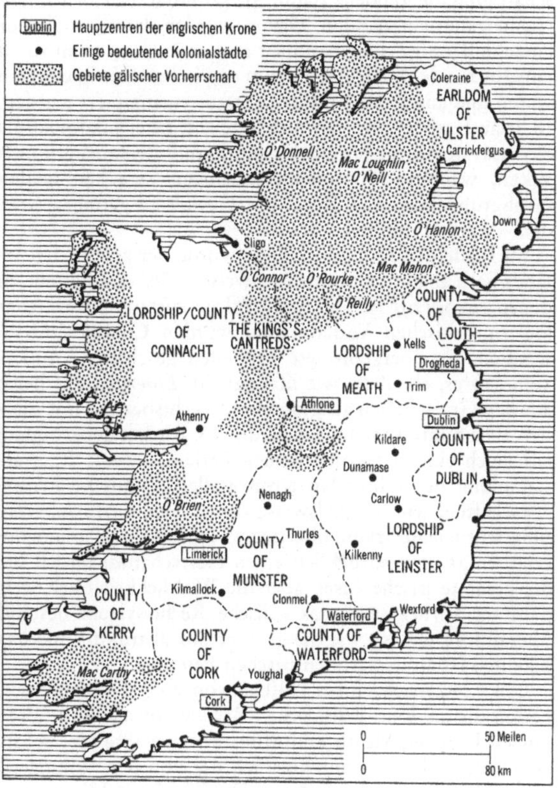

Anglonormannische Herrschaft in Irland um 1240

schaft ging die Tendenz dahin, sie grundsätzlich als *betaghs* (Leibeigene) einzustufen. Davon wurden dann jeweils nur einzelne Könige oder Familien ausgenommen, wenn sie in entsprechende Beziehungen zum englischen König getreten waren und aus ihrem minderen Status emanzipiert wurden. In Irland gab es also jahrhundertelang zwei inkompatible Rechtssysteme, die jeweils für bestimmte Personengruppen galten, während Auseinandersetzungen zwischen beiden Großgruppen in aller Regel mit Gewalt ausgetragen wurden – werden mußten.

Im Laufe des 13. Jahrhunderts wurde der größte Teil Irlands nach anglonormannischer Weise in *Shires* unterteilt, in denen ein *Sheriff* für die Rechtspflege zuständig war. Analog zu britischen Verhältnissen wurden *Counties*, Grafschaften, als übergeordnete Einheiten geschaffen. Außerdem gab es, ebenfalls wie in England, *Liberties*, das heißt aus den Grafschaften ausgesonderte Rechtsbezirke mit eigenen Bestimmungen. Im Laufe des 13. Jahrhunderts bildete sich auch eine Art von irischem Parlament: eine Ratsversammlung der führenden Kronvasallen. Englische Errungenschaften, wie beispielsweise die *Magna Carta Libertatum*, wurden auf Irland übertragen. Die irischen Parlamente erhoben zwar ausdrücklich einen Herrschaftsanspruch für die gesamte irische Insel, aber die Wirklichkeit blieb weit dahinter zurück, und das gälische Rechtssystem bestand überall fort, ebenso wie die gälische Sozialstruktur und das Klientelsystem der großen irischen Familien.

Um 1240, nach einem Aufbau von zwei Generationen, hatten die anglonormannischen Barone vor allem die Provinzen Leinster, Meath und Munster unter ihre Herrschaft gebracht, und zwar einschließlich der von den Wikingern gegründeten Städte, von denen Dublin die wichtigste war. Die England zugewandte Küste war fast durchgehend englisch beherrscht, auch in Ulster, während die weniger zugänglichen Gebiete im Innern der Insel, der große westliche Teil von Ulster, der Westen und Süden von Connaught sowie einer der Westzipfel Munsters weiterhin Herrschaftsgebiet der bekannten irischen Königsfamilien und nach Sprache und Recht gälisch waren.

Die Untervasallen und Kolonisten der anglonormannischen Barone kamen zumeist aus denselben Regionen wie diese selbst: aus Wales und aus England, zum Teil auch aus Flandern und Schottland. Was verleitete sie dazu, aus ihren Heimatländern wegzugehen und sich in das wilde Irland zu wagen?

1. Im 12. und 13. Jahrhundert nahm die Bevölkerung in den Herkunftsländern allgemein zu. Besonders jüngere, nicht erbberechtigte Söhne mochten sich in die Ferne orientieren, wo Land erhältlich war.

2. Die anglonormannischen Barone hatten oftmals für Kolonisten einen besseren Rechtsstatus anzubieten, als diese ihn in ländlichen Gebieten Europas erlangen konnten. In aller Regel erhielten die Siedler das Bürgerrecht. Die anglonormannischen Barone überzogen Irland mit einem Netz von Städten. Wenn diese auch in vielen Fällen der Größe nach bloße Dörfer blieben, eigneten ihnen doch bestimmte Freiheiten, Selbstverwaltung und Handelsvergünstigungen.

3. In Irland lockte Reichtum: Um Kolonisten anzuziehen, mußte man ihnen günstige Bedingungen für die Landbebauung verschaffen und ihnen erträgliche Abgaben auferlegen. Binnen kurzem konnten sie in einem »barbarischen« Land relative Sicherheit für Ackerbau, Handwerk und Handel erwarten, da die anglonormannischen Barone in ihrem Einflußbereich in regelmäßigem Abstand Burgen errichteten. Vor allem aber bot Irland in weiten Teil gute Böden, während die Einwanderer teilweise aus schwierigeren Regionen gekommen sein dürften.

Was bei Giraldus Cambrensis propagandistisch hervorgehoben war, daß die Iren den natürlichen Reichtum des Landes nicht zu nutzen verständen, erwies sich in der Wirklichkeit der Kolonisten als Tatsache: Die Neueinwanderer trieben einen weit überlegenen Ackerbau mit regelmäßiger Dreifelderwirtschaft, Düngung und beträchtlicher Ertragssteigerung. Im 13. und 14. Jahrhundert wurde Irland zu einem agrarischen Exportland, das einen Überschuß an Getreide, Bohnen und Erbsen ausführte, dazu Holz, Wolle und vor allem Häute und Pelze. Nicht nur England und Wales, sondern auch Schottland und Frankreich importierten diese Waren aus Irland. Dabei war die politische Reichweite und das kriegerische Engagement der Könige aus dem Hause Anjou auf dem englischen Thron von entscheidender Bedeutung: Vieles von dem, was die anglonormannischen Barone aus Irland herausholten, waren Kriegslieferungen für die Feldzüge des englischen Königs im Süden Frankreichs, in Schottland und anderswo. Die anglonormannische Eroberung führte mit der Verbesserung des Ackerbaus und der Verstädterung zu einer Wirtschaftsblüte von anderthalb Jahrhunderten in Irland. Diese überdauerte jedoch die Große Pest nicht. Nachdem sich schon in der ersten Hälfte des 14. Jahrhunderts ein Rückgang bemerkbar gemacht hatte, raffte die Pest 1348 und in den folgenden Jahren die Arbeitskräfte hinweg und ruinierte die Außenhandelsbeziehungen.

Ein strukturelles Problem war außerdem die häufige Abwesenheit der Lehensherren in Irland und die in solchen Fällen meist eingeschränkte Verteidigungsfähigkeit. Die Herren hatten oft Besitz in anderen Ländern. Das gilt auch für den obersten Lehensherrn, den *Lord of Ireland* – den englischen König selbst.

Vielleicht hätte es englischen Königen, die in Irland residierten, gelingen können, eine Verwaltungs-, Rechts- und Verteidigungsstruktur aufzubauen, die Irland völlig unterworfen hätte. Daß dies nicht geschah, hatte drei Gründe:

1. Für die englischen Könige war Irland nur ein Nebenland unter anderen. Die reichen Landschaften Frankreichs

reizten sowohl die anglonormannischen Barone als auch die Krone weit mehr.

2. Die Herrenschicht war zu dünn. Während in den ersten Jahrzehnten der Zustrom von Einwanderern nicht abgerissen war, blieb doch ein ausreichender Zuwachs über Jahrhunderte hinweg aus.

3. Die anglonormannischen Barone waren alles eher als disziplinierte Untertanen. Wie sie gewohnt waren, ihren Einfluß mit Waffengewalt gegenüber den Unterworfenen auszudehnen, bekämpften sie sich, wenn sich die Gelegenheit bot, auch gegenseitig ohne Skrupel. Dabei koalierten sie mit irischen Königen und widerstanden nicht in allen Fällen der Verlockung einer Rebellion gegen den englischen König. Es bedurfte nur eines zufälligen Anstoßes, um die ohnehin instabilen Verhältnisse weiter zu destabilisieren.

Einen solchen Anlaß sollte die Invasion der Schotten bieten. Zur Zeit der Kriege zwischen England und Schottland unternahm Eduard Bruce, der Bruder des Königs von Schottland, im Jahre 1315 eine Invasion in Irland. Mit Unterstützung des Königs von Ulster wurde er zum »König von Irland« gekrönt. Doch die Kirche stand in Irland eindeutig gegen den Einfall des Eduard Bruce, wie sie von Anfang an den Einfall der Anglonormannen unterstützt hatte. Der Appell des Schotten an die irischen Könige, ihn eingedenk der gemeinsamen Herkunft und der gemeinsamen Feindschaft gegen die Engländer auf den Schild zu heben, fand ein geteiltes Echo. Von einem Teil der irischen Herrscher wurde er als neuer Eroberer beargwöhnt und aktiv bekämpft. Zwar vermochte es Eduard Bruce, der englischen Herrschaft einen empfindlichen Schlag zu versetzen – er zog drei Jahre lang raubend und plündernd, sengend und mordend mit einem riesigen Heer durch Irland –, aber es gelang ihm nicht, die gälische Gesellschaft geschlossen hinter sich zu bringen. Vielmehr bürdeten ihm die irischen Annalisten die Mißernte und Hungersnot auf, die in jenen Jahren in weiten Teilen Irlands herrschten. Als Eduard Bruce 1318 in einer Schlacht fiel und die schottische Initiative zusammenbrach, atmete man allgemein auf. In den irischen Annalen heißt es: »Eduard Bruce, der Zerstörer von ganz Irland, der Fremden und der Iren, wurde von den Fremden in Irland getötet. Und seit der Erschaffung der Welt ist den Iren nichts Besseres widerfahren. Denn zu seiner Zeit in Irland herrschte Armut und Tod in ganz Irland dreieinhalb Jahre lang.«

Während sich Bruce und Donald O'Neill, der König von Ulster, auf die unversöhnliche Feindschaft zwischen den gälischen Iren und den Eingewanderten bezogen und eine Allianz der stammesverwandten Schotten und Iren herzustellen versucht hatten, bestand die eigentliche Bedrohung der englischen Herrschaft über Irland darin, daß das klare Feindbild, das uns Giraldus Cambrensis so deutlich vor Augen gestellt hat, im 14. Jahrhundert keinen Bestand mehr hatte. Die eingewanderten Anglonormannen waren zu einer *media natio* geworden: Sie hatten sich zwar nicht gerade zu Iren entwikkelt, aber sie waren auch nicht Engländer geblieben. In gälischen Gebieten, in denen die Eroberer wenig Macht hatten und kaum den äußeren Zusammenhalt mit Ihresgleichen zu wahren vermochten, heirateten sie früh schon in die großen irischen Familien. Sie glichen sich in Sprache, Kleidung, Sitten und Lebensweise der irischen Bevölkerung an. Schon im späten 13. Jahrhundert mußten Gesetze erlassen werden gegen »degenerierte Engländer«, die Gälisch sprachen, Umgang mit den irischen Barden hatten, ohne Sattel ritten, Haar und Bart auf irische Weise trugen und sich wie die Einheimischen kleideten. Doch dieser Abwehrkampf hatte keinen dauerhaften Erfolg. Die Sanktionen, mit denen das irische Parlament die Einheit der anglonormannischen Barone erzwingen wollte, griffen nur in einem Kernbereich englischer Kolonisation. Wo die Einwanderer als einzelne unter Iren lebten, assimilierten sie sich. Und je mehr die flächendekkende Macht der anglonormannischen Barone abbröckelte, desto mehr regenerierte sich die gälische Gesellschaft.

Irland im Spätmittelalter
(1348–1485)

1361–1366	Lionel of Clarence als *Lord Lieutenant* in Irland.
1366	Statuten von Kilkenny.
1394/95	Richard II., König von England, in Irland: Versuch der militärischen Rückeroberung.
1399	Richard II. verliert den englischen Thron (Usurpation Heinrichs von Lancaster).
seit 1460	Autonomiebestrebungen des Dubliner Parlamentes.
1468–1534	Aufstieg des Hauses Kildare.

Die Regeneration der gälischen Gesellschaft

Der Wiederaufstieg Irlands nach der Unterwerfung durch die Anglonormannen hat drei Hauptaspekte: den militärischen, den sozialen und den kulturellen. Während der Anfangserfolg der Anglonormannen seit dem 12. Jahrhundert wesentlich darauf beruht hatte, daß sie überlegen waren mit ihren Waffen, in ihrer Kampfestechnik und ihrem Festungsbau, zeigte sich seit der zweiten Hälfte des 13. Jahrhunderts, daß die Iren aufzuholen in der Lage waren. Daran wirkten wesentlich die *galloglasses* mit, Söldner von den Hebriden, den Orkneys und aus Schottland, die teils keltischer und teils wikingischer Abstammung waren. Sie kämpften mit Streitäxten, aber gepanzert. Vor allem waren sie durch ihren überlegenen Kampfeswillen und ihre unerschütterliche Ausdauer im Gefecht immer wieder entscheidend in den irischen Formationen für die Abwehr der anglonormannischen Eroberer. Aber auch die Iren selbst lernten von den Siegern. Wenn Giraldus Cambrensis noch beobachtet hatte, daß sie ungepanzert in die Schlacht gingen, änderte sich das im folgenden Jahrhundert allmählich. In Kriegen an der Peripherie mußten die Anglonormannen zuweilen Schlachten verloren geben. Als im 14. Jahrhundert der Einflußbereich der Anglonormannen schrumpfte, waren sie gezwungen, irische Herrscher als Söldnerführer in ihre Dienste zu nehmen. Seit dieser Zeit konnte von einer militärischen Überlegenheit der Eroberer kaum mehr die Rede sein.

Der Erfolg der irischen Seite manifestierte sich vielleicht am eindrücklichsten in den *black rents*, das heißt Schutzgeldern oder Abstandszahlungen, mit denen sich die Städte und Grafschaften seit dem 14. Jahrhundert regelmäßig freikaufen mußten, wenn sie von Angriffen durch die irischen Herrscher unbehelligt bleiben wollten. Gebiete, die nominell der englischen Krone unterstanden, waren auf diese Weise faktisch von den irischen Herrschergeschlechtern abhängig.

Im sozialen Bereich fällt vor allem die geringe Scheu der Eroberer auf, sich mit den Autochthonen zu verheiraten. Dabei mag die geringe kulturelle und sprachliche Distanz eines Teils der Einwanderer dazu beigetragen haben, daß sie sich leicht mit irischen Frauen verstanden. Dies gilt insbesondere für die Männer aus Wales; sie kamen aus einer Gesellschaft, die der irischen in vieler Hinsicht ähnlich war, und aus einer Region, die im ganzen Mittelalter eng mit Irland verbunden war. Erstaunlicher als die gemischten Heiratsbündnisse sind aber einige der Folgen, die sich daraus ergaben. Beispielsweise waren die Engländer theoretisch stets aufs schärfste gegen die irischen Adoptionsgewohnheiten (*fostering*); praktisch jedoch übernahmen sie diese nicht selten. Wenn man aber erst einmal miteinander Familien gründete und die Kinder zur gegenseitigen Erziehung austauschte, konnte keine Form von Apartheid mehr durchgesetzt werden, mochten sich auch gesetzliche Regelungsversuche danach anhören.

Sehr früh schon und ganz im Gegensatz zu der von Giraldus Cambrensis und anderen Eroberern propagierten

Verachtung der autochthonen Kultur Irlands gingen die Einwanderer zum Gebrauch der irischen Sprache und zur Übernahme irischer Gewohnheiten über. Die großen Traditionen der *filí* wurden durch die anglonormannischen Barone bruchlos fortgeführt: Sie ließen sich von irischen Sängern unterhalten, gaben Loblieder in Auftrag und Elegien auf ihre Verstorbenen. Seit dem mittleren 14. Jahrhundert sind gesamtirische Bardenfestivals bezeugt, die nicht selten von anglonormannischen Herrschern gefördert wurden. Im 14. und 15. Jahrhundert wurde die gälische Kultur insgesamt in einer bis dahin nie dagewesenen Weise gepflegt und protegiert; eine große Zahl von Handschriften, Epen und Gesetzesbüchern sind aus dieser Zeit überliefert, ebenso unzählige Übersetzungen, welche die irische Literatur im Kontakt mit den gemeineuropäischen Stoffen zeigen.

Auffallend ist, daß die Eroberer sich selbst der irischen Sprache bedienten und die irische Kultur übernahmen. Der dritte Earl of Desmond im 14. Jahrhundert ist das herausragende Beispiel: Er gehörte zu einer der bedeutendsten Familien der anglonormannischen Herren, übernahm mehrfach Aufträge und Ämter der englischen Krone (er war sogar zeitweise *Justiciar* des englischen Königs in Irland) – und trotzdem galt er nicht nur als Patron der irischen *filí*, sondern selbst als einer der führenden gälischen Dichter seiner Zeit!

Während die Barden nach Ausweis der vom Parlament erlassenen Statuten stets als Spione verdächtigt wurden (und wohl in manchen Fällen auch waren), so daß es gesetzlich verboten wurde, sie einzuladen, hat es den Anschein, daß sie durchaus ihren Weg durch die Verbote ihrer Zeit fanden: Sie führten ihre autochthone Kultur fort und überlieferten sie den Eroberern; wie diese keine Berührungsängste zeigten, wußten auch jene ihren Vorteil zu wahren. Einer von ihnen, Godfraigh Fionn O'Dálaigh, offenbarte sich in einem Gedicht an einen der Earls of Desmond ohne Umschweife: »In Gedichten für die Engländer prophezeien wir, daß die Gälen aus Irland verschwinden werden; in Gedichten für die Gälen prophezeien wir, daß die Engländer übers Meer gejagt werden.«

Nicht wenige der berühmten anglonormannischen Familien nahmen sogar irische Namen an. Manche setzten ihrem Familiennamen ein irisch klingendes »Mac« voran und nannten sich statt »Philbin« und »Hubert« nun »Mac Philbin« und »Mac Hubert«. Andere gälisierten gleich den ganzen Namen: Aus »de Mandeville« wurde »Mac Quillan«, aus »Bermingham« »Mac Pheorais«, aus »de Burgh« »Burke«.

Es gibt sogar berühmte Familien, welche die anglonormannische Erbfolge, nach der auch Töchter erben konnten, wo Söhne fehlten, im Interesse der ungeteilten Aufrechterhaltung ihres Besitzes negierten und die irischen Erbsitten zum Hausgesetz machten.

In Grenzgebieten bildeten sich Mischformen des Rechts heraus (*March Law*), indem Bestandteile des irischen *Brehon Law* (beispielsweise die materielle Kompensation für Mord und Totschlag) in das englische *Common Law* übernommen wurden.

Die offizielle Linie der Zentralregierung, nämlich klare Trennung, entsprach nie der Wirklichkeit – und zwar je weniger, je mehr die Eroberer an Macht einbüßten und militärisch zurückweichen mußten.

Im Spätmittelalter bezog sich die Gesetzgebung immer wieder auf die Statuten, die vom irischen Parlament, das sich 1366 in Kilkenny versammelt hatte, erlassen wurden. In diesem Jahr hatten sich die Kronvasallen noch einmal, gewissermaßen trotzig, weiter im Westen Irlands versammelt, während die Parlamente des Spätmittelalters meist nur noch in Dublin oder nicht weit davon entfernt stattfinden konnten. Der Originaltext ist französisch – Kultursprache der Anglonormannen aus der Zeit ihrer Einwanderung in Irland. Die Bestimmungen zielen darauf ab, die Beziehungen zwischen der autochthonen Bevölkerung und den Erobe-

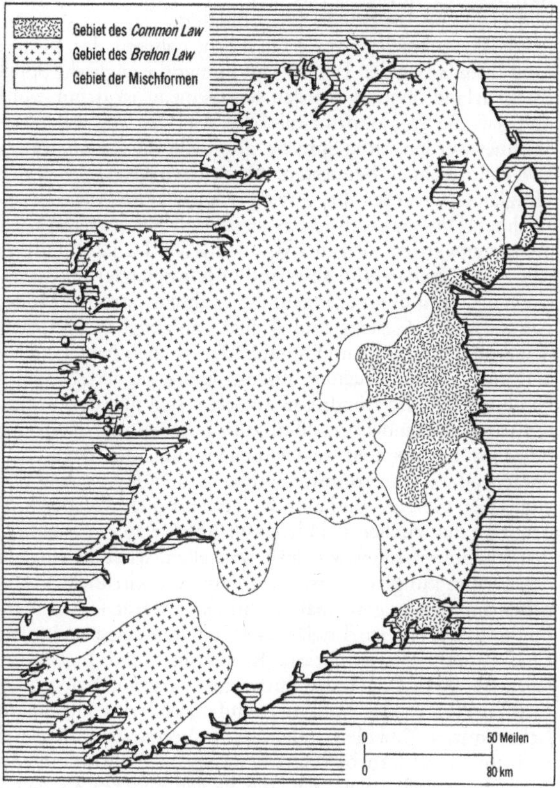

Common Law und Brehon Law in Irland um 1500

rern definitiv zu regeln. Die hier vorgezeichnete Linie hatte Bedeutung bis ins frühe 17. Jahrhundert.

Die Präambel behauptet fälschlich, daß seit der Eroberung Irlands von den Engländern immer die englische Sprache in Irland benutzt worden sei. Gemeint ist damit wohl nur, daß die Anglonormannen, die hier als Engländer bezeichnet werden, ihre Sprache, also nicht die der ursprünglichen Einwohner, benutzten. Als weitere Kennzeichen der »Engländer« werden ihre Art zu reiten und ihr Äußeres bezeichnet. Diesem idealisierten ursprünglichen Zustand wird der gegenwärtige »Verfall« des mittleren 14. Jahrhunderts entgegengestellt: »Nun aber sind viele Engländer im besagten Land dazu übergegangen, die englische Sprache, Mode, Art zu reiten, Gesetze und Bräuche aufzugeben und nach den Sitten, der Mode und Sprache der irischen Feinde zu leben und sich einzurichten. Ebenso haben sie verschiedentlich Heiraten und Bündnisse zwischen sich und den besagten irischen Feinden gestiftet, zum Schaden und Ruin des besagten Landes und seiner Lehensleute, der englischen Sprache, der Treue zu unserem Herrn, dem König, und der englischen Gesetze, und zum widerrechtlichen Aufstieg und Triumph der irischen Feinde.« Um Abhilfe zu schaffen und den früheren Zustand wiederherzustellen, seien die folgenden Bestimmungen erlassen worden: Alle kirchlichen Abgaben müßten ungeschmälert entrichtet werden. Alle Verbindungen zwischen Engländern und Iren seien verboten: Ehe, Patenschaft, Adoption, Konkubinat und Liebesverhältnisse. Kein Engländer dürfe einem Iren in Krieg oder Frieden Pferde oder Waffen verkaufen, im Krieg auch keine Lebensmittel. Zuwiderhandeln sei als Verrat am König mit Leib und Leben zu büßen. Jeder Engländer dürfe nur die englische Sprache benutzen und keinen anderen als einen englischen Namen führen. Er müsse sich standesgemäß der englischen Sitten, Mode, Art zu reiten und äußeren Erscheinungsform bedienen, bei Zuwiderhandeln könne sein Land vorübergehend eingezogen werden. Wenn er kein Land habe, könne er ins Gefängnis geworfen werden. Klerikern könnten ihre Benefizien entzogen werden. In Streitigkeiten zwischen Engländern dürfe kein *Brehon Law* und kein *March Law* angewendet werden, sondern einzig *Common Law*, weil jene kein Recht seien, sondern üble Bräuche. Zuwiderhandeln sei als Hochverrat zu bestrafen. Es dürfe kein Unterschied gemacht werden zwischen den in England geborenen Engländern und den in Irland geborenen Engländern; Schimpfwörter wie »*English hobbe*« und »*Irish dog*« seien verboten, alle seien gleichermaßen als englische Lehensleute des Königs zu bezeichnen. Da das Land sich im Kriegszustand befinde und jeder einzelne verteidigungsfähig sein müsse, sei es künftig allen Gemeinen untersagt, die »*hurling*« und »*coiting*« genannten Sportarten, aus denen viel Übel und Verletzungen entstanden seien, zu betreiben, um sich statt dessen im Bogenschießen und Lanzenwerfen zu üben. *Black rents* dürften nicht mehr gezahlt werden. Die Wirtschaftsbeziehungen zwischen Iren und Engländern werden genauer geregelt. Im Bereich der Engländer dürften Iren keine kirchlichen Weihen, keine Pfarrstellen, Pfründen, Kapitelsitze, Klosterplätze usw. erhalten. In der Kirche dürfe ebenfalls kein Unterschied mehr gemacht werden zwischen Engländern, die in England geboren wurden, und solchen, die aus Irland stammten. Irische Barden dürften nicht mehr angehört und beschenkt werden. Landfriedensbeziehungen werden genauer definiert: Unter welchen Umständen einer eigene Soldaten in Dienst nehmen dürfe; wie die Beziehungen in den Grenzbezirken zu regeln seien. Die Tendenz geht dahin, den einzelnen Baronen das Fehderecht zu entziehen. Der allgemeine Leitsatz lautet: »*one peace and one war shall be throughout the entire land*«.

Die Statuten von Kilkenny strebten eine Art Apartheid an, der die klare Einsicht zugrunde lag, daß die Herrschaft des englischen Königs, die englischen Institutionen und die englische Kultur gefährdet waren, wenn die Eroberer sich an die gälische Gesellschaft assimilierten. Während insgesamt die Fiktion aufrechterhalten wird, der englische König sei *Lord of Ireland*, ein Rechtstitel, der ihm die ganze Insel unterwerfe, wird aus dem Dokument selbst deutlich, daß die Wirklichkeit weit bescheidener war. Der Großteil der Bestimmungen gilt deshalb nur für den tatsächlichen Herrschaftsbereich der anglonormannischen Barone als Vasallen der englischen Krone; dieser Bereich wird öfter als »*the land of peace*« bezeichnet. Dem liegt die Vorstellung zugrunde, daß der Herrschaftsbereich der Eroberer pazifiziertes Gebiet sei, während das Land außerhalb sich in einem Zustand des Krieges aller gegen alle befinde. Auch wo von der Kirche die Rede ist, können Bestimmungen immer nur für den englisch beherrschten Bereich erlassen werden. Eigentlich, so könnte man denken, sei die Kirche eine Institution für alle Christen; hier jedoch wird versucht, eine englische Kirche abzugrenzen und die Trennung auch im kirchlichen Bereich durchzusetzen. Am interessantesten ist, daß die Statuten von Kilkenny immer wieder die spezifische soziale Wirklichkeit durchscheinen lassen, die von den klaren Leitlinien der Zentralverwaltung weit entfernt war: Auch außerhalb des *land of peace* gibt es Engländer. Rebellen sind nicht immer *Irish*, sondern manchmal auch *English*. Der Grenzbereich zwischen dem englischen und dem gälischen Irland verlangt besondere Bestimmungen. In der Kirche und sonst ebenfalls ging der entscheidende Riß nicht immer zwischen Engländern und Iren, sondern zwischen den in England geborenen und den in Irland geborenen Engländern hindurch. Die Regierung der englischen Krone, ihre führenden Vasallen und ihre Bischöfe versuchten kunstvoll, die Lehensbeziehungen mit den ethnischen Beziehungen zur Deckung zu bringen. Die Engländer der verschiedenen Einwanderungswellen sollten durch Abgrenzung von den Iren zu einer zuverlässigen, die Herrschaft der englischen Krone sichernden Sozialgruppe zusammengeschweißt werden. Zwei Jahrhunderte der Einwanderung seit der ersten Invasion hatten aber differenzierte Sozialverhältnisse geschaffen, die sich nicht rückgängig machen ließen. Auch war das Interesse der Einwanderer nicht immer identisch mit dem Interesse der Krone – zumal der Oberherr den Schutz, den er zu gewähren hatte, zunehmend seltener wirklich bieten konnte. Wo die Einwanderer aber auf sich selber angewiesen waren, hatten sie gar keine andere Wahl, als sich mit den Iren zu arrangieren.

Tendenzen des Spätmittelalters

Während das 13. Jahrhundert gekennzeichnet war durch den Aufstieg der anglonormannischen Barone, erlebte das 14. Jahrhundert die Regeneration der gälischen Gesellschaft. Das Spätmittelalter läßt sich charakterisieren durch die widersprüchlichen Ergebnisse beider Entwicklungen. Noch immer waren die anglonormannischen Barone Herren eines beträchtlichen Teils der irischen Insel; aber ihre Herrschaft wurde immer öfter angefochten. Sie standen zwischen der Alternative, sich des Schutzes ihres Oberlehensherrn auf dem englischen Thron zu versichern, und der näheren Alternative, sich mit ihren irischen Nachbarn abzufinden. Mehrfach kam es zu großaussehenden Expeditionen zur Wiedergewinnung Irlands; im Ergebnis jedoch wurde die englische Herrschaft auf einen kleinen Bezirk um Dublin reduziert. Die Regeneration der gälischen Gesellschaft führte zwar zu Landgewinnen, zu Assimilationserfolgen und zu einem stärkeren Selbstbewußtsein der Iren; andererseits machten sich bei jeder Gelegenheit die Partikularinteressen der mächtigen Familien geltend, die sich nicht zu einem einheitlichen Vorgehen gegen die Eroberer bündeln ließen. Ja, es fragt sich, ob sich nicht auch die irischen Führer mit der bestehenden Lage weitgehend arrangiert hatten: Schließlich profitierten sie vom Reichtum der Städte und vom wirtschaftlichen Erfolg. Auf dem Weg über Abstandszahlungen flossen ihnen Gelder zu, die ihre Stellung innerhalb der eigenen Gesellschaft stärken mußten. Ihre militärische Macht beruhte zum Teil gerade darauf, daß sie sich in den Dienst der anderen Seite stellten oder sich den Verzicht auf Gewaltanwendung kompensieren ließen. Gerade das komplizierte Zusammenspiel dezentralisierter Kräfte, die sich nicht ideologisch binden ließen, ist charakteristisch für die Situation Irlands im Spätmittelalter.

Wenn wir von vielen Einzelaktionen, Feldzügen, Siegen und Niederlagen, vom Ehrgeiz einzelner Fürsten und Heerführer, vom Zufall der Koalitionen und des Kriegsglücks absehen wollen, lassen sich folgende Faktoren herauspräparieren:

1. Desintegration des Feudalsystems: Die Stärke der zahlenmäßig immer bei weitem in der Minderheit befindlichen anglonormannischen Eroberer hatte in ihren Waffen und in ihrer Organisationsform bestanden. Im 14. Jahrhundert zeigte sich aber, daß nicht nur der Vorsprung in der Waffentechnik aufholbar war, sondern daß auch die Feudalbeziehungen, das persönliche Treue-und-Schutz-Verhältnis zwischen einem Herrn und seinen Vasallen, nicht unveränderlich waren. Auf die bedingungslose Treue der Vasallen war in vielen Situationen kein Verlaß mehr, wie auch die nominellen Herren den versprochenen Schutz oft nicht aufrechtzuerhalten wußten. Die Untertanen des englischen Königs fielen bei vielen Gelegenheiten gegenseitig übereinander her, bekriegten und ermordeten sich. Die bedingungslose Zusammengehörigkeit und die hierarchische Struktur, welche einst die große Stärke einer kleinen Zahl von Rittern ausgemacht hatten, wurden hinfällig.

2. Absentismus: Wenn ein mächtiger Oberlehensherr in Irland anwesend gewesen wäre, hätte dies die Feudalbeziehungen stabilisiert. In Wirklichkeit blieben die englischen Könige dem prekären Land aber fern. Seitdem Johann

1210 die Insel verlassen hatte, fehlte der Oberlehensherr vor Ort bald zweihundert Jahre, bis schließlich Richard II. 1394 wieder mit einer Expedition nach Irland kam.

Ebenso gravierend wirkte es sich aus, daß die größten Vasallen teilweise nicht mehr in Irland lebten, sondern in England wichtigere Besitzungen zu schützen hatten. Das Spätmittelalter ist durchzogen von einer Gesetzgebung gegen abwesende Grundbesitzer. Sie blieb jedoch erfolglos. Eine Ursache dafür war sicher, daß sich gerade die mächtigsten Vasallen nicht zwingen ließen: Dafür fehlten der englischen Krone selbst die Mittel. Eine andere war wohl, daß weite Teile Irlands, die nominell einem englischen Herrn unterstanden, de facto längst überrannt waren. In vielen Fällen hatten deshalb die Titularbesitzer keine Einkünfte mehr aus ihren Herrschaften. Der einzig effektive Versuch, den die englische Krone unternahm, die Abwesenden nach Irland zurückzubringen, nämlich zwei Drittel ihrer Einkünfte zu beschlagnahmen, um die Verteidigungsanstrengungen der Zurückgebliebenen zu stärken, versprach nur dann Erfolg, wenn wirklich Einkünfte vorhanden waren. Dieses Mittel wirkte deshalb weniger auf die abwesenden Grundbesitzer, als vielmehr auf die gleichfalls oft abwesenden Kleriker. Ihre Pfründen ließen sich kürzen. Die Herrschaftsstruktur des ganzen Landes freilich konnte auch auf diesem Wege nicht gesichert bzw. neu aufgebaut werden.

3. Entvölkerung: Eben weil Irland in weiten Teilen für die Eingewanderten so unsicher geworden war, wanderten viele von ihnen wieder aus. In das 14. Jahrhundert fällt die erste nennenswerte Auswanderungswelle aus Irland. Tausende englischstämmiger Iren wanderten nach England, vor allem in die westlichen Gebiete, wo zu dieser Zeit die Textilherstellung ihren Aufschwung nahm. Es waren vor allem Handwerker, die auf diese Weise ihr Glück zu machen suchten.

4. Pest: Die Tendenz zur Entvölkerung wurde in der Mitte des 14. Jahrhunderts noch verstärkt durch die Große

Pest, die damals ganz Europa heimsuchte und in mehreren Wellen Irland dezimierte. Freilich mußten schon die Zeitgenossen bemerken, daß besonders die Einwanderer davon betroffen waren, wenn auch die gälische Grundbevölkerung nicht gänzlich verschont blieb. Der Hauptgrund für diese merkwürdige Ungleichheit liegt wohl vor allem in der Lebens- und Siedlungsweise: Die Anglonormannen lebten dicht beisammen in Städten, Burgen und Klöstern. Man schätzt, daß ein Drittel oder die Hälfte der angloirischen Bevölkerung von der Pest hinweggerafft wurde.

5. Assimilation: Alle genannten Faktoren wirkten zusammen und verstärkten sich gegenseitig, so daß das Zahlenverhältnis der Engländer gegenüber den Iren immer ungünstiger wurde. Immer öfter waren sie in der Minderheit oder gar allein in einer gälischen Gesellschaft zurückgeblieben, die ihr altes Selbstbewußtsein wiedergefunden hatte. Sie waren nicht mehr in einer Position, sich zu verteidigen und zusammenzuschließen. Es nimmt nicht wunder, daß sich deshalb der Trend zur Assimilation immer weiter verstärkte. Tatsächlich bestand im Spätmittelalter die Möglichkeit, daß die anglonormannischen Eroberer in der autochthonen Bevölkerung aufgehen könnten.

Sicherungsversuche – von Clarence bis Poynings

Nach der Mitte des 14. Jahrhunderts wuchs unter den anglonormannischen Baronen die Überzeugung, daß nur der König selbst oder einer der Prinzen von Geblüt Irland für die Krone retten könne. Einen Versuch machte Eduard III., als er 1360 durch einen Friedensschluß in Frankreich freie Hand für Irland bekam. Er rüstete ein beträchtliches Heer von fast tausend Mann aus und ernannte seinen Sohn Lionel of Clarence zum *Lord Lieutenant*, wie der neue Titel des

Stellvertreters des englischen Königs in Irland nun lautete. Daß die Wahl auf Clarence fiel, ergab sich schon daraus, daß dieser mit Elisabeth de Burgh, der Erbin der Grafschaft Ulster, verheiratet war, und insofern der größte der abwesenden Lords war. Clarence versuchte, nach seiner Landung 1361 das aufrührerische Leinster wiederzugewinnen, aber nicht mit durchschlagendem Erfolg. Er machte Anstalten, die Hauptstadt aus Sicherheitsgründen von Dublin nach Carlow zu verlegen, indem er das Schatzamt und den Königlichen Gerichtshof dorthin transferierte. Auf Dauer war seinen Maßnahmen jedoch kein Erfolg beschieden. Sein Name verbindet sich mit den Statuten von Kilkenny, da er 1366 das Parlament nach Kilkenny einberufen hatte. Nachdem er im selben Jahr jedoch Irland wieder verließ – seine Gattin war gestorben, sein persönliches Interesse an den irischen Angelegenheiten erloschen, die Einsicht in seine letztendliche Wirkungslosigkeit gewachsen –, ging vieles wieder ins alte Gleis zurück.

Der nächste bedeutende Versuch, Irland durch das Gewicht des Königshauses zu pazifizieren, wurde von Richard II. gewagt. Der König landete 1394 mit dem größten Heer, das Irland je gesehen hatte. Er unternahm seine Expedition ganz offensichtlich in der Absicht, Irland militärisch zurückzuerobern. Er begann in Leinster mit der Vertreibung der Mac Murroughs. Die meisten der irischen Könige huldigten ihm. Seit dieser Zeit bezeichneten sie sich dann auch konsequenterweise nicht mehr als »Könige«. Richard II. versuchte, durch Huldigungen alle Mächtigen des Landes, Anglonormannen wie Iren, persönlich an sich zu binden und auf sich zu verpflichten. Doch auch er hatte nur bis zu einem gewissen Grade Erfolg. Während Clarence gescheitert war, weil er sich nicht in die irischen Verhältnisse hineinfinden konnte und ihm die Soldaten, als das Geld ausging, davonliefen, scheiterte Richard II. daran, daß die Personaldecke der Engländer zu dünn war, um das Eroberte zu sichern. Schließlich fiel man ihm in England selbst in den

Rücken: Das irische Abenteuer kostete ihn den englischen Thron (1399).

Das 15. Jahrhundert ist dadurch gekennzeichnet, daß Irland weitgehend sich selber überlassen blieb, weil kein König von England die Macht und die Mittel hatte, einen Krieg zur Rückeroberung Irlands zu führen. Die irischen und anglonormannischen Herrscher bauten lokale und regionale Machtpositionen aus. Die ethnischen Unterschiede verwischten sich zunehmend. Die Macht der englischen Krone schwand.

Die militärische und strategische Konsequenz aus dieser Tatsache war schließlich, daß sich die Zentralregierung, die von Richard II. wieder von Carlow nach Dublin zurückverlegt worden war, mehr und mehr auf den kleinen Bereich um Dublin beschränken mußte. Wie die Engländer jenseits des Ärmelkanals Calais zu einem Brückenkopf ausgebaut hatten, der nicht nur langfristig verteidigungsfähig, sondern auch von einem sicheren Hinterland umgeben war, das man mit Graben und Wall, mit Wachtürmen und Festungen zu sichern vermochte, so versuchte man Dublin und die umliegende Gegend zu einem festen Brückenkopf in Irland auszubauen, der sich in jedem Eventualfall halten, verteidigen und ernähren ließ. Einen solchen Bezirk nannte man *Pale*. Im Laufe des 15. Jahrhunderts wurde die englische Herrschaft in Irland weitgehend auf diesen *Pale* zurückgenommen. Die Regierung ermutigte schon seit 1429 die ortsansässigen Adligen, im Grenzgebiet Burgen zu bauen, die von Dublin subventioniert wurden. Im *Pale* stellte man ein schlagkräftiges Heer auf. Die Aktivitäten der Dubliner Regierung hatten fortan hauptsächlich den Charakter von Grenzsicherungsmaßnahmen. Die Kraft der englischen Krone reichte im 15. Jahrhundert allenfalls noch für die Verteidigung dieses erweiterten Brückenkopfes. Die Nachkommen der anglonormannischen Barone, die einst Irland erobert hatten, waren ihre eigenen Wege gegangen.

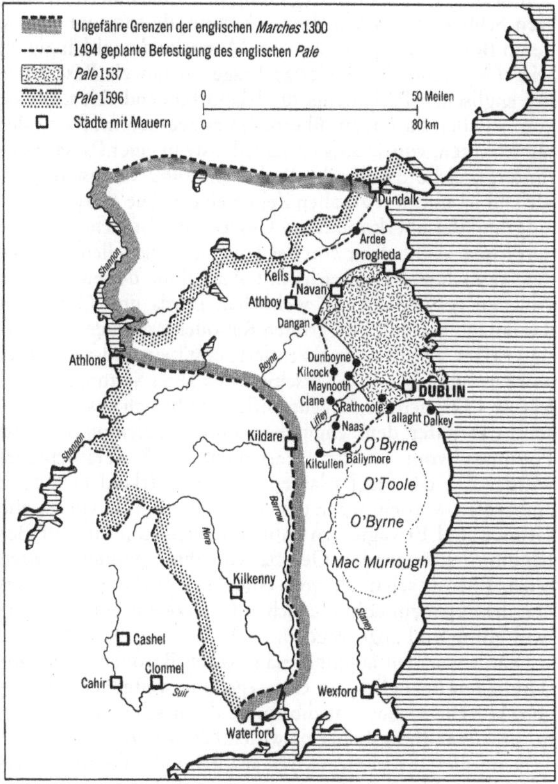

Die Entwicklung des Pale

Je weniger die Zentralregierung den Engländern wirksamen Schutz zukommen lassen konnte, desto mehr wurde deren Bewußtsein gestärkt, vom Mutterland unabhängig zu sein. Die rechtlich schwierige Frage, inwieweit Beschlüsse des englischen Parlaments für Irland bindend seien, ob sie vom irischen Parlament übernommen werden müßten oder nur könnten, wurde aufs entschiedenste in einer Passage definiert, welche das irische Parlament 1460 verabschiedete. »Irland ist und war zu allen Zeiten eine eigene Körperschaft aufgrund der überkommenen Gesetze und Bräuche, die hier herrschen, und befreit von der Last aller speziellen Gesetze des englischen Königreichs mit Ausnahme derjenigen, die von den geistlichen und weltlichen Lords und Gemeinen des besagten Landes im großen Rat oder Parlament für gültig erklärt, zugelassen, akzeptiert, bestätigt und verkündet worden sind, wie es in verschiedenen alten Statuten festgelegt ist.« Die genaue Gegenposition ergibt sich aus dem Gesetz, das unter dem englischen *Lord Lieutenant* Edward Poynings vom irischen Parlament 1495 verabschiedet wurde. Ein eigenes Parlament könne in Irland erst dann einberufen werden, wenn dem englischen König vorher alle Gründe und Erwägungen dafür mitgeteilt und die zur Behandlung anstehenden Gesetze von ihm gebilligt worden seien. Ebenso seien alle vom englischen Parlament erlassenen dem Gemeinwohl dienlichen Gesetze von nun an in Irland gültig und anzuwenden.

Damit war den anglonormannischen Baronen ihre Selbständigkeit bezüglich der Gesetzgebung weitgehend entzogen. Vor allem aber war die Spitze der irischen Verwaltung in ihrer Handlungsbefugnis wesentlich beschnitten.

Denn die Jahrzehnte zwischen 1468 und 1534 sind in Irland bezeichnet durch einen einzigen Namen: Kildare. Während die Desintegration des Feudalsystems im Spätmittelalter prinzipiell lokale Machtzentren schuf und in ein vielseitiges Rivalitätsverhältnis der führenden Familien mündete, ergab sich am Ende des Mittelalters – gewisser-

Irische Herrschaften um 1500

maßen als Extremfall – der unvergleichliche Aufstieg einer einzigen Familie, der Geraldines, die ihre Machtbasis im Nahbereich von Dublin hatten, doch auch jenseits des *Pale* über reiche Besitzungen verfügten. Gerade ihre Zwischenstellung zwischen dem gälischen Irland und den Engländern schlug zu ihrem Vorteil aus. Vor allem aber vermochten sie es, den *Council* in Dublin zu dominieren und sich als Vertreter des englischen Königs in Irland, auch wenn sie dieses Amt stets nur temporär zugesprochen bekamen, unentbehrlich zu machen. Ihre Rivalen waren zuletzt durch die englischen Rosenkriege ausgeschaltet worden, da die Butlers von Ormond sich auf die falsche Seite geschlagen hatten, während die Geraldines, Grafen von Kildare, auf der der Sieger standen. Als der fünfte Earl of Ormonde 1461 hingerichtet wurde, war der Weg frei für die Grafen von Kildare. Sie wurden zu den wahren Herren Irlands; der englische König hatte keine andere Wahl, als seine Lordschaft durch sie regieren zu lassen. Erst Heinrich VIII. vermochte es, ihre Hausmacht zu brechen. Unter den Tudors begann die wirkliche Unterwerfung Irlands.

Das 16. und 17. Jahrhundert: Das Ende des gälischen Irland und die Unterwerfung durch England

Epochenüberblick

Die beiden frühneuzeitlichen Jahrhunderte waren die für Irland entscheidenden. Um 1500 konnte man kaum feste Herrschaftsgrenzen angeben; um 1700 war ganz Irland in *Shires* und *Counties* eingeteilt und staatsrechtlich ein Nebenland der englischen Krone. Im Mittelalter hatten die anglonormannischen Barone ihr eigenes Parlament eingerichtet, das aber zu Beginn dieser Epoche, durch *Poynings' Law* (1495), bereits empfindlich eingeschränkt und dem englischen *King in Parliament* subordiniert war. Seit dem 16. Jahrhundert war Irland in den englischen Staatsbildungsprozeß hineingezogen worden, der jedoch für Irland nicht den Effekt der Mitbestimmung über seine Schicksale hatte, sondern wesentlich dazu führte, daß es nun mit Hilfe englischer Institutionen herrschaftsmäßig für die Engländer gesichert wurde.

Während im 16. Jahrhundert die gälische Gesellschaft noch wesentlich intakt war, wurde sie durch die komplexen Ereignisse des 17. Jahrhunderts, vor allem durch die sukzessiven Auswechslungen der Führungsschicht, im Kern getroffen und zerstört. Gleichzeitig errichteten die Engländer von Ulster aus eine neue Gesellschaft: Sie kolonialisierten Irland. In all diesen Prozessen spielte die Konfessionsfrage eine entscheidende Rolle. Daneben ist jedoch auch zu berücksichtigen, daß die internationalen Beziehungen in diesen beiden Jahrhunderten eine neue Qualität angenommen hatten, so daß Irland, ursprünglich durch seine europäische Randlage geschützt, immer mehr in die Auseinandersetzungen der europäischen Dynastien hineingezogen wurde.

Drei Perspektiven lassen sich isolieren:

1. Die Machtfrage: Die gälischen Fürsten des Spätmittelalters könnten in vieler Hinsicht mit den Rittern der kontinentaleuropäischen Staaten verglichen werden: Sie übten direkte Herrschaft über Untertanen, organisierten ihre Leute in Personenverbandssystemen, schreckten vor Erpressung, Plünderung, Wegelagerei und Selbsthilfe aller Art nicht zurück und waren, insgesamt gesehen, ein anarchisches Element. In England ergab sich der Aufstieg der Stuart-Dynastie und des neuzeitlichen Machtstaates, wie ihn Heinrich VII. und Heinrich VIII. in die Wege leiteten, als Möglichkeit aus dem Desaster der Rosenkriege, in denen ein beträchtlicher Teil des Adels umgekommen war. In Irland hatte das Spätmittelalter unter den besonderen Bedingungen des Grenzlanddaseins im *Pale* den Aufstieg des Hauses Kildare auf Kosten der übrigen großen irischen Familien gebracht, bevor sich der letzte des Hauses der überlegenen Militär- und Waffentechnik der Engländer hatte beugen müssen. Die verbliebenen großen Häuser wurden durch Heinrichs VIII. Politik der Unterwerfung und Belehnung in das englische Feudalsystem eingegliedert und an den neuzeitlichen Staat herangeführt. Hier erwies es sich als verhängnisvoll, daß sich das irische Parlament, auf dem 1541 erstmals gälische Herren vertreten waren, nicht eigenständig entwickeln konnte.

Einen wesentlichen Neuansatz brachte die Kolonisierung, zunächst die Versuche in Munster, dann das große Kolonisierungswerk Ulsters. In den Kolonien wurde ein protestantischer bäuerlicher Mittelstand aufgebaut, der auch das Kirchenwesen und die parlamentarische Repräsentation maßgeblich zu beeinflussen vermochte. So entstand neben den gälischen Fürsten und den anglonormannischen Herren eine dritte Macht in Irland, die sich militärisch durch Festungen und gemeinsame Verteidigungsorganisation zu sichern vermochte, so daß sie nicht mehr zu entwurzeln war, auch wenn die Unterstützung aus dem Mutterland ausblieb. Diese Schicht hatte zunächst von der »Flucht der Grafen« (1607), der Spitzen der gälischen Gesellschaft im Norden, profitiert; ihren Siegeszug trat sie dann mit der Konfessionalisierung des Konfliktes unter den Puritanern und der Umsiedlung unter Cromwell an. Nun wurden drei der vier Provinzen Irlands von protestantischen Landbesitzern beherrscht und in jeder Hinsicht überformt: im Kirchlichen und Religiösen, im Schulischen und Kulturellen, vor allem aber im Recht und in der politischen Organisation. Nachdem durch die Loyalitätsfrage in ihrer Verknüpfung mit der Konfessionsfrage die *Old English* als Führungsschicht der katholischen Gesellschaft eliminiert worden waren, war die Machtfrage in Irland schließlich dauerhaft gelöst: Nach dem Frieden von Limerick (1691) gab es ein Jahrhundert lang keine Aufstände und nennenswerten Widerstandsbewegungen mehr.

2. Die Konfessionsfrage: Während die Reformation in England, so sehr ihre Geschichte auch mit dynastischen Zufällen und persönlichen Beziehungen zusammenhängt, von Gelehrten und breiteren Schichten des Volkes getragen und mithin eine eigentliche Bewegung war, fehlte ihr dieser Charakter in Irland, wo sie kaum Anklang fand. Die institutionelle Schwäche der irischen Kirche wie auch der Mangel an Druckerzeugnissen, einer literarischen Öffentlichkeit und entsprechender Bildungsinstitutionen verhinderten das Übergreifen reformatorischer Gedanken. Die gewaltsame Durchsetzung mit Strafandrohungen, die unter den englischen Voraussetzungen Wirkung zeigte, versagte unter den irischen vollkommen. Das Ergebnis dieser Situation bedeutete letztlich eine Schwächung des englischen Einflusses, da

sich die *Old English* unter dem Eindruck der neuen Verhältnisse als Gruppe konstituierten, die kompakt beim alten Glauben blieb, sich mithin von den Engländern abspaltete und auf lange Sicht der gälischen Mehrheitsbevölkerung zuwandte.

Der Protestantismus in Irland war insofern die Konfession der Neueinwanderer und Kolonisten der elisabethanischen Zeit. Diese brachten ihren reformierten Glauben bereits aus England und Schottland mit und entwickelten ihn zum wesentlichen identitätsstiftenden Band. Sie fanden darin (vom religiösen Gehalt ganz abgesehen) etwas Einigendes gegenüber allen Alteingesessenen in Irland, seien sie nun gälischer oder anglonormannischer Herkunft, und sie sicherten sich damit Rückhalt in ihrem Herkunftsland, das sich ebenfalls protestantisch definierte.

Die ethnische Komponente wurde vollends zweitrangig, als die Puritaner an die Macht kamen und den irischen Aufstand von 1641 als Katholikenaufstand rezipierten. Was mit dem englisch-schottischen Siedlungswerk in Ulster begonnen worden war, wurde mit den Cromwellschen Umsiedlungen fortgeführt. Katholische Landbesitzer gab es nun in merklichem Umfang nur noch in der Provinz Connaught; im übrigen wurde die katholische mehr und mehr zu einer Unterschichtreligion. Der Krieg zwischen Jakob II. und Wilhelm III. bestätigte und verschärfte diese Situation, nachdem auch die Restauration von 1660 nicht zu einer durchgreifenden Restitution katholischen Landbesitzes geführt hatte. Während die zivilrechtlichen Artikel des Friedens von Limerick zunächst den Anschein erwecken konnten, es sei für eine Erleichterung der Katholiken gesorgt, wurde ihr Status mittels einer Serie von Gesetzen durch das irische Parlament um 1700 weiter verschlechtert.

3. Die Identitätsfrage: Im Konfessionellen Zeitalter machte Irland dieselbe Erfahrung, die auch den meisten anderen europäischen Staaten nicht erspart blieb – die der ge-

brochenen Identität. Doch unterschied sich das Land von den Nachbarstaaten dadurch, daß es gleichzeitig mit der Konfessionalisierung einem Prozeß der Kolonialisierung unterworfen wurde. Die Konfessionalisierung trug sogar dazu bei, daß die ältere ethnische Frontstellung bis zu einem gewissen Grad überwunden werden konnte, freilich nur um den Preis, daß sie sogleich von einer neuen, gravierenderen Konfrontation überlagert wurde.

Nach der »Flucht der Grafen« und der weitgehenden Vertreibung und Ausrottung der gälischen Fürsten und Adligen im Zusammenhang mit den Ereignissen von 1641 konnten die *Old English* vorübergehend zu einer neuen Führungsschicht des katholischen Irland werden, bevor sie selbst vernichtet oder vertrieben wurden. Diese zweite Eskamotierung einer Elite hat die dynastischen Verwicklungen zur Voraussetzung, welche die katholischen Iren, mit den *Old English* an der Spitze, in eine Loyalitätsfalle manövrierte. Indem sie am angestammten König festhielten, da er ihnen nicht nur rechtmäßig schien, sondern auch katholikenfreundlich war, konnten sie zunächst nicht erkennen, daß sich in England die Kräfteverhältnisse völlig verändert hatten, vor allem aber, daß sie nun in ein europäisches Staatensystem einbezogen waren, das nicht von Irland aus bestimmt werden konnte und das Ressourcen ins Spiel brachte, die für das Agrarland Irland völlig unverhältnismäßig waren. Die Protestanten Irlands hatten es einfach, sich auf die Seite Wilhelm von Oraniens zu schlagen, da sie schlicht nach dem konfessionellen Muster reagierten. Die Katholiken dagegen konnten kaum überblikken, daß es in der internationalen Mächteauseinandersetzung zwischen der habsburgischen und der bourbonischen Seite längst um ganz anderes als Religionsangelegenheiten ging. Es war eine komplexe Welt, die sich vom Blickwinkel der irischen Stammeskultur der Tradition aus nicht mehr begreifen ließ.

An die Konfrontation des »Krieges der Könige« im späten 17. Jahrhundert erinnern die Nachkommen noch heute, wenn sie jährlich in Parademärschen den Sieg am Boyne und die Befreiung Londonderrys feiern. Hieran knüpft sich die protestantische irische Identität, die sich selbst als »*Orange*« kennzeichnet, nach den Farben und dem Namen des Oraniers.

Ansätze neuzeitlicher Staatsbildung, Reformation und Gegenreformation
(1485–1603)

1485–1509	Heinrich VII.: Mit ihm beginnt die Epoche der Tudors.
1495	*Poynings' Law*: Vom irischen Parlament verabschiedete Gesetze können erst dann in Kraft treten, wenn sie vom *Privy Council* des englischen Königs akzeptiert sind.
1509–1547	Heinrich VIII.
1534–1541	Kriege der Geraldinischen Liga.
1536	Anerkennung des englischen Königs als Oberhaupt der Kirche auch durch das irische Parlament.
1541	Heinrich VIII. nimmt den Titel »König von Irland« an.
	Politik der »Unterwerfung und Belehnung«.
1542	Ein Versuch von Jesuiten, in Ulster Fuß zu fassen, scheitert.
1547–1553	Eduard VI.: Protestantisierung.
1551	Einrichtung der ersten irischen Druckerei in Dublin.
1553–1558	Regierungszeit Marias I.: Rekatholisierung.
1558–1603	Elisabeth I.: erneute Protestantisierung.
1560	Englisches Uniformitätsgesetz wird auch in das Register des irischen Parlamentes eingetragen.

1568 Beginn der Aufstandsbewegung in Munster.
1571 Erstes Buch in gälischer Sprache gedruckt: protestantischer Katechismus.
1579 Spanische Invasion in Dingle.
1580 Spanische Invasion in Smerwick.
1588 Scheitern der großen spanischen Armada.
1592 Gründung der ersten irischen Universität: Trinity College, Dublin.
1595–1603 Rebellion des Hugh O'Neill, Earl of Tyrone; Feldzüge in Ulster und Munster.
1596 Jesuiten fassen Fuß in Irland.
1598 Großer Sieg O'Neills (Yellow Ford).
1601 Invasion der Spanier in Kinsale.
1603 Entscheidender Sieg der Engländer; O'Neill unterwirft sich.
Neues Testament in gälischer Sprache gedruckt.

Versuche mit direkter Herrschaft

Als aus dem Krieg der Häuser York und Lancaster schließlich das Haus Tudor siegreich hervorgegangen war, mußte der neue englische König Heinrich VII. noch jahrelang um die Sicherung seiner Dynastie kämpfen. Immer wieder standen Prätendenten gegen ihn auf, die seine Gegner unter ihren Fahnen zu sammeln suchten. Und immer erhielten sie Unterstützung in Irland.

Als Heinrich VII. 1485 den englischen Thron bestieg, war der mächtigste Mann in Irland – zugleich Vizekönig – der achte Earl of Kildare, Garret More Fitzgerald, genannt »*the Great Earl*«. Er war bekannt für seine Anhänglichkeit an das Haus York, und als 1487 ein yorkistischer Prätendent, Lambert Simnel, in Irland landete, provozierte Garret More den Tudor-König, indem er Simnel unter großer Anteilnahme des irischen Adels und der Geistlichkeit in Dublin als »Eduard VI.« zum König krönen ließ. Garrets Bruder Thomas gehörte zu jenem Heer, das den Prätendenten nach England geleitete und in der Schlacht von Stoke geschlagen wurde. Lambert Simnel wurde gefangengenommen; er fand fortan im Haushalt des Tudor-Königs als Küchenjunge Verwendung.

Vier Jahre später meldete sich mit Perkin Warbeck schon wieder ein yorkistischer Prätendent. Auch dieser kam nach Irland, sammelte Kräfte in Cork um sich, erhielt die Unterstützung Garret Mores und eilte nach England. Wenngleich sich Heinrich VII. auch gegen diesen Prätendenten militärisch zu behaupten vermochte, mußte es ihn doch beunruhigen, daß Irland und das Haus Kildare stets eine Machtbasis für seine Feinde darstellten.

Konsequenterweise entzog Heinrich VII. dem Grafen von Kildare sein Amt und setzte 1494 Sir Edward Poynings, einen seiner fähigsten Feldherren, als irischen Vizekönig ein. Dieser erhielt den Auftrag, Irland zu perfektem Gehorsam zu bringen. Mit seinem Namen verbindet man vor allem jenes Gesetz, welches das irische Parlament dem *Privy Council* des englischen Königs subordinierte und bis 1782 in Geltung war (*Poynings' Law*, 1495). Und Poynings vereitelte auch eine Invasion Perkin Warbecks. Doch zeigte sich binnen kurzem, daß direkte militärische Herrschaft weit mehr Kosten verursachte, als sich Gewinn aus Irland herausziehen ließ. Heinrich VII. aber war ein kühler Rechner. Poynings wurde zurückgerufen – und der mächtigste Mann Irlands wurde wieder als Vizekönig eingesetzt: Garret More. Von 1496 bis 1513 erwies er sich als loyaler Regent, der mit geringem Kostenaufwand dafür zu sorgen vermochte, daß den Tudors von Irland her keine Gefahr mehr drohte. Als er starb, folgte ihm ganz selbstverständlich sein Sohn, Garret Og Fitzgerald, als englischer Vizekönig in Irland.

Daß sich die Verhältnisse nicht in dieser Weise stabilisierten, lag daran, daß in England seit 1509 Heinrich VIII. regierte, der unter dem Einfluß des Kardinals Wolsey ein aufmerksames Auge auf Irland gerichtet hatte und nochmals einen dezidierten Versuch mit direkter Herrschaft zu unternehmen gewillt war. 1520 wurde Garret Og aus seinem Amt entfernt, weil er der neuen Irlandpolitik Heinrichs VIII. und Wolseys im Wege stand. Thomas Howard, Earl of Surrey, wurde als *Lord Lieutenant* eingesetzt und mit einem Heer nach Irland geschickt. Seine Mission scheiterte aus Mangel an Mitteln. Er setzte dem englischen König drastisch auseinander, wie leer die Kasse in Dublin war und wie viele Soldaten man bräuchte, um Irland zu unterwerfen. Zu einer Investition dieser Größenordnung war auch Heinrich VIII. nicht bereit. Surrey resignierte, und Heinrich VIII. fand eine kostensparendere Methode, Irland zu regieren: In schnellem Wechsel wurden die Grafen von Ormonde und von Kildare als Vizekönige eingesetzt – und wieder aus dem Amt gestoßen.

Komplizierter wurde die Lage sodann durch die Außenpolitik des englischen Königs. Führende Iren verhandelten nacheinander mit dem König von Frankreich und mit dem Kaiser, um Heinrich VIII. zu schaden. Deshalb schickte dieser 1529 Sir William Skeffington mit einem Heer nach Irland. Wiederum wurde die Militäraktion zu teuer für die Krone; wiederum wurde Kildare eingesetzt.

Die prekäre Machtbalance wurde schließlich 1534 radikal verändert. Garret Og wurde nach England zitiert, durfte aber seinen Sohn Thomas, Lord Offaly (*Silken Thomas*), als Stellvertreter einsetzen. Garret Og wurde des Hochverrats bezichtigt und in den Tower geworfen; in Irland kursierten bereits Gerüchte, die von seiner Hinrichtung wissen wollten. In dieser Situation ging sein Sohn zur offenen Rebellion über. In einer dramatischen Aktion ritt er mit seinem Gefolge nach Dublin, um vor versammeltem *Council* sein Amtsschwert niederzuwerfen und dem englischen König die Treue aufzukündigen. Heinrich VIII. schickte erneut Sir William Skeffington mit einem Heer nach Irland. Dieser belagerte Maynooth, die Burg der Grafen von Kildare, und zerstörte sie mit seiner überlegenen Artillerie. Die Besatzung mußte sich ergeben und wurde – ein Präzedenzfall in Irland – fast vollständig niedergemetzelt. *Silken Thomas* wurde gefangen und nach England gebracht. Wie ein gemeiner Verbrecher wurde er später nebst fünf seiner Onkel in Tyburn aufgeknüpft; sein Vater starb im Tower. So erlosch das Haus Kildare – bis auf ein Kind, das man in Sicherheit gebracht hatte.

An diesem Ende ist Verschiedenes bemerkenswert: Offenbar wollte Heinrich VIII. ein Exempel statuieren. Die Feldzüge und Belagerungen, die Einnahmen und Hinrichtungen waren von damals unbekannter Grausamkeit und abschreckendem Effekt. Damit zeigte Heinrich VIII., daß er keineswegs mit einer nominellen Oberherrschaft über Irland zufrieden war und sich im Zweifelsfall militärisch durchzusetzen vermochte. Zugleich brachte er mit diesem Vorgehen aber ganz Irland gegen sich auf. Die Kriege der »Geraldinischen Liga« zwischen 1534 und 1541 sahen die gälischen und anglonormannischen Lords einmütig alliiert gegen das königliche Heer. Zugleich war dem englischen König durchaus deutlich geworden, daß eine militärische Unterwerfung und effektive Besetzung Irlands für die englische Staatskasse unerschwinglich war. Bemerkenswert ist also nicht nur die Grausamkeit, sondern auch die Klugheit des zweiten Tudors. Schon 1520 hatte er seinen *Lord Deputy* angewiesen: »Wir und unser Rat denken und glauben wahrlich, daß man die irischen Lords nur durch umsichtiges Vorgehen und politische Methoden zu weiterem Gehorsam bringt [...]. Diese Sache muß demnach auf nüchterne Weise, mit politischer Schläue und freundlicher Überredung angegangen werden, eher auf Gesetz und Vernunft als auf rigoroses Vorgehen oder Durchsetzung mit Stärke oder Gewalt gegründet.« In Wirklichkeit versuchte er beides abwechselnd – und sogar mit Erfolg.

Unterwerfung und Belehnung

Heinrich VIII. hatte im Laufe der Jahre ein System ausgeklügelt, das 1541 durchgehend zur Anwendung kam. In der englischen Literatur heißt es »*Surrender and Regrant*«, Unterwerfung und Belehnung. Diejenigen gälischen und anglonormannischen Lords, die sich ihm unterwarfen und seine Oberherrschaft anerkannten, konnten damit rechnen, in Gnaden aufgenommen zu werden und ihren Besitz wiederum als Lehen zu empfangen. So unterwarf sich beispielsweise MacWilliam Burke von Galway und wurde zum Earl of Clanrickard ernannt. O'Brien wurde Earl of Thomond, Conn O'Neill Earl of Tyrone. Als Heinrich VIII. 1547 starb, hatten sich ihm vierzig der mächtigsten gälischen und angloirischen Lords in dieser Weise unterworfen, ihren Frieden mit dem König gemacht und das englische Gesetz anerkannt.

Auf den ersten Blick mag diese Prozedur formal und inhaltsleer wirken: eine bloße Sache von Worten und Namen. In Wirklichkeit hatte sie komplexe Folgen:

1. Unifizierung der Untertanenschaft: Während die englische Krone seit 1169 stets differenziert hatte zwischen gälischen und anglonormannischen Bewohnern Irlands, eine Unterscheidung, die in den Statuten von Kilkenny ihren deutlichsten Ausdruck gefunden hatte, unternahm es nun Heinrich VIII., seine Untertanenschaft unabhängig von ihrer ethnischen Herkunft zu organisieren. Damit war eine Politik der Anglisierung verbunden: Die Gewährung englischer Adelstitel war an englische Sprache, Kleidung und Sitten gebunden. Zugleich aber verlieh Heinrich VIII. auch seinen gälischen Untertanen englisches Recht. Während sich im Spätmittelalter manche Iren durch die heimliche Annahme englischer Namen, Sprache und Sitten in das *Common Law* eingeschlichen hatten, da sie andernfalls den Engländern gegenüber rechtlos waren, konn-

ten nun zumindest die Spitzen der gälischen Gesellschaft ganz legal englische Untertanen und englische Rechtssubjekte werden. Heinrich VIII. hatte also die erfolglose Apartheidpolitik des Spätmittelalters hinter sich gelassen und die gälische Gesellschaft mit einer neuen Form neuzeitlicher Staatlichkeit konfrontiert. Im Parlament von 1541 war erstmals eine größere Anzahl gälischstämmiger Lords zugegen.

2. Transformation gälischer Sozialformen: Indem die gälischen Fürsten auf ihre traditionellen Herrschaftstitel verzichteten und sich in die englische Lehenspyramide eingliederten, übernahmen sie auch das feudale Erbrecht und den englischen Sukzessionsmodus. Während die gälische Gesellschaft gar kein individuelles Grundeigentum gekannt hatte, sondern auf der Basis der *derbfine* den Durchsetzungsfähigsten zum Herrscher erkoren hatte, versuchten die neuen englischen Lords ihren Besitz zum persönlichen Besitz zu machen, den ältesten Sohn als Nachfolger durchzusetzen und die Rechte der übrigen Angehörigen der *derbfine* zu übergehen. In vielen Fällen hatten sie damit Erfolg. In anderen Fällen – der berühmteste des Shane O'Neill wird noch zu schildern sein – verhielten sich die Mitglieder der *derbfine* so, wie sie es nach gälischer Tradition gewohnt waren. Man wird nicht fehlgehen, wenn man das Modell der Unterwerfung und Belehnung auch mit dem Ehrgeiz der jeweils gerade possedierenden gälischen Fürsten in Zusammenhang bringt, sich gegenüber der weiteren Verwandtschaft durchzusetzen und sich eine neue Form individuellen Eigentums für die männliche Linie einer neu verstandenen Kernfamilie zu sichern. Dieser Übergang zu englischen Formen hatte außerdem für den englischen König den Vorteil, daß er von relativ stabilen Besitzverhältnissen ausgehen konnte: Wer sich ihm persönlich unterworfen hatte, war ihm persönlich verantwortlich. Kein nicht-unterworfener Verwandter konnte die betreffende Herrschaft der englischen Krone entfremden. Jedenfalls unternahm Hein-

rich VIII. alles, diesen Modus erfolgreich anzuwenden und die gesamte irische Gesellschaft, unabhängig von ihrer ethnischen Herkunft und früheren Stellung zur Krone, auf sich und seine Dynastie als Oberlehensherrn zu beziehen.

Der erste Akt der irischen Reformation: Königlicher Supremat und Aufhebung der Klöster

Die Reformation in Irland ereignete sich nicht aus irischen Gründen, sondern in Abhängigkeit von der englischen Entwicklung. Das heißt nicht, daß es in der irischen Kirche des Spätmittelalters keine Mißstände gegeben hätte – das Gegenteil ist der Fall. Aber die breite kirchen- und romkritische Bewegung, die in den anderen Ländern zur Frühphase der Reformation gehört, fehlte in Irland völlig. Es gab keine öffentliche Meinung, die auf Reformen oder Reformation drängte. Von einer Erneuerung des Glaubens oder der Lehre war keine Rede.

Paradoxerweise war der erste Akt der irischen Reformation eine rein katholische Angelegenheit, die mit Protestantismus nichts zu tun hatte. Nachdem Heinrich VIII. den englischen Klerus auf sich selbst als Haupt der englischen Kirche verpflichtet und sich vom Papst in Rom losgesagt hatte, versuchte er, auch seine irische Lordschaft auf diese Linie einzuschwören. Da er in England mit Hilfe des Parlaments eine Reformation bewirkt hatte, beschritt er in Irland denselben Weg und berief 1536 ein Parlament nach Dublin ein. Ohne große Mühe ließ sich dieses dazu bewegen, die englischen Vorgaben zu übernehmen: Statt des Papstes wurde der englische König als Oberhaupt anerkannt, und bestimmte Klöster sollten aufgehoben werden. Die einzige Gruppe, die sich in diesem Parlament zur Wehr setzte, waren die *proctors*, die niedere Geistlichkeit. Darauf beschloß die Mehrheit, diese künftig nicht mehr zum Parlament zuzulassen, da sie ohnehin (im Vergleich mit dem Parlament in Westminster) eine Anomalie darstellten. Fortan bestand in Irland wie in England das Parlament nur noch aus einem Unterhaus mit Vertretern der Städte und Grafschaften und einem Oberhaus, in dem sämtliche Adligen und Bischöfe Sitz und Stimme hatten.

Daß sich kein beträchtlicher Widerstand gegen die Reformation Heinrichs VIII. regte, heißt nicht, daß das Parlament unter besonderen Druck gesetzt werden mußte. Es bedeutet ganz einfach, daß die meisten Parlamentsabgeordneten die Zustimmung für eine bloße Loyalitätsfrage hielten, die ihren christlichen Glauben nicht betraf. Das Papsttum stand damals in geringem Ansehen; daß in den Klöstern große Mißstände herrschten, war allen bewußt. Faktisch hatte die Stellenbesetzungspolitik des Papstes ohnehin seit Jahrhunderten die Interessen des englischen Königs berücksichtigt. Wo der Papst Dispense erteilt hatte, war nicht selten Verwirrung und Unfrieden entstanden. Und die Enteignung der Klöster, die in erster Linie zur Bereicherung der Krone gedacht war, bot durchaus Anreize für Anhänger des Königs, für Nachbarn, Soldaten und sonstige Interessenten. Kildare hatte versucht, die Religionsfrage aufzugreifen und die Treue zum Papst gegen die Treue zum König auszuspielen – aber er war besiegt und verlassen. Zwar gab es ab 1538 eine kurze protestantische Phase der irischen Reformation; aber nachdem 1539 das englische Parlament die »Sechs Artikel« beschlossen hatte, in denen sich die Anglikanische Kirche gegen lutherische Einflüsse abgrenzte und alle traditionellen Bestandteile katholischer Lehre bestätigte – einschließlich der Transsubstantiationslehre, der Kommunion unter nur einer Gestalt, der privaten Messe, der Ohrenbeichte, der Mönchsgelübde und des Zölibats –, gab es auch in Irland keinen Grund mehr, protestantische Einflüsse zu fürchten. Das Problem der Muttersprache im Gottesdienst war schnell vom Tisch, da es ohnehin kaum englische Prediger gab und sich außerhalb des *Pale* sofort die Frage stellte, ob man nun etwa Gälisch als Gottesdienstsprache verwenden sollte. Es fehlte an Predigern, die auf eine wirkliche Reformation der Kirche drängten, und es fehlte an Büchern, um Muttersprachliches zu verbreiten. Die erste Druckerei wurde in Irland erst 1551 eingerichtet; vorher mußte aus England importiert werden, was etwa für eine Reform des Gottesdienstes benötigt wurde. Im *Pale* gab es teilweise bilderstürmerische Aktivitäten, die sich aber in engen Grenzen hielten. Die Aufhebung der Klöster betraf zunächst im wesentlichen nur den *Pale* und wenige andere Gebiete unter dem Einfluß der englischen Krone. Auch in späteren Jahren wurden fernere Klöster, vor allem im Norden und Westen der Insel, kaum betroffen.

Der erste Akt der irischen Reformation verlief also im wesentlichen ohne Protest der Betroffenen – es gab kein Äquivalent zur englischen *Pilgrimage of Grace* –, ohne erkennbare Gegenmaßnahmen und ohne Märtyrer. Er bestand vor allem darin, daß der englische König auch seine irischen Untertanen auf sich als Haupt der Kirche einschwor und Klöster aufhob, soweit seine Macht reichte.

Der zweite Akt der irischen Reformation: Das *Common Prayer Book* von 1549

Unter dem unmündigen Sohn und Nachfolger Heinrichs VIII., Eduard VI., setzten sich in der anglikanischen Staatskirche erstmals protestantische Tendenzen durch. Zwar ergingen Anweisungen, in Irland analog zu verfahren, doch blieben diese weitgehend erfolglos, weil es dort fast gar keine reformatorisch gesinnten Geistlichen gab und weil die englische Kirche nicht imstande war, das nötige Personal für eine so gravierende Änderung in Religionsdingen zu stellen. Während der irische höhere Klerus den ersten Akt der Reformation ohne wesentlichen Widerstand mitvollzogen hatte, wurde der zweite umgangen, verschleppt und sabotiert.

Bischof Dowdall von Armagh, der unter Heinrich VIII. in sein Amt gekommen war, erklärte schlicht, daß er nicht mehr Bischof sein könne, wo keine Messe mehr gefeiert werde. Er war ein wichtiger kirchlicher Funktionsträger, der für die Einbindung der O'Neill in das englische Herrschaftssystem unverzichtbar schien. Dementsprechend wurde er lange geschont. Als es aber hart auf hart kam, legte er sein Amt nieder und floh. Auch andere Bischöfe widersetzten sich, wurden entlassen oder frühzeitig zur Ruhe gesetzt. Mit dem alten Klerus in Irland war offenbar keine Reformation zu machen.

Freilich hielt es auch schwer, diesen zu ersetzen. Denn die irischen Diözesen waren fast durchweg so arm, daß sich kaum ein englischer Geistlicher dazu verstehen mochte, unter so bettelhaften Bedingungen Bischof zu werden. Schließlich fanden sich zwei Männer für die anstehenden Aufgaben. Einer von ihnen, Goodacre, wurde noch vor seinem Amtsantritt bei einem Essen von seinem niederen Klerus vergiftet. Der zweite, Bale, war entsetzt, als er erkennen mußte, wie man in Irland die eduardianische Kirchenreform umgesetzt hatte. Zwar war das englische *Common Prayer Book* von 1549 auch in Irland eingeführt worden, mithin ein gegenüber der hl. Messe geringfügig modifizierter protestantischer Gottesdienst in englischer Sprache. Aber Bale mußte beobachten, wie die Geistlichen den englischen Text so halblaut murmelten wie vorher den lateinischen und im Äußeren alle Meßgebräuche weiterführten, so daß für die Gemeinde schwerlich erkennbar war, daß sie nun einem protestantischen Gottesdienst beiwohnte. Das eindeutig protestantische *Common Prayer Book* von 1552 konnte in Irland kaum irgendwo Wirkung zeigen, weil seine Einführung verschleppt wurde und mit Eduards VI. Tod schon im Jahre 1553 die protestantische Phase bereits zu Ende ging.

Seine Nachfolgerin Maria suchte England wiederum in den Schoß der alten Kirche zurückzuführen. Dabei wurden freilich die Klosteraufhebungen nicht rückgängig gemacht. Aber die Messe wurde wieder eingeführt, und die Bischofssitze wurden neu besetzt. In einzelnen Fällen ist bezeugt, daß man in Irland aus diesem Anlaß Freudenfeste feierte, die Glocken läutete, Prozessionen veranstaltete. Der Protestantismus, der in Irland kaum Anhänger gefunden hatte und den die Engländer mangels durchgreifender Macht nicht allgemein durchzusetzen vermocht hatten, schien binnen weniger Jahre wie ein Spuk verflogen.

Der dritte Akt der irischen Reformation: Die verpaßte Evangelisierung

Als sechs Jahre später mit Elisabeth I. erneut eine protestantische Königin zum Oberhaupt der englischen und irischen Kirche wurde, stellte sich die alte Frage erneut: Konnte man in Irland die Reformation einführen? Der Supremat der Krone war gesichert; was fehlte, war die Beteiligung der Bevölkerung. Während Heinrich VIII. sorgfältig darauf geachtet hatte, sich auch in Irland die Zustimmung des Parlaments und mithin der Herrschenden zumindest im englisch dominierten Bereich zu sichern, hatte die protestantische Initiative unter Eduard VI. auf solche Mitwirkung verzichten zu können geglaubt. Elisabeth wiederum beteiligte das irische Parlament an der Regelung der Religionsangelegenheiten, doch mußte sie gerade aus politischen Gründen, aus Gründen der Herrschaftssicherung und Durchsetzungsfähigkeit, auf eine rigorose Protestantisierung verzichten. Das Parlament von 1560 akzeptierte die englische Lösung des Uniformitätsgesetzes unverzüglich – aber wie dies geschehen konnte, ist den Historikern bis heute ein Rätsel. *Eine* Lesart geht dahin, daß die Zustimmung an einem Tag erteilt worden sein soll, den man allen Gegnern des Protestantismus, der Mehrheit also, vorher als sitzungsfrei angekündigt hatte. – Kurz darauf wurde das Parlament überraschend aufgelöst.

Das Problem der irischen Reformation war auch in ihrem dritten Akt, daß sie – nach dem englischen Muster – auf Durchsetzung mit Zwangsgewalt berechnet war, die aber aufgrund der nur lokalen und überhaupt erschütterten Macht der Engländer gar nicht geleistet werden konnte. Was in England selbst mit Mühe praktikabel war – eine anglikanische Uniformität in Religionsangelegenheiten mit verpflichtenden Eiden für Kleriker, Beamte und Studenten, mit Kirchenbesuchszwang am Sonntag, auf dessen Übertretung Geldstrafen standen –, erwies sich in Irland als unrealistisch, weil die protestantische Mehrheit und die staatliche Macht fehlten. Wo aber wirklich dieselben Zwangsmittel zur Anwendung kamen – den gesetzlichen Rahmen hatte man ja von England übernommen –, sah die anglikanische Kirchenpolitik immer sofort wie Anglisierungspolitik aus. Damit war sie den Iren doppelt verhaßt.

Im *Pale* und darüber hinaus auch im englisch dominierten Bereich machten die Bischöfe kaum Schwierigkeiten: Ihre Mehrheit arrangierte sich mit den neuen protestantischen Verhältnissen, da sie ja die englische Krone ohnehin als kirchliches Oberhaupt akzeptiert hatte. Nur in wenigen Fällen erwuchsen der protestantischen Kirche aus diesen Bischöfen jedoch aktive Reformatoren.

Anders war es mit den Adligen anglonormannischer Abkunft, die sich nun zunehmend als *Old English* definierten und von den neuen Engländern der Reformation und der Siedlungspolitik abzuheben suchten. Sie unterwarfen sich äußerlich, wo es nötig schien, und blieben privat meist beim alten Glauben. Sie gingen also sonntags in den öffentlichen protestantischen Gottesdienst, was sich im *Pale* und in englisch dominierten Städten kaum vermeiden ließ, und hielten sich daneben auf eigene Kosten Priester des alten Glaubens, bei denen sie privat die Messe hörten.

Aus dem ersten Jahrzehnt nach dem Regierungsantritt Elisabeths sind sogar mehrere Bischöfe bekannt, die sich kaum anders verhielten: Es gelang ihnen, sich dem englischen Hof gegenüber als gute Protestanten darzustellen und dem päpstlichen Nuntius gegenüber als gute Katholiken!

Das eigentliche Kennzeichen des dritten Aktes der irischen Reformation ist wohl dieses: sie vermochte es nicht, dem religiösen Anliegen der Reformation Resonanz zu verschaffen. Während in anderen Ländern die Reformationsjahrzehnte geprägt sind von unermüdlichem Predigteifer, von Schulgründungen und Universitäten, von Druckschriften und durchgreifender Reform des Alltagslebens, vermißt man in Irland alle diese Kennzeichen fast völlig. Zwar wurden auch hier Schulen im neuen Geist gegründet – aber nur wenige, weil das Geld fehlte, weil die Lehrer fehlten und weil die Schulbücher fehlten. Während es im Mittelalter trotz mehrerer Initiativen nie zur Gründung einer vollen und funktionsfähigen Universität gekommen war, gelang dies nun unter Elisabeth, aber erst 1592. Davor hatten die Bischöfe von Dublin das Projekt immer wieder zu hintertreiben vermocht, weil zur Fundierung ein Teil der Pfründen von St. Patrick abgetreten werden sollte. Trinity College, die erste irische Universität, wurde also genau in den Jahrzehnten verhindert, als sie zur Wirkung im protestantischen Sinne unverzichtbar gewesen wäre. 1571 erschien ein protestantischer Katechismus in gälischer Sprache: das erste in Irland gedruckte gälische Buch. Aber die gälische Übersetzung des Neuen Testamentes kam erst 1603 zum Druck. In anderen protestantischen Ländern, in Deutschland, in Schweden und England, war die Heilige Schrift in der Muttersprache das entscheidende Buch der Reformation gewesen. Kurz: Die Evangelisierung, welche die irische Reformation eigentlich hätte durchsetzen sollen, wurde verpaßt; die Zwangsuniformität der Iren innerhalb einer protestantischen Staatskirche blieb fast durchweg ein toter Buchstabe.

Das rächte sich nach mehreren Jahrzehnten, als sich in Irland die Gegenreformation fühlbar machte. Schon 1542 waren Jesuiten in Ulster gelandet, die jedoch schnell wieder den Rückweg antraten, da man ihnen durchweg feindlich begegnete. Um 1580 war die Lage anders. Das Seminardekret des Konzils von Trient hatte dazu geführt, daß hochmotivierte und gutausgebildete junge Männer zur Mission nach Irland gingen – und dort höchst willkommen waren. Ja, die *Old English* in den Handelsstädten waren in elisabethanischer Zeit selbst dazu übergegangen, ihre Söhne zum Studium in die Hochburgen des alten Glaubens auf dem Kontinent zu schicken, namentlich nach Löwen. In den letzten beiden Jahrzehnten des 16. Jahrhunderts spitzte sich die Lage von beiden Seiten zu: Während die englische Seite zunehmend bereit war, die gesetzlichen Regelungen in Religionsdingen mit Zwang durchzusetzen, wo vorher aus politischen und taktischen Gründen Milde gewaltet hatte, entstand gleichzeitig auf der Gegenseite ein bewußter, aktiver katholischer Glaube im Stil der Gegenreformation.

Die Gegenreformation

Während man in Irland den Supremat des englischen Königs hatte akzeptieren können, weil er in einer Phase durchgesetzt wurde, in der sich bei den aufgeschlossenen Gläubigen Hoffnungen auf kirchliche Reformen mit solchen auf politische verbanden, wurde nach 1570 immer deutlicher, daß die Anglikanische Kirche einen rigide calvinistischen Weg einschlug, der für erasmianische Gedanken nicht mehr offen war. Gleichzeitig war ganz Europa in Aufruhr: In Frankreich kam es zu den Massakern der Bartholomäusnacht; in Deutschland herrschten starke religionspolitische Spannungen; in den Niederlanden führten die protestantischen Staaten einen Krieg zur Befreiung von der spanischen

Oberherrschaft. Und in Rom entwarf man Pläne zur Wiedergewinnung der »abgefallenen« Länder im Norden Europas.

Trotz ihrer Loyalität dem englischen König gegenüber wurde es für die Angloiren des *Pale* mehr und mehr zu einem Bestandteil ihrer Identität, daß sie am alten Glauben festhielten. Sie grenzten sich damit gegen die neuen Männer der Königin ab, die einen ganz anderen Typus verkörperten: geschäftstüchtig, landhungrig, aggressiv calvinistisch. Der Zusammenhalt der *Old English* war wirksam; durch Heiratsverbindungen waren die Händler in den Städten mit dem Landadel aufs engste liiert. Diese geschlossenen Kreise fühlten sich teilweise bedroht durch den Neuzustrom aus England: die Beamten der Königin, ihre Soldaten, ihre Kolonisten. Sie fanden Halt und Stärke in ihren Schulen und bei den Geistlichen, welche die ersten Akte der Reformation überstanden hatten; sie suchten aber auch die Verbindungen ins Ausland, zu den katholischen Seminaren und Universitäten auf dem Kontinent.

In diese Situation hinein wirkten seit 1596 die Jesuiten. Im Gegensatz zu den ersten päpstlichen Emissären waren die Jesuiten, die nun vom Kontinent kamen, Söhne meist angloirischer Eltern aus dem *Pale*, die ihr Missionswerk in ihrer engeren Heimat begannen. Naturgemäß waren sie für die Iren weit akzeptabler, als es Ausländer gewesen wären. Um 1600 verband sich die ältere, erasmianische Strömung der katholischen Kirche, die sich in Irland erhalten hatte, mit den neuen Idealen, die sich auf dem Konzil von Trient ausgeprägt hatten.

Die Ausdehnung des *Pale* durch das Schwert: Leix und Offaly

Schon im Spätmittelalter war mehrfach die Ansicht geäußert worden, daß sich Irland nur dann wirklich beherrschen ließe, wenn man es mit neuen Siedlern besetzte. Diese Vorstellung gewann wieder Brisanz, als England seit den Tudors in das entstehende europäische Staatensystem einbezogen wurde und ein strategisches Interesse daran entstand, Irland nicht zum Brückenkopf für Franzosen, Spanier oder Schotten in ihrem Kampf gegen England werden zu lassen.

Die englische Regierung entschloß sich bald nach dem Tod Heinrichs VIII., den *Pale* durch das Schwert auszudehnen und die angrenzenden Gebiete im Westen und Süden strategisch zu befestigen. Man baute Militärstraßen und Forts, sicherte Furten, Brücken und Pässe. Bei der Ausdehnung des *Pale* wurden zwei Dinge wichtig: Die Krone hatte sich mit dem Supremat das Recht gesichert, Klöster aufzulösen und Klosterbesitz einzuziehen. Und Heinrichs VIII. Politik der Unterwerfung und Belehnung hatte die lokalen Herren fast durchweg in eine feudale Abhängigkeit von der englischen Krone gebracht. Wenn sie rebellierten oder ihr Verhalten als Rebellion gedeutet werden konnte, sah sich die Krone berechtigt, ihr Land einzuziehen und neu zu besetzen. In der Zeit der Königin Maria widerfuhr dies zunächst den Lords von Leix und Offaly, den O'Connors und O'Mores, die depossediert wurden. Zur Sicherung des *Pale* setzte man in diesen Gebieten, die fortan offiziell als *Queen's County* und *King's County* bezeichnet wurden, loyale englische Neusiedler an. Man errichtete Festungen, die mit ihren Besatzungen nach einem festen Tarif von den benachbarten Siedlern unterhalten werden mußten. Mit der Siedlung wurde auch das englische Rechtssystem ausgedehnt: Das ganze Land wurde in *Shires* eingeteilt und von *Sheriffs* verwaltet. Die neuverteilten Ländereien gingen im wesentlichen an drei Gruppen von Siedlungswilligen: an

Adlige aus dem *Pale*, an Offiziere und Soldaten aus dem englischen Heer, schließlich auch an Iren, die sich als besonders loyale Verbündete der englischen Krone erwiesen hatten und deshalb mit Landabtretungen honoriert wurden. In einem neuen Kontext wachsender Staatlichkeit ging man zu neo-feudalen Maßnahmen über, die zur militärischen Sicherung des Landes nötig schienen und gleichzeitig als aktive Siedlungspolitik ein Element des Neuen enthielten.

Der Fall des Shane O'Neill

Der Fall des Shane O'Neill verdient besonderes Interesse, weil er die Grenzen des englischen Systems der Feudalisierung Irlands aufzeigt. Heinrichs VIII. Politik der Unterwerfung und Belehnung hatte ja nicht zuletzt darin ihre Wirkung, daß sie stabile Verhältnisse zu schaffen schien, wo früher gälisches Erbrecht die Eroberer stets im Ungewissen gelassen hatte.

In Ulster hatte sich Conn O'Neill Heinrich VIII. unterworfen und war als Graf von Tyrone belehnt worden. Als er 1559 starb, wählten seine Nachkommen nicht den ältesten, sondern den jüngsten Sohn, Shane O'Neill, zu seinem Nachfolger. Nach jahrelangen Verhandlungen ging Shane an den englischen Hof und huldigte der Königin. Er hinterließ einen überwältigenden Eindruck durch seine Persönlichkeit, so daß man ihn zurückkehren und gewähren ließ, obwohl das den englischen Prinzipien widersprach.

Zu Hause war Shane O'Neill in beständiger Kriegführung begriffen: Im Westen von Ulster kämpfte er gegen die O'Donnell, die sich ebenfalls der englischen Krone unterworfen hatten und Grafen von Tyrconnell geworden waren, und im Osten gegen den Clan der MacDonnell, schottische Siedler, die sich in Ulster festgesetzt hatten. Nach vielen Siegen wurde Shane O'Neill 1567 von den Grafen von Tyrconnell geschlagen und flüchtete (aus Gründen, die im Dunkeln bleiben) zu den Schotten, die ihn ermordeten und sein Haupt dem englischen Vizekönig schickten. Zwar wurde Shane O'Neill nach seinem Fall für *outlaw* erklärt und sein Besitz eingezogen, doch wurde sein Vetter Turlough, den die Familie zu Shanes Nachfolger gewählt hatte, von den Engländern anerkannt. Schließlich wurde auch noch Hugh O'Neill, ein Enkel des Conn O'Neill, als Graf von Dungannon eingesetzt, mithin als Lehensherr über einen Teil des ehemaligen Familienbesitzes.

Der Fall lehrt, daß die englische Krone oft gar nicht die Macht hatte, die gesetzlich vorgesehene Sukzession zu gewährleisten. Im Konfliktfall kamen sofort gälische Bräuche wieder an die Oberfläche. Die englische Regierung arbeitete dann mit Diplomatie und Ausnutzung bestehender Rivalitätsverhältnisse. Damit hatte sie zwar unvorhersehbare Einflußmöglichkeiten, andererseits war es auf diese Weise aber unmöglich, Ruhe und Ordnung im englischen Sinne langfristig durchzusetzen.

Rebellion und Kolonisierung in Munster

Das elisabethanische Zeitalter war auch eine Zeit der Glücksritter und Piraten, der Entdeckungsfahrten und Eroberungen. Bevor England in Nordamerika Kolonien erlangte, sammelte es einschlägige Erfahrungen in Irland. Viele der großen Kapitäne und Entdecker, Verwaltungsfachleute und Neusiedler probten in Irland, was sie später in Amerika fortsetzten und perfektionierten.

Besonders betroffen vom Eindringen und Vordringen der aktivsten Elisabethaner war Munster mit seinen leicht zugänglichen Häfen im Süden des Landes. Gegen 1570 traten dort immer öfter Engländer auf, die behaupteten, von diesem oder jenem anglonormannischen Lord abzustammen, und die deshalb Besitzansprüche anmeldeten. Teilweise drangen sie damit bei den englischen Administratoren durch, so daß sich eine gewisse Unsicherheit der Besitzverhältnisse ergab.

Der Haß der Iren und *Old English* gegen diese neuen Leute der Krone wurde noch dadurch verstärkt, daß sie fast durchweg Protestanten waren. Um so entschiedener hielt man nun am alten Glauben fest. Als James FitzMaurice FitzGerald, ein Vetter des Grafen von Desmond, 1568 beträchtliche Kreise in Munster zu einer Rebellion anstachelte, griff er das religiöse Argument auf und stellte es in den Vordergrund. In Schreiben an den Papst und an den König von Spanien behauptete er, den alten Glauben gegen die neue Ketzerei verteidigen zu müssen. Wenngleich das offenbar vorgeschoben war, um ganz andere Interessen zu verfolgen, zeigt sich hier doch, daß die Konfessionalisierung eine Ideologisierung sowohl in Irland selbst wie auch im Verhältnis Irlands zu England und im Verhältnis Irlands zum Papsttum und den katholischen Mächten nach sich zog. Die gegenreformatorische Politik des Papsttums machte sich nun ebenfalls geltend: Der Papst war nicht mehr nur Oberhaupt der Kirche, sondern vom Konzil von Trient mit der Wiedergewinnung der abgefallenen Länder Nordeuropas beauftragt, was diplomatische und militärische Aktivitäten einschloß. Als Pius V. 1570 die englische Königin in seiner Bulle *Regnans in excelsis* scharf angriff, exkommunizierte und ihre Untertanen von ihrem Treueid entband, war das Wasser auf die Mühle der Rebellen in Munster. Der König von Spanien sandte immerhin Waffen, und eine Art von Kreuzzugsstimmung machte sich breit. Doch der englische Vizekönig unterdrückte die Rebellion mit einem Heer von tausend Mann. Bei der Unterwerfung Munsters kam es zu unerhörten Grausamkeiten, die wohl in der konfessionellen Aufladung des Konfliktes ihre Ursache hatten.

Die Führer selbst wurden jedoch von Elisabeth geschont, was sich keineswegs auszahlte. FitzMaurice entkam auf den

Kontinent, sammelte beim Papst und bei den katholischen Mächten Unterstützung und landete 1579 mit einem spanisch-italienischen Invasionsheer, das vom Papst und vom spanischen König besoldet wurde, in Dingle, begleitet von einem päpstlichen Nuntius. Im Jahr darauf landete erneut ein Heer von 600 Spaniern in Smerwick, befestigte den Ort und verteidigte ihn. Doch der englische Vizekönig belagerte Smerwick und ließ die Besatzung, die sich ergeben hatte, bis auf den letzten Mann abschlachten. Danach zog sich der Krieg noch drei Jahre hin, während derer Munster gewaltig verwüstet wurde.

Die Rebellion von Munster zeigt erstmals in der irischen Geschichte die bekannten Konfessionsfronten: Katholiken gegen Protestanten. Iren, *Old English*, Spanier und Italiener kämpften im Zeichen der Gegenreformation gegen die englische Krone und die neuen Siedler. Gegensätzliche Wirtschaftsinteressen und Konkurrenz um Land stellten nicht mehr nur ein politisches Problem dar, sondern gleichzeitig ein konfessionelles.

Auf die militärische Unterwerfung Munsters folgte eine neue Siedlungspolitik. Die irischen Rebellen sollten gegen loyale Engländer ausgetauscht werden. Die rebellischen Fürsten und ihre Kollaborateure wurden zu Verrätern erklärt und gingen ihres Besitzes verlustig. Das so von der Krone eingezogene Land vergab man an *undertakers*, englische Spekulanten, die mit der Kolonisierung beauftragt wurden. Doch nahmen diese oft, aus Mangel an englischen Interessenten, irische Kolonisten an, womit sie schließlich den Zweck der Krone verfehlten. Außerdem zeigten sich auf diesem Übungsfeld des Kolonialismus noch viele organisatorische Unzulänglichkeiten und Fehler, so daß das großaussehende Unternehmen einer Kolonisierung Munsters durch die Engländer am Ende des 16. Jahrhunderts als gescheitert angesehen werden mußte.

Hugh O'Neills Rebellion und die Unterwerfung Ulsters

Hugh O'Neill, der Enkel Conn O'Neills und Neffe Shane O'Neills, war vom englischen Vizekönig zur Erziehung nach England gebracht worden. Jahrzehntelang bewährte er sich als treuer Bundesgenosse der Engländer. Er wurde von ihnen zum Earl of Dungannon und später zum Earl of Tyrone gemacht. Aber auch mit dem Erzfeind der Engländer, seinem Nachbarn Hugh Roe O'Donnell, dem Earl of Tyrconnell, schloß er ein Freundschaftsbündnis. Hugh O'Neill vermochte es, seine Zeit abzuwarten. 1595 wurde er *»the O'Neill«* und griff in lokale Kämpfe ein, die in Ulster ausgebrochen waren. Daraus entwickelte sich ein langjähriger Krieg, der von Ulster ausging, aber ganz Irland betraf.

O'Neill und O'Donnell erklärten ihre Sache zur Sache des Katholizismus und richteten ein Hilfsgesuch an den spanischen König, dem sie dafür die Krone eines Königs von Irland anboten. 1598 gelang Hugh O'Neill ein entscheidender Sieg über ein 4000 Mann starkes englisches Heer unter Sir Henry Bagenal, der selbst in der Schlacht fiel, in der über die Hälfte seiner Streitmacht getötet oder verwundet wurde (Yellow Ford). Einen solchen militärischen Sieg hatte Irland noch nicht gesehen. Elisabeth erkannte die Zeichen der Zeit und schickte ihren Günstling Essex mit einem Heer von 16 000 Mann. Doch auch dieser Oberbefehlshaber konnte die in ihn gesetzten Hoffnungen nicht erfüllen. Sein Nachfolger, Charles Blount, Lord Mountjoy, ging zu einer rabiateren Kriegsführung über, indem er Ulster planmäßig verwüstete, die Ernte zerstörte, die Hütten anzündete und das Vieh abschlachtete.

1601 landete ein Expeditionsheer von 4500 Spaniern in Kinsale. Die Grafen von Ulster wandten sich daraufhin nach Süden, um die Verbindung herzustellen. Die Engländer belagerten die Spanier. Sie besiegten das Entsatzheer der Iren aus Ulster, worauf sich die Spanier ergaben. Sie durften sich nach Spanien einschiffen; mit ihnen verließ O'Donnell Irland.

Hugh O'Neill wurde zum Frieden gezwungen und mit Milde behandelt. Die Bedingungen bestimmte bereits Jakob I., Elisabeths Nachfolger. Während es den Anschein haben konnte, als sei ein Aufrührer wie O'Neill im Vergleich mit den wenigen Getreuen der englischen Krone zu gnädig behandelt worden, verbarg sich hinter den Friedensbestimmungen von 1603 in Wirklichkeit eine völlig neue Lage: Das autonome gälische Ulster war als letzte Provinz unterworfen; wo irische Fürsten noch herrschten, übten sie ihre Macht nur noch von Gnaden des englischen Königs aus.

Kolonisierung und Aufstand
(1603–1649)

1603–1625	Mit Jakob I. beginnt die Epoche der Stuarts.
1603	Tyrone unterwirft sich.
1607	»Flucht der Grafen«.
1608	Revolte des Cahir O'Dogherty.
1609	Beginn der Kolonisierung Ulsters durch Engländer und Schotten.
1625–1649	Karl I.; Politik der »Gnadenerweise«.
1633–1640	Thomas Wentworth (Earl of Strafford) beherrscht Irland.
1641	Hinrichtung Straffords in London. Aufstand in Ulster, »Massaker von 1641«. In den folgenden Jahren Bürgerkrieg in ganz Irland.
1642–1646	(1.) Englischer Bürgerkrieg.
1642–1649	(Katholische) Konföderation von Kilkenny.
1645–1649	Der päpstliche Gesandte Rinuccini gewinnt Einfluß auf die irische Politik.
1648	(2.) Englischer Bürgerkrieg.
1649	Hinrichtung Karls I.

Die »Flucht der Grafen« und die Kolonisierung Ulsters

Der Gedanke, der schon im Mittelalter laut geworden war, im Laufe des 16. Jahrhunderts aber immer öfter zu hören war – daß nämlich effektive Herrschaft in Irland und wahre Loyalität der Insel zur englischen Krone nur gesichert werden könne, wenn Irland mit neuen Kolonisten aus Britannien besetzt wäre –, wurde zu Beginn des 17. Jahrhunderts zuerst in Ulster mit tiefgreifenden Folgen in die Wirklichkeit umgesetzt. Im Zeitalter Elisabeths hatte es eine ungeregelte Einwanderung von Schotten vor allem in den östlichen Teil Ulsters gegeben, nach Antrim und Down. Seit der Thronbesteigung Jakobs I., der selber ein Schotte war, wurde die Auswanderung von Schotten nach Irland gefördert, ebenso wie die Auswanderung von Engländern.

In gewisser Hinsicht steht die Kolonisierung Ulsters im frühen 17. Jahrhundert am Beginn historischer Probleme und Konflikte, die noch in unsere Gegenwart reichen. Die früheren Kolonisationsanstrengungen der elisabethanischen Zeit, vor allem in Munster, waren nicht von dauerhaftem Erfolg gekrönt gewesen, während in Ulster die britische Vorstellung einer *tabula rasa*, die dann neu mit englischen und schottischen Kolonisten besetzt werden konnte, weitgehend historische Realität wurde. Die neuen Siedler waren loyale Untertanen des englischen (und schottischen!) Königs, Protestanten unter dem König als dem Oberhaupt der Anglikanischen Kirche und in bezug auf ihren Habitus und Lebensstil, ihr Reiten und ihre Kleidung, ihre Sprache und ihre Erbsitten, ihr Recht und ihre Moral Briten.

Hugh O'Neill hatte zwar bei seiner Unterwerfung günstige Friedensbedingungen bekommen, doch waren gleichzeitig mit Sir Arthur Chichester ein höchst fähiger Vizekönig und mit Sir John Davies ein ehrgeiziger Kronanwalt nach Irland gekommen. Beide waren darauf bedacht, die Schwäche der gerade pazifizierten Rebellen zu nutzen und die englische Verwaltung und Rechtsprechung auch im Norden der Insel voranzubringen. Diese Unternehmungen gingen Hand in Hand mit kirchenpolitischen Maßnahmen, wie beispielsweise der Einsetzung des ersten protestantischen Bischofs in Ulster, dem die Bischofssitze von Raphoe, Derry und Clogher übergeben wurden, und mit der Einweisung englischer und schottischer Kolonisten in konfiszierte Gebiete. Solche Maßnahmen stießen auf lokalen Widerstand, der jedoch gebrochen wurde. Gleichzeitig engagierten sich mehrere Mitglieder der bedeutenden irischen Häuser in den Niederlanden militärisch gegen England. Und irische Fürsten verhandelten aufs eifrigste mit den katholischen Mächten auf dem Kontinent, um Hilfe gegen die englische Krone zu finden.

Der dramatische Schlußpunkt dieser Phase war die sogenannte »Flucht der Grafen« (*Flight of the Earls*), die in der gälischen Literatur oft besungen wurde und in der Erinnerung einen romantisch-heroischen Anstrich erhielt. Rory O'Donnell, Cuconnaught Maguire und Hugh O'Neill hatten ihre Familien, Vasallen und Untertanen versammelt und mit ihnen ihr angestammtes Land verlassen. Sie hatten sich 1607 überraschend auf dem Lough Swilly eingeschifft, um nach Frankreich zu segeln. In Anbetracht der aktuellen politischen Lage waren sie dort freilich nicht erwünscht; Aufnahme fanden sie schließlich in Rom. Ob sie die Hoffnung hatten, auf dem Kontinent ein Heer sammeln zu können und mit diesem ihre Heimat wiederzuerobern, oder ob sie in Anbetracht der aktuellen Entwicklungen in Ulster resignierten, bleibt letztlich ungewiß. Fest steht dagegen das Ergebnis ihrer Flucht: Die englische Krone erklärte sie für Hochverräter, zog ihre Ländereien ein und ging so weit, nach einer weiteren kleinen Revolte unter Cahir O'Doherty in Ulster fast das gesamte Gebiet der Provinz neu zu verteilen und neu zu besiedeln. Dabei geschah ohne Zweifel vielen loyalen Landbesitzern Unrecht, da man die Zurückgebliebenen für den Verrat ihrer Herren mitverantwortlich machte und nach dem Prinzip verfuhr, daß der Verrat von wenigen die Enteignung aller rechtfertige.

Das Kolonisationswerk, das sich an diese Ereignisse anschloß, die berühmte *Plantation of Ulster*, hat in mancher Hinsicht einen ganz anderen Zuschnitt als die früheren britischen Versuche, Irland zu sichern und zu besiedeln. Es atmet den Geist einer neuen Zeit und ist durchdrungen vom Glauben an die Möglichkeit durchgreifender Sozialplanung und kluger Aufbaumaßnahmen, die über die wirtschaftliche und militärische Seite weit hinausreichen. Verschiedene Dokumente aus den Jahren 1609/10 richten sich an drei Klassen von Menschen: 1. *British undertakers*, 2. *servitors*, 3. *natives*. Die erste Gruppe umfaßte die Engländer und Schotten, die bereit waren, zu den neuen Bedingungen ein Leben in Irland zu wagen, die zweite die irischen Gefolgsmänner der englischen Krone, die sich in den vorausgehenden Rebellionen und Kriegen bewährt hatten, und die dritte schließlich Einheimische, die sich zu den vorgesehenen Bedingungen unterwerfen wollten. Dabei ging es nie um bloße Landübertragungen oder wirtschaftliche Regulierungen; stets wurde die Verknüpfung von Landbesitz und juristischen und kirchlichen Rechten berücksichtigt. Es wurde auf Wehrhaftigkeit geachtet und auf den finanziellen Profit für die englische Krone, der jedoch so gestaffelt wurde, daß die Siedler in der Aufbauphase unbelastet blieben. Die Grundbedingung war allgemein Loyalität, aber auch kirchliche Konformität. Von Anfang an wurde also die Glaubensfrage mit der Loyalitätsfrage unlösbar verbunden. Diese Klausel fehlt nur bei den *natives*, denen man keinen Glaubenswechsel zumutete und nur eine abgeschwächte Form von Loyalität abverlangte (Nicht-Rebellion), sie aber dafür stärker wirtschaftlich belastete, so daß sie deutlich Untertanen minderen Rechts wurden. Mit der Übergabe von Land wurde grundsätzlich die Durchsetzung englischer Landbaumethoden und englischer Erbsitten verknüpft.

Infolge der Konfiskation nach der »Flucht der Grafen« waren sechs der neun Ulster-Grafschaften an die Krone zurückgefallen: Donegal, Coleraine, Tyrone, Armagh, Fermanagh und Cavan. Die drei übrigen blieben von den neuen Kolonisierungsprojekten unberührt: Monaghan, weil darüber schon feste Verfügungen getroffen, und Antrim und Down, weil sie schon in elisabethanischer Zeit kolonisiert worden waren.

Das Projekt der Segregation konnte nicht in der vorgesehenen Form verwirklicht werden. Zum einen schon deshalb, weil sich ein Teil der Depossedierten nicht einfach umsiedeln oder zur Auswanderung drängen ließ, sondern ein rechtloses Leben in Wäldern und Sümpfen der neuen Dienstbarkeit in den veränderten Verhältnissen vorzog. Diese Gruppe wurde noch verstärkt durch die Soldaten und Leibwachen, welche sich die Adligen und Fürsten Ulsters in alten Zeiten gehalten hatten. Zwar hatte die englische Regierung dieses Problem erkannt und versucht, sich dieser Leute zu entledigen, indem sie sie nach Schweden verbrachte, doch hatte sich ein Teil entzogen und verstärkte nun die depossedierten bäuerlichen Iren in den Wäldern, welche sich von Raub, Plünderung und Erpressung ernährten und im übrigen darauf warteten, daß sich die Verhältnisse eines Tages ändern würden und sie ihr Land zurückerobern könnten. Der zweite Grund dafür, daß Angehörige der dritten Gruppe, der *natives*, fast in jeder Grafschaft und in jedem Bezirk vorhanden waren, liegt darin, daß es die Neusiedler aus England und Schottland in vielen Fällen bequem fanden, sich ihrer zu bedienen: von ihnen Lebensmittel und Handwerkszeug zu kaufen, sie in Dienst zu nehmen und sogar anzusiedeln, wo man sich über die Bedingungen einig wurde. Im August 1610 wurde zunächst angeordnet, daß die *natives* bis zum 1. Mai des folgenden Jahres bleiben konnten, wenn sie den Unternehmern Steuern zahlten. Doch auch nach diesem Termin wurde der Abzug nicht durchgesetzt und die Frist immer weiter hinausgeschoben.

1618 gab es dann einen Erlaß, daß die *natives* nun endgültig das Land verlassen sollten, andernfalls Geldstrafen zu bezahlen hätten. Aber oftmals hatten sich *natives* und *undertakers* so gut miteinander arrangiert, daß die letzteren lieber die angeordneten Bußgelder für die ersteren übernahmen, als sie zu vertreiben. 1628 schließlich kam man zu dem Kompromiß, daß die Unternehmer bis zu einem Viertel ihrer Bediensteten aus den *natives* halten durften, wenn diese doppelte Abgaben zahlten und außerdem die Bußgelder beglichen wurden. Das Segregationsprinzip hatte sich also in der Lebenswirklichkeit Ulsters nicht durchsetzen lassen.

Weitere Besonderheiten der Kolonisierung Ulsters:

1. Die Stadt Derry war in den Aufständen zerstört worden. Das Umland galt als gefährlich und schwer zu besiedeln. Die englische Krone verhandelte mit den Zünften der Stadt London über ein spezielles Arrangement. In London erklärte man sich bereit, die Stadt Derry wieder aufzubauen – fortan wurde sie Londonderry genannt. Im Osten der Stadt wurde eine neue Grafschaft mit demselben Namen gebildet, und zwar aus der früheren Grafschaft Coleraine, einem Teil von Tyrone und den *Liberties* von Derry und Coleraine. Für diesen Teil Ulsters wurden spezielle Abkommen mit der Stadt London getroffen, die vom übrigen Siedlungsgebiet unterschieden waren.
2. Die Halbinsel Inishowen (nördlich und westlich von Londonderry) wurde zur Gänze dem *Lord Deputy* Sir Arthur Chichester überlassen.
3. Trinity College in Dublin wurde mit Anteilen in drei verschiedenen Grafschaften reich dotiert. – Ebenso wurde in jeder Grafschaft ein Teil des Landes zur Dotierung einer Freischule verwendet.

Bemerkenswert ist die Konsequenz und Effizienz, mit der die Engländer und Schotten im frühen 17. Jahrhundert daran gingen, nicht nur das alte Irland zu vertilgen und alles Gälische auszurotten, sondern auch ein neues Britannien jenseits des Meeres aufzubauen, dessen Spezifika – Eigentumsstrukturen und Erbrecht, *Common Law* und Protestantismus – so sicher wie möglich verankert wurden. Über die wirtschaftliche und militärische Sicherung hinaus wurden kulturelle Entwicklungsmöglichkeiten initiiert, die sich ohne Zweifel dem neuen protestantischen Eifer verdanken.

Sir John Davies und Irland

Maßgeblich an der Kolonisierung Ulsters beteiligt war Sir John Davies als erster Anwalt der Krone in Irland. Er ist auch der Autor einer klassischen Quelle zur älteren irischen Geschichte mit dem sprechenden Titel: *A Discovery of the True Causes Why Ireland Was Never Entirely Subdued And Brought Under Obedience of the Crown of England Until the Beginning of His Majesty's Happy Reign* (1612). John Davies begann seine Schrift mit einem Preis Irlands, das er auf Reisen in alle Provinzen kennengelernt habe: Er lobt die angenehme Temperatur der Luft, die Fruchtbarkeit des Bodens, die schönen Wohngelegenheiten, die sicheren und großen Häfen und vielen schiffbaren Flüsse, die zahlreichen Seen und Teiche im Innern des Landes, die man mit keinem anderen Teil Europas vergleichen könne, die ergiebigen Fischbestände und Jagdgründe und schließlich die an Körper und Geist reich begabten Einwohner des Landes. Er habe sich, schreibt Davies, die Frage gestellt, weshalb die englischen Könige sich seit 400 Jahren Herren Irlands genannt hätten, obwohl das Land nie völlig unterworfen worden sei und obwohl fast beständig Krieg zwischen Engländern und Iren geherrscht habe. Es sei unbegreiflich, daß sich die »*mere Irish*« seit den Zeiten Heinrichs II. kaum geändert hätten, wie man der Beschreibung des Giraldus Cambrensis entnehmen könne, obwohl seither schon so viele Engländer nach Irland gezogen seien. Davies tritt der verbreiteten Meinung entgegen, die Iren seien von ihren Regenten aus Staatsräson in Barbarei gehalten worden. Zwei Gründe seien dafür anzuführen, daß England, obwohl es dies immer gewünscht habe, Irland nicht habe beherrschen können: Erstens sei der Krieg gegen die Einheimischen nie mit Entschiedenheit und ausreichenden Mitteln geführt worden, zweitens sei die Zivilverwaltung zu lasch gehandhabt worden. Konsequenterweise beschäftigt sich Davies nun zunächst mit der Frage, warum die vielen Kriege der Vergangenheit nicht zur gewünschten völligen Unterwerfung geführt hätten. Dabei liefert er eine durchgehende Geschichte Irlands seit 1169, die in den Triumph Jakobs I. mündet.

Außer der Frage von Krieg und Macht verfolgt Davies durchgehend die des Rechts und der Verwaltung. Er spricht sich gegen die Segregationspolitik der Vergangenheit, gegen die Statuten von Kilkenny und gegen die Differenzierung des Rechts zwischen Einheimischen und Eroberern aus. Es sei der große Fehler der englischen Politik seit mindestens 350 Jahren gewesen, daß sie den Iren nicht das *Common Law* mitgeteilt habe. Solange man diese als Menschen außerhalb des Rechts betrachtet habe, die jeder Engländer ungestraft bedrücken, ausbeuten und töten konnte, sei es gar nicht anders möglich gewesen, als daß die Iren ihrerseits sich als *outlaws* und Feinde der englischen Krone begriffen hätten. Solange sie der König nicht als Untertanen angenommen habe, habe ihnen auch jeder Grund gefehlt, ihn als ihren Souverän anzuerkennen und ihm zu gehorchen. Wenn sie aber nicht mit zivilisierten Menschen Umgang haben und Handel pflegen konnten und das Betreten der Städte für sie mit Lebensgefahr verbunden war, dürfe man sich auch nicht wundern, daß sie in die Wälder und Berge flohen, um dort als Wilde und Barbaren zu leben. Das Festhalten an irischen Rechtsbräuchen und irischen Sitten sei unvermeidlich gewesen, solange die Engländer sie nicht an ihrem Recht und ihren Lebensformen teilhaben ließen.

Aus diesen beiden Grundgedanken entwickelt Davies eine logische Herleitung, die auf eine »vollkommene Vereinigung beider Völker« und »konsequenterweise auf eine vollkommene Eroberung Irlands« abzielt. »Denn die Eroberung ist nicht vollkommen, solange der Krieg nicht am Ende ist; und der Krieg ist nicht am Ende, solange Frieden und Einheit noch nicht erreicht sind; und Einheit und Harmonie kann es in einem Königreich erst dann geben, wenn es einen König, eine Loyalität [*allegiance*] und ein Gesetz gibt.« – Es sind unverkennbar absolutistische Töne, die hier angeschlagen werden. Die archaische Vorstellung einer vollkommenen Einheit und Harmonie, welche die Frühe Neuzeit fast überall prägte, bedeutete Unifizierung der Untertanenschaft und Rationalisierung der Herrschaft auf allen Ebenen. Dem König muß man nicht gehorchen, weil er von Gottes Gnaden angestammter Herrscher ist, sondern weil er Frieden und Recht garantiert, mithin die Lebensbedingungen für ein menschenwürdiges Leben verbürgt. Der Rechtspluralismus des Mittelalters und die ethnische Apartheid werden unter diesem Gesichtspunkt scharf kritisiert und ad absurdum geführt. Wenn die Eroberer ihre Eroberung damit rechtfertigen, daß sie das Recht bringen, müssen sie es konsequenterweise auch den Einheimischen mitteilen. Herrschaft ist nur durch Schutz und Sicherheit zu rechtfertigen. Wenn die Eroberer sich als Angehörige einer höheren Zivilisation fühlen, müssen sie die Einheimischen zu zivilisieren suchen, sonst haben sie ihre Mission verfehlt.

Daß Davies so wenig von Religion und Protestantismus spricht, hängt möglicherweise mit der Erkenntnis zusammen, daß die neue Religion der Reformation gerade einen Keil zwischen die verschiedenen Bevölkerungsgruppen in Irland trieb. Die angestrebte Einheit von Herrschaft und Untertanen war nicht nur durch ihre ethnische Differenz gefährdet, sondern mehr noch durch die konfessionelle.

Das irische Parlament im frühen 17. Jahrhundert

Das Ergebnis der planmäßigen Kolonisierung Ulsters war, daß die nördliche Provinz sich von einem Hort der Gegner der englischen Krone zu einer Festung für die protestantischen Interessen des englischen Königs wandelte. Dabei spielte das irische Parlament eine große Rolle. Während in den Jahrhunderten davor immer wieder nackte Gewalt auf beiden Seiten eingesetzt worden war, konnte es im frühen 17. Jahrhundert den Anschein haben, als sei nun das Parlament in Dublin der Ort eines friedlichen Ausgleichs divergenter Interessen.

Zwei verschiedene Konzeptionen von Wesen und Funktion des Parlaments trafen dabei aufeinander: Chichester, der *Lord Deputy*, und andere Vertreter der Krone sahen es als Veranstaltung des Königs: Wenn es ihm beliebte, beteiligte der König die Großen des Landes an der Verwaltung und Planung. Gegenteiliger Ansicht waren vor allem jene sechs katholischen Lords, die sich 1612 in einer Petition an den König wandten: Sie vertraten das Konzept, das Parlament sei dazu geschaffen worden, daß der König die Großen des Reichs zu Rate zog und an der Gestaltung der Politik beteiligte. Jakob I. war nicht gesonnen, die Stellung des Parlaments zu stärken, aber er war klug genug, in anderer Weise dessen Unterstützung für seine Vorhaben zu sichern.

Die Repräsentationsstruktur, die sich aus dem Mittelalter erhalten hatte, erschien im frühen 17. Jahrhundert sehr ungleichmäßig: Zwar durfte jede Grafschaft zwei Vertreter schicken, doch waren die *Boroughs*, die je zwei Sitze hatten, ungleich über das Land verteilt: Nur 2 von 41 in Connaught und 4 in Ulster. Die Siedlungspolitik in Ulster schien es nun nahezulegen, die Sitze umzuverteilen, um so gleichzeitig protestantische Mehrheiten zu sichern. Denn wenn auch nur wenige gälische Lords im Parlament vertreten waren, stellten doch die katholischen *Old English* eine deutliche Mehrheit, die der englischen Krone ein Dorn im Auge war.

Denn die Konfessionsfrage schien inzwischen weit brennender als die Problematik der ethnischen Zugehörigkeit. Während die *Old English* dem König jede gewünschte Loyalität versprachen und sich für seine treuesten Untertanen hielten, hatte sich mittlerweile in England selbst und auf dem Kontinent dazu ein ganz anderes Meinungsbild ergeben. Reformation und Gegenreformation hatten das Klima aufgeheizt. Jakob selber war einem Anschlag nur knapp entgangen, als 1605 radikale englische Katholiken im *Gunpowder Plot* Regierung und Parlament mit einem Schlag in die Luft sprengen wollten. Loyalität anderskonfessioneller Untertanen schien zunehmend undenkbar; wer katholisch war, stand im Verdacht, ein Staatsfeind zu sein. Jakob I. sagte es einmal einer Delegation der katholischen Opposition im irischen Parlament unmißverständlich ins Gesicht: »Ich habe in der Tat gute Gründe für meine Aussage, daß Ihr für mich nur Halb-Untertanen seid. Denn Eure Seele gebt Ihr dem Papst, und mir laßt Ihr nur den Körper, und selbst Eure körperliche Stärke teilt Ihr noch zwischen mir und dem König von Spanien [...]. Bemüht Euch künftig, gute Untertanen zu werden und *cor unum et viam unam* zu haben, dann werde ich Euch alle gleichermaßen respektieren.«

Diese Haltung führte zunächst dazu, daß Jakob I. glaubte, er müsse dafür sorgen, daß die Katholiken im Parlament in die Minderheit gerieten. Die 148 Sitze wurden um 84 weitere vermehrt. Das Oberhaus war dem König insofern sicher, als die 16 weltlichen Lords (12 katholische, 4 protestantische) in jedem Fall von 20 protestantischen Bischöfen überwogen wurden. Aber im Unterhaus schien es nötig, neuen *Boroughs* neue Sitze zuzuerkennen, welche die Mehrheit der Katholiken zum Kippen brachten. Dazu waren nun die neuen Siedlungen höchst günstig. Ulster bekam 38 neue Sitze zugesprochen, Connaught 12, Munster 18 und

Leinster 16. Die Opposition beklagte sich zu Recht, daß dabei teilweise Siedlungen Sitze erhielten, die noch gar nicht bestanden oder in einem höchst dürftigen Stand waren, als das Parlament von 1613 ausgeschrieben wurde. Wenn er auch in Einzelfällen nachgab und fehlerhafte Wahlen annullierte, setzte sich der englische König doch mit dem Prinzip durch (das von der Opposition nicht bezweifelt wurde), daß die Wahlkreiseinteilung Sache des Königs sei. Darüber hinaus ließ er es zu, daß Unternehmer, die gar nicht in ihrem Bezirk residierten, Repräsentationsrechte hatten. Damit wurde die protestantische Mehrheit für alle Zukunft gesichert, während gleichzeitig durch aktuelle Zurückhaltung in der Konfessionsfrage die Opposition ins Parlament gelassen wurde. Wohl war von Regierungsseite ausgestreut worden, daß alle Parlamentsabgeordneten den Suprematseid leisten müßten; in Wirklichkeit verzichtete man aber auf diesen Loyalitätstest und zog es vor, die gewünschten Gesetze und Abgaben mit einer protestantischen Mehrheit im Parlament durchzusetzen, statt die politischen Gegner in die Rebellion zu treiben. Bei dieser Taktik war Vorsicht angebracht, denn es zeigte sich beispielsweise 1614, daß die Opposition vollzählig im Parlament erschien, die Königstreuen jedoch fernblieben, so daß in einem Augenblick plötzlich die gefürchtete katholische Mehrheit vorhanden war. Aber auf Dauer hatte die englische Krone das irische Parlament schon deshalb auf ihrer Seite, weil über die Hälfte des Oberhauses aus Bischöfen bestand und über die Hälfte des Unterhauses aus königlichen Beamten und Pensionsempfängern. Während die englischen Parlamente des frühen 17. Jahrhunderts sich zunehmend als renitent und schwer handhabbar erwiesen, konnte sich die englische Krone auf die irischen verlassen. Dabei zeigte sich der Erfolg der Sozialplanung vor allem in Ulster: Das wirtschaftliche Aufbauwerk ließ sich in soziale und politische Stabilität umsetzen. Die irischen Katholiken, die man aufgrund ihrer Überzahl im ganzen Land weder ignorieren noch verdrängen konnte, wurden allmählich marginalisiert, indem sich der protestantische Staat von Ulster aus seine eigene Gesellschaft aufbaute.

Die Politik der »Gnadenerweise«

Analog zu den Verhältnissen in England war es in Irland rechtlich eindeutig, daß Katholiken Geldstrafen zu zahlen hatten, wenn sie am protestantischen Gottesdienst nicht teilnahmen. Je nach lokaler Situation, je nach Zeitumständen und politischen Strömungen wurden solche Gelder tatsächlich bezahlt und eingesammelt. In Dublin ließen sich auf diese Weise ungeheure Summen erheben, während in den ferneren Gebieten die Katholiken weitgehend unbehelligt blieben. Zur Durchsetzung solcher Bestimmungen war offenbar die Kooperation lokaler Behörden nötig; diese aber konnte nicht überall gesichert werden. Zumal dann, wenn zeitweilig der politische Wille fehlte, das Angeordnete auch durchzusetzen. (Während beispielsweise der englische Thronfolger in Spanien auf Brautschau war, hielt man es für angebracht, auf das Eintreiben von Strafgeldern bei den Katholiken in Irland zu verzichten.)

Überhaupt wunderten und entrüsteten sich die ernsthaften Männer der protestantischen Kirche in Irland, wenn sie erleben mußten, daß die Konfessionsfrage für den englischen König nur ein beliebiger Faktor in einem Korb von Verhandlungsmaßnahmen war. Dies wurde offensichtlich durch die sogenannte Politik der »Gnadenerweise« (*graces*). Als Karl I. 1625 auf den englischen Thron gekommen war, die englischen Parlamente hart um politische Rechte gegen die von ihnen verlangten Geldbewilligungen feilschten, der Krieg mit Spanien zusätzliche militärische Anstrengungen und Finanzen forderte, ging Karl I. dazu über, mit einer Delegation irischer Parlamentsabgeordneter über »Gnadenerweise« zu verhandeln. Gegen drei jährliche Subsidien von je 40 000 Pfund bot er eine lange Liste von einzelnen Zugeständnissen und Verwaltungsreformen, Gebührenermäßigungen und Religionserleichterungen. Unter vielen Punkten von geringer Bedeutung waren auch zwei, die für die *Old English* in Irland von höchster Priorität waren: Der Verzicht auf Strafgelder für Katholiken und der Verzicht auf den Suprematseid bei Amtsträgern, Parlamentsabgeordneten, Rechtsanwälten. Die Zustimmung wurde den *Old English* insofern schwergemacht, als das Hauptgeldbedürfnis der Krone durch die Aufstellung eines Heeres gegen Spanien entstanden war, während die *Old English* doch gerade ihre Loyalität zum englischen König trotz abweichender Konfession dadurch hatten beweisen wollen, daß sie eigene Milizen gegen die Bedrohung von außen aufstellten. Dies jedoch wurde ihnen untersagt, weil man an ihrer Loyalität Zweifel hegte und nicht einen potentiellen Gegner mit Waffen ausrüsten wollte. So sehr sie also der »Gnadenerweise« in gewisser Hinsicht bedurften, so bitter mußten sie diese erkaufen. Das Problem wurde noch kompliziert durch den Verhandlungsweg. Die Delegation hatte geglaubt, einem Parlament nicht vorzugreifen, sondern nur einen Kompromißvorschlag zu erarbeiten. Doch wurde sie vom König dahin manövriert, daß man angesichts der äußeren Bedrohung gleich damit begann, die Subsidien einzutreiben. Diese gingen in der Tat ein und Karl kam zu seinem Geld; umgekehrt wurden die »Gnadenerweise« aber nicht definitiv ins Werk gesetzt und nur punktuell verwirklicht. Es hatte sich nämlich gezeigt, daß sie wesentlich den Katholiken nützen würden, während das Geld von allen Untertanen eingetrieben wurde. In Irland selber formierten sich auch außerhalb der protestantischen Kirche politische Kräfte, die gerade gegen die etablierte Macht der *Old English* arbeiteten. Karl hatte diesen Interessenkonflikt zwischen *Old English* und *New English* frühzeitig erkannt und war entschlossen, ihn zu seinen Gunsten auszunutzen.

1641 wurde Irland von einer allgemeinen Aufstandsbewegung erfaßt, die von Ulster ausging. Dafür ist immer wieder Thomas Viscount Wentworth, der spätere Earl of Strafford, verantwortlich gemacht worden. Dieser regierte Irland als *Lord Deputy* in den Jahren 1633 bis 1640 mit harter Hand; doch kann man ihn nicht zum Alleinschuldigen für das Desaster von 1641 machen.

Wentworth hatte einen einzigen Grundgedanken, den er konsequent in seinen verschiedenen Ämtern und auf seinen verschiedenen Wirkungsfeldern durchführte: Er wollte die englische Krone stärken und sie, wenn möglich, von der Mitsprache gesellschaftlicher Gruppen und rivalisierender Machtzentren freimachen – namentlich vom Parlament. Diese Linie verfolgte er auch in Irland, wobei man ihm Klugheit und Effizienz nicht absprechen kann. Wahrscheinlich war er der erfolgreichste Regent, den die Engländer jemals auf die Nachbarinsel schickten. Freilich hängt sein Erfolg nicht zuletzt damit zusammen, daß er nicht sonderlich sensibel für andere Meinungen und Prägungen war und einigermaßen skrupellos und machtbesessen agierte.

Wentworth konzentrierte seine Aufmerksamkeit im wesentlichen auf drei Dinge: auf die Handelspolitik, auf die Kirchenpolitik und auf das Heerwesen. Bezüglich der Handelspolitik galt es, Irlands Ressourcen besser zu nutzen, um der englischen Krone die Lasten der Regierungsführung in Irland materiell zu erleichtern und, wo möglich, einen Profit zu erwirtschaften, welcher der Krone ohne Kontrolle des englischen Parlamentes zufließen und sie von dessen Einberufung weniger abhängig machen würde. Zölle und Abgaben waren meist an Monopolisten verpachtet. Wentworth kalkulierte deren Profite und machte sich anheischig, mit einigen Kompagnons mehr herauszuholen, damit also zugleich seinen privaten Nutzen und den seines Monarchen zu mehren. Er versuchte, die irische Leinenherstellung und die Eisenhütten emporzubringen. Er pachtete den gesamten Tabakzoll. Im einzelnen mußte er oft Rückschläge hinnehmen; im ganzen war er erstaunlich erfolgreich – in nur sieben Jahren seiner Tätigkeit in Irland. Er machte sich dem König so unentbehrlich, daß dieser ihn 1640 aus Irland abberief, weil er in der Krise der Monarchie dringender auf der Hauptinsel benötigt wurde.

Auf dem Feld der Kirchenpolitik war es sein Hauptanliegen, die irische Kirche besser auszustatten und sie in Einklang mit der Anglikanischen Kirche zu bringen. Es galt, die Mißbräuche zu revidieren, die bei der langfristigen Verpachtung von Kirchenländereien weit unter Wert, beispielsweise an Angehörige der jeweiligen Bischöfe, zum Schaden der Kirche eingerissen waren. Unter Wentworth scheute die Dubliner Regierung kein Mittel – Prozesse, Enteignungen, Drohungen, Bestechungen –, um hier klare Verhältnisse zu schaffen und für Bischöfe und Priester der Kirche von Irland eine tragfähige materielle Grundlage herzustellen.

Was die Einheit der englischen und der irischen Kirche in der Doktrin betrifft, muß man feststellen, daß beide Kirchen nicht nur von alters her verschieden waren, sondern sich auch unterschiedlich entwickelt hatten. In England waren seit der Spätzeit Elisabeths die Puritaner im Vormarsch; den ersten Stuartkönigen schien es essentiell, ihre anglikanische Staatskirche gerade diesen Extremisten zu verschließen und calvinistischen Einflüssen zu wehren. Das Dokument für diese Festlegung sind die »39 Artikel«, welche Wentworth der irischen Kirche ebenfalls auferlegte. Freilich waren die Umstände in Irland ganz anders: Als Minderheitskirche hatte der irischen Staatskirche immer besonders an der Abgrenzung gegenüber den Katholiken gelegen. Insofern war sie dem Calvinismus aufgeschlossener, zumal sie in engem Kontakt mit der schottischen presbyterianischen Kirche stand und in Ulster viele Angehörige dieser Kirche Siedler geworden waren. Diese sahen grundsätzlich kein

Problem darin, den Suprematseid auf ihren König zu leisten und sich der irischen Kirche einzugliedern; aber ihr Einfluß vertiefte die Kluft zwischen der irischen und der englischen Staatskirche. In Ulster waren teilweise auch Schotten Bischöfe; die neuen Siedler hatten ihre eigene Welt, in der sie zunächst niemand störte, was freilich zu Friktionen führte, als die schottische *Kirk* 1637 in Konflikt mit der *Anglicana Ecclesia* geriet, woraus der »Bischofskrieg« entstand und schließlich der englische Bürgerkrieg. Denn nun versuchte Wentworth, die Loyalitätsfrage zu klären und den schottischen Siedlern in Ulster den »Schwarzen Eid« aufzuerlegen, mit dem sie der schottischen Kirche abschwören und sich unmißverständlich zur irischen bekennen sollten. Manche taten dies; andere verweigerten es, gaben ihre Ämter auf, flohen in die Wälder. Hier wurde ein ungeahntes Konfliktpotential angehäuft – das letztlich doch an der Weisheit des *Lord Deputy* zweifeln läßt.

Was schließlich das Heerwesen betrifft, so war Wentworth entschlossen, in Irland ein schlagkräftiges Heer auf die Beine zu stellen, es regelmäßig zu besolden und der englischen Krone zur Verfügung zu halten. Dies gelang dem fähigen Administrator, trug aber zugleich unmittelbar zu seinem Untergang bei. Denn ein Heer, das nicht von gutwilligen Beiträgen des irischen Parlaments oder der führenden Schichten in Irland abhängig war, konnte leicht – dieser Argwohn bestand immer – auch im Inneren eingesetzt werden. Vor allem aber hatte das englische Parlament Wentworth zu Recht im Verdacht, daß er ein schlagkräftiges Heer in Irland hielt, um mit diesem Instrument dem König ein Eingreifen in Schottland oder England zu ermöglichen. Als im Bürgerkrieg diese Situation gegeben war, stellte das englische Parlament den nunmehrigen Earl of Strafford unter Anklage des Hochverrats – und sein Herr und König war nicht mehr stark genug, ihn zu schützen. Straffords Hinrichtung (1641) war freilich bereits ein Vorspiel für die Hinrichtung des Königs selbst (1649).

So ist Straffords Erfolg in Irland letztlich ambivalent: Er erreichte vieles von dem, was er sich vorgenommen hatte. Doch seine Errungenschaften kehrten gerade das hervor, was dem englischen König zum Verhängnis werden sollte: die absolutistische Tendenz in Staat und Kirche.

In Irland konnte Strafford die *Old English* und die *New English* gegeneinander ausspielen. In England gab es eine solche Konstellation nicht. Indem er es anfangs mit jenen hielt, später eher mit diesen, sich schließlich aber beiden entfremdete, hatte er doch einer Größe zu wenig Beachtung geschenkt, die in das politische Spiel noch nicht ausreichend eingebunden war, obwohl sie traditionell die weit überwiegende Mehrheit der irischen Bevölkerung stellte: das gälische Irland. Dieses meldete sich 1641 unmißverständlich zu Wort – in archaischer Form, mit brutaler Gewalt.

Der Aufstand von 1641

Was 1641 in Irland wirklich geschah, ist schwer zu entziffern: Die Ereignisse wurden durch Propaganda und Gegenpropaganda in phantastischer Weise aufgebauscht und heruntergespielt. Ein Pamphletist der englischen Seite, John Temple, bezifferte die Zahl der protestantischen Opfer der Ereignisse auf 300 000 – das Doppelte der damals in Irland lebenden Protestanten! W. E. H. Lecky, der große irische Historiker des 19. Jahrhunderts, spielte die Zahl möglichst weit herunter und urteilte: »Das irische Massaker von 1641 erscheint mir als eine der größten Fiktionen der Geschichte, obwohl viele Morde begangen wurden.« Heutzutage bewegen sich Schätzungen von Historikern im Bereich von 12 000: So viele protestantische Siedler wurden 1641 binnen weniger Monate entweder ermordet oder starben aufgrund von Austreibung an Nahrungsmangel, Kälte und Krankheiten, weil man sie im Winter ihrer Kleider beraubte und ihnen ihre Vorräte wegnahm. Die außerordentliche Grausamkeit dieser Taten steht außer Zweifel. – Wie läßt sich der plötzliche Ausbruch von Grausamkeit erklären?

Für den Aufstand der Iren gegen die protestantischen Kolonisten kann man zwei Hauptmotivkomplexe erkennen: den ökonomischen und den religiösen. In Ulster gab es noch lebendige Erinnerungen an 1607, an die »Flucht der Grafen« und die anschließende Welle der Konfiszierungen und den großen Plan der Kolonisierung. In vielen Fällen waren die Autochthonen vollkommen eingebunden worden in die neue Gesellschaft und hatten wenig zu klagen; es gab aber auch die anderen, denen man ihren Besitz genommen hatte und die in die Wälder geflohen waren. Ein Teil der Bevölkerung arbeitete in abhängiger Stellung auf Ländereien, die er ursprünglich frei bewirtschaftet hatte. Andere kamen aus dem Ausland zurück, nachdem sie im Dreißigjährigen Krieg als Soldaten und Offiziere militärische Erfahrung gesammelt hatten. Einer der gälischen Heerführer, Owen Roe O'Neill, war der Neffe jenes Hugh O'Neill (Grafen von Tyrone), der 1607 Ulster in jener spektakulären Aktion verlassen hatte.

In den 1630er Jahren hatten sich die wirtschaftlichen Bedingungen verschlechtert; die landwirtschaftlichen Erträge waren gesunken; mehrfach hatten Mißernten die Bemühungen der Bauern zunichte gemacht. Gerade in dieser Zeit hatte Wentworth Irland stärker besteuert und mehr aus dem Land herauszuholen versucht. Der Druck auf agrarischer Seite war durch gleichzeitig erhöhten Steuer- und Abgabendruck verstärkt worden – er schien vielen unerträglich.

Diese Stimmung in der Bevölkerung wurde durch die Bettelmönche angeheizt, insbesondere durch die Franziskaner. Sie waren im Laufe des 17. Jahrhunderts, im Zuge der Bemühungen der Gegenreformation und unterstützt von den katholischen Mächten auf dem Kontinent, immer zahlreicher geworden. Aber als Bettelmönche lebten sie letztlich vom agrarischen Überschuß, der gerade in diesen Jahren immer spärlicher wurde.

Zur religiösen Unzufriedenheit trugen auch Wirkungen aus Schottland und England bei: Die stramm calvinistische schottische *Kirk* hatte Einfluß in Ulster, und von England her machte sich die katholisierende Staatskirche unter Erzbischof Laud bemerkbar. Auf der britischen Hauptinsel kam es wegen kirchenpolitischer Differenzen 1637 zum Krieg; die siegreichen Schotten schickten ein Heer nach Irland, um ihre Vorstellungen durchzusetzen.

Als sich das »Lange Parlament« in England als Institution mit puritanischer Tendenz erwies, fürchtete man in Irland begreiflicherweise um die relative Religionsfreiheit der Katholiken, die sich im Lauf der Jahrzehnte eingespielt hatte. Diese religiöse Motivation war es schließlich, welche die *Old English* auf die Seite der gälischen Bevölkerung trieb.

Die Ereignisse des Jahres 1641 waren zunächst von gälischen Fürsten ausgegangen, die ein Komplott gegen die Dubliner Regierung geschmiedet hatten, nachdem die Nachfolger Straffords in der Regierung Irlands sich als stramme Puritaner erwiesen hatten. Mit der Eroberung des Dubliner Schlosses wollte man am 23. Oktober ein Zeichen zu einem allgemeinen Aufstand geben – doch der Anschlag wurde verraten und abgewendet. Unabhängig davon kam es zu einer größeren Aufstandsbewegung in Ulster, bei der protestantische Siedler vertrieben und massakriert wurden. Von Anfang an entglitten dabei die Ereignisse den militärischen Führern, die bestimmte begrenzte Ziele hatten, aber wilde Plünderungen, Rachemorde und die Begleichung alter Rechnungen aller Art nicht zu vermeiden vermochten. Allem Anschein nach waren sie selbst sozialem Druck von unten ausgesetzt, den sie nicht zu kontrollieren imstande waren.

Die *Old English* im *Pale* hielten sich zunächst zurück, doch wurden sie schließlich durch die Handlungsunfähigkeit des englischen Königs und die puritanische Ausrichtung der Dubliner Regierung ebenfalls auf die Seite der Rebellen getrieben. Denn während sie sich als loyalste Untertanen des Königs begriffen, versagte ihnen das puritanische Parlament in England Waffen, Nachschub und Mittel, die Aufständischen zu unterdrücken. Jahrelang war der König außerstande, seine Position in Irland zur Geltung zu bringen, weil er gleichzeitig in England in einen Bürgerkrieg verwickelt war. Die Dubliner Regierung war stark genug, Dublin zu verteidigen, aber im übrigen aus Mangel an Mitteln und Nachschub weitgehend handlungsunfähig: Jeder militärische Vorstoß gegen die Aufständischen hätte die Machtbasis in Dublin gefährdet. In dieser Situation entwickelte sich auch in Irland ein unübersichtliches Kriegsgeschehen um divergente Machtzentren: Ein schottisches Heer von bedeutender Schlagkraft operierte in Ulster unter Alexander Monro, der unter Gustav Adolph von Schweden gekämpft und sich, zusammen mit vielen seiner Schotten, große militärische Fähigkeiten erworben hatte. Ebenfalls im Dreißigjährigen Krieg hatte Phelim O'Neill seine Feldherrenfähigkeiten entwickelt; er stand in hohem Ansehen als traditioneller gälischer Stammesführer, hatte aber Mühe, seine *Ulstermen* zu regulären Soldaten zu formen. Da sich Monros Heer von der Ausplünderung Ulsters ernährte, mußte Phelim O'Neill zuweilen in Randgebieten außerhalb seines angestammten Herrschaftsbereiches operieren. Schließlich gab es ein drittes Heer im Süden, in Munster, das von Lord Inchiquin geführt wurde, der zwar gälischer Herkunft, aber ein überzeugter Protestant war. Bei dieser Sachlage kann es nicht überraschen, daß das Geschehen in Irland zunehmend unübersichtlich wurde.

Die Nachfolger Straffords in Dublin hatten das irische Parlament von katholischen Einflüssen gereinigt. Katholiken setzte man nun zunehmend mit Rebellen gleich. Unter dem Einfluß katholischer Bischöfe hatte sich daraufhin 1642 die »Konföderation von Kilkenny« gebildet: eine parlamentarische Versammlung der katholischen Seite, welche für einige Jahre die Herrschaft im größten Teil Irlands zu behaupten suchte. Dabei ist freilich bemerkenswert, daß sie stets an der Oberhoheit des englischen Königs festhielt und sich nur gegen seine schlechten Ratgeber und puritanischen Beamten zur Wehr setzte. Das wesentliche Ziel der Konföderation von Kilkenny war Religionsfreiheit für Katholiken; in dieser Absicht schlossen sich gälische und englischstämmige Katholiken zu einer gemeinsamen Politik für Irland zusammen.

Seit 1645 geriet die Konföderation von Kilkenny zunehmend unter den Einfluß des päpstlichen Nuntius Rinuccini, der versuchte, die Iren der englischen Krone zu entfremden und sie dem König von Spanien oder Frankreich zu unterstellen. Damit trieb er aber auch einen Keil zwischen die *Old English*, die sich dem englischen König verpflichtet fühlten, und die Iren gälischer Herkunft. Das katholische Lager war also gespalten – nicht weniger als das protestantische. Was sich nach 1641 zunächst wie ein Religionskrieg ausnehmen mochte, gab sich bald wieder als der traditionelle Konflikt zwischen Autochthonen und Einwanderern zu erkennen, der nur mittlerweile komplizierter geworden war: durch die Konfessionsfrage, durch den Einfluß der katholischen Mächte auf dem Kontinent, durch das Eingreifen der Schotten und durch die Bürgerkriegssituation in England.

Denn neben Schottland, das in den irischen Protestanten seine natürlichen Bundesgenossen im Kampf gegen die englische Krone und die Anglikanische Kirche gesehen hatte, war England seit 1642 in bis dahin ungekannter Weise am Ausgang der Kämpfe in Irland interessiert. Diejenigen, die dem Massaker von 1641 entkommen waren, flohen an die Küste in die Hafenstädte und vermochten teilweise mit knapper Not, ihr nacktes Leben zu retten. So kamen sie in den Häfen der englischen Westküste an und berichteten von einer ungeheuren Aufstandsbewegung, mit der Irland die englische Herrschaft abschütteln wolle. Das Lange Parlament reagierte sofort mit einem *Adventurers' Act*, einem Gesetz, das tiefgreifende Folgen haben sollte. Alle Rebellen wurden ihres Besitzes verlustig erklärt; aus ihrem Landbesitz wollte man die Anstrengungen derer kompensieren, die nun für die militärische Wiedereroberung Irlands Geld aufbrachten. Tausende von Engländern aus allen Schichten und aus allen Teilen des Landes gaben größere oder kleinere Summen dafür her, daß das Parlament ein Heer ausrüsten konnte, mit dem Irland wieder völlig unterworfen und protestantisch gemacht werden sollte. Die Enteignung der Rebellen wurde so zur Voraussetzung für eine radikale Neuordnung Irlands. Dieser Aufgabe unterzog sich der siegreiche General des englischen Bürgerkrieges, Oliver Cromwell.

Unterwerfung und Umsiedlung: Von Cromwell bis zum Frieden von Limerick
(1649–1691)

1649/50	Oliver Cromwell in Irland: »Massaker« von Drogheda und Wexford.
1652	Beginn der Umsiedlung katholischer Grundbesitzer nach Connaught.
1654–1658	Irland gehört mit England und Schottland zum *Protectorate* und entsendet 30 Abgeordnete in das Parlament von Westminster.
1660	Restauration der englischen Monarchie und Staatskirche: auch in Irland.
1660–1685	Karl II.: katholikenfreundliche Politik.
1685–1688	Jakob II.: Politik eines katholischen Königs eröffnet neue Möglichkeiten für Irland.
1688/89	»Glorreiche Revolution« in England: Krieg und Bürgerkrieg in Irland. Belagerung und Entsetzung der Stadt Londonderry.
1690	Schlacht am Boyne: Sieg Wilhelms III. von Oranien über Jakob II.
1691	Schlacht bei Aughrim und Friede von Limerick.

Cromwells Rache

Im August 1649 landete Cromwell als *Lord Lieutenant* des Langen Parlamentes mit 12 000 Soldaten in Dublin, um die aufrührerischen Nachbarn zur Räson zu bringen. Dies schien aus militärisch-sicherheitspolitischen Gründen geboten; es war aber auch aus innenpolitischen Gründen ratsam, um die parlamentarisch-puritanische Herrschaft zu festigen; schließlich schien es aus religiösen Gründen unverzichtbar: Solange in Irland noch Katholiken Macht hatten, war die radikal protestantische Herrschaft in England und Schottland noch immer gefährdet. Dementsprechend faßte Cromwell den Feldzug in Irland als einen Religionskrieg auf: Nicht Engländer kämpften dort gegen Iren, sondern Protestanten gegen Katholiken. Er fühlte sich als Gottes auserwähltes Werkzeug, die gereinigte Religion auch in Irland durchzusetzen und Irland mit England und Schottland in einem einheitlichen *Commonwealth* zusammenzuschließen. Daß die *Old English* stets ihre Loyalität dem englischen König gegenüber betont hatten, machte sie in Cromwells Augen nichtsdestoweniger zu Feinden Englands; schließlich war der König inzwischen hingerichtet worden. Aus ihrer Abneigung den Puritanern gegenüber hatten die *Old English* aber nie ein Hehl gemacht. Die Allianz der katholischen *Old English* mit den katholischen Iren gälischer Abstammung, die sich 1642 in der »Konföderation von Kilkenny« ergeben hatte und die am Anfang einer nationalen Eigenentwicklung Irlands hätte stehen können, wurde so für die *Old English* zum Verhängnis, nachdem sich in England die Puritaner durchgesetzt hatten. Cromwell exekutierte den englischen Sieg auch in Irland.

Cromwells Heer war das besttrainierte und bestmotivierte, das es damals in Europa gab. Er vereinigte die 12 000 neuen Soldaten mit den 8000, die noch in Dublin stationiert waren. Vor allem aber vermochte er überlegenes Gerät in die Schlacht zu führen: Eine so avancierte und schlagkräftige Artillerie wie die Cromwellsche hatte Irland bis dahin noch nicht gesehen. Innerhalb von nur neun Monaten unterwarf er fast das ganze Land, wobei er gezielten Terror einsetzte.

Unter seinen Motiven spielte das propagandistisch ausschlachtbare »Massaker von 1641« eine wichtige Rolle. In einer Proklamation, die Cromwell 1650 in Cork drucken ließ, wird das Zusammenleben von Engländern und Iren vor 1641 als ein ideales und friedliches beschrieben, bevor er den Iren pauschal vorwirft: »Ihr habt diese Einheit zerbrochen. Unprovoziert habt Ihr die Engländer dem unerhörtesten und barbarischsten Massaker unterworfen, ohne jede Rücksicht auf Geschlecht oder Alter, das jemals die Sonne gesehen hat, und das zu einer Zeit, da Irland im vollkommensten Frieden lag, und als durch das Beispiel englischen Fleißes, durch Handel und Wandel, das Gut in den Händen der Eingeborenen mehr Nutzen brachte, als wenn ihnen die ganze Insel gehört hätte und kein Engländer dort gewesen wäre [...].« Offensichtlich hat Cromwell das Massaker von 1641 allen Iren zur Last gelegt, und es ist wohl möglich, daß er bei seiner Einschätzung der damaligen Ereignisse von der englischen Propaganda nicht unberührt geblieben war. Entscheidend wurde jedoch seine Interpretation der Schwierigkeiten in Irland als Religionskrieg. In religiösem Fanatismus arbeitete er hin auf einen Endsieg der »guten Sache«, der Sache des Protestantismus.

Cromwell begann seinen Feldzug in Irland mit religiös motiviertem, aber politisch kalkuliertem Terror. Was im Bewußtsein der Protestanten das »Massaker von 1641«, wurde in der Erinnerung der Katholiken das »Massaker von Drogheda«, wo Cromwell nach der Erstürmung der Stadt auch einen Teil der Zivilbevölkerung töten ließ (11. September 1649). Die Verteidiger von Trim und Dundalk verließen ihre Festungen und flohen, als sie gehört hatten, was in Drogheda geschehen war. Einen Monat später eroberte Cromwell Wexford (11. Oktober) und hauste ebenso grausam wie in Drogheda; wiederum wurde nicht nur die Besatzung, sondern auch ein Teil der Zivilbevölkerung abgeschlachtet. New Ross ergab sich daraufhin kampflos, und die meisten Städte Munsters folgten ebenso. Als Owen Roe O'Neill im selben Jahr noch starb, hatten Cromwells Gegner keinen starken Mann mehr an ihrer Spitze, und einige Monate später hatte er sich ganz Irland mit Ausnahme von Connaught unterworfen.

Cromwell wird unterschiedlich beurteilt. Teilweise ist sein Vorgehen verteidigt worden: Seine Grausamkeit sei zeitüblich gewesen; seine Gegner hätten es nicht besser gemacht; auch im Dreißigjährigen Krieg habe es Vergleichbares gegeben. Die Gegenseite führt an, das unterschiedslose Niedermetzeln von militärischen Gegnern und Zivilisten, auch Frauen und Kindern, sei im englischen Bürgerkrieg nicht üblich gewesen und deshalb von den Zeitgenossen als eine neue Qualität des Terrors begriffen worden. Fest steht, daß Cromwells religiöses Sendungsbewußtsein verschärft wurde durch das Trauma des »Massakers von 1641«. Hier sieht man ganz deutlich, wie Gewalt wiederum Gewalt hervorbrachte. Wenn Cromwell 1650 auf dem Zenit seiner Macht in Irland glauben konnte, die Brutalität habe sich letztlich gelohnt, weil Schlimmeres habe verhütet werden können, hatte er damit allenfalls kurzfristig recht. Auf lange Sicht erwies sich seine Rechtfertigung des Massakers von Drogheda – »daß dies dazu beitragen wird, daß künftiges Blutvergießen vermieden wird« – als blutige Illusion.

»To Hell or Connaught!«

Cromwells militärisches Werk in Irland wurde von seinem Schwiegersohn Henry Ireton vollendet: Als sich Limerick und Galway 1651 und 1652 ergeben hatten, war nicht mehr viel zu tun. Freilich waren gerade diese späten Heereszüge durch planmäßige Verwüstungen gekennzeichnet. Am Ende dieser Schreckenszeit lag Irland völlig darnieder. Einer der gälischen Barden prägte das Wort vom »Krieg, der Irlands Ende war«.

Statistisch läßt sich das Elend nicht fassen. Der erste Statistiker Irlands, der Engländer William Petty, schätzte die irische Bevölkerung 1652 auf 850 000 Menschen, davon 160 000 Protestanten. Wahrscheinlich ist das zu niedrig gegriffen. Doch stellte er dieser Zahl eine andere entgegen: 616 000 Menschen seien seit 1641 umgekommen! Auch wenn man das nur als grobe Schätzung der Dimension nimmt und in Rechnung stellt, daß ein Teil davon dem Hunger und den Seuchen zum Opfer gefallen, nach Übersee deportiert und geflohen war, ist es eine ganz ungeheuerliche Zahl.

Durch den *Adventurers' Act* von 1642 bestanden in England bei Tausenden von Interessenten große Erwartungen auf Kompensation der Geldeinsätze durch Land in Irland. Hinzu kamen beträchtliche Heere, die Soldrückstände vom Staat zu fordern hatten, welche sich auf so exorbitante Summen beliefen, daß man sich ausrechnen konnte, daß sie niemals vom englischen Parlament aufgebracht werden könnten. Auch die Soldaten sollten deshalb mit Land in Irland entschädigt werden.

Wie diese Transaktionen zu bewerkstelligen sein könnten, vermochte sich niemand vorzustellen, da Irland bis dahin nicht vermessen worden war, so daß man gar nicht wußte, wieviel Land wo zur Verfügung stand. Weiterhin war der größte Teil des Landes nach wie vor besetzt; wie konnten die Inhaber enteignet werden? Was sollte dann mit ihnen geschehen?

In England propagierte man erneut und radikaler als früher die Vorstellung von Irland als einer *tabula rasa*: Es galt, die gesetzliche Grundlage für ein völlig freies, für einen Neuaufbau zu leerendes Land zu schaffen. In protestantischer Sicht bedeuteten das »Massaker von 1641« und der militärische Sieg Rechtfertigung genug für eine durchgreifende protestantische Kolonisierung. Mit der Erfahrung der Kolonisierung Ulsters verband man die Überzeugung von der fundamentalen Illoyalität der Katholiken. Es galt, Irland protestantisch neu aufzubauen.

Das Siedlungsgesetz, welches vom englischen Parlament am 12. August 1652 verabschiedet wurde, konstatierte zunächst großherzig, daß es nicht die Absicht des Parlamentes sei, »die ganze Nation auszurotten«. Gnade sollte der *inferior sort* der Einwohner gewährt werden (später definiert als diejenigen, die einen Besitz von weniger als zehn Pfund ihr eigen nannten), und die Großen sollten nach Verdienst behandelt werden – je nachdem, wie man ihr Verhalten in der Bürgerkriegszeit einschätzte. Fünf Gruppen wurden von der Amnestie ausgenommen: Diejenigen, die vor der Konföderation von Kilkenny an Rebellionen, Morden und Massakern beteiligt waren; alle Jesuiten und alle Priester, die in irgendeiner Weise an der Rebellion beteiligt waren; 105 namentlich genannte Adlige; alle, die Zivilpersonen umgebracht hatten; schließlich alle, die sich weigerten, binnen 28 Tagen ihre Waffen niederzulegen. Alle Offiziere, die gegen das Parlament gekämpft hatten, sollten verbannt werden. Alle übrigen Kriegsteilnehmer sollten ihren Grundbesitz verlieren, aber dafür kompensiert werden. Alle Katholiken, sofern sie nicht »beständig gute Gesinnung« gegenüber dem Parlament bewiesen hatten, sollten ihr Eigentum verlieren, aber mit zwei Dritteln anderwärts entschädigt werden.

Diese Gesetzgebung richtete sich fast ausschließlich gegen Katholiken, denen man eine Art von Kollektivschuld zur Last legte, der sie nur durch Beweis des Gegenteils entkommen konnten. Sie richtete sich gegen alle katholischen Landbesitzer: Nur die Besitzlosen konnten hoffen, durch alle angegebenen Kategorien zu schlüpfen.

Der überwiegende Teil Irlands, nämlich Ulster, Leinster und Munster, sollte von katholischen Grundbesitzern befreit werden. Diese sollten bei berechtigten Ansprüchen

Landbesitz von Katholiken im Jahre 1641

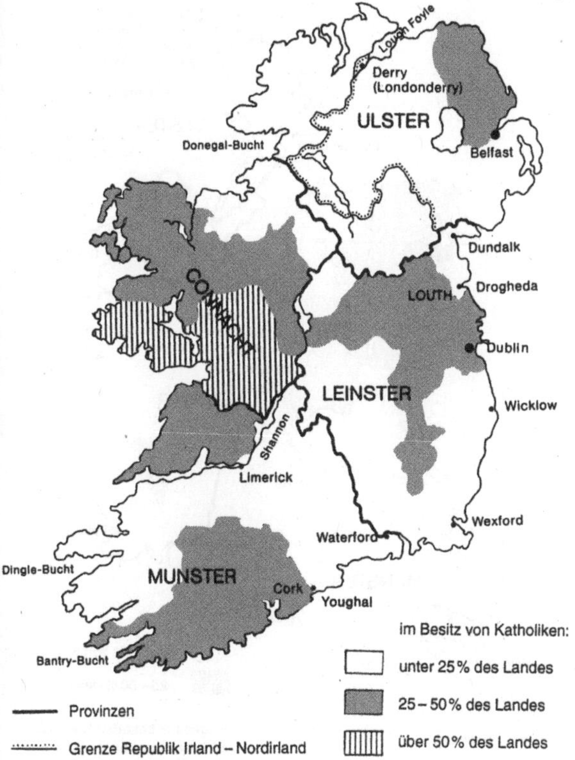

Landbesitz von Katholiken im Jahre 1688

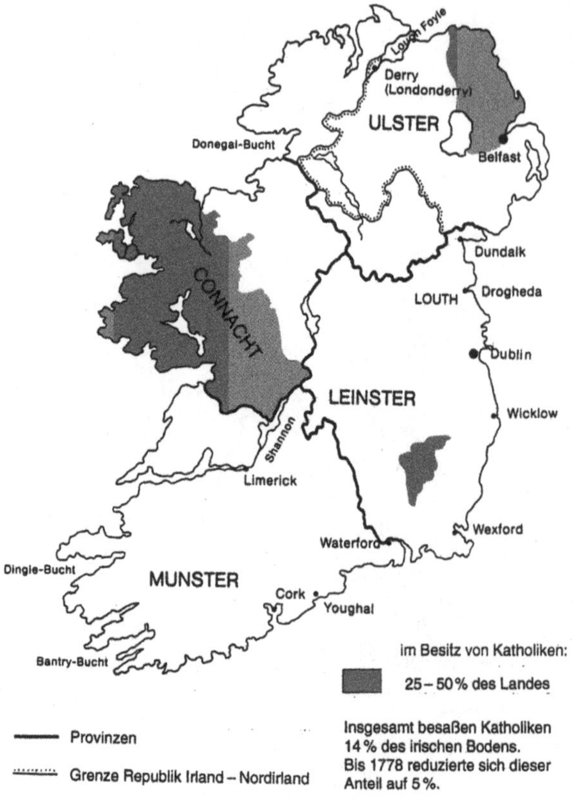

Landbesitz von Katholiken im Jahre 1703

westlich des Shannon Kompensation erhalten, im unzugänglichen und wenig ertragreichen Connaught (einschließlich Clare, aber ohne Sligo). Aus Sicherheitsgründen sollte ihnen dort der Meeressaum sowie ein Streifen entlang des Shannon vorenthalten bleiben. In allen übrigen Provinzen behielt die Regierung zunächst die wertvollsten Landstriche selbst (Grafschaften Dublin, Kildare, Cork) und teilte den Rest ein in Gebiete für die *Adventurers* und solche für die Armee. Alle katholischen Landbesitzer sollten zunächst bis zum 1. Mai 1654 westlich des Shannon sein; diese Frist wurde phasenweise bis März 1655 verlängert. Etwa 44 000 Menschen zogen in Trecks aus dem Süden und Osten des Landes nach Connaught, mit ihren Herden und allem, was sie befördern konnten. Die Armen durften zurückbleiben, weil sie ja auch von den neuen Grundbesitzern als Arbeitskräfte benötigt wurden. »*To Hell or Connaught!*« wurde sprichwörtlich in Irland. Man versuchte, die Umsiedlung unter Androhung drakonischer Strafen durchzusetzen.

Für die Zukunft ergaben sich drei Konsequenzen:

1. Da politische Repräsentation an Landbesitz geknüpft war, wurde Irland nun weitgehend durch Protestanten repräsentiert. Freilich wurde in der *Commonwealth*-Phase das irische Parlament überhaupt aufgelöst; statt dessen entsandte Irland 30 Abgeordnete in das Parlament von Westminster.

2. Die protestantische Kirche regierte nun allgemein in Irland. Katholische Priester wurden verfolgt; für die Ergreifung von katholischen Bischöfen wurde ein Kopfgeld ausgesetzt.

3. Bei alledem war Irland östlich des Shannon eben doch keine *tabula rasa*, und der großangelegten Umsiedlungsaktion Cromwells war kein vollständiger Erfolg beschieden. Denn wiederum mangelte es an genügend protestantischen Neusiedlern aus England. Und wiederum entzog sich ein Teil der vertriebenen Katholiken durch Flucht

in die Wälder, ernährte sich von Raub, Erpressung und Plünderung und wartete darauf, daß sich das Blatt noch einmal wenden würde.

Die Restauration von 1660

Nicht anders als in früheren Phasen der Geschichte entwikkelte sich auch 1660 die Lage in Irland erneut in Abhängigkeit von den Ereignissen in England. Als *Commonwealth* und Protektorat bald nach Oliver Cromwells Tod zusammenbrachen und die Wiedereinsetzung der Könige aus dem Hause Stuart die politische Lage zu stabilisieren schien, stand in Irland dasselbe bevor.

Ansätze eigenen Handelns lassen sich immerhin erkennen. Im Machtvakuum des Jahres 1659, als Henry Cromwell, der jüngere Sohn des Lordprotektors, der Irland zuletzt regiert hatte, bereits nach England zurückgekehrt war, bemächtigten sich einige Protestanten des Dubliner Schlosses. Im Februar 1660 versammelten sich in Dublin Vertreter aller Wahlkreise, um wiederum ein eigenes irisches Parlament zu bilden, das ihnen seit 1653 versagt gewesen war. Beide Gruppen der Protestanten, die neuen Besitzer der Cromwellzeit und die Protestanten aus der Zeit vor 1641, zogen hier an einem Strang. Sie waren gewillt, den englischen König erneut als ihren Herrn anzuerkennen, wünschten aber, über die Geschicke Irlands in einem eigenen Parlament mitbestimmen zu können. Ihre Hauptsorgen waren ökonomisch und religiös: Mit der Monarchie sollte eine protestantische Staatskirche eingeführt werden, vor allem aber lag ihnen daran, daß die Besitzverschiebungen der letzten Jahrzehnte nicht rückgängig gemacht wurden.

Doch auch die Hoffnungen der irischen Katholiken richteten sich auf den Sproß aus dem Hause Stuart, der in katholischen Ländern gelebt hatte und den Katholiken gegenüber tolerante Gesinnungen hegte.

Wie ließen sich so unterschiedliche Erwartungen vereinbaren? Trotz seiner Sympathie für die Katholiken erkannte Karl II. klar, daß es die protestantischen Landbesitzer waren, die in Irland die Macht in Händen hielten und denen auch er seine Rückkehr auf den englischen Thron mit zu verdanken hatte. Jahrelange Verhandlungen, Erklärungen und Verordnungen schufen zunächst ein Klima der Unklarheit, in dem alle Interessenten ihre Bestrebungen förderten und Hoffnungen auf einen günstigen Ausgang nähren konnten, während sich Staat und Kirche der Restauration stabilisierten. Doch allmählich wurde deutlich, daß Karl II. keine andere Wahl hatte, als die neuen Landbesitzer der Cromwellzeit zu bestätigen. Sie sollten jedoch ein Drittel ihres Landes an einen Fonds abtreten, der aus Ländereien gebildet worden war, die von Cromwell zwar eingezogen, aber noch nicht neu verteilt worden waren. Es galt schließlich noch immer, Soldaten verschiedener Heere zu entschädigen, auch *Adventurers* und Günstlinge des Königs meldeten weiter Ansprüche an. Man hatte Karl II. weisgemacht, daß es in Irland Land genug gebe, um alle diese zu befriedigen. Doch Herzog Ormond faßte bald die Einsicht, die er in einen berühmten Ausspruch kleidete: »Es muß ein ganz neues Irland entdeckt werden, denn das alte Irland ist für diese Verpflichtungen zu klein.«

Während die älteren und die neuen Protestanten in ihrem Grundbesitz, in ihren kirchlichen und politischen Rechten bestätigt wurden – 1661 saßen nur noch Protestanten im irischen Parlament! –, gingen die Katholiken überwiegend leer aus. Eine generelle Restitution wurde aus den genannten Gründen gar nicht in Erwägung gezogen; doch wurden die Katholiken auch nicht grundsätzlich brüskiert, sondern mit ihren Forderungen stets an den König verwiesen, der ihnen auf dem Gnadenwege Land zuteilte, wenn er sich von ihrem Recht überzeugt hatte. Kleine Eigentümer und solche aus Connaught wurden grundsätzlich nicht berücksichtigt; aber die Männer aus der Umgebung des Königs im Exil, wichtige Militärs und einflußreiche große Herren, die sich beim *Lord Lieutenant* in Dublin oder am Hof in Westminster Zutritt zu verschaffen wußten, konnten hoffen. So vergrößerte sich unter Karl II. der Anteil katholischen Grundbesitzes in Munster, Leinster und Ulster etwas.

Allgemein verfestigte sich in den Jahren der Restauration die Vorstellung, daß das »Massaker von 1641« ein Aufstand der Katholiken gegen die Protestanten gewesen sei; deshalb hätten sie ihre Ansprüche auf Land verwirkt, seien als Rebellen zu Recht enteignet worden; die Cromwellsche Besitzordnung wurde deshalb von alten und neuen Protestanten gleichermaßen für Rechtens gehalten, auch wenn sie im Politischen und Religiösen ganz andere Ansichten als Cromwell hatten und mehrheitlich stramme Royalisten waren. Ja, mehr noch: Die neue Eigentumsordnung mußte schon deshalb aufrechterhalten werden, damit die immer zur Rebellion neigenden Katholiken daran gehindert waren, ein neues 1641 zu beginnen!

Was die religiösen Angelegenheiten betrifft, mußte die Restauration von 1660 wieder die anglikanische Staatskirche in ihre alten Rechte einsetzen. Darin waren sich die herrschenden Protestanten in Irland weitgehend einig – mit Ausnahme der Presbyterianer, insbesondere also der Schotten in Ulster. In der Cromwellzeit waren in Irland vielerlei Sekten entstanden, vor allem auch Baptisten zahlreicher geworden. Doch nach 1660 wanderten sie größtenteils nach Amerika aus, hielten sich zu den Presbyterianern oder zur *Church of Ireland*. Insofern hatte es Karl II. außerhalb der Staatskirche nur mit den Katholiken und Presbyterianern zu tun.

In den ersten Jahren versuchte man zunächst, die Presbyterianer einzuschüchtern und zu stigmatisieren: Die neuen anglikanischen Bischöfe der Restaurationszeit verfuhren teilweise rigoros und entließen Pfarrer presbyterianischer Neigung reihenweise. Die Kirchengebäude mußten alle an die Staatskirche zurückgegeben werden. Doch tolerierte man es, daß sie sich andere Räume für die Gottesdienste einrichteten. Ja, Karl II. ging ab 1672 so weit, der Gesamtheit der Presbyterianer in Irland jährlich 600 Pfund zukommen zu lassen als ein *regium donum* – eine freiwillige Gabe des Königs, die ihnen signalisieren sollte, daß sie zwar keinen Platz in der Staatskirche haben konnten, aber doch immerhin einen anerkannten Platz in Staat und Gesellschaft.

Die Katholiken hätte Karl II. wohl persönlich gern mit der Sympathie behandelt, in welche diese so große Hoffnungen gesetzt hatten. Doch die herrschenden Protestanten in Irland und England sahen das mit solchem Argwohn, daß Karl II. auf diesem Feld sehr vorsichtig operieren mußte. Das Ergebnis war eine weitgehende Toleranz – die jedoch möglichst heimlich geübt und nicht in rechtliche Formen gegossen wurde. Während katholische Priester und Bischöfe unter Cromwell aufs schärfste verfolgt waren, wurden sie nun allgemein geduldet. Es gab wieder Mönche in Irland; es wurde Messe gelesen, katholische Schulen und Seminare wurden gegründet, sogar Synoden konnten auf irischem Boden abgehalten werden. Trotz der geschilderten Mentalität der neuen und alten protestantischen Besitzenden ging es den Katholiken in Irland relativ erträglich unter einem zum Katholizismus neigenden, wenn auch offiziell protestantischen englischen Stuartkönig. Jedenfalls im Vergleich mit den Jahren unter Cromwell konnten sie aufatmen.

Während Irland gewöhnlich zu leiden hatte, wenn es Ergebnisse der politischen und religiösen Auseinandersetzung aus England übernehmen mußte, bedeutete die Restauration von 1660, insgesamt gesehen, keinen Nachteil für die Iren. Für viele von ihnen entwickelten sich die Dinge sogar ausgesprochen günstig.

Irland als agrarisches Nebenland der englischen Krone

Im 16. Jahrhundert hatte Irland, am europäischen oder englischen Maßstab gemessen, eine unterentwickelte Wirtschaft besessen, die an Exportprodukten fast nur Tierhäute und Fisch bieten konnte. Das hatte sich im Laufe des 17. Jahrhunderts geändert. Vieh, Wolle und Butter wurden nun die Hauptexportgüter, und es zeigte sich, daß die Insel weit mehr zu produzieren vermochte, als sie selbst verzehrte. Während im 16. Jahrhundert Spanien das wichtigste Aufnahmeland für irische Exporte gewesen war, wurde nun England der entscheidende Markt. Und dort war der wichtigste Motor das starke Wachstum der Hauptstadt London mit ihrem fast unbegrenzten Bedarf an Fleisch und anderen Lebensmitteln. Schafe und Schweine, vor allem aber Rinder wurden in mächtigen Herden zu Schiff in die westlichen Häfen von England und Wales transportiert, wo sie erneut auf die Weide gebracht und gemästet wurden, bevor sie nach London getrieben und geschlachtet wurden.

Schon in den 1650er Jahren hatte dieser Handel immer mehr zugenommen. In den 1660er Jahren sollte sich jedoch die weitgehende Orientierung auf den englischen Markt als Problem erweisen. Denn die Agrarproduzenten in England selbst sahen ihre Preise verfallen und drängten darauf, daß 1663 und in den folgenden Jahren jeweils Gesetze gegen die Einfuhr von irischem Vieh erlassen wurden. Irlands Wirtschaft erachtete man in England als komplementär zur eigenen; wo sie England nützen konnte, wurde sie gefördert; wo die Engländer eigene Interessen bedroht sahen, reagierten sie mit einschränkenden Gesetzen.

Die *Cattle Acts* der 1660er Jahre konnte Irland noch gut verwinden: Man fand neue Märkte auf dem Kontinent, man stellte teilweise die Produktion um und paßte sich der Nachfrage an. Vor allem aber entdeckte man im 17. Jahrhundert auf den Spuren Englands neue Märkte in Übersee: Sowohl die französischen als auch die englischen Kolonien in der Karibik und in Nordamerika wurden mit irischem Vieh, irischer Butter und irischer Wolle beliefert. Insofern profitierte Irland von der Verbindung mit England und dessen weltweiter Handelstätigkeit.

Die englischen *Navigation Acts* dieser Zeit sprechen eine deutliche Sprache. Von Ausnahmen für bestimmte Produkte abgesehen, verboten sie Irland, direkt in die Kolonien zu exportieren. Dies wurde nur auf englischen Schiffen gestattet. Irland sollte ein Agrarland bleiben: Agrarprodukte wurden gern aufgenommen, solange für englische Produzenten kein Nachteil entstand. Der Handel mit den Kolonien aber sollte in englischer Hand sein. Freilich profitierten irische Seehäfen selbst noch in diesem System, sei es auch nur als Zwischenhändler und für die kleinen Wege nach England. Die westlichen irischen Häfen wie Galway und Limerick, die im 16. Jahrhundert stark von Spanien abhängig gewesen waren und nun dort keine Märkte mehr hatten, schafften es immerhin, durch die Kooperation mit England im Kolonialhandel Fuß zu fassen, so daß ihre Bedeutung eher zu- als abnahm.

Der Krieg der Könige

In den beiden Jahrzehnten nach der Restauration von 1660 hatten viele katholische Iren die Erwartung, daß sich das Blatt noch einmal wenden und sie in ihre alten Rechte eingesetzt würden. Diese Erwartungen schienen sich 1685 plötzlich zu konkretisieren, als in England mit Jakob II. ein katholischer König auf den Thron kam. Nun wurde erstmals wieder ein katholischer Ire zum *Lord Deputy* ernannt, Richard Talbot, der Bruder des katholischen Bischofs von Dublin; er wurde zum Grafen von Tyrconnell erhoben und ging sogleich daran, Offiziersstellen mit Katholiken statt

Protestanten zu besetzen und die Stellung der katholischen Kirche in Irland zu verbessern. Aber an eine grundstürzende Neuverteilung des Landes konnte er nicht denken – schließlich war Jakob II. König von England und mußte dort mit einem protestantischen Parlament zusammenarbeiten.

Für Irland wurde es verhängnisvoll, daß Jakob II. den unabdingbaren Konsens mit den führenden Schichten in England nicht dauerhaft herzustellen vermochte. 1688 verständigten sich führende Männer in England darauf, daß ein protestantisches Königshaus wichtiger sei als die dynastische Sukzession der Stuarts. Das entscheidende Ereignis in diesem Prozeß war eine Geburt – nämlich die eines katholischen Thronfolgers –, welche auf unabsehbare Zeit eine katholische Dynastie in Aussicht zu stellen schien, während die Führenden in England allenfalls vorübergehend e i n e n katholischen König hatten tolerieren wollen. Die Geburt eines männlichen Nachfolgers gefährdete so die Stellung des erst drei Jahre regierenden Königs. Man lud Wilhelm III. von Oranien, den Statthalter der Niederlande und das Haupt der europäischen Koalition gegen Ludwig XIV., dazu ein, den englischen Thron zu übernehmen.

Was nun folgte, ist in der englischen Geschichte als »Glorreiche Revolution« bekannt. Denn als Wilhelm von Oranien mit einem Heer in Torbay landete, regte sich keinerlei Widerstand. Das Volk jubelte dem Heros des Protestantismus zu, und Jakob II. – übrigens der Schwiegervater des Eindringlings! – verließ London und floh nach Frankreich. Man griff zu der Hilfskonstruktion, den Thron für vakant zu erklären, und krönte Wilhelm und Maria, die Tochter Jakobs II., zu König und Königin von England.

Die in England unblutig verlaufene Revolution löste in Irland erneut einen blutigen Bürgerkrieg aus. Denn Jakob II. landete mit einem von Frankreich ausgerüsteten Heer in Kinsale und marschierte auf Dublin. Die Iren jubelten ihm zu und leisteten keinerlei Widerstand. In Dublin versammelte sich ein Parlament, das noch einmal von den *Old English* dominiert wurde und in dem die Katholiken im Unter- und Oberhaus eine klare Mehrheit hatten, weil die Protestanten zum Teil geflohen waren, zum Teil durch katholische Abgeordnete ersetzt wurden. Dieses Parlament wurde später das »Patriotische Parlament« genannt, weil es versuchte, all jene Maximen zu verwirklichen, die in den darauffolgenden 90 Jahren unterdrückt wurden. Das begann schon mit der Initiative: Nach *Poynings' Law* hätte sie von England ausgehen sollen, aber *Poynings' Law* wollte das »Patriotische Parlament« nicht mehr respektieren. Jakob II. war zwar anderer Ansicht, mußte sich jedoch fügen. Denn seine eigene Legitimität war ja durchaus fraglich, seit England einen neuen König hatte. Das »Patriotische Parlament« erließ eine allgemeine Toleranz – natürlich zum Nutzen der Katholiken. Die Gesetze, welche den irischen Handel dem englischen unterwarfen, wurden abgeschafft. Die Frage der Staatskirche wurde neu geregelt. Das Land sollte neu verteilt werden.

Hätte sich das »Patriotische Parlament« durchgesetzt, wäre erneut ein ganz anderes Irland Wirklichkeit geworden. Doch es blieb eine Episode, weil die notwendige militärische Machtbasis fehlte.

Widerstand hatte sich eigentlich nur in Ulster geregt. Aber da die Kräfte der dortigen Protestanten schlecht organisiert waren, blieb ihnen nach den ersten Scharmützeln nichts anderes, als sich hinter die Wälle der Städte Enniskillen und Londonderry zurückzuziehen. Jakob II. belagerte Londonderry monatelang erfolglos mit einem Heer. Hätte er die Stadt erobert, hätte er als militärischer Sieger dagestanden. Doch Londonderry hielt durch, bis Wilhelm von Oranien Hilfe über See schickte. Da brach Jakob II. die Belagerung ab.

Wilhelm von Oranien mußte, ob er wollte oder nicht, die Entscheidung in Irland suchen. Es ging um die Sache der Protestanten; es ging um den englischen Thron; und es ging schließlich um die große Koalition gegen Ludwig XIV., also geradezu um die Hegemonie in Europa. Er landete mit einem Heer bei Carrickfergus und marschierte südwärts, wo er am 1. (11.) Juli 1690 am Boyne auf das Heer Jakobs II. traf. Er erkämpfte den Übergang über den Fluß, Jakob II. floh, und das katholische Heer zog sich zurück. Es war keineswegs eine der großen blutigen Schlachten, aber da sich die eine Seite gleich für siegreich erklärte und die andere ihre Niederlage eingestand, konnte die Propaganda den Sieg aufbauschen und in ganz Europa bekanntmachen. Wenige Tage später feierte man schon überall das *Te Deum*, selbst in Wien.

Die militärische Lage war freilich noch unklar. Wilhelm von Oranien konnte seine Zeit nicht lange in Irland vertun und drängte auf einen Friedensschluß, bei dem er günstige Bedingungen einräumen wollte. Er verließ sein Heer und überließ die restlichen Heereszüge anderen Generälen. Ginkel siegte bei Aughrim, nachdem der General des katholischen Heeres, St Ruth, gefallen war. Die Reste zogen sich hinter die Mauern von Limerick zurück, wo Patrick Sarsfield, noch einmal einer der großen Führer der *Old English*, den Widerstand organisierte und einen Friedensvertrag zu günstigen Bedingungen aushandelte.

Der Friede von Limerick (3. Oktober 1691) stellt ein komplexes Vertragswerk dar aus einem kriegsrechtlichen und einem zivilrechtlichen Teil. Der kriegsrechtliche Teil wurde sofort verwirklicht: Er besagte hauptsächlich, daß die Soldaten und Offiziere, die sich ergeben hatten, freie Ausreise auf den Kontinent erhalten sollten. Von diesem Artikel machten etwa 14 000 Mann Gebrauch, die in den folgenden Jahrzehnten alle Heere des Kontinents füllten. Als *Wild Geese* wurden die irischen Soldaten im späten 17. und im 18. Jahrhundert allgemein bekannt. Die *Old English* spielten seit diesem Aderlaß in Irland keine Rolle mehr. Nun begann ein Zeitalter unter protestantischer Führung.

Die zivilrechtlichen Artikel wurden teilweise jahrelang nicht rechtskräftig, weil sie der Zustimmung des englischen Parlaments bedurften, das sich dagegen zur Wehr setzte. Im Frieden von Limerick wurde den Katholiken zunächst Toleranz versprochen – dieselbe Toleranz, die sie unter Karl II., nach der Restauration, genossen hatten. Doch die Gesetzgebung der folgenden Jahre verfuhr aufs schärfste antikatholisch. Noch einmal erfolgte eine Umverteilung des Landes zugunsten der Protestanten, aber die Konfiszierungen waren weit weniger drastisch als diejenigen Cromwells. Man beschlagnahmte hauptsächlich das Land der Gefallenen und nach Frankreich Geflohenen; die Zurückgebliebenen konnten meist einen Teil ihres Besitzes retten. Doch die Hoffnungen der katholischen Iren auf einen allgemeinen Umschwung mußten nun begraben werden.

Das 18. Jahrhundert: Die protestantische Nation

Epochenüberblick

Das Jahrhundert zwischen dem Frieden von Limerick und dem Gesetz über die Union von Großbritannien und Irland ist gekennzeichnet durch seinen englischen Charakter, durch die Herrschaft einer protestantischen Führungsschicht und durch Bestrebungen der irischen Kolonie nach Unabhängigkeit – die schließlich zur Eingliederung in das Mutterland führten (1800).

Das bedeutet auf der Gegenseite: Von gälischer Kultur und Gesellschaft war im 18. Jahrhundert kaum die Rede; die Zahl der Gälischsprechenden nahm ab; die Tradition der Barden war gebrochen, nachdem der irische Adel, von dessen Patronage sie abhängig waren, ausgewandert, vertrieben oder ausgerottet worden war. Erst ganz am Ende des 18. Jahrhunderts zeigt sich in Gelehrtenkreisen ein gewisses akademisches Interesse an der irischen Vergangenheit, das wohl überwiegend im gesamteuropäischen Zusammenhang zu verstehen ist – nämlich als ein vorromantisches Phänomen.

Kultur und Bildung konnte man sich in diesem Zeitalter nur als englische vorstellen. England war im 18. Jahrhundert nicht nur zu einer führenden europäischen und Weltmacht geworden, sondern hatte auch maßgebliche Strömungen in der Theologie und Philosophie, in der Literatur und Bildenden Kunst, in der Architektur und Gartenbaukunst ausgeprägt. In anderen Ländern Europas, in Frankreich, in Deutschland und anderwärts, galt alles Englische als vorbildlich und nachahmenswert: Anglophilie war ein Zug der Zeit. Um wieviel mehr mußte England und alles Englische auf der Nachbarinsel gelten, mit der es jahrhundertelange Kontakte gab! Die dünne Führungsschicht Irlands war im 18. Jahrhundert vollkommen englisch geprägt; Irland wurde auch kulturell ein bloßes Nebenland der englischen Krone. Die Eliten wechselten ohne Mühe zwischen Irland und England; Dublin war ein kleineres London, eine Hauptstadt ohne jedes irische Gepräge.

Für das 18. Jahrhundert muß der Begriff »*Protestant Ascendancy*« (protestantische Führungsschicht) noch genauer charakterisiert werden. Denn zu den Herrschenden gehörten anfangs nur die Mitglieder der anglikanischen Staatskirche, der *Church of Ireland*. Mit diskriminierenden Eiden schied sie nicht nur die Katholiken aus, sondern auch *Dissenters* (Presbyterianer!). Da sich diese vor allem in Ulster massierten, bedeutete die Herrschaft der *Protestant Ascendancy* zugleich Dominanz des Zentrums Dublin und des früheren *Pale*, Leinsters und Munsters über die Provinz im Norden. Die Landbesitzer der Staatskirche wollten verhindern, daß das bäuerliche und Handwerkerelement der schottischen Einwanderer in Ulster an seinen Privilegien partizipierte. Die Restriktionen wurden jedoch bereits vor der Jahrhundertmitte gelockert. Die Presbyterianer des Nordens erlebten im Laufe des 18. Jahrhunderts einen wirtschaftlichen Aufstieg, der größtenteils mit der Blüte der irischen Leinenmanufaktur zusammenhing. Belfast war am Ende des Säkulums zu einer Hafenstadt von herausragendem Gewerbefleiß geworden. Um diese Zeit wurden hier die später so berühmten Werften gegründet. Der Kontakt mit Schottland war eng, damit auch mit der Aufklärung, und die Verbindungen zu Nordamerika waren wichtig. Es ist kein Zufall, daß hier der erste Zusammenschluß von *United Irishmen* erfolgte. Hier fand Theobald Wolfe Tone am meisten Anklang mit seiner Vorstellung eines Aktionsbündnisses von Protestanten und Katholiken, da die

Presbyterianer in Distanz zur *Protestant Ascendancy* standen.

Die Katholiken Irlands schließlich waren im 18. Jahrhundert, nachdem sie im späten 17. Jahrhundert definitive militärische Niederlagen erlitten hatten, von jeder Macht ausgeschlossen; obwohl sie acht Zehntel der Bevölkerung ausmachten, galten sie nichts. Sie waren nicht nur als Kirche unterdrückt und verfolgt, nicht nur als Staatsbürger rechtlos, sondern selbst in elementaren Rechten wie Eigentum, Bildung, Reisen, Erbrecht fundamental benachteiligt. Die Strafgesetze gegen Katholiken blieben bis zu den Reformen von 1778, 1792/93 und schließlich 1829 bestehen, obwohl sie teilweise schon jahrzehntelang nicht mehr angewandt worden waren. Ein legales Damoklesschwert war über den Katholiken aufgehängt worden, um sie einzuschüchtern und ohnmächtig zu halten. Dies wurde freilich nach 1776 und 1789 zunehmend unmöglich. Wenn die Katholiken auch 1800 weiterhin vergeblich auf ihre vollständige Emanzipation warten mußten, stand es doch längst außer Frage, daß sie überfällig war.

Dieser Einstellungswandel hängt nicht nur mit der Einsicht der Regierung zusammen, sondern darüber hinaus mit dem sozialen Aufstieg, den ein Teil der Katholiken im Laufe des 18. Jahrhunderts bewerkstelligt hatte. Aus dem Landbesitz vertrieben, hatten sich einige erfolgreich mit Handelsgeschäften befaßt. Im letzten Drittel des 18. Jahrhunderts konnte sich so eine zunehmend bemerkbare katholische Honoratiorenschicht in Form des *Catholic Committee* organisieren; als es unter dem Eindruck der Französischen Revolution zu einem Zusammenwirken mit den *United Irishmen* kam, schienen die Tage der etablierten *Protestant Ascendancy* und die herkömmliche Struktur englischer Herrschaft in Irland gezählt.

Daß die Bestrebungen nach mehr Unabhängigkeit für das irische Parlament und schließlich für Irland selbst scheiterten, hing mit drei Faktoren zusammen: 1. mit den fehlgeschlagenen Aufständen von 1798, 2. mit dem strategischen Interesse Englands angesichts der Bedrohung durch Frankreich, 3. mit dem widersprüchlichen Geflecht von Partikularinteressen der verschiedenen Gruppen in Irland, die es der englischen Krone schließlich ermöglichten, die Union zu bewerkstelligen, ohne den fälligen Preis dafür zu bezahlen.

Penal Times: Irland unter Strafe (1691–1778)

1689–1702	Wilhelm III. und (bis 1694) Maria II.
1691	Beginn der Gesetzgebung gegen Katholiken (*Penal Laws*).
1699	Einschränkung des irischen Wollexports durch das englische Parlament.
1702–1714	Anna Königin von Großbritannien.
1714–1727	Georg I.: erster König aus dem Hause Hannover.
1720	Weitgehende Entmachtung des irischen Parlaments; Gesetzgebung von Westminster aus (*Declaratory Act*).
1724	Affäre um Münzmonopol (*Wood's Halfpence*) provoziert die radikalsatirischen *Drapier's Letters* von Jonathan Swift.
1727–1760	Georg II. König von Großbritannien.
1760–1820	Georg III. König von Großbritannien.
1776	Mit dem Beginn des amerikanischen Unabhängigkeitskrieges ändert sich die Bedeutung Irlands.
1778	Erste Rechtsverbesserungen für Katholiken in Irland (*Catholic Relief Act*).

Die Strafgesetzgebung gegen Katholiken

Die Jahrzehnte nach dem Frieden von Limerick sind gekennzeichnet durch eine Strafgesetzgebung gegen Katholiken (und teilweise auch gegen solche Protestanten, die nicht der *Church of Ireland* angehörten), die anfangs geradezu hysterische Züge trug, dann allmählich nachließ und schließlich noch dem Buchstaben nach bestand, aber faktisch kaum mehr angewendet wurde. Seit der Zeit der amerikanischen Revolution wurde sie Schritt für Schritt auch förmlich zurückgenommen, doch die letzten diskriminierenden Gesetze hatten bis 1829 Bestand. Dabei wirkten zwei Machtzentren zusammen: das protestantische Parlament in Westminster und das protestantische Parlament in Dublin. Beide häuften ein nur schwer erträgliches Maß an Belastungen für die Katholiken in Irland auf.

Bei der Bewertung wird man freilich den Protestanten in Irland zugestehen müssen, daß sie einen Bürgerkrieg mit ernsthafter Gefährdung ihrer eigenen Position gerade erst hinter sich hatten. Sie mochten anfangs glauben, nur durch solche harten Maßnahmen gegen die Mehrheit der Bevölkerung sich Sicherheit und Ruhe verschaffen zu können. Die Maßnahmen sind deshalb, auch wo sie religiöse Dinge zum Gegenstand haben, in aller Regel politisch gemeint und auf Erhaltung des soeben erreichten Status quo bedacht. Gerade deshalb konnten sie im Lauf der Zeit, als die Gefährdung nachzulassen schien, nachlässiger gehandhabt werden.

Das englische Parlament hatte andere Motive. In England herrschte eine geradezu hysterische antipapistische Stimmung, die sich gegen Katholiken im eigenen Lande und gegen Irland insgesamt richtete. Sie ist heute nur noch schwer verständlich. Man kann allenfalls berücksichtigen, daß die dynastische Krise der »Glorreichen Revolution« kaum gebannt war und es noch Abkömmlinge des Hauses Stuart gab, die als Prätendenten hin und wieder Aufstände anzettelten. Solche Prätendenten waren (bis 1766) vom Papst als englische Könige anerkannt und konnten in ihrem Exil beispielsweise bei der Ernennung katholischer Bischöfe für Irland ein gewichtiges Wort mitsprechen.

Die Strafgesetzgebung begann 1691 mit der Vorschrift eines Eides für beträchtliche Personengruppen: Bischöfe und Amtsträger der englischen Krone, jeder Bewohner Irlands, der eine Anstellung oder Beförderung suchte, sei es im kirchlichen, zivilen oder militärischen Bereich, die Angehörigen der Universität Dublin, die Schulmeister und Spitalaufseher, Rechtsanwälte und Sekretäre, Ärzte und Gelehrten in der Stadt Dublin und in einem Umkreis von dreißig Meilen. Die beiden Häuser des Parlamentes wurden von Katholiken (»Rekusanten« aus der Sicht der *Church of Ireland*) gesäubert. Die Eidesformel bestand im Kern aus einer dogmatischen Aussage über das Abendmahl: Man mußte schwören, daß man nicht an die Transsubstantiation glaube, an die Verwandlung von Brot und Wein in Christi Fleisch und Blut. Die Anrufung und Verehrung der Jungfrau Maria und der übrigen Heiligen sowie die Messe seien abergläubisch und gotteslästerlich. – England kannte eine lange Tradition solcher Loyalitätseide, welche das Individuum durch Rekurs auf Glaubensbekenntnisse in seinem Gewissen zu binden suchten. In Irland waren solche Eide bis dahin nicht durchsetzbar gewesen.

Schärfer griff ein anderes Gesetz ein, welches 1704 vom irischen Parlament erlassen wurde. Damit wollte also die herrschende protestantische Minderheit die katholische Bevölkerungsmehrheit unterdrücken. Die protestantische Religion sei bedroht durch Verführungen der Katholiken, durch Emissäre des Papstes. Zur Abwehr dieser Bedrohung sei es erforderlich, die folgenden Bestimmungen zu erlassen: Von einem bestimmten Termin ab sei es als ein besonderes Vergehen zu bewerten, wenn jemand einen Protestanten seiner Religion abspenstig mache. Sodann wurde strafbar, Personen unter 21 Jahren außer Landes zu schicken, es sei denn als Matrose, Schiffsjunge, Lehrling oder Handelsdiener. Diese sonderbare Bestimmung zielte offenbar auf die Praxis der irischen Katholiken, ihren begabten Nachwuchs in die irischen Schulen, Klöster und Kollegien auf dem Kontinent zur Ausbildung zu schicken. Nicht beschränkt wurden die Reisen derjenigen, die in den genannten untergeordneten Stellungen offenbar nicht die Absicht hatten, höhere Bildung zu erwerben, und Reisen innerhalb des Herrschaftsbereiches der englischen Krone, also beispielsweise nach England und Schottland.

Die folgenden Bestimmungen gingen Punkt für Punkt näher an die wirtschaftliche Grundlage katholischen Lebens heran. Zunächst sollte die Erbfolge für Protestanten gesichert werden. Unter Katholiken sollte das Erbe zu gleichen Teilen aufgeteilt werden (im Gegensatz zum Gebrauch des *Common Law*!); wenn aber der älteste Sohn einer katholischen Familie zum Protestantismus übertrat, sollte er allein alles erben. Diese Bestimmung war offenbar darauf angelegt, den Landbesitz katholischer Familien zu zersplittern und sie mithin auf Dauer ihrer politischen wie ökonomischen Machtbasis zu berauben. Gleichzeitig sollte diese Klausel wohl katholische Sprößlinge zur Konversion reizen – und zwar mit rechtlich einklagbaren Vorteilen gegenüber ihren Geschwistern. Die zynische Spekulation auf menschliche Habgier wurde sogar so weit getrieben, die junge Generation gegen die alte auszuspielen: Wenn der Älteste zum Protestantismus übertrat, wurde er sofort erbberechtigt, auch bei Lebzeiten katholischer Eltern, die dann auf ihrem bisherigen Besitz bloße Pächter ihres neubekehrten Sprößlings wurden!

Katholiken durften kein Land mehr erwerben. Das naheliegende Schlupfloch, einen Kauf als unendliche oder langfristige Pacht zu maskieren, wurde sofort verstopft durch die Beschränkung von Pachtzeiten für Katholiken auf höchstens 31 Jahre. Bei all diesen Bestimmungen ist stets zu bedenken, daß es nicht nur um Land und Besitz geht, sondern um die damit verbundene politische Macht. Offenbar fühlten sich die irischen Protestanten im Parlament von Dublin noch nicht sicher genug dadurch, daß keine Katholiken ins Parlament durften und die entscheidenden Funktionen ja durch den besprochenen Eid ohnehin für Protestanten reserviert waren.

Das Gesetz wirkte – in Gemeinschaft mit den anderen, gleichgerichteten – so, wie es intendiert war: Der Landbesitz von Katholiken reduzierte sich im Laufe des 18. Jahrhunderts noch weiter. Die 14 Prozent irischen Bodens, die 1703 noch in der Hand von Katholiken waren, gingen bis 1778 auf bloße 5 Prozent zurück. Das heißt nun nicht unbedingt, daß die Ländereien, die diese Differenz ausmachten, alle den Besitzer wechselten; es bedeutete aber, daß die Besitzer, wenn sie ihr Land behalten wollten, die Konfession wechseln mußten. Man kann es bei so bewandten Umständen nicht erstaunlich finden, daß manche Katholiken ihre Konfessionszugehörigkeit hintanstellten, um das Erbe der Familie zusammenzuhalten.

Die zynische Politik der Herrschenden hatte, wie es scheint, auf Dauer Erfolg. Und trotzdem gab es natürlich auch hier Listen der Unterdrückten, die der großen Schlauheit der Herrschenden gewachsen waren. Dafür nur ein Beispiel, das allerdings mit einem bedeutenden Namen verknüpft ist: Daniel O'Connell, der Führer der irischen Katholiken des 19. Jahrhunderts, mit dem wir uns noch ausführlich beschäftigen werden, stammte aus einer Familie in Munster, welche sich ihren Besitzstand trotz des besprochenen Gesetzes über Jahrzehnte hinweg erhalten hatte, indem sie das Land einem protestantischen Nachbarn schenkte, der es für sie verwaltete. Man sieht daran, daß keineswegs überall unversöhnlicher Haß zwischen Protestanten und Katholiken bestand; daß auch nicht alle Protestanten die Gesetze, welche im Parlament zu Dublin in ihrem Namen gemacht wurden, gerecht und richtig fanden, und daß die Spekulation auf die menschliche Habgier und Schlechtigkeit doch zumindest in einem Einzelfall nicht aufging.

Emigration als Chance und als Problem

Die Emigration von Iren auf den Kontinent, die schon seit der elisabethanischen Zeit eine gewisse Bedeutung gehabt hatte, erreichte im frühen 18. Jahrhundert ihren Höhepunkt. Es waren vor allem vier Bevölkerungsgruppen, die diesen Weg einschlugen:

1. Soldaten und Offiziere, die auf der »falschen« Seite gekämpft hatten; sie erhielten durch den Frieden von Limerick die Möglichkeit zur Auswanderung. Über 12 000 Mann machten davon Gebrauch, auch einige hundert Frauen und Kinder. Diese Soldaten hatten auf dem Kontinent gute Chancen zur Anstellung, weil es ein kriegerisches Zeitalter war, weil die Iren im Kriegshandwerk berühmt waren und weil vor allem der Austausch von irischen und französischen Truppen schon lange geübte Praxis war. Für die Offiziere kam hinzu, daß ihre irischen Stammbäume auf dem Kontinent anerkannt wurden: Da in den meisten höheren Rängen im höfischen Zeitalter nur Adlige zum Zuge kommen konnten, war dies durchaus von Belang. Der aus England geflohene Stuartkönig war in Frankreich als König anerkannt und hielt einen eigenen Hof in St-Germain. Mit Hilfe von Geldzahlungen durch den französischen König konnte er (bis zum Frieden von Rijswijk 1697) irische Regimenter halten. Andere irische Soldaten dienten der Krone von Spanien, dem Kaiser und kleineren Fürsten. Die Iren, berühmt als *Wild Geese*, spielten noch im ganzen 18. Jahrhundert auf dem europäischen Kontinent eine Rolle.

2. Theologen, Priester und Mönche hatten schon seit Jahrhunderten ihre Ausbildung und ihren Zusammenhalt in den irischen Institutionen auf dem Kontinent gefunden. Im 18. Jahrhundert bestanden die größten irischen Kollegien in Paris und in Nantes; diejenigen in Prag, Rom und Salamanca hatten nur ein paar Dutzend Zöglinge, während Paris und Nantes kontinuierlich über hundert aufwiesen.

Ein Teil der Einrichtungen war für Weltpriester geschaffen, vor allem in Spanien und in Frankreich. Eigene Kollegien für Iren hatten die Dominikaner in Rom und in Lissabon, die Franziskaner in Rom, Viterbo, Prag, Boulay und Paris, die Kapuziner in Charleville, Vassy und Bar-sur-Aube, die Augustiner in Rom. Eine Besonderheit stellt das einzige irische Frauenkloster in Ypern dar, doch gab es einzelne Nonnen irischer Herkunft auch in französisch, englisch, deutsch oder niederländisch dominierten Klöstern. Ein Teil dieser Mönche, Nonnen, Weltpriester und Theologieprofessoren lebte auf Dauer in fremder Umgebung; ein Teil richtete sich darauf aus, nach Irland zurückzukehren und dort heimlich die beim alten Glauben Verbliebenen zu betreuen, ihnen die Sakramente zu spenden und sich um die Seelsorge zu kümmern. In solchen Kollegien war deshalb Unterricht und Praxis der gälischen Sprache Pflicht.

3. Gelehrte anderer Fakultäten: Da man in Trinity College, Dublin, den erwähnten Eid schwören mußte, konnten Iren, die beim katholischen Glauben bleiben wollten und trotzdem eine höhere Bildung anstrebten, diese nur auf dem Kontinent finden. Deshalb gab es an französischen, niederländischen, spanischen und italienischen Universitäten auch stets Nicht-Theologen aus Irland, vor allem Mediziner.

4. Eine weitere erwähnenswerte Personengruppe von Emigranten aus Irland stellen schließlich die Kaufleute in den Hafenstädten des Kontinents dar. In älterer Zeit hatte es in irischen Hafenstädten, namentlich in Cork, Limerick, Galway und Waterford, durchaus katholische Kaufleute gegeben, die nun infolge der geschilderten Ereignisse aus Irland weichen mußten. Für sie wurde ebenfalls Nantes zum Zentrum, später Bordeaux. Desgleichen spielten sie in spanischen Hafenstädten, in Barcelona, Cádiz, Sevilla und La Coruña eine Rolle. Sie waren überwiegend im Weinhandel tätig, teilweise aber auch Bankiers. Sie suchten insgesamt die

Verbindung in ihr Heimatland aufrechtzuerhalten, wo sie die Bedürfnisse und die Kundschaft kannten.

Ein weiterer Strom irischer Auswanderer ging im 18. Jahrhundert nach Nordamerika. Im Unterschied zu den Auswanderern auf den europäischen Kontinent waren diese nicht unbedingt Katholiken, sondern häufig Protestanten, und zwar vor allem Presbyterianer. Sie waren ja, da sie nicht Glieder der Staatskirche waren, ebenfalls in ihrer Entfaltung beschränkt. Wenn sie studieren wollten, gingen sie zwar meist nach Schottland, nach Glasgow und Edinburgh, an Institutionen, die gerade im Zeitalter der Aufklärung in Europa einen hervorragenden Ruf genossen und vor allem im Fach Medizin allgemein an der Spitze standen. Auch Theologie oder Recht konnten sie dort studieren. Wenn sie aber nach ihrer Ausbildung nach Irland zurückkehren wollten, sahen sie sich gegenüber den Angehörigen der Staatskirche zurückgesetzt. So ergoß sich schon seit dem 17. Jahrhundert ein Strom von Presbyterianern auch aus Irland nach Nordamerika, wo sie mit den Angehörigen anderer Konfessionen gleichberechtigt waren und oft mit schottischen Glaubensbrüdern zusammen siedeln konnten. Zunächst richtete sich die Einwanderung vor allem nach Neuengland, um 1720 wurden Pennsylvania und nach 1730 South Carolina Hauptziele irischer Emigration. Aus Ulster wanderten im 18. Jahrhundert durchschnittlich jedes Jahr 4000 Presbyterianer aus, von denen die meisten nach Nordamerika gingen, ein Teil nach Großbritannien. Die Amerikawanderung irischer Katholiken war im 18. Jahrhundert zahlenmäßig noch unbedeutend; sie stieg aber rapide an nach dem Ende der Napoleonischen Kriege und sollte dann für das 19. Jahrhundert charakteristisch werden.

Ohne Zweifel war die Emigration für viele Iren im 18. Jahrhundert die beste Überlebenschance. Doch verließen sie ihre Heimat hauptsächlich aufgrund des geschilderten politischen und religiösen Drucks, der sowohl von Westminster als auch durch das Parlament der *Protestant Ascendancy* in Dublin ausgeübt wurde. Für die irische Geschichte bedeutete das über Jahrhunderte die Abwanderung der aktivsten, wissensdurstigsten, unternehmungslustigsten und weltoffensten Persönlichkeiten. Die Misere Irlands im 19. Jahrhundert hat sicher auch mit dieser kontinuierlichen Selektion und Emigration zu tun.

Bevölkerungswachstum und wirtschaftliche Prosperität

Das 18. Jahrhundert ist gekennzeichnet durch ein merkliches Bevölkerungswachstum – auch in Irland. Selbst wenn wir darüber keine Statistiken haben, die modernen Anforderungen genügen, lassen sich doch begründete Schätzungen beispielsweise aus der Herdsteuer ableiten. Die Bevölkerungszahlen, die der Wirtschaftshistoriker K. H. Connell errechnet hat, lauten so: 1712 soll es etwa 2,8 Millionen Iren gegeben haben und 1754 3,2 Millionen. Für 1767 errechnete er 3,5 Millionen und für 1791 4,8 Millionen. Grob überschlagen, hätte sich die Bevölkerung im Laufe des 18. Jahrhunderts fast verdoppelt.

Dabei ist natürlich die starke Auswanderung zu berücksichtigen, von der schon die Rede war, so daß sich die Bevölkerung in Wirklichkeit mehr als verdoppelte, aber ein Teil aus der Rechnung verschwand, weil er außer Landes ging. Dabei ist aber andererseits auch zu berücksichtigen, daß Ulster im späten 17. und frühen 18. Jahrhundert noch eine nicht unbeträchtliche Zuwanderung aus Schottland hatte, wo mehrere Jahre lang Hungersnöte herrschten, während gleichzeitig in Irland gute Ernten eingebracht wurden. Ein Teil dieser Emigranten aus Schottland wanderte dann nach Nordamerika weiter und trug mithin zu den hohen Auswanderungszahlen bei.

Konzentriert man sich auf die in Irland verbleibende Bevölkerung und akzeptiert die grobe Schätzung einer Verdoppelung, stellt sich die Frage, wie ein so markantes demographisches Wachstum überhaupt möglich war. Diesbezüglich sind die Wirtschaftshistoriker uneins. Der erwähnte Connell schrieb einen zusammenfassenden Aufsatz über seine Theorie unter dem Titel *The Potato in Ireland*, während L. M. Cullen, die andere führende Autorität auf diesem Feld, mit einem anderen Aufsatz replizierte, der den Titel *Irish History Without the Potato* trug. Man kann also die Kartoffeltheorie unterscheiden von der Ohne-Kartoffel-Theorie.

Die Kartoffeltheorie lautet so: Das markante Bevölkerungswachstum in Irland wurde möglich, weil man dazu überging, statt Getreide immer mehr Kartoffeln anzubauen. Diese indianische Wurzelknolle war in der zweiten Hälfte des 16. Jahrhunderts von Sir Walter Raleigh aus Amerika importiert worden, setzte sich aber in den verschiedenen Ländern Europas erst mit jahrhundertelanger Verzögerung durch. In Irland hatte ihr Anbau im 18. Jahrhundert zugenommen. Für die Bevölkerungsentwicklung ist diese Hackfrucht deshalb von großer Bedeutung, weil man mit Kartoffeln den höchstmöglichen Nährwert auf einem gegebenen Stück Land erzielen kann, weit mehr als mit Getreide, das sonst das Grundnahrungsmittel darstellte. Das bedeutet also, daß auch arme Leute, soweit sie sich nur ein kleines Stückchen Land pachten konnten, die Chance hatten, über den Winter zu kommen. Wenn man sich das verfügbare Akkerland als konstante Größe vorstellt, wird es durch die Umstellung von Getreideanbau auf Kartoffelanbau möglich, daß eine weit größere Bevölkerung sich vom selben Land ernähren kann. Die verhältnismäßige Konstanz des verfügbaren Ackerlandes ist für Irland im 18. Jahrhundert in der Tat anzunehmen, da nicht in nennenswertem Maße Ödland kultiviert werden konnte und auch noch keine großen Fortschritte in der Düngung des Landes gemacht wurden.

Berücksichtigen müßte man freilich das wechselnde Verhältnis von Weideland und Ackerland – darüber wissen wir nicht genügend. Fraglich ist auch die Besonderheit der Fruchtwechselwirtschaft, denn faktisch wurden Getreide und Kartoffeln im Wechsel angebaut. Berücksichtigt werden müßten außerdem die ebenfalls kalorienreichen Hülsenfrüchte, denn Erbsen und Bohnen zumindest spielten in Irland in älterer Zeit eine große Rolle bei der Ernährung breiter Bevölkerungsschichten.

Die Kartoffeltheorie setzt aber einzig auf die bekannte Wurzelknolle: Weil man nun von einem kleinen Stück Land sein Leben fristen konnte, wurde früher geheiratet, wodurch die Zahl der Nachkommen wuchs. Dabei wird vorausgesetzt, daß man eine beträchtliche Zahl von Nachkommen in der bäuerlichen Gesellschaft älteren Stils gewissermaßen als Alterssicherung ansehen konnte, so daß es für Eltern erstrebenswert war, viele Kinder zu zeugen. Bei der relativ hohen Säuglingssterblichkeit der damaligen Zeit konnten noch immer mehrere Kinder übrigbleiben, um die Eltern, wenn sie arbeitsunfähig geworden waren, zu ernähren. Vorausgesetzt wird auch als Rahmenbedingung, daß die Medizin zwar in dieser Zeit schon Fortschritte machte, die sich demographisch noch kaum auswirkten; da es aber keine großen Seuchen und verbreiteten ansteckenden Krankheiten gab, mußte die Bevölkerung schon deshalb anwachsen, auch wenn verbesserte Hygiene, Geburtshilfe und Krankenfürsorge noch nicht zu Buche schlugen.

Die Ohne-Kartoffel-Theorie macht geltend, daß der Kartoffelanbau überschätzt worden sei. In Wirklichkeit sei die Kartoffel als Arme-Leute-Nahrung verachtet gewesen. Im Durchschnitt hätten sich die Iren weit reichhaltiger ernährt und gar nicht selten Fleisch zu essen bekommen. Wenn bei den klassischen Getreidesorten Mißernten aufgetreten seien, hätten auch einfache Leute Fleisch zukaufen können, weil die Geldwirtschaft in Irland im 18. Jahrhundert weiter vorangeschritten sei. Selbst gewöhnliche Leute auf dem

Lande hätten damals schon Ersparnisse in Geld angelegt, um über Hungerzeiten hinwegzukommen. Dieses Geld sei zu einem beträchtlicheren Teil als in früheren Jahrhunderten durch Heimindustrie in bäuerliche Hände gekommen. In Ulster sei es vor allem die Leinenproduktion gewesen, mithin auch der Flachsbau und das Spinnen, das Weben, Bleichen, Färben und Drucken von Stoffen, die im 18. Jahrhundert eine bedeutende Rolle für den Export gespielt hätten, insbesondere nach Großbritannien, aber auch auf den europäischen Kontinent und in die Kolonien, vor allem nach Amerika. Im übrigen Irland habe die Leinenindustrie zwar nur im Norden Leinsters einige Bedeutung gehabt, doch sei sonst die Wollindustrie an ihre Stelle getreten. Durch Schafzucht und Scheren, durch Aufbereiten, Färben und Stricken sei es möglich gewesen, sich in bäuerlichen Verhältnissen Geld zu beschaffen und Ersparnisse anzulegen. Daß die Engländer 1699 den irischen Wollexport einschränkten, sei Beweis dafür, daß sie sich von diesem in ihren eigenen wirtschaftlichen Möglichkeiten bedroht fühlten. Aber auch nach dem berüchtigten Wollgesetz und dem Schutzzoll für englische Wollproduzenten sei Wolle aus Irland in England gut angekommen, weil sie in der Herstellung billiger war. Es sei zudem zu berücksichtigen, daß Schottland für den Zwischenhandel mit irischer Wolle geeignet war, weil man sie dorthin legal exportieren durfte, Schottland aber auch die Erlaubnis hatte, Wolle auf den Kontinent zu exportieren, so daß irische Wolle auf dem Umweg über Schottland beispielsweise nach Frankreich kam – ganz davon abgesehen, daß die Iren direkt Wolle schmuggelten und an den englischen Gesetzen und Kontrollen vorbei auf den Kontinent brachten. Weil also die bloße Subsistenzwirtschaft der älteren Zeit sich zu einer stärker monetär orientierten modernen Wirtschaft mit Möglichkeiten zur Kapitalakkumulation auch für die bäuerliche Bevölkerung gewandelt habe, sei es nicht nötig, die Möglichkeit des Bevölkerungswachstums allein auf den Anbau der Kartoffel zu gründen.

Beide Theorien schließen sich, wie man sieht, keineswegs aus. Man könnte ihr Verhältnis auch so deuten: Die Kartoffeltheorie hat einen einzelnen Faktor, wahrscheinlich den wichtigsten, besonders in den Vordergrund gerückt, während die Ohne-Kartoffel-Theorie von einer monokausalen Theorie zu einer komplexeren übergegangen ist. Der Titel des genannten Aufsatzes bedeutet nur eine Zuspitzung, die sicherlich eine Überspitzung ist: Die »Ohne-Kartoffel-Theorie« ist gerade dann als wissenschaftlicher Fortschritt zu werten, wenn man sie als eine »Nicht-allein-die-Kartoffel!«-Theorie deutet.

Das 18. Jahrhundert ist in Irland, wie in fast allen europäischen Staaten, ein wesentlich vorindustrielles und mithin agrarisches Jahrhundert. Eine überdurchschnittlich fortgeschrittene Verstädterung läßt sich wohl nur in Holland und in England beobachten. Wie England ganz wesentlich auf London zentriert war und das außerordentliche Wachstum dieser Metropole einer der entscheidenden Prozesse des 18. Jahrhunderts war, kann man dasselbe, in kleinerem Maßstab, auch für Irland und Dublin sagen. Dublin wuchs im 18. Jahrhundert zu einer der größten Städte Europas heran, der zweitgrößten Stadt auf den britischen Inseln. Dublin war das Verwaltungs- und Dienstleistungszentrum, der Mittelpunkt des Handels und der Industrie, die Bankenmetropole und der größte Hafen, die Stadt mit der einzigen Universität und mit einem blühenden literarischen und künstlerischen Leben. Die einzige Stadt, die in wirtschaftlicher und bevölkerungsmäßiger Hinsicht nach Dublin noch genannt zu werden verdient, wenn auch in weitem Abstand, ist Cork, die Wirtschaftsmetropole des Südens, ein zweites Zentrum für Handel und Banken, das vor allem aus dem Überseehandel seinen Aufschwung bezog. Während in Dublin der Verkehr mit Großbritannien am wichtigsten war, profitierte Cork von seiner günstigen Lage an der Südküste für den Transatlantikhandel. In Cork nahm sowohl ein Teil der englischen als auch ein Teil der französischen Schiffe, die nach Nordamerika und in die Karibik unterwegs waren, Proviant auf: Lebendvieh, Pökelfleisch und Butter vor allem. Auch die übrigen nennenswerten Städte in Irland waren fast durchweg Seehäfen: Unter den größten acht ist nur eine einzige Binnenstadt – Kilkenny.

Die wirtschaftliche Situation des Landes läßt sich also zu einem Gutteil von Ackerbau und Viehzucht her verstehen; wenn man dazu noch die Exportmöglichkeit für landwirtschaftliche Produkte bedenkt und die Heimindustrie – an erster Stelle die Leinenherstellung, an zweiter Wolle – hinzunimmt, hat man die wichtigsten Faktoren beisammen. Während im letzten Jahrzehnt des 17. Jahrhunderts und im ersten des 18. Irland von den Hungersnöten der Nachbarländer und von den guten eigenen Ernten einen merklichen Profit davontragen konnte, indem es Getreide exportierte, waren die Jahre zwischen 1720 und 1730 eher schwierig; Mißernten und Preissteigerungen setzten den Unterschichten zu, die am Existenzminimum lebten, und auch bei den Gebildeten realisierte man eine Krise. In dieser Situation wurden Druckschriften aller Art veröffentlicht, die sich mit den Ursachen der Krise und mit Reformen befaßten: In diesen Zusammenhang gehören die berühmten Schriften von Jonathan Swift, und in diesem Zusammenhang wurde 1731 die *Dublin Society* gegründet, eine patriotische Gesellschaft, in welcher sich die Gebildeten zusammenschlossen, um gegen die wirtschaftlichen und sozialen Probleme Abhilfe zu schaffen. Bei der Ursachenforschung kam man vor allem auf das englische Wollgesetz von 1699, mit dem es Irland verboten wurde, Wolle und Wolltuche in andere Länder als Großbritannien zu exportieren.

Englische Wirtschaftsinteressen wirkten sich im Parlament von Westminster in einigen Fällen zuungunsten Irlands aus; andererseits gab es auch Konstellationen, in denen *Lords* und *Commons* in England, welche Landbesitz oder Handelsinteressen in Irland hatten, indem sie für ihr eigenes Interesse sorgten, das Interesse Irlands beförderten.

Eine im 18. Jahrhundert vielgeäußerte Klage, die wegen der *Absentees*, der in Irland grundbesitzenden, ihren Ertrag aber in England verzehrenden Eigentümer, ist wahrscheinlich ebenfalls ambivalent zu beurteilen: Die Zeitgenossen sahen nur die eine Seite, nämlich den Kapitalabfluß aus Irland; aber wahrscheinlich hat diese Verflechtung auch eine positive Seite, wenn die Gutsbesitzer nämlich investierten oder Neuerungen wie verbesserte Anbaumethoden importierten oder im englischen Parlament im irischen Sinne tätig waren. Es bleibt freilich als Tatsache bestehen, daß durch die *Absentees* beständig Kapital von Irland nach England floß – übrigens in Analogie zum Abfluß des Mehrwerts vom Land in die Stadt, von dem man beispielsweise in England selbst auf dem Lande ebenfalls ein Lied zu singen wußte, indem man dort darüber klagte, daß der Ertrag der Bauern von den Grundbesitzern in der Metropole London verpraßt werde.

Was die Zeitgenossen weniger deutlich wahrnahmen, ist die Einbeziehung Irlands in das britische Kolonialsystem. Man könnte vielleicht von einem sekundären Anschluß sprechen, denn die Politik wurde selbstverständlich in Westminster gemacht, aber in vielen Fällen mit Auswirkungen auf Irland, und zwar nicht nur negativen. Teilweise wurden die irischen Interessen in der Form von Ausnahmeklauseln berücksichtigt: Zum Beispiel galt in dem berühmten *Navigation Act*, welcher der britischen Seefahrt zu Weltgeltung verhalf, die Bestimmung, daß irische Matrosen wie englische zu behandeln und ebenfalls einzustellen seien. Teilweise profitierte Irland vom britischen Machtstreben im allgemeinen, indem es für die zahlreichen Seeunternehmungen und Handelskriege die britische Flotte mit Proviant versehen durfte. Teilweise konnte Irland aus dem von Briten geschaffenen System doppelten Nutzen ziehen, indem es auch den Gegner zur See, im 18. Jahrhundert hauptsächlich Frankreich, mit Proviant versah. Vor allem aber war Irland dadurch begünstigt, daß es keine Kriegsflotte unterhalten mußte und trotzdem die Kolonien mit seinen Produkten versorgen konnte – und zwar wiederum beide Seiten, die englische wie die französische. Vor allem die Karibik wurde zu einem beträchtlichen Teil von Irland aus beliefert, weil dort die klimatischen Bedingungen wenig günstig waren für die Produktion derjenigen Lebensmittel, an welche die Kolonisten aus ihrer Heimat gewöhnt waren, während von dort umgekehrt Tabak und Zucker verhältnismäßig günstig nach Irland zurückkommen konnten. Zugegebenermaßen erlangte keiner der irischen Häfen die Funktion, als allgemeines Zwischenlager für den Handel mit den Kolonien einzutreten. Diese Funktion gewann im 18. Jahrhundert (neben London) vor allem Glasgow. Doch auch ohne diese profitierte Cork durch seine günstige Lage von der britischen Expansion.

Zu einer umfassenderen Einschätzung des wirtschaftlichen Zusammenwirkens von England und Irland, für das irischer Nationalismus oft genug gerade den Blick verstellen mußte, kann man unter anderem auch durch die Außensicht, durch den Vergleich mit dem Kontinent, kommen. Die Rolle Irlands als Nahrungsmittellieferant für die atlantische Kolonialwelt beispielsweise war ein Vorzug, den es nicht nur durch seine geographische Lage, sondern vor allem durch die staatsrechtliche Verbindung mit der englischen Krone nutzen konnte. Vergleichbare Agrarländer, wie Dänemark oder die deutschen Nordseeanrainer, kamen hier nicht zum Zuge – just deshalb, weil Irland in den Bereichen, wo es englischen Interessen nicht gefährlich war, von England gefördert wurde.

Die Bedeutung der engen Beziehung zu Großbritannien wird aber noch auf einem zweiten Feld deutlich: dem der Industrialisierung. Bekanntlich entwickelte sich Großbritannien im 18. Jahrhundert zur ersten Industrienation Europas. An dieser Entwicklung hatte, zwar in geringerem Maße, aber doch merklich, Irland Anteil. Dies müßte einen sonst in Erstaunen setzen, da Irland ja ein Agrarland war, das man – mit seinem Export von Vieh und Butter, Wolle und Leinen – durchaus mit Ostfriesland oder Dänemark vergleichen könnte. Aber durch die enge Verbindung mit Großbritannien genoß es drei Vorteile, welche anderen Agrarländern fehlten: 1. litt es nicht unter dem eklatanten Kapitalmangel, welcher der wirtschaftlichen Entwicklung in den meisten agrarischen Kontinentalstaaten im Wege stand; 2. blieben die technischen Fortschritte Englands und Schottlands in Irland nicht unbemerkt, weil es von beiden Seiten einen regen Austausch gab; 3. realisierte man in Irland im 18. Jahrhundert frühzeitig, daß die fossilen Brennstoffe, die für die Dampfmaschinen der Industrialisierung so wichtig werden sollten und England und Schottland ein solches Übergewicht gaben, auch im eigenen Lande vorhanden waren.

Man begann also in Irland bereits im 18. Jahrhundert mit dem Kohlebergbau, vor allem im Norden. Man sorgte frühzeitig für logistische Verbesserungen, indem man beispielsweise schon in der ersten Hälfte des 18. Jahrhunderts einen Kanal von Lough Neath nach Newry grub, um die Ulster-Kohle verschiffen zu können. Bald darauf kamen der Royal Canal und der Grand Canal hinzu, die auch schon um die Mitte des 18. Jahrhunderts gebaut wurden. Die Leinenproduktion in Ulster bediente sich bald der mechanischen Verbesserungen, die man in England und Schottland erfunden hatte. Dampfmaschinen gab es in Irland seit 1740. Ein sternförmig auf Dublin ausgerichtetes Netz von Postkutschenrouten wurde seit etwa 1730 aufgebaut.

Was Irland vor allem von den deutschen Staaten abhebt, ist eine konzentrierte und zentralisierte Wirtschaftspolitik des irischen Parlaments in Dublin. Hier wirkte sich die Funktion eines zweiten Zentrums günstig aus: Die *Protestant Ascendancy* verfolgte ihre vorrangigen Interessen zielstrebig, und die Konkurrenz mit Westminster hatte anspornende Wirkung. Wenn gewisse Bereiche von Westminster aus behindert wurden, hatte man um so mehr Grund, andere zu fördern. Dies gelang, insgesamt gesehen, recht gut. Während die deutschen und andere Staaten infolge ihrer jahrhundertelangen Zersplitterung im 18. Jahrhundert noch kaum wirksame Wirtschaftspolitik treiben konnten, kam Irland, da unter englischer Ägide seine polyzentrische Struktur überwunden war, erstaunlich gut voran.

Die Kultur der protestantischen Nation

Irland war im 18. Jahrhundert von einer englischstämmigen und protestantischen Bevölkerungsschicht überformt, die sich selbst für die irische Nation hielt und mit einem gewissen Recht auch halten konnte: Sie hatte die wirtschaftliche, soziale, politische, kirchliche und kulturelle Macht in Händen. Dabei ist freilich zu bedenken, daß dieselbe Bevölkerungsgruppe, die in Irland dominierte, sich gegenüber England als abhängig empfand.

Dieses sonderbar ambivalente Verhältnis ist von grundlegender Bedeutung für das Selbstverständnis wie für die kulturellen Hervorbringungen der *Protestant Ascendancy*. Sie waren zwar als Bewohner Irlands faktisch Iren, doch hatten sie wenig Kontakt mit den gälischen Iren und verstanden deren Sprache meist nicht. Ihre Literatur war einzig an der englischen Literatur ausgerichtet; sie reflektierte im 18. Jahrhundert noch nicht das Leben in der irischen Gesellschaft und kannte keine eigentlich irischen Themen.

Samuel Johnson bezeichnete Dublin einmal als ein *»inferior London«*: Dieser abschätzige Ausdruck erfaßt etwas Treffendes, insofern er die Orientierung der irischen Metropole unter angloirischer Dominanz am Zentrum betont; die Nachahmung eines solchen Vorbilds geht immer von Zweitrangigkeit aus, von Minderwertigkeit gegenüber dem stilbildenden Zentrum. Dabei bezogen die führenden Schichten in Irland aus dieser Verbindung mit der englischen

Metropole durchaus Selbstbewußtsein, dessen sie in der kolonialen Situation Irlands ja in der Tat bedurften.

Wie London der gesellschaftliche Mittelpunkt für England, aber schließlich auch für die ganzen britischen Inseln war – die führenden Schichten verbrachten schon aus Gründen der Mitgliedschaft im Parlament, aber zugleich wegen des gesellschaftlichen Lebens sowie der Theater- und Opernaufführungen, jeden Winter in der Metropole, den Sommer dann in der Provinz, auf ihren Landsitzen –, war Dublin der gesellschaftliche Mittelpunkt für Irland. In jedem zweiten Winter, so hatte es sich im 18. Jahrhundert eingeschliffen, tagte in Dublin das Parlament und zog die führenden Familien des Landes dorthin. Auch hier gab es große Theater- und Konzertaufführungen. Beispielsweise wurde Händels *Messias* in Dublin uraufgeführt. Aber die Stadt war auf London ausgerichtet. Das Publikum wollte diejenigen Stücke sehen, die in London Gesprächsthema waren; es interessierte sich für diejenigen Themen, welche in den aus England kommenden Zeitungen und Zeitschriften verhandelt wurden. Irische Komödienautoren suchten den Erfolg in London, weil dort mehr zu verdienen war, oder sie machten in Dublin gewissermaßen ihre Generalprobe, bevor sie den Sprung ins Zentrum wagten.

Das 18. Jahrhundert ist aber auch das erste, in dem Schriftsteller und Wissenschaftler aus Irland einen wesentlichen Beitrag zur englischen Kultur insgesamt leisteten, in dem irische Künstler und Journalisten in England selbst Resonanz fanden. Um dies zu illustrieren, sollen im folgenden einige Namen genannt werden – nur die berühmtesten aus einer in Wirklichkeit zahlenmäßig beträchtlichen Personengruppe.

Die bemerkenswerteste Stimme, die im frühen 18. Jahrhundert in Irland laut wurde, ist diejenige von Jonathan Swift, der 1667 in Dublin geboren wurde, eine Lateinschule in Kilkenny und dann Trinity College in seiner Geburtsstadt besuchte. 1689 wurde er Sekretär von William Temple, und 1695 trat er in den geistlichen Stand. Er wurde als Schriftsteller bekannt und reiste bis 1714 jährlich nach London, wo er am literarischen Leben teilnahm und mit Arbuthnot und Pope den *Scriblerus Club* bildete. Politisch war er zuerst ein *Whig*, ging aber 1710 zu den *Tories* über, für die er Pamphlete und Zeitungsartikel verfaßte. 1713 wurde er *Dean of St. Patrick's Cathedral* in Dublin, als die *Whigs* 1714 allerdings dauerhaft an die Macht kamen, mußte er seine Hoffnungen auf einen Bischofssitz begraben und zog sich auf seine Pfründe nach Dublin zurück. Er ist vor allem als Meister der Prosasatire in die Weltliteratur eingegangen. In Irland jedoch verehrt man ihn wegen seines Engagements für irische Belange gegenüber England, das 1720 begann und ihn in den folgenden Jahren zunehmend beschäftigte.

Nachdem durch ein englisches Gesetz die Ausfuhr irischer Wolle untersagt worden war, meldete sich Swift 1720 mit einer Streitschrift unter dem Titel: *A Proposal for the Universal Use of Irish Manufacture*, in der er seine Leser aufforderte, englische Waren zu boykottieren und alle Waren aus England zu verbrennen – außer der englischen Kohle.

Noch höhere Wellen schlugen 1724 Swifts *Drapier's Letters*, in denen er unter der Maske eines irischen Tuchhändlers die englische Münzpolitik scharf angriff. In Irland gab es damals keine eigenen Münzanstalten. Die englische Regierung vergab das Münzrecht als Monopol. Ein englischer Eisenhändler namens William Wood hatte die Mätresse Georgs I. bestochen, um dieses Münzprivileg für Irland billig zu erlangen, und sich ein Patent verschafft, minderwertige Kupfermünzen in Umlauf bringen zu dürfen. Swift artikulierte nun unter dem Pseudonym M. B. Drapier irischen Freiheitswillen, das Streben nach Unabhängigkeit Irlands von England, das Anliegen einer eigenen irischen Wirtschaftspolitik und die Befreiung von den Folgen der Korruption am englischen Hof. Im Kampf gegen *Wood's Halfpence* wurde Swift zur Stimme des unterdrückten Irland.

Schärfer wurde sein Ton in einer satirischen Schrift von 1729 mit dem Titel: *A Modest Proposal for Preventing the Children of Poor People in Ireland from Being a Burden to Their Parents or Country, and for Making Them Beneficial to the Public*, die darauf hinauslief, die Kinder armer irischer Familien zu schlachten und als Nahrung zuzubereiten. Swift zog mit verletzter Humanität die äußersten Konsequenzen aus dem System der Ausbeutung und Unterdrückung, wie er es sah, um seine Zeitgenossen aufzurütteln und zur Empörung zu bringen.

Auch der Gelehrte und Journalist Richard Steele, der mit Joseph Addison zusammen den *Spectator* und andere Moralische Wochenschriften herausgab, war von Geburt Ire, wenn er auch schon in England zur Schule ging und später keine Beziehungen zu Irland aufrechterhielt.

Ire war schließlich der Schauspieler und Komödienautor George Farquhar aus Derry, der zuerst in Dublin am Theater reüssierte, bevor er nach London ging. In seinen Stücken kommen wohl irische Charaktere vor, aber in den meisten Fällen sind sie so gesehen, wie Engländer sie sehen wollten, also negativ typisiert. Trotzdem war Farquhar selbst bewußt Ire und versuchte nicht, dies zu verbergen.

Ganz anderen Zuschnitt hatte George Berkeley, der einzige berühmte Philosoph Irlands im 18. Jahrhundert. Er verbrachte lange Jahre auf Reisen und wollte in Nordamerika ein College gründen, kehrte aber nach Irland zurück, um sich zunächst seinem Gelehrtenleben, später einem kirchlichen Amt zu widmen. 1734–53 war er Bischof von Cloyne. Anders als andere zeitgenössische Autoren veröffentlichte er seine philosophischen Schriften zunächst in Dublin, wo 1709 *An Essay Towards A Theory of Vision* gedruckt wurde und 1710 *A Treatise Concerning the Principles of Human Knowledge*. Erst in einer zweiten Phase bemühte er sich darum, mit seinen philosophischen Ideen in England Anklang zu finden. In seiner Zeit als Bischof beschäftigte er sich auch mit irischen Themen und schrieb über soziale Zustände und Probleme in Irland, in dieser Hinsicht Swift vergleichbar. Doch verbrachte er seine letzten Lebensjahre in gelehrter Muße in Oxford.

Ein wiederum ganz anderer Lebenslauf ist derjenige von John Toland, der, im Gegensatz zu allen anderen, die in diesem Abschnitt genannt werden, gälischer und katholischer Herkunft war, von der Halbinsel Inishowen, der als Jugendlicher zur irischen Staatskirche übertrat und vom Bischof von Derry gefördert wurde, bevor er an die Universität Glasgow ging und sich den Presbyterianern anschloß. Er siedelte später nach London über und änderte erneut seine Richtung. Er war ein Schüler und Freund von John Locke und ein bedeutender Gelehrter seiner Zeit auf verschiedenen Gebieten. Sein in der europäischen Geistesgeschichte epochemachendes Werk trägt den Titel *Christianity Not Mysterious*, 1696 erschienen, in dem die Vorstellung von einer gemeinsamen natürlichen Religion aller Menschen propagiert wurde, ein Vorläufer der Aufklärungsschriften, welche das Christentum von allen Wundern, abergläubischen Praktiken und magischen Ritualen befreien wollten. Dafür wurde Toland von fast allen Theologen seiner Zeit scharf angegriffen, nicht zuletzt von seinen irischen Landsleuten Swift und Berkeley, Amtsinhabern der *Church of Ireland*. Toland verbrachte seine letzten Jahre in der Weltstadt London, aber seine irische Herkunft verheimlichte er keineswegs. Er beschäftigte sich sogar mit keltischer Geschichte und Vorarbeiten zu einem gälischen Wörterbuch.

Oliver Goldsmith stammte gleichfalls aus Irland. Er studierte in Edinburgh Medizin und ließ sich dann in London als Schulmeister, Journalist, Schriftsteller und Komödienautor nieder. In seinem Werk spielt Irisches oft eine Rolle, er schrieb aber für sein Publikum quasi als Engländer. Man hat immer wieder versucht, die irischen Bezüge in seinem Werk herauszustellen – beispielsweise waren seine irischen Verwandten fest davon überzeugt, das Dorf in seinem Roman *The Deserted Village* sei in Wirklichkeit Lissoy, das Dorf seiner Herkunft. Doch liegen die starken Einflüsse seiner Kindheit und Jugend, die sich in seinem Werk aussprechen, wahrscheinlich tiefer. Er schrieb über Irland anders als seine englischen Zeitgenossen, nämlich ohne den herablassenden Ton, der damals üblich war, und mit mehr Sympathie. Noch tiefer dringt wohl die Bemerkung, daß die Außenperspektive, die Goldsmith in satirischen Reisewerken wie *The Citizen of the World* wählte, gerade einem Autor zukommen mußte, der sich selbst seiner Herkunft aus einem anderen Land bewußt war, so sehr er sich auch an England assimilieren mochte.

Richard Brinsley Sheridan, einer der berühmtesten englischen Komödienautoren der 1770er Jahre, war ebenfalls irischer Herkunft und lebte in England. Seine Stücke enthalten auch irische Personen, die aber durch die Brille seines englischen Publikums gesehen sind. Sheridan wurde sogar Parlamentsabgeordneter, und in dieser Funktion war er ein politisch bewußter Ire, der sich beispielsweise der Union Irlands mit England widersetzte, weil er davon überzeugt war, daß sie nicht im irischen Interesse liegen könne.

Ire von Geburt war auch einer der größten Schriftsteller englischer Sprache, die das 18. Jahrhundert hervorgebracht hat: Edmund Burke. Er hatte an Trinity College in Dublin studiert, dann aber in London gesellschaftlichen Einfluß gesucht und politische Karriere gemacht. Obwohl er sich als Engländer fühlte, beschäftigte er sich immer wieder, sowohl im Parlament als auch in seinen gedruckten Schriften, mit irischen Angelegenheiten, und zwar aus einem Gefühl der Pflicht heraus. Obwohl er zu einer protestantischen angloirischen Familie gehörte, interessierte er sich für die rechtliche und politische Lage der Katholiken in Irland, wozu er persönlich Anlaß genug hatte, da sowohl seine Mutter als auch seine Frau katholisch waren. Burke befürwortete den Gedanken einer staatsrechtlichen Union Irlands mit England, die dann 1800 Wirklichkeit wurde.

Betrachtet man die genannten Lebensläufe und Persönlichkeiten im Überblick, kann man zwar nur wenig Gemeinsames feststellen, aber doch eine wichtige Erkenntnis über die *Protestant Ascendancy* gewinnen: So sehr sie nämlich ihre eigene Kultur für die ganze Kultur Irlands hielt und die angloirische Gesellschaft für die irische schlechthin, so deutlich ist doch, daß diese Menschen gleichzeitig in eine Kultur und Gesellschaft einbezogen waren, die ihr Zentrum nicht in Irland selbst hatte, sondern in London. Dublin war im 18. Jahrhundert ein zweites, kleineres und unterlegenes London, und Irland insgesamt war ein Nebenland der englischen Krone, auch wenn es im 18. Jahrhundert ein eigenes, relativ selbständiges und sich politisch emanzipierendes Parlament hatte. Dementsprechend waren nicht nur die Wirtschaft und die Politik, sondern auch die gesellschaftliche und kulturelle Orientierung der protestantischen Nation nicht autochthon, sondern exzentrisch, nämlich auf England bezogen. Diese Orientierung erleichterte die Fluktuation zwischen beiden Ländern: Die Beispiele zeigen, daß in Irland Geborene in England höchsten literarischen Ruhm und bedeutende gesellschaftliche Stellungen erreichen konnten. Dafür war aber gerade ihre Gleichheit Voraussetzung: gleiche Sprache, Herkunft aus vergleichbaren Sozialverhältnissen, gleichartige Erziehung, ähnliche politische Orientierung, identische Religion.

Die Zeit um 1800 führte in einigen Einzelfällen jedoch schon zu einer anderen kulturellen Orientierung der protestantischen Nation. Es wird noch zu zeigen sein, wie sich protestantische Eliten aus politischen und aufklärerischen Gründen dem katholischen Irland zuwandten. Aber auch im literarischen Bereich lassen sich interessante Indizien sammeln für einen Wandel der Orientierung: Die ersten Romane, die Irland als Sujet und Schauplatz haben und irische Gesellschaft und Probleme reflektieren, erschienen 1800 und 1806 – *Castle Rackrent* von Maria Edgeworth und *Wild Irish Girl* von Sydney Owenson (Lady Morgan).

Was hier an Beispielen aus dem literarischen Bereich dargestellt wurde, ließe sich ebenso für die anderen Künste zeigen. Im 18. Jahrhundert wurden irische Landsitze in großer Zahl neu errichtet – im palladianischen Stil, genauso wie in England. Auf den Landsitzen wurden unregelmäßige, romantische Gärten mit abwechselnden Perspektiven und verborgenen Begrenzungen, mit Teichen und Brücken, mit Grotten und Tempeln, mit asiatischem und gotischem Zierat, ja selbst mit künstlichen Ruinen angelegt – kurz: englische Gärten. Die Kultur der protestantischen Nation in Irland war nicht irisch, sondern englisch.

Das katholische Irland in der Zeit der Unterdrückung

Man mag sich fragen, wie die katholische Mehrheit der Bevölkerung zur Zeit der *Protestant Ascendancy* in Irland lebte und überlebte. 1697 war ein Gesetz gemacht worden, daß alle katholischen Bischöfe und kirchlichen Würdenträger das Land zu verlassen hätten, desgleichen alle Mönche. Mit den Pfarrern verfuhr man so, daß man sie durch ein Gesetz von 1704 dazu zwang, sich registrieren zu lassen. Man versuchte, sie unter Kontrolle zu halten, indem man sie jeweils einen Bürgen stellen ließ, ihnen Reisen außerhalb der Grafschaft ihrer Registrierung untersagte und die Einstellung von Vikaren verbot. Da gleichzeitig Geistlichen aus dem Ausland die Einreise untersagt war und Einheimische nicht zur Ausbildung ins Ausland durften, konnte man hoffen, die katholische Kirche binnen einer Generation auszutrocknen.

Die Wirklichkeit entwickelte sich anders. Da die katholischen Priester in vielen Teilen Irlands gewissermaßen die Kontinuität zur glorreichen Vergangenheit des Landes symbolisierten, nachdem der alte Adel ausgerottet oder vertrieben worden war, hatten sie einen starken Rückhalt in der Bevölkerung. Es herrschte so etwas wie ein Kartell des Schweigens: Wenn wirklich einmal ein Unzufriedener oder Spion die neuen Gesetze angewandt wissen wollte, war er unter seinen Landsleuten nicht mehr sicher. So bestanden auch zur Zeit des Verbots Klöster weiter: in den Seitenstraßen der Städte oder in entlegenen Landgebieten.

Die römische Kirche reagierte flexibel: Nicht alles, was sonst galt, wurde auf Irland angewandt. Beispielsweise ließ man eine Reduzierung der Zahl der Feiertage zu und erlaubte, daß an anderen Feiertagen gearbeitet werden konnte. So nahm man den protestantischen Gutsbesitzern den Wind aus den Segeln, wenn sie aus ökonomischen Gründen gegen katholische Glaubenspraxis vorgehen wollten. Man besetzte allmählich wieder alle Bischofssitze und sorgte sogar für eine strukturelle Straffung, aber achtete dabei darauf, daß die Bischöfe nicht als solche in Erscheinung traten, indem sie sich wie die Laien in ihrer Umgebung zu kleiden hatten. Geistliche mußten sich nicht selten der Landwirtschaft widmen, um ihren Lebensunterhalt zu sichern, da sie keine andere Einnahme als ihre Kollekte und die Stolgebühren für sakramentale Handlungen hatten. Das Verbot, Vikare einzustellen, umging man durch die Wiedereinrichtung mittelalterlicher Pfarreien, die in den zurückliegenden Jahrhunderten verfallen waren. Das Verbot der theologischen Ausbildung im Ausland umging man, indem man junge Männer als Handwerksburschen ins Ausland sandte, die den geheimen Auftrag mitnahmen, sich in den berühmten Kollegien des Kontinents auf den Priesterberuf vorzubereiten.

Alles in allem: Die *Protestant Ascendancy* des 18. Jahrhunderts zeigte keinerlei religiösen Eifer, die Mehrheit der Katholiken zu bekehren, und sie hatte auch keinen bürokratischen Apparat, um die erlassenen Gesetze wirklich durchzusetzen. Solange ihre ökonomische, soziale, politische und kulturelle Bedeutung nicht durch die katholische

Mehrheit in Gefahr geriet, war sie mit dem Status quo völlig zufrieden. Wahrscheinlich war das irische Herrschaftssystem des 18. Jahrhunderts nur deshalb funktionsfähig, weil ein stillschweigendes Übereinkommen zwischen den Herrschenden und den Beherrschten bestand, das zwar die Unterdrückung katholischen Lebens einschloß und die Katholiken in die Illegalität zwang, auf der anderen Seite aber den weitgehenden Verzicht auf Verfolgung und Rigorosität zur Voraussetzung hatte.

Zu diesem Schluß kann man gelangen, wenn man beispielsweise den *Oath of Abjuration* analysiert: Alle registrierten Pfarrer sollten ihn im Jahre 1709 schwören, um klarzustellen, daß sie dem regierenden englischen Königshaus in Treue ergeben waren, nicht aber dem Stuart-Prätendenten. Die Schwierigkeit bestand nun darin, daß alle Bischöfe vom Papst ernannt wurden – und zwar eben auf Vorschlag dieses Stuart-Prätendenten. Vielleicht noch gravierender war das Problem der Herrschaftslegitimation: Fast alle Pfarrer waren, mit der Mehrheit ihrer Zeitgenossen, der Ansicht, daß Könige von Gottes Gnaden regierten und der Dynastiewechsel der Engländer nicht zu rechtfertigen sei. Das Ergebnis war, daß nur wenige Pfarrer den geforderten Eid ablegten, über tausend von ihnen sich aber weigerten. Doch gegen eine solche Ablehnungsfront konnte kein Eid durchgesetzt werden: Bei Zwangsmaßnahmen hätte leicht das ganze Land in Aufruhr geraten können. Daran aber konnte niemandem weniger gelegen sein als der *Protestant Ascendancy*. Man ließ die Sache also einfach auf sich beruhen: Der Status quo war wichtiger als jedes Prinzip.

In sozial- und wirtschaftsgeschichtlicher Hinsicht hatten die Strafgesetze gegen Katholiken eine ungeahnte Nebenfolge: die Entstehung eines katholischen Mittelstandes aus Kaufleuten. Weil die Rechte an Grundbesitz und die Möglichkeiten zur Investition in Land eingeschränkt waren, verlegten sich einzelne Familienmitglieder, bevorzugt jüngere Söhne der früher herrschenden Schichten, in manchen Fällen auf den Handel, da ihnen ja im protestantisch dominierten Irland die Zünfte, das Militär und die Verwaltung verschlossen waren. Sie ließen sich in den Hafenstädten nieder oder auf dem Kontinent und kultivierten ihre Beziehungen sowohl zu ihren auf dem Lande zurückgebliebenen Verwandten als auch zu ihren Glaubensgenossen in Frankreich und Spanien. Als unterdrückte Bevölkerungsgruppe entwickelten sie einen starken Zusammenhalt und begünstigten sich gegenseitig zum Schaden der Protestanten. Da sie außerdem sparsam lebten und wenig für Konsum und Ostentation aufwandten, wurden sie nicht selten reich.

Dieser katholische Mittelstand sollte für Irland wichtig werden, als im späten 18. Jahrhundert die Beschränkungen für Katholiken gelockert wurden – gelockert werden mußten.

Irland im Umbruch
(1778–1800)

1780	*Volunteers' Movement.*
	Öffnung des Kolonialhandels für irische Waren.
1782	Regierungswechsel in Großbritannien bringt Unabhängigkeit für das irische Parlament (*Grattan's Parliament*) und Erleichterungen für die Katholiken.
1791	*United Irishmen* (Theobald Wolfe Tone).
1793	Katholiken erhalten das aktive Wahlrecht.
1795	Gründung eines katholischen Priesterseminars in Maynooth.
	Orange Order (prot. Geheimbund) gegründet.
1796	Französische Invasion in Bantry Bay (gescheitert).
1798	Jahr der Aufstände und Greuel (Kriegsrecht).
1800	*Act of Union*: staatsrechtliche Vereinigung Irlands mit Großbritannien (Inkrafttreten: 1. Januar 1801).

Rückwirkungen des amerikanischen Unabhängigkeitskrieges

Die Verbindungen zwischen dem protestantischen Irland und den englischen Kolonien in Nordamerika waren seit dem 17. Jahrhundert schon sehr eng gewesen: Die Presbyterianer aus Schottland und Ulster spielten eine wichtige Rolle beim Aufbau der amerikanischen Kolonien und bei der Formierung einer gegen England und für die amerikanische Unabhängigkeit eingestellten politischen Meinung. Gleichzeitig realisierte die protestantische Oberschicht in Irland zunehmend, daß ihre Lage von derjenigen der Amerikaner gar nicht so sehr verschieden war: Eine von der englischen Krone unabhängige Politik gab es hier so wenig wie in Amerika; die Wirtschaft wurde ebenfalls, je nach britischen Bedürfnissen, eingeschränkt oder gefördert; trotz seiner alten Geschichte war Irland in vielerlei Hinsicht gleichermaßen im Status einer Kolonie Großbritanniens.

Doch auch abgesehen von politischer Willensbildung und stärkerem Drängen auf Freihandel und wirtschaftliche Selbstbestimmung brachte der Unabhängigkeitskrieg der amerikanischen Kolonien direkte Veränderungen für Irland mit sich, die aus seiner strategischen Bedeutung und seiner militärischen Verfassung herrührten. Die englische Krone hatte stets dafür gesorgt, daß nicht zu viele Iren in Waffen standen; doch nun wurden die in Irland stationierten Regimenter plötzlich in Amerika gebraucht und kurzfristig abgezogen. Das bedeutete aber, daß Irland zu einem möglichen Angriffspunkt für die Franzosen wurde. Diese jahrhundertelange Furcht war keine bloße Schimäre – hatte doch ein französisches Expeditionskorps im Siebenjährigen Krieg überraschend Carrickfergus überfallen und eingenommen! Die *Protestant Ascendancy* in Irland reagierte prompt auf die neue Lage: Wenn die britische Regierung die Verteidigungsfähigkeit Irlands nicht garantieren konnte, mußte man eben selber zu den Waffen greifen. Aus diesem

Gedanken entstand eine Freiwilligenbewegung (*Volunteers' Movement*), in der die führenden Schichten Irlands zusammenwirkten. Man legte großen Wert auf prächtige Uniformen, die aus irischem Tuch sein mußten; man exerzierte gemeinsam und debattierte die erwarteten oder befürchteten Ereignisse. Aus dieser Konstellation ergab sich die wirkliche Bedeutung dieser Freiwilligen: Da es in jenen Jahren nicht zu einem Angriff auf Irland kam, mußten sie niemals kämpfen. Aber sie hielten prächtige Paraden ab und organisierten die politische Meinungsbildung. Hier wurden Forderungen nach einem von England unabhängigen Irland artikuliert; man arbeitete mit dem Parlament in Dublin zusammen und wollte Irland als gleichberechtigtes Land neben England sehen, nicht diesem untergeordnet.

Die englische Regierung spürte diesen Druck durchaus, und die für England katastrophale Entwicklung in Nordamerika stärkte die Bereitschaft zum Kompromiß mit den irischen Interessen und zu Konzessionen an Irland. 1780 wurden mehrere Gesetze verabschiedet, welche die wirtschaftlichen Einschränkungen, unter denen Irland seit den *Penal Laws* gelitten hatte, entschärften und zurücknahmen. Diese erlaubten nun neben dem florierenden Export von Leinen und Lebensmitteln auch den bis dahin verbotenen von Wolle und Glaswaren. In bezug auf den Handel mit den Kolonien wurde Irland England gleichgestellt; die Notwendigkeiten, alles zunächst nach England zu exportieren, von wo es in die Kolonien gebracht werden mußte, oder den illegalen Weg des Schmuggels zu suchen, entfielen. Partikularinteressen englischer Kaufleute und Manufakturisten wurden in dieser Situation in den Hintergrund gedrängt, da es staatspolitisch nötig schien, die Gravamina der irischen Nation zu berücksichtigen.

Freilich wurde in dieser Krisensituation auch deutlich, daß es nicht ausreichte, an die wirtschaftlichen Interessen der *Protestant Ascendancy* zu denken. Im letzten Drittel des 18. Jahrhunderts machten sich die Katholiken in Irland bereits deutlicher bemerkbar. Die Herrschaftsschicht der Protestanten war dünn; ihre Machtbasis war brüchig geworden; sie bedurfte ständig einer massiven Stützung durch London. Es galt, die wirtschaftlich und sozial Führenden unter den Katholiken in das Herrschaftssystem einzubinden. 1778 trat ein erster *Catholic Relief Act* in Kraft, welcher die Beschränkung des Grundbesitzes, der Pachtzeiten und des Erbrechts aufhob. Das bedeutete freilich nur, daß einige der diskriminierendsten Bestimmungen abgeschafft wurden; die Vorstellung von einer vollkommenen rechtlichen Gleichstellung der Katholiken war noch nicht leitend. Es waren eher Minimalkonzessionen zur Beschwichtigung als wesentliche Schritte zu einer Emanzipation der Katholiken.

Die verfassungsrechtlichen Forderungen der patriotischen Bewegung in Irland führten zum Erfolg, als sich infolge innenpolitischer Schwierigkeiten wie auch des amerikanischen Krieges in London ein Regierungswechsel vollzog: Auf die *Tory*-Regierung unter Lord North folgte 1782 eine *Whig*-Regierung unter Lord Rockingham. Die englische Opposition hatte aber mit der irischen seit langem zusammengearbeitet, und Irland konnte mit Recht erwarten, daß England in der neuen Situation Zugeständnisse machen würde. Diese erfolgten mit überraschender Schnelligkeit.

Die Souveränität des irischen Parlamentes, die 1495 durch *Poynings' Law* empfindlich eingeschränkt und 1720 durch einen *Declaratory Act* noch weiter beschnitten worden war, wurde nun, 1782, wiederhergestellt. Während man in der Vergangenheit oft darunter gelitten hatte, daß irische Gesetzesvorlagen aus England abgeändert oder verfälscht zurückgekommen und in Kraft gesetzt worden waren, sollte nun dem englischen König und seinem *Privy Council* nichts weiter bleiben als ein Vetorecht – im übrigen war das Parlament sich selber überlassen. Das mußte nicht unbedingt einen radikalen Kurswechsel bedeuten, denn die vorher politisch tonangebenden Kräfte waren ja weiterhin an der Macht. Traditionell wurden im 18. Jahrhundert das englische wie auch das irische Parlament durch ein Patronage-System im Zaum gehalten: Die Krone sicherte sich über Pensionen, Pfründen, Beamten-, Klerus- und Militärstellen, aber auch durch Bestechungen in Geld eine Mehrheit in beiden Häusern. Da dieses System bestehen blieb, änderte sich wenig Grundsätzliches in der Politik. Aber die nominelle Unabhängigkeit war von großer Bedeutung für die Bestrebungen der *Protestant Ascendancy* und für die patriotische Bewegung. *Grattan's Parliament* (nach Henry Grattan, einem der Vorkämpfer) wurde als Triumph gefeiert. Auch konnte man in wirtschaftlichen Dingen nun besser für das Interesse Irlands sorgen.

Freilich bleibt zu bedenken, daß die Katholiken bei diesen verfassungsrechtlichen Reformen noch keine Berücksichtigung fanden. Sie blieben nach wie vor von politischer Teilhabe ausgeschlossen.

Wirkungen der Französischen Revolution auf Irland

Als das französische Volk 1789 das *Ancien Régime* abschaffte, gab es in Irland nicht wenige Beobachter des Zeitgeschehens, die meinten, nun sei die Stunde gekommen, auch in Irland alle Benachteiligungen aufzuheben. Benachteiligt waren in erster Linie die Katholiken – die Mehrheit des Volkes; benachteiligt waren aber auch die *Dissenters*, das heißt vor allem die Presbyterianer in Ulster, weil sie an den Privilegien der Staatskirche nicht teilhatten und zum Beispiel von Staatsämtern und Bildungsmöglichkeiten ausgeschlossen waren; benachteiligt fühlte sich schließlich die ganze irische Nation in ihrem Verhältnis zu England. Politische und soziale Belange, die man analog in Frankreich hatte, verbanden sich also in Irland mit religiösen und wirtschaftlichen und mit der Frage der Beziehungen zur Nachbarinsel, die Irland weiterhin in quasi kolonialer Abhängigkeit hielt, wenn man auch schon in einigen Punkten hatte nachgeben müssen.

Ein Testfall war bereits im Jahr vor der Französischen Revolution eingetreten, als der englische König Georg III. erste Schübe einer Geisteskrankheit erlitt, die staatspolitische Probleme aufwarf. Das Parlament in Dublin war gesonnen, den ältesten Sohn des Königs als Regenten anzuerkennen. Doch konnte man dies, ohne erst die Entscheidung des Parlaments in Westminster abzuwarten? Auch in Irland hatte die Vertragstheorie mittlerweile um sich gegriffen, die sich auf 1688 als Präzedenzfall berief. Wenn das Dubliner Parlament – und seit den Reformen von 1782 fühlte es sich als eigenständige Körperschaft und Vertretung der ganzen irischen Nation – wirklich unabhängig war, müßte es auch über die Besetzung der Königsstelle frei verfügen können. – Die Streitfrage brauchte nicht entschieden zu werden, weil Georg III. rechtzeitig wieder genas.

In den Jahren der Französischen Revolution sollte ein junger Mann aus protestantischer Familie eine zunehmend einflußreiche Rolle übernehmen: Theobald Wolfe Tone, der am Trinity College Dublin studiert und sich in London auf den Beruf des Rechtsanwalts vorbereitet hatte, veröffentlichte 1791, 28jährig, eine Schrift mit dem Titel *An Argument on Behalf of the Catholics of Ireland*. Tone hatte einen starken Haß gegen England. Wie sich 1789 die französische Nation konstituiert hatte, sollte sich nun die irische konstituieren, und zwar, indem sie die englische Herrschaft radikal abschüttelte. Tone war einer der ersten, die begriffen hatten, daß es eine irische Nation ohne die Katholiken nicht geben konnte, und so setzte er sich aus rein politischen Gründen für eine Überwindung des Gegensatzes zwischen Protestanten und Katholiken ein. Er wird immer wieder zitiert mit der Formulierung seines Ziels: »*to substitute the common name of Irishman in place of the denominations of Protestant, Catholic and Dissenter*«. Damit fand er großen

Anklang in gebildeten irischen Kreisen, bei Kaufleuten und Handwerkern, namentlich beim *Dissent*. Vor allem in Belfast wurde er gefeiert, wo es 1791 zur Gründung einer Vereinigung von *United Irishmen* kam, wie kurz darauf auch in Dublin. Es handelte sich um patriotische Gesellschaften, in denen man politische und soziale Fortschritte debattierte. Solche Anfänge gesellschaftlicher Selbstorganisation konnten zurückgreifen auf die Ansätze des *Volunteers' Movement*. Man war allgemein für eine Verfassungsreform, für Handelserleichterungen, für die Abschaffung des Zehnten, der von allen Konfessionen an die Staatskirche abgeführt werden mußte. Die Brücke über die Konfessionsgrenzen hinweg bedeutete ohne Zweifel eine Großtat der irischen Geschichte: Während es der englischen Regierung nur um Zugeständnisse an die Katholiken ging, die das Schlimmste verhüten sollten, intendierten die *United Irishmen* Gleichheit von Katholiken und Protestanten – die Konstitution einer irischen Nation aus der Überwindung der traditionellen Konfessionsgegensätze.

Doch auch auf katholischer Seite hatte sich gleichzeitig aus älteren Vereinigungen von Honoratioren eine einflußreiche gesellschaftliche Bewegung ergeben, die meist als *Catholic Committee* bezeichnet wurde und sich in den Jahren der Französischen Revolution radikalisierte. Der Führer dieser Bewegung wurde John Keogh. 1791 richtete das *Catholic Committee* eine Petition an den englischen König, die Katholiken aus ihrer Erniedrigung zu befreien, damit sie nicht länger wie Fremde in ihrem eigenen Land leben müßten. Georg III. freilich hatte religiöse Skrupel: Man hatte ihm eingeredet, er verstoße gegen seinen Krönungseid, wenn er etwas zulasse, was den Protestanten abträglich sei. 1792 wurde Theobald Wolfe Tone, obwohl Protestant, Sekretär des *Catholic Committee*! Der vereinigte Druck des *Catholic Committee* und der *United Irishmen* führte 1793 zu einem neuen *Catholic Relief Act*, der weitere Benachteiligungen aufhob: Nun konnten Katholiken auch am Trinity College Dublin aufgenommen werden, sie konnten Juristen werden, Rechtsanwälte und Richter, sie konnten die Verwaltungslaufbahn einschlagen und in der königlichen Verwaltung in Irland beinahe alle Posten erreichen, mit Ausnahme der höchsten, der politischen Schlüsselstellungen. Sie durften nun auch Waffen tragen und wählen. Insofern stellte das Gesetz von 1793 die Beziehungen von Katholiken und Protestanten in Irland auf eine ganze neue Basis. Freilich war das Wahlrecht durch eine Besitzqualifikation eingeschränkt: Wie die Engländer durften die Iren nur dann wählen, wenn sie mindestens 40 Schillinge jährlich aus liegenden Gründen erzielten. Vor allem aber wurde ihnen weiterhin das passive Wahlrecht vorenthalten: Sie konnten also ihre eigenen Belange nach wie vor nicht selbst im Parlament vertreten, sondern nur unter den protestantischen Bewerbern die ihnen genehmen auswählen.

Diese entscheidenden Konzessionen waren nicht nur unter dem abstrakten Eindruck der Prinzipien der Französischen Revolution zustandegekommen; strategische und militärpolitische Erwägungen spielten dabei bereits eine wichtige Rolle. Die Position Irlands als schwächerer Außenposten der britischen Monarchie, die sich so oft schon in der Geschichte als verhängnisvoll erwiesen hatte, war in dieser Situation günstig. Solange die Gefahr einer Invasion der Franzosen in Irland nicht gebannt war, tat die britische Regierung alles, um die Unzufriedenheit der Iren zu besänftigen. Denn eine französische Invasion, die zu einem Aufstand des irischen Volkes geführt hätte, mußte auch für die britische Insel selbst unkalkulierbare Gefahren heraufbeschwören. Umgekehrt setzten *United Irishmen* in dieser Situation ganz auf die französische Karte: Was Irland aus eigener Kraft nicht erreichen konnte, die Abschüttelung der britischen Herrschaft, schien möglich mit Hilfe der Franzosen. Das revolutionäre Frankreich versprach die Unterstützung einer unabhängigen irischen Republik.

Hier hatte Wolfe Tone seinen Ansatzpunkt gefunden. 1794 wirkte William Jackson, ein französischer Agent, in Irland: Der britische Geheimdienst hatte ihn im Blick; er wurde verhaftet und beging dramatisch Selbstmord. Tone hatte diesem eine Denkschrift übergeben; er war also kompromittiert und bedroht und floh nach Amerika, um sich von dort nach Frankreich zu wenden. Es gelang ihm, den französischen Kriegsminister zu einer Invasion in Irland zu bewegen. Eine Invasionstruppe von 15 000 Soldaten erreichte im Dezember Bantry Bay nur zum Teil; die Winterstürme verhinderten eine gemeinsame Operation und das Unternehmen wurde abgeblasen. Es war die größte Invasion seit der Armada; sie scheiterte nicht weniger spektakulär. Kleinere Versuche in den beiden folgenden Jahren führten ebensowenig zum Ziel. Bei der dritten Unternehmung 1798 wurde Tone von den Engländern an Bord eines französischen Schiffes in Lough Swilly ergriffen: Sein dramatisches Ende beschäftigt irische Nationalisten bis heute.

In den 1790er Jahren nahmen ländliche soziale Unruhen, die in Irland schon seit Jahrzehnten keineswegs unbekannt waren, eine neue Qualität an. Dies hing teilweise mit dem neuartigen Organisationsgrad zusammen, teilweise mit der Politik der Regierung und teilweise auch mit den durch die Französische Revolution angestoßenen Ereignissen. Ursachen und Trägerschichten waren in verschiedenen Regionen ganz unterschiedlich, doch fanden Aufruhr und Unterdrükkung vor dem Hintergrund eines rapiden Bevölkerungswachstums statt, das in manchen Teilen Irlands bereits zu einer harten Konkurrenz um Land und Pachten geführt hatte. Mancherorts handelte es sich um Konflikte zwischen protestantischen Landbesitzern und ihren katholischen Pächtern; mancherorts um Konflikte zwischen katholischen und protestantischen Pächtern; mancherorts auch um Konflikte, die aus ökonomischen Verschiebungen infolge von Heimindustrie entstanden waren. Die Regierung heizte manche Konflikte unabsichtlich an: indem sie sich in den

1790er Jahren zu immer schärfer eingreifenden Steuererhöhungen und neuen Steuern gezwungen sah; indem sie Subventionen für Getreidetransporte nach Dublin strich; indem sie neue Regulierungen für die Getreideverwertung durchzusetzen suchte. Hinzu kamen Probleme der legalen und illegalen Bewaffnung: Unter der Bedrohung durch die französische Republik ging die Regierung dazu über, eine Miliz aufzustellen, deren Offiziere Protestanten waren, die Mannschaftsdienstgrade aber zu drei Vierteln Katholiken. Auch machte man den Versuch einer teilweisen Heranziehung von Freibauern (*Yeomanry*), die im Gegensatz zur Miliz (*Militia*) nicht vollberuflich tätig waren. Außerdem gelang es immer größeren Gruppen aufrührerischer Landbewohner sowohl auf katholischer wie auf protestantischer Seite, sich Waffen zu beschaffen.

Während nämlich gebildete Bürger im Einflußbereich der *United Irishmen* die Strategie verfolgten, die Konfessionsgegensätze zu überbrücken, um England mit Macht bekämpfen zu können, gab es in ländlichen Gebieten wie in städtischen Unterschichten erneut heftige Aggressionen entlang der gewohnten konfessionellen Fronten. In den südlichen Grafschaften Ulsters entstand eine Bewegung von protestantischen *Peep o' Day Boys*: Sie behaupteten, die Behörden handhabten die alten Gesetze gegen Katholiken zu lasch, deshalb nähmen sie deren Durchsetzung nun in eigene Hände. Sie überfielen Häuser von Katholiken, um sie nach Waffen zu durchsuchen. Gegen solche sektiererischen Exzesse formierte sich auf der Gegenseite eine Organisation von *Defenders* zur Abwehr protestantischer Übergriffe. Man organisierte sich auf beiden Seiten in Geheimbünden, schwor Eide, bildete Korrespondenzstrukturen über die lokalen Einheiten hinaus aus. Auch die *United Irishmen* reorganisierten sich, nachdem sie von der Regierung verboten und unterdrückt worden waren, neu als Geheimgesellschaft. Die konfessionellen Bünde überschnitten sich mit den revolutionär-republikanischen, die sich auf die Ideen der Französischen Revolution beriefen, und mit Freimaurerlogen, die sich ebenfalls in Irland ausgebildet hatten. Während die Katholiken ihre Positionen zu verbessern schienen, indem man ihnen von London aus Zugeständnisse machen mußte, organisierten sich vor allem in Ulster und in Dublin, bald aber auch in den meisten anderen Grafschaften, Logen eines *Orange Order*, der die Errungenschaften der *Protestant Ascendancy* verteidigen zu müssen glaubte und dafür zu den Waffen griff. Dies war die Lage, als 1798 ein für Irland entscheidendes und verhängnisvolles Jahr anbrach.

Die sozialen Spannungen auf dem Lande und die Drohung einer Invasion von außen führten in diesem Jahr zu einem an vielen Orten aufflammenden Bürgerkrieg, nachdem sich die Aufständischen weitgehend in Geheimbünden organisiert hatten und die Regierung auf der Gegenseite Strukturen zu deren Unterdrückung geschaffen hatte. Neben dem regulären Militär gab es ja nun die *Militia* und die *Yeomanry*, die sich als loyale und zuverlässige Organisationen erwiesen; es gab ein ausgedehntes Spitzel- und Geheimdienstwesen, welches dazu führte, daß die Regierungsseite immer bestens über die Aufrührerischen Bescheid wußte und deren Führer stets verhaftet werden konnten, bevor sie gefährlich wurden; schließlich hatte man über weite Teile Irlands das Kriegsrecht verhängt, *Habeas corpus* aufgehoben und zu brutalsten Unrechtsmethoden gegriffen, um die Bevölkerung einzuschüchtern, Rache zu üben und Aufstände zu verhindern. 1798 war das Jahr, in dem die berüchtigten Praktiken einer losgelassenen Soldateska ungehindert angewandt werden konnten, nachdem viele Grafschaften unter Kriegsrecht gestellt worden waren. In großem Stil wurden nun Schuldige und Unschuldige aufgegriffen und aufs Geratewohl gefoltert, um Verschwörer aufzuspüren und Geheimbundstrukturen zu zerschlagen. Berüchtigt wurden in dieser Zeit (neben dem Auspeitschen und Gliederstrecken auf einem Holzgestell): *Half-hanging* und *Pitch-capping*. *Half-hanging* bestand darin, daß man jemandem einen

Strick um den Hals legte und ihn erhängte, den Prozeß jedoch unterbrach, wenn er das Bewußtsein verlor, um ihn beliebig oft wiederholen zu können, bis eine passende Aussage hervorgebracht war. *Pitch-capping* bedeutete, daß man einem Aufgegriffenen eine Tüte mit Pech auf den Kopf setzte und diese anzündete, wobei zur Qual des Feuers noch das Erblinden kam, wenn das brennende Pech in die Augen lief. Es war eine grausame, rechtlose Zeit ohne Helden: Potentielle Führer der Aufständischen starben im Gefängnis oder am Galgen, bevor sie zu Aktionen kamen. Militärische Siege waren ebenfalls nicht zu verzeichnen, weil Aufständische oft wenig Feuerwaffen hatten und militärische Einheiten gegen einen Haufen von Bauern, die mit Spießen bewaffnet waren, wenig Ruhm ernten konnten. Höchste Brutalität entstand oft nicht zwischen Engländern und Iren, sondern infolge der Tatsache, daß die Miliz im Dienste der Regierung gegen Leute mit gleichem sozialem und konfessionellem Hintergrund kämpfte. Das Optimum an Grausamkeit wurde oft dort erreicht, wo Protestanten die Aufstände von Protestanten und Katholiken die Aufstände von Katholiken niederschlagen mußten.

Zu größeren Erhebungen, die freilich nicht zentral koordiniert waren, da die Köpfe der Bewegung bereits verhaftet waren, kam es seit dem 23. Mai 1798 in Leinster, in Meath, in Dublin selbst, in Kildare, in Carlow und in Wicklow. Alle wurden binnen kurzem niedergeschlagen. Einen Aufstand eigenen Gepräges erlebte Wexford: Hier stellte der katholische Klerus die Führer; die ganze Gegend war wochenlang in den Händen der Aufständischen. Die Wende kam durch eine Art von Feldschlacht auf dem Vinegar Hill, in der die Aufständischen von regulären Truppen geschlagen wurden. In Ulster kam es zu organisierten Aufständen in Antrim und Down, die aber binnen weniger Tage niedergeschlagen wurden; die Führer wurden hingerichtet.

Obwohl die Franzosen inzwischen einer Invasion in Irland skeptisch gegenüberstanden – General Hoche, den

Wolfe Tone 1796 hatte begeistern können, war 1797 gestorben; sein Rivale Bonaparte setzte darauf, England nicht in Irland, sondern in Ägypten empfindlich zu treffen –, kam es doch nochmals zu einer kleineren Expedition: General Humbert brach auf eigene Faust mit einer Flotte auf, nachdem die irischen Volksaufstände vom Mai 1798 in Frankreich bekannt geworden waren, und landete am 23. August in Killala Bay. Mit seinem Heer errang er zunächst bei Castlebar einen militärischen Sieg gegen die Regierungstruppen, wurde jedoch, nachdem er Connaught siegreich durchzogen hatte, bei Ballinamuck entscheidend geschlagen. Im September wollte erneut ein kleines Invasionsheer unter General Hardy in Lough Swilly landen, aber die Engländer waren auf der Hut: Auf dem Flaggschiff verhaftete man bei dieser Gelegenheit Wolfe Tone in französischer Uniform.

All diese wirren Aufstände und brutalen Unterdrükkungsmaßnahmen des Jahres 1798 kosteten insgesamt schätzungsweise 30 000 Menschenleben. England erreichte, daß sich in Irland keine selbständige Republik etablieren konnte. In strategischer Hinsicht wahrte es seine Interessen ohne großen Einsatz eigener Kräfte, da die Milizorganisation ja größtenteils aus Iren bestand. Freilich zeigte die britische Macht bei dieser Gelegenheit ungeschminkt ihr Gesicht: Die Unterdrückung der Nachbarinsel mit brutalsten Mitteln ließ keinerlei Illusionen mehr aufkommen über Recht und Zivilisation, Religion und Kultur. Die Iren auf der anderen Seite hatten nicht nur erfahren müssen, daß sie ein zutiefst gespaltenes Volk waren, das für Bürgerkriege in wechselnden Konstellationen reif war, sondern auch, daß die Kluft zwischen Protestanten und Katholiken, von deren hochherziger Überbrückung die *United Irishmen* unter Wolfe Tone geträumt hatten, nach wie vor klaffte und bittersten Haß zwischen Iren und Iren gebar. Und die Hoffnung auf Frankreich hatte getrogen. Irland hatte in der neuen Konfrontation eines revolutionären Frankreich und eines konterrevolutionären England nichts gewinnen können.

Was von 1798 für die irische Geschichte blieb, war jedoch eine Erinnerung an sinnloses, aber todesmutiges Aufbegehren gegen eine herrschende Macht. 1798 spielt insofern eine wichtige Rolle in der Geschichte der irischen Mentalität und der irischen Mythen von Aufstand und Kampf, von Blutopfer und Einsatz von Menschenleben für die Nation. 1916 ist direkt mit 1798 verbunden. Patrick Pearse, der Heros von 1916, war es auch, der Theobald Wolfe Tone entdeckte als größten irischen Nationalisten und größten Iren. Die Erfolglosigkeit seiner Bemühungen verminderte keineswegs seine Glorie – sie gehörte mit zu seiner Aura.

Die Anbahnung der Union

Die paradoxe Folge der Aufstände von 1798, die nach dem Willen Wolfe Tones und der *United Irishmen* die Konstitution einer irischen Nation und eine von Großbritannien unabhängige Republik Irland hätte bringen sollen, war die staatsrechtliche Vereinigung Irlands mit Großbritannien im Jahre 1800. Die irische wie auch die englische Regierung sahen nach den bürgerkriegsähnlichen Zuständen von 1798 nur noch diese eine Möglichkeit, Irland wiederum unangefochten zu beherrschen, strategisch zu sichern und sozial zu beruhigen: es mit Großbritannien enger zusammenzuschließen. Nachdem die Probleme im Gefolge der amerikanischen Revolution zu einer weitgehenden Unabhängigkeit des irischen Parlamentes geführt hatten, sollte diese nun gänzlich aufgehoben und das irische in das englische Parlament integriert werden.

Dieses Projekt hatte freilich nicht wenige Gegner, vor allem in Irland selbst. Hier waren es nicht so sehr die katholischen Iren, die sich widersetzten, sondern die *Protestant As-*

cendancy, die am meisten von einem Aufgehen ihres Irland im Vereinigten Königreich fürchtete. Während im Jahre 1703 das irische Unterhaus eine Petition nach England geschickt hatte, Irland mit England in einer staatsrechtlichen Union zu vereinigen (wie es dann 1707 in bezug auf Schottland und England Wirklichkeit geworden war!), bildete das irische Unterhaus in den Jahren vor 1800 ein Bollwerk gegen die Vereinigung Irlands mit England. Dasselbe galt für die Bischöfe und für die übrigen Vertreter der privilegierten Staatskirche. Materielle Interessenpolitik wurde hier versteift durch nationalistische Regungen, die im Irland des 18. Jahrhunderts bereits eine gewisse Tradition hatten, aber seit der Französischen Revolution in gebildeten Kreisen allgemein zum guten Ton gehörten.

Englands Interesse war vor allem strategisch und militärisch. Das Gewicht des Kampfes gegen das revolutionäre Frankreich in seiner expansionistischen Phase unter Napoleon lag in diesen Jahren wesentlich auf England. Neben der Verhinderung effektiver Invasionen via Irland spielte auch die Überlegung mit, in Irland Heere gegen Napoleon rekrutieren zu können, nachdem man mit der Mehrheit der katholischen Soldaten in der protestantisch geführten *Militia* gute Erfahrungen gemacht hatte.

Pitt der Jüngere hatte frühzeitig begriffen, daß man, um Irland zu sichern und für das britische System zu gewinnen, der katholischen Bevölkerungsmehrheit Zugeständnisse machen und sie an der Macht beteiligen mußte. Dies konnte freilich nur auf Kosten der *Protestant Ascendancy* geschehen. Während er die Meinungsführer der irischen Katholiken einschließlich der (katholischen) Bischöfe für seinen Unionsplan gewann, indem er durchsickern ließ, daß die Katholiken volle staatsbürgerliche Rechte erwarten könnten, einschließlich des passiven Wahlrechts, Erleichterungen für die katholische Kirche eingeschlossen, mußte er durch eben diese Versprechungen den Widerstand der *Church of Ireland* und der *Protestant Ascendancy* wecken, weil diesen dann etwas von ihrer Vorzugsstellung und ihren Privilegien, ihrer Macht und ihrem Reichtum genommen würde.

Ein wichtiger Teil der Protestanten in Irland drang freilich auf die Union, weil sie glaubten, nur so auf lange Sicht überleben zu können. Viele protestantische Grundbesitzer waren der Meinung, daß die staatsrechtliche Union Irlands mit dem protestantischen Großbritannien eine Garantie ihres Besitzes und ihrer Macht darstellen würde, auch wenn künftig irische Katholiken (in geringer Zahl) neben ihnen selbst im Parlament von Westminster vertreten sein würden.

Daß diese letzte Gruppe recht behalten sollte, ergab sich aus dem zwiespältigen Resultat der Union, wie sie tatsächlich durchgeführt wurde: Pitt trennte die Konzessionen an die Katholiken von der Vereinigung der Parlamente ab; die Union wurde Gesetz, und die Konzessionen scheiterten an der protestantischen Intransigenz Georgs III. Pitt trat daraufhin zwar als Premierminister zurück; aber das Ergebnis blieb bestehen. Das irische Parlament ging also im britischen auf, aber die Katholiken erhielten das passive Wahlrecht nicht und mußten sich erneut geprellt fühlen.

In ihrer Perspektive reihte sich dieses Ergebnis in eine lange Kette betrügerischer Machenschaften, mit denen die Engländer im Laufe der Geschichte immer wieder Irland getäuscht hatten: Es war wiederum wie damals nach dem Frieden von Limerick, als die kriegsrechtlichen Artikel zu Lasten der katholischen Iren sofort durchgeführt worden waren, die zivilrechtlichen aber, die den Katholiken eine gewisse Toleranz und ein umgrenztes Lebensrecht hätten bieten sollen, vom englischen Parlament nicht in Kraft gesetzt worden waren; ja, die Katholiken waren durch die *Penal Laws* immer mehr entrechtet worden. Ebenso erschien ihnen nun die Union als ein neuer Betrug; durch falsche Vorspiegelungen waren sie für eine Sache gewonnen worden, die ihnen letztlich gar keine Vorteile einbrachte.

Allerdings konnte man auch die Frage aufwerfen, was sich durch die staatsrechtliche Union eigentlich ändern sollte für Irland. Denn in der Vergangenheit hatte es ja schon unter der englischen Krone gestanden; der Vertreter des englischen Königs machte Politik in Dublin mit Hilfe einer Verwaltung, die nicht vom Parlament abhängig war. Unter diesen Umständen war die legislative Kompetenz des irischen Parlaments nur von beschränktem Wert. Trotzdem klammerte sich die *Protestant Ascendancy* natürlich an ihr Parlament, zumal es seit der »Verfassung von 1782« ja eine gewisse Unabhängigkeit gewonnen hatte.

Wenn man also klar sehen kann, warum und unter welchen Umständen das englische Parlament für die Union von Irland mit England stimmte, muß man sich doch fragen, wie es zuging, daß das irische Parlament mehrheitlich für seine Selbstauflösung und Entmachtung votierte. Die Antwort liegt im beschriebenen Regierungssystem Irlands im 18. Jahrhundert: Die anglikanischen Bischöfe, die weltlichen Amtsinhaber und Pensionsempfänger der englischen Krone hatten überwiegend gar keine andere Wahl, als so zu stimmen, wie man es von ihnen erwartete. Wo noch Zweifel bestanden, half man mit massiven Bestechungen nach. Eine ablehnende Minderheit konnte man schließlich in Kauf nehmen, wenn die Mehrheit klar gesichert war. Das System, das so viele Jahrzehnte dazu gedient hatte, die Interessen der *Protestant Ascendancy* über die englische Krone und ihren Vertreter in Dublin zu sichern, diente nun dazu, sie selbst an die englische Krone auszuliefern, wozu ihre korrupten Repräsentanten willig die Hand boten.

Manche mochten sich auch damit trösten, daß sie ja im Parlament von Westminster ebenso wirken könnten wie im Parlament von Dublin. Dort stellten sie freilich, im Vergleich mit den Abgeordneten aus England und Schottland, eine kleine Minderheit dar.

Das 19. Jahrhundert: Die Union und der Kampf um *Home Rule*; das Wiedererwachen des gälischen Irland

---

Epochenüberblick

Die Einheit der Epoche ergibt sich zunächst aus dem verfassungsgeschichtlichen Gesichtspunkt: von 1801 bis 1921 stand Irland direkt unter britischer Herrschaft. Aus diesem äußerlichen Faktum sind innere Zusammenhänge ableitbar: Ein wesentlicher Inhalt irischer Bestrebungen in dieser Epoche bestand zunächst im Kampf um Katholikenemanzipation, dann um *Repeal*, das heißt die Widerrufung der Unionsgesetzgebung, bzw. um *Home Rule*, das heißt eine eigene, von Großbritannien unabhängige irische Regierung. Gegen Ende des 19. Jahrhunderts verband sich mit diesem politischen Kampf mehr und mehr ein genuiner Nationalismus, welcher Irland seine eigene Kultur und Sprache wiedergeben wollte, um auf diesem Weg Irlands Recht unter den Nationen der Welt herauszustellen und so schließlich auch Großbritannien dazu zu zwingen, das Selbstbestimmungsrecht der Nation in bezug auf die eigenständige irische Nation anzuerkennen.

Das wichtigste Faktum der irischen Geschichte dieser Epoche liegt freilich auf einer ganz anderen Ebene. Gemeint ist die große Hungersnot der Jahre nach 1845, die zu einer katastrophalen Bevölkerungsentwicklung führte: Etwa zwei Millionen Iren starben infolge der Unterernährung oder an damit verbundenen Krankheiten oder wanderten aus, um das Schlimmste zu vermeiden. Zu Beginn der Epoche hatte

Irland etwa 4,8 Millionen Einwohner; 1820 6,8; 1840 8,2; 1850 6,6; 1860 5,8; 1870 5,4; 1880 5,2; 1890 4,7; 1900 4,5 und 1910 4,4. Auf das starke Bevölkerungswachstum seit dem 18. Jahrhundert mit dem Höhepunkt der Entwicklung in den 1840er Jahren folgte nicht nur ein radikaler Einschnitt, sondern ein weiterer Rückgang von Jahrzehnt zu Jahrzehnt, der nur zu einem Teil auf Auswanderung zurückgeführt werden kann. Durch die Massenauswanderung entstand jedoch gleichzeitig ein Irland außerhalb Irlands, das wiederum auf die Heimatinsel zurückwirken sollte. Schon die bloßen Zahlen der Bevölkerungsentwicklung legen es nahe, besonderes Gewicht auf die Darstellung der wirtschaftlichen und sozialen Verhältnisse zu legen. Denn diese Bevölkerungszahlen hängen wesentlich mit hoffnungslosen agrarischen Verhältnissen zusammen und mit einer verpaßten Industrialisierung. Während in Großbritannien und manchen anderen europäischen Staaten die Industrialisierung des 19. Jahrhunderts die gewaltige Bevölkerungsentwicklung aufzufangen vermochte, gelang das in Irland nicht.

Unter diesem Gesichtspunkt sieht die Bilanz Irlands in dieser Epoche im wesentlichen düster aus. Verdüstert wird sie noch durch starke soziale Spannungen und durch eine in der zweiten Hälfte des Jahrhunderts wachsende Gewaltbereitschaft, sowohl gegen konfessionelle Gegner im eigenen Land als auch gegenüber der britischen Herrschaft.

Trotzdem hat diese Epoche positiv bemerkenswerte Phänomene. Beispielsweise ergab sich bereits in der ersten Jahrhunderthälfte eine umfassende Bewegung politischer Willensbildung und demokratischer Bestrebungen, eine unerwartete Selbstorganisierung der irischen Gesellschaft, die sich zwar nicht auf ein breites Bürgertum aus Besitz und Bildung stützen konnte, die aber mit Hilfe des Klerus der katholischen Kirche eine nationale Gesinnung entfaltete, welche Elemente persönlicher Freiheit mit republikanisch-demokratischen zu verbinden wußte. Die Allianz von katholischer Kirche, sozialer Bewegung und irischem Nationalismus bildete sich in dieser Zeit aus.

Am Ende des Jahrhunderts, als die Anzahl der Gälischsprechenden kontinuierlich zurückgegangen und Gälisch nur noch das Idiom von Unterschichten in Randgebieten war, entstand aus dem Kreis der Gebildeten eine Initiative zur Wiedererweckung der gälischen Sprache und Kultur. Antiquarische Bemühungen um das alte Irland waren vorangegangen, doch entwickelte sich erst die im Jahre 1893 gegründete *Gaelic League* zu einer Volksbewegung, welche darauf abzielte, den Iren ihre eigene Identität wiederzugeben. Aus diesem kulturell fundierten Nationalismus resultierte schließlich der Aufstand von 1916 und mithin die endgültige Abtrennung des größten Teils der Insel von Großbritannien; hier liegen aber vor allem auch die Wurzeln des selbständigen Staates im Süden, welcher sich im Laufe des 20. Jahrhunderts entfalten konnte.

Die Epoche O'Connells
(1801–1845)

1801	1. Januar: Inkrafttreten der Union von Großbritannien und Irland.
1803	Aufstand des Robert Emmet.
1820–1830	Georg IV. König von Großbritannien und Irland.
1823	Gründung der *Catholic Association*.
1826	Wahl von Waterford: erster Sieg der *Catholic Association*.
1828	Nachwahl von Clare: Mit Daniel O'Connell wird erstmals ein Katholik zum Parlamentsabgeordneten gewählt.
1829	Katholikenemanzipation und gleichzeitige Einschränkung des Wahlrechts.

1830–1837	Wilhelm IV. König von Großbritannien und Irland.
1837–1901	Viktoria Königin von Großbritannien und Irland.
1840	Gründung der *Repeal Association*. *Irish Municipal Reform Act*.
1843	Jahr der Massenversammlungen (*Monster Meetings*).
1845–1849	Gründung konfessionsunabhängiger Universitäten (*Queen's Colleges*) in Belfast, Cork und Galway.

Bedingungen der Union

Nachdem Pitts Unionsgesetz 1799 zunächst im irischen Parlament gescheitert war, passierte es 1800 beide Häuser des englischen wie auch des irischen Parlamentes, das sich damit selbst auflöste; es trat am 1. Januar 1801 in Kraft. Durch dieses Gesetz wurde der verfassungsrechtliche Rahmen für die folgenden 120 Jahre der irischen Geschichte abgesteckt. Es enthielt verfassungsrechtliche, kirchliche, wirtschaftliche und finanzielle Bestimmungen. Die ersten vier Artikel betrafen verfassungsrechtliche Gesichtspunkte. Während Wales und Schottland in der Bezeichnung »*Great Britain*« verschwunden waren, sollte Irland künftig offizieller Bestandteil des Staatsnamens sein (*The United Kingdom of Great Britain and Ireland*). Der zweite Artikel bestätigt nicht nur die Krone, sondern auch die Sukzession, und zwar in der Weise, wie sie in der Union von England und Schottland 1707 geregelt worden war. Im Jahre 1800 bestand keinerlei konkurrierende Sukzessionsmöglichkeit, doch bedeutete diese Fixierung immerhin eine Bekräftigung der Tatsache, daß die Stuarts jedes Recht auf den Thron verloren hätten; insofern wurde hier noch einmal die Diskontinuität der irischen Geschichte akzentuiert – hatten doch viele Iren bis zuletzt an den Stuarts festgehalten. Der dritte Artikel bestimmte die Einheit der Parlamente beider Staatsteile, und der vierte präzisierte die Zusammensetzung des gemeinsamen Parlamentes: Für England und Schottland blieb alles beim Alten; durch die Hinzunahme irischer Abgeordneter wurde das Parlament also bedeutend vergrößert. Zunächst das Oberhaus: Während im englischen Oberhaus alle Bischöfe saßen, sollten für Irland nur vier hinzutreten, und zwar nicht immer dieselben, sondern rotierend. Ebenso saßen die englischen Adligen, genauer gesagt: die Häupter der adligen Familien, komplett im Oberhaus; dieses Prinzip wurde für die irischen durchbrochen, wie es schon für die schottischen 1707 durchbrochen worden war: 28 weltliche Lords sollten für Irland im Oberhaus sitzen, und zwar jeweils auf Lebenszeit gewählt. Sodann das Unterhaus: 100 Abgeordnete sollten für Irland in das gemeinsame Unterhaus nach Westminster gehen, und zwar nach folgendem Schlüssel: zwei für jede Grafschaft, zwei für Dublin und zwei für Cork, einer für Trinity College und je einer für die beträchtlichsten Städte.

Um diese Bestimmungen über die Repräsentation beurteilen zu können, muß man sich folgende Vergleichszahlen vor Augen halten: Im Jahre 1800 hatte England ungefähr 9 Millionen Einwohner und Schottland ungefähr 1,6 Millionen – Irland aber 4,8 Millionen. Nach der Bevölkerungszahl hätte Irland also weit mehr, nämlich halb soviel Abgeordnete wie England haben sollen. Freilich spielte die Bevölkerungszahl bei dieser Festlegung keine große Rolle, wie ja auch bei der Repräsentation der englischen Wahlkreise die Bevölkerung keine Rolle spielte. Doch ist die Erwägung immerhin interessant, daß Irland, das zu Beginn der Union (am Maßstab der Bevölkerungszahl gemessen) deutlich unterrepräsentiert war, in der zweiten Hälfte des 19. Jahrhunderts dann (nach demselben Maßstab) deutlich überrepräsentiert war, nachdem die Hungersnot in Irland die Bevölkerung stark dezimiert hatte, während gleichzeitig in England und Schottland die Bevölkerung infolge der Industrialisierung stark hatte zunehmen können. So kommt es, daß

Irland hundert Jahre nach Beginn der Union bei 4,5 Millionen Einwohnern stand, während die Bevölkerung in England und Schottland schon auf etwa 37 Millionen gewachsen war, ohne daß sich die Repräsentation im Parlament wesentlich verändert hätte! Ein anderer möglicher Maßstab der Beurteilung wäre die Wirtschafts- oder Steuerkraft der Teilstaaten. Damals berechnete man Irland bezüglich der Wirtschaftskraft auf zwei Siebzehntel der Union – und im Verhältnis zu diesen zwei Siebzehntel bedeuteten die 100 Unterhausabgeordneten aus Irland, welche man 552 aus England und Schottland gegenüberstellen durfte, eine großzügige Überrepräsentation! Und schließlich noch ein dritter Gesichtspunkt: Das Unterhaus in Dublin hatte 300 Abgeordnete gehabt, nun durften 100 nach Westminster; 200 verloren also ihre Posten. Die gesonderte Repräsentation der einzigen irischen Universität folgte nicht nur der Tradition des irischen Parlamentes, sondern war analog zur englischen Tradition mit den Parlamentssitzen für Oxford und Cambridge. (Übrigens waren die schottischen Universitäten im Parlament nicht repräsentiert.) Dublin war auch im irischen Parlament schon durch stärkere Repräsentation hervorgehoben gewesen, nicht aber Cork. Allem Anschein nach spiegelt sich hierin die gewachsene Bedeutung der zweiten Metropole (davon abgesehen, daß sich Cork besonders für die Union stark gemacht hatte). Wenn von den übrigen Wahlgemeinden die »beträchtlichsten« durch je einen Abgeordneten repräsentiert sein sollten, bedeutet das eine überraschende Konzession an den Zeitgeist im Zeitalter der Französischen Revolution und die damals herrschenden Ideen von Volkssouveränität und gleicher Repräsentation: Denn in Großbritannien selbst war das Parlament noch immer nicht reformiert worden; der Aufstieg der frühen Industriestädte hatte noch keinen Einfluß auf die Repräsentation im Parlament gehabt; bedeutende Städte wie Manchester und Birmingham waren im englischen Parlament vor der Reform von 1832 nicht vertreten! Interessant ist schließlich noch, daß man im Oberhaus das Gewicht von den geistlichen auf die weltlichen Lords verschob. Die Union brachte also in puncto Repräsentation einige Ergebnisse für Irland, die man als Modernisierung interpretieren könnte – als Angleichung an die mittlerweile gewandelte Bedeutung einzelner Korporationen und an den Zeitgeist.

Artikel fünf betraf die kirchliche Regelung: Die irische sollte mit der englischen Kirche vereinigt werden und künftig »*The United Church of England and Ireland*« heißen. Dies wurde ausdrücklich als wesentlicher Teil der Union bezeichnet: In einem Staatskirchensystem ist es konsequent, bei einer staatsrechtlichen Union auch eine kirchenrechtliche herbeizuführen – zumal das Oberhaupt ja ohnehin seit 1536 beiden Kirchen gemeinsam war.

Artikel sechs betraf die wirtschaftliche Union: Irland wurde in das Wirtschaftsgebiet Großbritanniens aufgenommen und denselben Gesetzen unterworfen. Während irische Politiker im 18. Jahrhundert darum hatten kämpfen müssen, daß die wirtschaftlichen Bestimmungen, die zu ihrem Schaden erlassen worden waren, Zug um Zug zurückgenommen wurden, schien es nun selbstverständlich, daß Irland in bezug auf Großbritannien als Inland behandelt wurde. Für manche Branchen ergaben sich daraus Vorteile, für andere Nachteile. Insgesamt aber dürfte sich der Beitritt Irlands zur Wirtschaftsmacht Nr. 1 in vieler Hinsicht förderlich ausgewirkt haben, zumal Großbritannien ein mächtiges Weltreich beherrschte. Die wirtschaftliche Union wurde noch enger zusammengeschmiedet durch die Kontinentalsperre der Napoleonischen Ära: Nun waren Großbritannien und Irland noch stärker aufeinander angewiesen und noch deutlicher von ihren Nachbarn auf dem Kontinent getrennt.

Artikel sieben brachte die finanziellen Bestimmungen: Irland sollte zwei Siebzehntel zum Gesamtetat beisteuern. Diese Proportion sollte zumindest alle 20 Jahre überprüft und angeglichen werden. Zur Bewertung ist zu sagen, daß dieser Anteil 1800 für Irland sehr günstig scheinen mußte, daß er sich aber infolge der Belastungen der Napoleonischen Kriege, die in diesem Ausmaß nicht vorhersehbar waren, als Nachteil für Irland erwies.

Nimmt man diese Bestimmungen zusammen, gewinnt man den Eindruck, daß das Unionsgesetz von 1800 keineswegs zur Unterdrückung Irlands gemacht wurde: Es klingt ganz anders als die Gesetze der *Penal Times*. Der Wortlaut und der Geist des Gesetzes erwecken den Eindruck, als sollten hier einem Juniorpartner faire Aufnahmebedingungen in ein florierendes Geschäft geboten werden.

Eine Episode mit Folgen: Der Aufstand des Robert Emmet (1803)

Zu Beginn des 19. Jahrhunderts gab es in Irland noch Geheimbundaktivitäten, die mit der Unterdrückung und anschließenden geheimen Reorganisation der *United Irishmen* und mit den Aufständen von 1798 zusammenhingen. Namentlich Robert Emmet arbeitete detaillierte Pläne für einen Putsch aus. Doch fehlte es der Bewegung an Feuerwaffen, so daß man sich im wesentlichen auf ein paar Tausend selbstgeschmiedeter Spieße verlassen mußte. Die Anhängerschaft bestand größtenteils aus Aufständischen von 1798, die aus Wicklow, Wexford oder Kildare stammten und sich der Verfolgung zu Hause entzogen hatten, indem sie in die Metropole Dublin geflüchtet waren. Doch gewann Emmets Bewegung über diese Männer auch Verbindungen zu deren Heimatgrafschaften. Das Hauptziel war die Loslösung Irlands von Großbritannien; wie weit man dabei auf eine Kooperation mit dem revolutionären Frankreich zählte oder hoffte, auch ohne Frankreich einen Sieg erringen zu können, ist unklar.

Durch Gerüchte veranlaßt, schlug Emmet am 23. Juli 1803 vorzeitig los. Da statt der erwarteten Tausende nur 80

Männer eintrafen, beschloß man, nichts als einen konzentrierten Angriff auf das Dubliner Schloß zu unternehmen. Der »Aufstand« war ein kompletter Fehlschlag; die Zusammengerotteten begingen ein paar Morde an zufällig vorüberkommenden Amtsträgern des Regimes. Robert Emmet entkam zunächst in die Wicklow Mountains, wurde aber einige Wochen später aufgespürt und nebst 21 anderen hingerichtet. Das eigentliche Vermächtnis des Aufstands von 1803 an die Zukunft bestand deshalb nicht in Taten, sondern in Worten: Vor seiner Hinrichtung hielt Emmet eine Rede, die kommende Generationen von Revolutionären immer wieder inspirieren sollte. Gerade die Vergeblichkeit und Sinnlosigkeit seines Aufstandes wurde zur Botschaft an Spätere; und diese Haltung ermutigte immer wieder Ideologen und Idealisten, sich für die Belange der irischen Nation zu opfern – nur, um Zeichen zu setzen, ohne Rücksicht auf Erfolg. Während Emmets Aufstand weder politisch noch militärisch zu einer ernsthaften Bedrohung für die Regierung werden konnte, wurde dieses nationale Pathos des vergeblichen Blutzolls ein Faktor, der noch oft seitdem in Erscheinung treten sollte: 1916 war Patrick Pearse vom gleichen Geist geleitet.

Katholikenemanzipation als politisches Problem

Pitt hatte den Katholiken Irlands als Gegenleistung für die Union die Emanzipation versprochen; er scheiterte an der protestantischen Intransigenz Georgs III. und trat zurück. In den ersten Jahren der Union blieb durchaus unklar, wie sich diese Situation ändern könnte. Nach Jahren des Abwartens verfiel man auf ein altes politisches Mittel: den Weg der Petitionen. In Irland gab es noch bzw. wieder *Catholic Committees*, in denen sich Honoratioren zusammensetzten und über geeignete Maßnahmen zum Besten ihrer Glaubensbrüder berieten. Ende 1804 einigte man sich auf eine Petition, die man beim Parlament einbringen wollte, und wandte sich damit an Pitt, der in der Situation der Bedrohung Großbritanniens durch Napoleon erneut Premierminister geworden war. Pitt jedoch lehnte es ab, sich in der gegebenen Lage mit diesem Problem zu befassen. Die irische Delegation wandte sich daraufhin an die Opposition, wo sie einflußreiche Fürsprecher hatte: Fox brachte die Petition im Unterhaus ein und Grenville im Oberhaus. Doch in beiden Häusern wurde die Petition der Katholiken mit deutlicher Mehrheit abgewiesen.

Was hatte man in Großbritannien eigentlich gegen die Gleichberechtigung der Katholiken vorzubringen? Die Gegenargumente hatten ganz unterschiedliche Substanz. Georg III. beispielsweise vertrat den Standpunkt, daß es in einem Staat nur eine etablierte Kirche geben könne, andernfalls sei soziale und politische Instabilität die Folge. Die Staatskirche könne zwar andere Religionen tolerieren, aber nicht mit gleichen Privilegien ausstatten. Andere dachten weniger grundsätzlich, verwendeten aber das altbekannte Argument, den Katholiken dürften keine vollen Bürgerrechte zuerkannt werden, weil sie den Papst als Oberhaupt auch in weltlichen Angelegenheiten anerkennen müßten, so daß die Loyalität der Krone gegenüber immer bedroht sei durch das ultramontane Prinzip. Dieses Argument war schon seit Jahrhunderten gegen die irischen Katholiken eingesetzt worden, doch hatte es neuen Auftrieb bekommen, nachdem in verschiedenen Publikationen behauptet worden war, katholische Priester und Bischöfe seien aktiv oder mitwissend-duldend an den Aufständen von 1798 und 1803 beteiligt gewesen. Eine andere Argumentationslinie richtete sich speziell gegen die irischen Katholiken: Es sei eine bekannte Sache, daß manche Familien von Generation zu Generation Landkarten vererbten, auf denen der Besitzstand des 17. Jahrhunderts eingezeichnet sei; wer den Status quo aufrecht erhalten wolle, müsse verhindern, daß solche Besitzansprüche von Katholiken realisiert werden könnten. Im übrigen gab es in England auch in dieser Zeit noch ein gerüttelt Maß an alten Vorurteilen: gegen die Messe in lateinischer Sprache, gegen zölibatäre Priester, gegen die Ohrenbeichte, gegen religiöse Formen und alltägliche Lebenspraxis eines anderen Milieus.

Als Pitt 1806 starb, stiegen die katholischen Hoffnungen erneut: Denn nun wurde Grenville Premierminister und Fox Außenminister – jene beiden Männer, die sich im Vorjahr der Petition der irischen Katholiken angenommen hatten. Doch auch diese Hoffnungen zerstoben; Fox starb noch im selben Jahr.

Inzwischen machte sich auf seiten des katholischen Irland eine neue Kraft bemerkbar: Statt der katholischen Adligen traten nun mehr und mehr einige jüngere Rechtsanwälte in den Vordergrund. 1792 war dieser Beruf für Katholiken geöffnet worden; mittlerweile hatte sich in dieser Karriere eine Reihe von Männern ausgezeichnet. Sie alle waren in ihrem Fach höchst kundig, rhetorisch geschliffen durch ihren Beruf und mit Land und Leuten durch ihre Praxis genauestens vertraut. Sie alle hatten politischen Ehrgeiz; sie wollten die volle Gleichberechtigung der irischen Katholiken als ersten Schritt zu einer Loslösung Irlands von Großbritannien. Sie waren weniger auf Kompromisse aus als die Führer der vorangehenden Generation und gesonnen, die Zwangslage der Regierung in den Napoleonischen Kriegen für die Zwecke Irlands und der Katholiken auszunutzen.

Mit diesen Juristen kamen stärker rechtliche Streitpunkte in die Diskussion. Jahrelang kämpfte man um die Frage des Vetos. Gemeint war damit das Problem der Ernennung von Bischöfen durch den Papst, das besonders brisant schien, seit Napoleon in Italien eingefallen war und später sogar den Papst gefangengesetzt hatte. Man konnte argumentieren, daß ein von Napoleon abhängiger Papst in Irland Bischöfe ernennen könnte, die speziell gegen die Krone eingenommen wären und ihre Stellung dazu einsetzen würden, gegen die Union von Irland und England zu arbeiten. Um diesen Verdacht auszuräumen, gab es einen Vorschlag der irischen Bischöfe, im Fall einer Vakanz eine Dreierliste zu erstellen, die sie vor der Weiterleitung nach Rom der englischen Krone bzw. dem Stellvertreter des Königs in Irland unterbreiten würden, so daß Kandidaten, die im Verdacht der Illoyalität ständen, von dieser Liste gestrichen werden könnten. Dies war die Grundlage einer neuen Petition von 1808, die aber ebenfalls abgelehnt wurde.

Daraufhin verhärteten sich die Positionen. 1810 wurde erneut eine Petition eingereicht, die jedoch die Option »Veto« nicht mehr enthielt. Die englischen Katholiken hatten inzwischen dem König ein solches Veto förmlich eingeräumt. Die irischen Katholiken hatten dagegen ihren Standpunkt radikalisiert; der Ton wurde aggressiver. Seit dieser Zeit war erstmals ein deutliches Abschwenken irischer Katholiken von der Union erkennbar.

Mit den ständig erneuerten Petitionen hatte die Agitation für die Emanzipation der irischen Katholiken immer weiter um sich gegriffen. Man unterstützte solche Petitionen mit Unterschriftslisten. Um Unterschriften zusammenzubekommen, mußten Menschen angesprochen werden. Auch sammelte man zunehmend Geld für die Zwecke der Petitionen, zunächst, um die Aktionen organisatorisch zu bewältigen, dann, um die Abgesandten bei längerem Aufenthalt in London schadlos zu halten, schließlich auch für begleitende publizistische Initiativen und am Ende gar für Journalisten, die infolge ihrer Artikel verhaftet und verurteilt worden waren. Die Agitation griff immer weiter um sich und erreichte bald die ganze irische Nation. Dazu trugen Journalisten bei, die entsprechende Zeitschriften gründeten und politisch meinungsbildend wirkten (beispielsweise Watty Cox, der 1807–15 das einflußreiche *Irish Magazine* herausgab); dazu trugen aber auch die jungen katholischen Juristen bei, die als Richter nach damaligem System große Bezirke zu bereisen hatten, um turnusgemäß Gerichtsverhandlungen abzuhalten, und die deshalb mit einem großen Personenkreis in Kontakt kamen, den sie auch um Unterschriften oder Subskriptionen ansprechen konnten. Der wichtigste unter diesen war Daniel O'Connell.

Er stammte aus katholischem Landadel, 1775 in Kerry geboren und noch in Kontakt mit der alten gälischen Kultur; er wurde 1798 als einer der ersten Katholiken *Barrister* und war von Anfang an ein öffentlicher Gegner der Union mit Großbritannien. Seit 1803 machte er sich für die Emanzipation der Katholiken stark. In jungen Jahren im Schatten anderer Männer, trat er seit etwa 1811 mehr hervor. Er sollte zur hervorragendsten Figur Irlands in der ersten Hälfte des 19. Jahrhunderts werden, indem er zunächst in den zwanziger Jahren mit einer großen Volkskampagne die Katholikenemanzipation erstritt und später, in den vierziger Jahren, mit einer Massenmobilisierung für die Abtrennung von Großbritannien scheiterte.

1811 ging es immer noch um Petitionen, aber die Vorbereitung solcher Eingaben durch Komitees und Unterschriftensammlungen erschien der britischen Regierung zunehmend gefährlich, so daß sie verschiedentlich gegen Versammlungen mit Hilfe des *Convention Act* von 1793 vorging. Unter der Bedrohung durch die Französische Revolution hatte man damals eine gesetzliche Handhabe geschaffen, um alle Versammlungen verbieten zu können, die nicht durch im Gesetz verankerte Körperschaften (wie zum Beispiel das Parlament oder Zünfte) abgehalten wurden. Es galt also, Organisationsformen zu finden, die als privat eingestuft werden konnten, und es galt, den Kampf auf dem juristischen Feld aufzunehmen. Außer der naturrechtlichen Argumentation machte sich dabei eine historische Strömung bemerkbar, welche sich auf den Frieden von Limerick als gewissermaßen noch immer nicht vollständig verwirklichtes Rechtsinstrument zur Regelung der Beziehungen zwischen Großbritannien und Irland rückbezog, diesen gleichsam zur *Magna Carta* irischer Grundrechte zu machen suchte.

In der politischen Arena gab es vielerlei Fälle, die als juristische Testfälle ausgewertet und zu politisch brisanten Entscheidungen stilisiert werden konnten. 1812 wurde der britische Premierminister Perceval Opfer eines Mordanschlags; etwa gleichzeitig wurde in Irland ein katholischer Jugendlicher von Orangisten ermordet. Die Mörder des letzteren wurden zwar verurteilt, aber als geisteskrank eingestuft und deshalb begnadigt; auf der anderen Seite wurde der Mörder des Premierministers ebenfalls als geisteskrank beurteilt, aber hingerichtet. Man kann sich leicht ausmalen, wie geschickte Agitatoren solche Fälle zu benutzen wußten.

Als Georg III. 1811 endgültig für regierungsunfähig erklärt werden mußte und sein Sohn als Regent eingesetzt wurde, erlebten die katholischen Iren erneut eine herbe Enttäuschung: Der Kronprinz war für die Katholikenemanzipation eingetreten; der Regent wollte von solcher Einstellung jedoch nichts mehr wissen.

Die so oft enttäuschten Hoffnungen mußten zwangsläufig zur Radikalisierung führen. O'Connell sagte damals in einer Rede: »Wir schlagen ihre Schlachten, wir zahlen ihre Steuern, und doch werden wir zurückgesetzt und beleidigt.« Sein Schluß: »*The English do not dislike us as Catholics – they simply hate us as Irish.*«

Die Frage der Anerkennung der katholischen Religion als einer möglichen innerhalb des *Empire* und die Frage der Rechtsgleichheit der Untertanen verschiedener Konfessionen schien in dieser Perspektive entscheidend für den aufsteigenden Nationalismus. Indem O'Connell und andere für Katholikenemanzipation kämpften, kämpften sie für die irische Nation, als welche sich nun die im 18. Jahrhundert unterdrückten irischen Katholiken zu verstehen begannen. Und um ihr Anliegen durchzusetzen, griffen die Führer der irischen Katholiken zunehmend auf Agitation und Mobilisierung breiter Bevölkerungsschichten zurück. Mit der

Identifizierung der Belange der katholischen Kirche und der irischen Nation beförderten sie zugleich eine immer stärker fühlbare demokratische Bewegung.

Daniel O'Connell, die *Catholic Association* und das Emanzipationsgesetz von 1829

1823 beschloß Daniel O'Connell, die älteren Organisationsformen der irischen Katholiken wiederzubeleben und zugleich zu erneuern. Er gründete die *Catholic Association* mit der Absicht, die politische Meinung in Irland zu bündeln und auf die britische Regierung Druck auszuüben, um endlich die Emanzipation der Katholiken ins Werk zu setzen. Beides gelang ihm in staunenswerter Weise.

Es ging keineswegs nur um religiöse oder kirchenpolitische Belange, sondern stets auch um soziale und politische. Wenn O'Connell im ländlichen Irland der ersten Hälfte des 19. Jahrhunderts eine demokratische Massenbewegung initiieren konnte, hängt das damit zusammen, daß er die Armut und Not weiter Bevölkerungskreise erfaßt hatte und diese aufzunehmen und umzuformen beabsichtigte: Selbst der Kleinste aus dem Volke sollte wissen, daß man sich um seine Belange kümmerte, daß er zu einer zwar unterdrückten, aber durch ihre Zahl mächtigen Kirche gehörte, daß er Angehöriger der irischen Nation war, wenn sich diese auch vorübergehend nicht in einem eigenen Staat konstituierte, und daß er allen Grund hatte, auf diese Zugehörigkeit stolz zu sein. Die Epoche einer katholischen Massenorganisation mit reformerischer Ausrichtung ist deshalb nicht zufällig eine Epoche, in der es seltener zu ländlichen Unruhen und sozialen Gewaltausbrüchen kam.

Abgesehen von der neuen Massenbasis war für O'Connells Erfolg ausschlaggebend, daß er es vermochte, den katholischen Klerus anzusprechen und sich seiner für die neue

Organisation zu bedienen. So wurde die katholische Kirche in Irland – wenn auch nicht als Kirche, sondern in Person der meisten Gläubigen und Amtsträger – zur entscheidenden gesellschaftlichen Organisation, die gegen den bestehenden (protestantischen, aber auch englischen) Staat operierte. Das Zeitalter des Nationalismus wurde in Irland nicht zum Zeitalter des Atheismus, da sich katholische Kirche und irische Identität aufs engste verbanden. Die von O'Connell 1823 gegründete *Catholic Association* war anfangs ebenso ein Honoratiorenverein wie ihre Vorläuferorganisationen, namentlich die *Catholic Committees* der älteren Zeit. Doch gelang es binnen kurzem, die soziale Trägerschaft entscheidend zu verändern, als man sich entschloß, die Mitgliedsgebühr von einer Guinee pro Jahr nicht zur ausschließenden Bedingung zu machen, sondern es zuzulassen, daß sich auch weniger wohlhabende Mitglieder einschrieben, und zwar für den symbolischen Beitrag von einem Penny pro Monat. Einerseits war dieser Beitrag so minimal, daß Menschen, die am Existenzminimum lebten, ihn sich absparen konnten; andererseits sammelte O'Connell aus den Pfennigen der Armen, die massenhaft zusammenkamen, beträchtliche Beträge, mit denen tatsächlich große Aktionen finanziert werden konnten. Entscheidend war das Engagement von Tausenden von katholischen Gemeindepfarrern. Bei den Mitgliedern wurde durch die monatliche Kollekte das Bewußtsein der Zugehörigkeit zu einer mächtigen politischen Organisation wachgehalten und der Stolz einer Teilhabe an weitreichenden Vorgängen geweckt. Hinzu kam die Massenbeeinflussung durch Kirche und Publizistik: Die engagierten Priester sammelten nicht nur Geld, sondern predigten auch in diesem Sinne. Die *Catholic Association* konnte sich die Gründung einer eigenen Zeitung leisten (*Morning Register*). Die *Catholic Association* gewährte Rechtsschutz gegen Bedrückungen durch Orangisten. Sie wandte Geld auf für Zwecke der Erziehung und Propaganda, aber auch für den Kauf von Parlamentssitzen für Kandidaten, die den eigenen politischen Zielen entsprachen, für ein Hauptquartier in Dublin und einen Agenten in London. Sie entschädigte Pächter, die aufgrund ihres Wahlverhaltens von ihren Grundherren vertrieben worden waren. In den entscheidenden Jahren ging eine Woge des Enthusiasmus und Idealismus über das Land.

Der erste große politische Kampf, den die *Catholic Association* wagte und gewann, war die Parlamentswahl in Waterford 1826. Wie viele Parlamentssitze in England und Irland war auch dieser als quasi erbliches Eigentum einer der mächtigsten Familien des Landes, der Beresfords, betrachtet worden; seit 70 Jahren hatte nie ein anderer Kandidat diesen Sitz innegehabt. Die *Catholic Association* entschloß sich zum Sturm auf diese politische Festung. Ein junger Adliger von Einfluß in der Region wurde zum Gegenkandidaten aufgebaut: der Protestant Villiers Stuart, der sich für die Belange der Katholiken einzusetzen versprach. Villiers Stuart, der ebenfalls großen Landbesitz hatte, begann damit, diesen unter Pächter aufzuteilen, die jeweils mindestens 40 Schillinge jährlich erzielen konnten, damit Wähler wurden und sich selbstverständlich für ihn einsetzten. Außerdem arbeitete der örtliche Klerus massiv zugunsten dieses Kandidaten. Kirchen und Kapellen wurden für politische Versammlungen zur Verfügung gestellt. Die Gegner der neuen Bewegung behaupteten auch, die katholische Kirche habe ihren geistlichen Einfluß schamlos geltend gemacht und einfachen Gemütern vorgespiegelt, es drohe ihnen Exkommunikation, wenn sie nicht richtig wählten. Dazu muß man sich vergegenwärtigen, daß Parlamentswahlen in Irland wie in England (bis 1872) keine geheimen Wahlen waren, sondern die registrierten Wähler ihre Präferenz in ein öffentlich zugängliches Buch einschreiben mußten.

Am Ende dieser Kampagne stand Villiers Stuart als Sieger da; Beresford zog seine Kandidatur zurück, als er bemerkte, daß er die erforderliche Stimmenzahl nicht mehr erreichen konnte. Die Wahl von Waterford aus dem Jahre 1826 wurde in ganz Irland als Signal wahrgenommen. Wo sich seit Jahrzehnten nie ein Gegenkandidat gemeldet hatte und die politischen Verhältnisse völlig stabil und berechenbar schienen, wurden nun überall Gegenkandidaten aufgestellt und heiße Wahlkämpfe entfacht. An vielen Orten siegten die Kandidaten der *Catholic Association*.

Diese Kandidaten waren freilich durchweg Protestanten – und sie mußten es ja auch sein, da Katholiken nach wie vor aus dem Parlament in Westminster ausgeschlossen waren, weil sie Eide schwören mußten, die kein Katholik mit seinem Gewissen vereinbaren konnte. Diese letzte Bastion wurde durch den zweiten berühmten Fall dieser Epoche genommen, durch die Nachwahl von Clare 1828. In diese Situation war die britische Regierung ahnungslos und zufällig hineingeschlittert, indem sie Vesey Fitzgerald, den Abgeordneten für Clare, zum Handelsminister machen wollte; damals bestand aber die Vorschrift, daß sich ein neuer Minister zunächst erneut von seinem Wahlkreis bestätigen lassen mußte. Es zweifelte auch niemand daran, daß dies nur eine Formsache sei: Vesey Fitzgerald war reich, mächtig und politisch wohlgelitten; er war selber ein Freund der Katholikenemanzipation. Freilich verübelte man ihm, daß er nun in eine Regierung eintreten wollte, welche diese absichtlich verhinderte. So kam es dazu, daß die *Catholic Association* beschloß, einen katholischen Gegenkandidaten aufzustellen, und zwar den populärsten, den sie zu bieten hatte: Daniel O'Connell. Dazu muß man sich vergegenwärtigen, daß es allerseits klar war, daß bei den bestehenden Gesetzen kein katholischer Abgeordneter nach Westminster kommen könnte. Da die Katholiken jedoch nicht als solche, sondern nur durch das Instrument trennender Eide ausgeschlossen waren, gab es keine gesetzliche Handhabe, die bloße Kandidatur eines Katholiken zu verhindern. Die *Catholic Association* steuerte die Regierung also in einen Konflikt, dessen Ausgang kaum vorherzusehen war.

Daniel O'Connell verband bewußt katholische Interessen mit nationalen. Seine Behandlung des Themas Freiheit und Emanzipation war an verfassungsrechtlichen Tatbeständen orientiert, aber nicht frei von sozialrevolutionären Untertönen.

O'Connell erhielt doppelt so viele Stimmen wie sein Gegenkandidat. Die Entscheidungssituation war also eingetreten. Die Regierung unter Peel und Wellington verschaffte sich zunächst einmal eine Pause, indem sie das Parlament vertagte und die Nachwahl von Clare durch ein Komitee untersuchen ließ. Aber sie beurteilte die Situation schließlich als so explosiv, daß sie sich zu einem Gesetz über die Emanzipation der Katholiken entschloß. Zunächst sollte die *Catholic Association* jedoch gesetzlich verboten werden; O'Connell kam dem zuvor, indem er sie freiwillig auflöste.

Er wurde zunächst in Westminster nicht als Abgeordneter zugelassen; doch beschloß das Parlament mit dem Emanzipationsgesetz auch, den Katholiken das passive Wahlrecht zu geben. O'Connell wurde daraufhin von seinen Wählern in Clare erneut gewählt und konnte dann als erster Katholik ins britische Unterhaus einziehen.

Unter der Voraussetzung eines bloßen Loyalitätseides konnten Katholiken seit 1829 ins Parlament gewählt werden. Sie durften Posten im Heer einnehmen und in der Verwaltung, wobei freilich einige Spitzenämter nach wie vor ausgenommen blieben: die hohen Gerichtsämter, das Amt eines Regenten, Hochkanzlers, Großsiegelbewahrers, Statthalters bzw. Vizekönigs in Irland. Obwohl sich daraus für die Masse der Katholiken keine wirklichen Einschränkungen ergaben, bleibt doch festzuhalten, daß sie nicht einfach mit einem Federstrich vollkommen gleichberechtigte Staatsbürger wurden, sondern gewisse Einschränkungen von symbolischer Bedeutung erhalten blieben.

Wichtig ist außerdem, daß zugleich mit diesem Gesetz ein anderes über die Abschaffung des Wahlrechts für 40-Schilling-Eigentümer in Kraft gesetzt wurde. Gleichzeitig mit der religiösen Egalisierung wurde also eine stärkere Besitzqualifikation durchgesetzt, mithin die soziale Egalisierung verhindert.

Zur Bewertung der Katholikenemanzipation von 1829 sind fünf Punkte festzuhalten:

1. Sukzessive *Catholic Relief Acts* (1778, 1792/93) hatten nur schrittweise Erleichterungen für die katholische Bevölkerungsmehrheit in Irland gebracht; seit 1829 gab es eine beinahe völlige Gleichheit.

2. Pitt hatte mit der Union von 1800 die Katholikenemanzipation in Aussicht gestellt. Diese wurde nun mit einer Generation Verspätung gewährt, aber nicht freiwillig, sondern erst auf Druck einer Massenbewegung.

3. Diese Methode, die einmal zum Erfolg geführt hatte, konnte auch in bezug auf andere Belange wiederum eingesetzt werden. Im Sinne des Establishments mußte es bedrohlich scheinen, einer solchen außerparlamentarischen demokratischen Massenbewegung nachzugeben.

4. Das Ergebnis von 1829 ging in manchen Punkten über das hinaus, was 1800 möglich gewesen wäre. Es enthielt keine Bestimmungen über die Veto-Frage; die immer wieder geforderte Kontrolle für kirchliche Korrespondenz mit dem Ausland wurde nicht aufgenommen; katholische Priester wurden nicht Lohnempfänger des Staates.

5. Daraus ergab sich die einzigartige Stellung des Klerus in Irland: Katholische Priester waren für die politische Meinungsbildung ausschlaggebend; sie wirkten bei den demokratischen Bestrebungen und bei der irischen Nationswerdung mit; sie bildeten nicht nur eine Kirche außerhalb der Staatskirche, sondern eine Gegenorganisation zum Staat.

O'Connell im Parlament und in außerparlamentarischer Aktion

Mit der Katholikenemanzipation war nur ein Ziel O'Connells und des katholischen Irland erreicht; wichtige andere lagen in weiter Ferne. Auch soziale und ökonomische Belange, auch kleinere praktische Reformen aller Art sah O'Connell immer schon in einer Langzeitperspektive, die sich durch das Schlagwort »*Repeal*« kennzeichnen läßt. »*Repeal*« bedeutet die Aufhebung eines Gesetzes; gemeint war aber immer: des Gesetzes, nämlich der Union Irlands mit Großbritannien.

O'Connell sah sich selbst als Vorkämpfer für irische Belange. Er fühlte sich im Strom der Zeit. Die alte Zeit bezeichnete er als Feudalsystem und Zeitalter der Aristokratie – nun aber habe deren letztes Stündlein geschlagen. Er bediente sich einer Rhetorik, die damals vom Liberalismus in ganz Europa gebraucht wurde: Ein Angehöriger von *Giovine Italia*, ein französischer Frühsozialist oder ein deutscher Journalist des Vormärz wie Heinrich Heine hätte das nicht anders ausgedrückt. Und doch ist zu bemerken, daß die allgemeine Fortschrittsrhetorik hier einen ganz anderen Hintergrund hat: Bekanntlich war O'Connell selbst ein Landbesitzer; mit der untergehenden Aristokratie meint er die angloirische. Und während sich anderwärts Liberalismus und Atheismus paarten, war er nicht nur katholisch, sondern klerikal. Wenn man anderwärts vom »Volk« sprach und dieses der Aristokratie gegenüberstellte, ging es um einen sozialen Gegensatz; wenn sich O'Connell an die Spitze der *classes styled inferior* stellte, war dieser soziale Gegensatz verknüpft mit einem konfessionellen und zugleich nationalen. Er fühlte sich getragen von den niederen Schichten; innerhalb von zwei Jahren würden die größten Mißstände beseitigt von einer Revolution, die er mit den Adjektiven »moralisch und politisch« belegt. Um diese Revolution in Gang zu bringen, setzte er auf *Repeal* – *Repeal* sei gut für alles, vor allem dazu, die Etablierten in Angst zu versetzen und sie so zu Konzessionen zu zwingen.

Nie fehlte die Beteuerung der Loyalität zur englischen Krone: O'Connell begründete seine Vorschläge mit dem Argument, nur so Irland für den englischen König sichern und erhalten zu können. Was er aber wollte, war ein eigenes Parlament für Irland, wie es im späten 18. Jahrhundert bestanden hatte. Dahinter steckte unausgesprochen die Voraussetzung, daß das Parlament des 18. Jahrhunderts, das ja eine Institution der *Protestant Ascendancy* gewesen war, unter den neuen Voraussetzungen nun ein Parlament des katholischen irischen Volkes sein würde. Dieses eigene Parlament stellte O'Connell als Allheilmittel gegen alle Nöte Irlands dar: Zunächst würde es gegen den berüchtigten Absentismus der Landbesitzer helfen, mithin das in Irland erwirtschaftete Geld im Lande halten. Zweitens würde es eine räumliche Nähe von Landbesitzern und Pächtern erzwingen; O'Connell war zuversichtlich, daß sich daraus soziale Verbesserungen wie von selbst ergeben würden. Drittens sei damit zu rechnen, daß durch ein irisches Parlament die irische Staatskirche ihrer Privilegien entkleidet und das Los des einfachen Volkes durch die Abschaffung des verhaßten Zehnten erleichtert würde.

Man wird bezweifeln dürfen, daß durch ein unabhängiges irisches Parlament die sozialen und wirtschaftlichen Probleme gleichsam von selbst verschwunden wären; doch gelang es O'Connell, unter dem Kampfbegriff »*Repeal*« eine mächtige politische Bewegung zu entfachen, welche Interessen der katholischen Kirche einband und die Belange des einfachen Volkes zu berücksichtigen versprach.

Nachdem Daniel O'Connell infolge der Nachwahl von Clare als erster Katholik ins Parlament von Westminster eingezogen war, begann eine Dekade mühsamer Reformen. Er gehörte im Parlament zu den Radikalen; ein eifriger Parlamentsredner, der stets weitreichende Veränderungen anstrebte und mit ganz geringen zufrieden sein mußte. Die

Verfassungsreform von 1832, die für England eingreifende Bestimmungen hatte, änderte für Irland wenig: Die Zahl der Sitze im Unterhaus wurde von 100 auf 105 angehoben. Aber was bedeutete das gegenüber dem Rückschritt in der Demokratisierung, der sich durch die 1829 angehobene Besitzqualifikation für Wähler ergeben hatte? Bei der 40-Schilling-Grenze hatten in den irischen Grafschafen etwa 216 000 Männer das Wahlrecht; bei der seit 1829 festgelegten 10-Pfund-Grenze blieben davon nur 37 000. Die Reform von 1832 erweiterte die Wählerschaft wiederum etwas, so daß in den irischen *Counties* etwa 60 000 Männer wahlberechtigt wurden. Von O'Connells Ziel des allgemeinen Wahlrechts für erwachsene Männer war das weit entfernt.

Grundsätzlich läßt sich sagen, daß im Parlament von Westminster eine Affinität zwischen den *Whigs* und den irischen Katholiken bestand, weil sich diese in den 1820er Jahren für die Katholikenemanzipation eingesetzt hatten. Im Laufe der 1830er Jahre formierten sich die Abgeordneten aus Irland, soweit sie mit O'Connells Zielen übereinstimmten, allmählich zu einer eigenen Partei, die meist etwa 30 bis 40 Sitze hatte und kurz »*O'Connell's Party*« genannt wurde. Dieser Ausdruck war schon deshalb passend, weil sie im Kern aus seinen Freunden und Verwandten bestand: 1832 hatten neben Daniel O'Connell selbst nicht weniger als drei seiner Söhne, zwei Schwiegersöhne, ein Schwager und ein Cousin Parlamentssitze errungen!

1835 war die Mehrheit der *Whigs* so dünn geworden, daß sie sich auf eine weitreichende Vereinbarung mit *O'Connell's Party* einlassen mußten, die als *Lichfield House Compact* in die Geschichte einging. O'Connell unterstützte die *Whig*-Regierung um den Preis von Reformen für Irland. Im Jahr darauf erreichte er so zunächst eine Reform der Polizei; diese hatte bis dahin überwiegend aus *Orangemen* bestanden und entsprechend parteiisch durchgegriffen. Dieser Konfessionsaspekt wurde nun ausgeglichen; die Polizei wurde den lokalen Machthabern entzogen, professionell ausgebildet und Dublin direkt unterstellt.

Ein anderes heißes Eisen griff die Regierung 1838 mit dem *Tithe Act* an: Schon seit dem 18. Jahrhundert hatte es in Notzeiten immer wieder ländliche Unruhen gegeben, weil die Bauern den Kirchenzehnten nicht an die Staatskirche abführen wollten, zumal wenn sie katholisch waren. Seit der Reform wurde dieser Zehnt vom Grundherrn bezahlt, der zwar anteilsmäßig seine Pächter dafür heranzog, aber die Ärmsten verschonte.

Im selben Jahr kam auch ein *Irish Poor Law Act* heraus, mit dem die Armenfürsorge ähnlich wie in England geregelt werden sollte. Irland wurde in 130 Bezirke eingeteilt (*Poor Law Unions*). In jedem dieser Bezirke sollte ein Arbeitshaus eingerichtet werden, kombiniert mit Fürsorge für die nicht arbeitsfähigen Armen. In jedem Bezirk wurde ein eigenes Gremium für die Armenfürsorge gewählt, in dem zunächst die zuständigen Friedensrichter saßen, aber doppelt so viele Personen hinzugewählt wurden aus dem Kreis derer, welche das Projekt zu finanzieren hatten, nämlich die Steuerzahler und Wahlberechtigten. Von der Armenfürsorge ganz abgesehen, entstand hier ein Element der Selbstverwaltung und Demokratie, das in Irland damals noch ungewohnt war. – O'Connell übrigens war gegen dieses Gesetz, weil er dem *Laisser faire*-Prinzip anhing. Seiner Ansicht nach war Staatstätigkeit in diesem Bereich schädlich, weil sie das Almosengeben aus Nächstenliebe entwerte und den Anreiz zu Fleiß und Vorsorge nehme.

Schließlich wurde 1840 ein *Irish Municipal Corporations Act* in Kraft gesetzt, der ebenfalls die Macht der *Orangemen* in den Städten brechen sollte. Auf der Ebene der lokalen Verwaltung wurden nun immer mehr Katholiken Amtsträger; O'Connell selbst wurde im Jahr darauf zum ersten katholischen Bürgermeister von Dublin seit mehr als anderthalb Jahrhunderten gewählt. Diese Reform der lokalen Verwaltung zeitigte auf Dauer beträchtliche Folgen, weil nun Katholiken Erfahrung in Politik und Verwaltung sammeln konnten, die später im Parlament und auf nationaler Ebene anwendbar war. Insofern wurde hier auch eine Grundlage für die spätere Nationalbewegung geschaffen.

Die Politik wichtiger, aber bescheidener Reformen war weder für die Radikaleren unter den irischen Nationalisten noch für O'Connell selbst auf Dauer befriedigend. Insbesondere drohte *O'Connell's Party* ihre Funktion als Zünglein an der Waage britischer Politik zu verlieren, als absehbar war, daß die *Tories* die nächsten Wahlen gewinnen würden. Die irischen Interessen, so mußte es scheinen, würden unter diesen Umständen gar nicht mehr zur Geltung kommen. Schon Ende der 1830er Jahre entschloß sich O'Connell deshalb, das Schwergewicht seiner politischen Arbeit auf außerparlamentarische Aktionen zu verlegen und an die Methoden der Massenorganisation, die er in der Kampagne für die Katholikenemanzipation so erfolgreich eingesetzt hatte, anzuknüpfen. Er gründete also eine Organisation, die nach dem Muster der *Catholic Association* aufgebaut war. Sie hieß zunächst *National Association of Ireland* und dann *Loyal National Repeal Association* (Juli 1840). »*Loyal*« sollte wiederum zum Ausdruck bringen, daß ein Irland mit eigenem Parlament, aber unter der englischen Krone angestrebt wurde. Auch an die *Catholic Rent* der *Catholic Association* knüpfte man an. Schon seit 1829 war in allen katholischen Kirchen Irlands an zwei Sonntagen im Jahr eine freiwillige Kollekte durchgeführt worden, die man »*O'Connell Tribute*« nannte: Diese Beiträge der katholischen Iren, auch des einfachsten Volkes, hatten es O'Connell ermöglicht, seinen Rechtsanwaltsberuf aufzugeben und sich ganz der Politik zu widmen. Nun wurde eine Organisationsstruktur aufgebaut, um einen Mitgliedsbeitrag für die *Repeal Association* einzutreiben, ein Schilling pro Jahr (*Repeal Rent*).

Die *Repeal Association* hatte folgende Prinzipien: Freiheit des Gewissens, Offenheit für alle Konfessionen, Gleichheit aller vor dem Gesetz, politische Meinungsbildung durch

Öffentlichkeitsarbeit, Ablehnung von Gewalt und von Geheimbundstrukturen, Loyalität zur Krone und Einrichtung eines irischen Parlamentes. Ein Kreis jüngerer Intellektueller, die sich zwar O'Connell verpflichtet fühlten, aber in mancher Hinsicht über seine Vorstellungen hinausdrängten, gründete 1842 die Zeitschrift *The Nation*, welche zum entscheidenden publizistischen Forum der *Repeal*-Bewegung und des irischen Nationalismus wurde. Diese Männer hießen Thomas Davis, Charles Gavan Duffy und John Blake Dillon.

Zum entscheidenden Medium nationaler Willensbildung sollten die Massenversammlungen werden, welche die *Repeal Association* organisierte (*Monster Meetings*). Sie fanden gewöhnlich an Sonntagen statt und wurden meist an Plätze von historischer Bedeutung für die irische Geschichte einberufen, beispielsweise auf den *Hill of Tara*, den legendären Sitz der mittelalterlichen irischen Hochkönige. Im Laufe des Jahres 1843, für das O'Connell den Sieg der *Repeal*-Bewegung vorausgesagt hatte, fanden 25 solcher *Monster Meetings* mit jeweils mehr als 100 000 Teilnehmern in allen Teilen Irlands statt – mit Ausnahme von Ulster. Feierlich geschmückt und mit Musik zogen große Volksmassen zu den jeweiligen Versammlungspunkten. Dort fanden Gottesdienste statt; es wurden politische Reden gehalten; man rief Erinnerungen an die ruhmvolle irische Geschichte wach. Die Zahlenangaben sind weitgehend hypothetisch, da es kein Mittel gab, solche Menschenmassen zu zählen. Man nimmt allgemein an, daß es jeweils über 100 000 waren; möglicherweise sogar je eine halbe Million in Cork, Nenagh, Ennis, Skibbereen, Waterford und Tara. Zeitgenössisch sprach man oft von Millionen – das war wohl übertrieben. Doch auch so erreichten die Versammlungen, die stets friedlich abliefen, Größenordnungen, die wohl nie vorher in der irischen Geschichte erreicht worden waren (und die auch im 20. Jahrhundert nur zweimal übertroffen werden sollten – beim Eucharistischen Kongreß von 1932 und beim Papst-

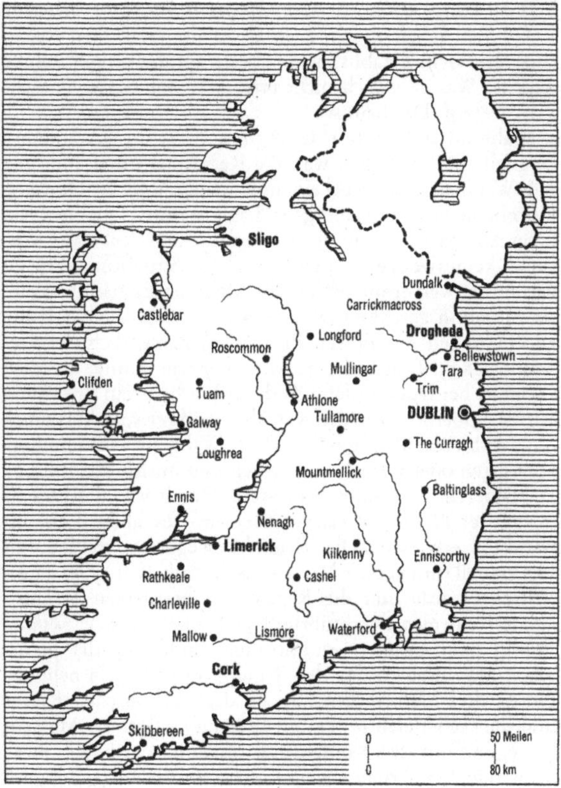

O'Connells Monster Meetings

(Massenversammlungen des Jahres 1843
mit jeweils mehr als 100 000 Teilnehmern, geschätzt)

besuch von 1979). Mit den *Monster Meetings* erreichte O'Connell insofern sein Ziel, als er der britischen Regierung und dem Establishment überhaupt gewaltigen Druck machte. Was er jedoch nicht erreichte, war das eigentliche Ziel, *Repeal*. Das kam so:

Während es 1829 mit der Agitation für die Katholikenemanzipation gelungen war, die Regierung unter Führung von Wellington und Peel einzuschüchtern und die Drohung mit einem Volksaufstand ganz Irlands zum Hebel der Reform zu machen, war die Regierung, der Peel 1843 vorstand, keineswegs gesonnen, in analoger Situation analog zu verfahren, weil er die öffentliche Meinung Englands in dieser Situation geschlossen hinter sich wußte. Vielmehr fing er O'Connell mit dessen Prinzipien, namentlich der Gewaltlosigkeit. Peel ließ eine Massenversammlung, die nach Clontarf bei Dublin (den Ort der Schlacht Brian Borús von 1014!) einberufen worden war, als aufrührerische Versammlung verbieten. O'Connell hatte die Wahl, die Versammlung abzusagen oder Gewalt zuzulassen und mithin ein Blutbad zu riskieren. Er wählte das erstere. Damit war das Druckmittel der *Monster Meetings* aber ein- für allemal als unwirksam erwiesen. Die *Repeal*-Bewegung verebbte, als O'Connell für ein paar Monate als Aufrührer ins Gefängnis gesteckt wurde und die Regierung unterdessen besänftigende Reformen durchführte. Das Prinzip lautete: »*killing Repeal with kindness*« – mit Zugeständnissen der politischen Massenbewegung den Wind aus den Segeln nehmen. Durch drei Maßnahmen zog sie den katholischen Klerus und die Gebildeten in ihr Interesse und nahm der Massenbewegung mit den Köpfen und Organisatoren auch ihren Schwung: 1844 erließ sie ein Gesetz, durch das es möglich wurde, der katholischen Kirche legal Mittel zukommen zu lassen und ihr so ein finanzielles Rückgrat zu verschaffen. 1845 verdreifachte die Regierung ihren Anteil an der Finanzierung von Maynooth College, wo die katholischen Priester ausgebildet wurden. Ebenfalls in diesem Jahr gründete die Regierung drei neue Universitäten (*Queen's Colleges*) in Cork, Galway und Belfast. Sie sollten die ersten weltlichen Universitäten Irlands werden. Erfolgreich entwickelte sich *Queen's College* in Belfast, für das sich die Presbyterianer Ulsters einsetzten. Die anderen beiden dagegen florierten zunächst nicht, weil sich die katholischen Bischöfe gegen weltliche Bildungseinrichtungen wandten, die in ihren Augen Schulen des Atheismus werden mußten.

Young Ireland

Gerade in der Frage der neuen Universitäten zeigte sich die Spaltung zwischen dem klerikalen Nationalismus älterer Prägung und den Aktivisten der jungen Generation besonders deutlich. O'Connell und die katholischen Bischöfe waren gegen *Queen's Colleges*; die Männer aus dem Kreis der *Nation* waren dafür. Diese Intellektuellen und Journalisten, deren Bewegung »*Young Ireland*« genannt wurde, unterschieden sich in zwei wesentlichen Punkten von O'Connell: Sie wollten überkonfessionell sein; nicht wenige ihrer Führer waren Protestanten; sie knüpften bewußt an die *United Irishmen* der 1790er Jahre an. Vor allem aber befürworteten sie im Gegensatz zu O'Connell die Anwendung von Gewalt für die Durchsetzung ihrer Ziele. Nach ihrer Ansicht war spätestens seit der Absage der Massenversammlung von Clontarf 1843 klar, daß O'Connell mit seinem Weg der Gewaltfreiheit gescheitert war. Die Rechtfertigung von Gewalt wurde zu einem zentralen Element auch der Fenier und späterer irischer Befreiungsbewegungen.

Man feierte in diesen Kreisen besonders die Helden von 1798, aber auch Robert Emmet und andere. Aus der Erinnerung an solche sinnlosen Aufstandsversuche konnten leicht Nachahmungstaten entstehen, wo genügend Idealismus vorhanden war, der Nationalismus aufgepeitscht wurde und Gewalt als legitime Gegengewalt definiert wurde. So kam es denn auch im Jahre 1848 zwar nicht zu einer Revolution, wie in anderen europäischen Staaten, aber zu einem aussichtslosen Scharmützel, das von einem früheren Parlamentsabgeordneten namens William Smith O'Brien inszeniert wurde. Teilweise wurde dieser Aufstandsversuch als »*Battle of Ballingary*« bezeichnet, aber in den Geschichtsbüchern steht meist die Spottbezeichnung, welche die Aufständischen von ihren Gegnern verpaßt bekamen: »*The Battle of Widow McCormack's Cabbage Patch*« (die Schlacht von Witwe McCormacks Kohlgarten). Die Anführer wurden zur Deportation nach Australien verurteilt.

Die wirtschaftliche Entwicklung bis 1845

Betrachtet man die wirtschaftliche Entwicklung in Irland in der ersten Hälfte des 19. Jahrhunderts, kann man sich von zwei Fixpunkten kaum freimachen: Da ist zunächst die Frage nach den Auswirkungen der Union mit Großbritannien. Sodann besteht natürlich die Gefahr, eine Periode, an deren Ende eine verheerende Hungersnot steht, auf dieses Ergebnis hin zu konstruieren.

Die ersten Jahre der Union waren für die irische Wirtschaft erfolgreich. Das rührt im wesentlichen daher, daß die Insel sich seit dem 17. Jahrhundert zu einem potenten Exporteur landwirtschaftlicher Produkte entwickelt hatte; dieser Sektor boomte in Kriegszeiten, als allenthalben Heere und Expeditionen ausgerüstet werden mußten und in manchen Gegenden Europas wie auch in Übersee die gewohnten Ernten infolge kriegsbedingter Ausfälle oder Zerstörungen nicht eingebracht werden konnten. Als jedoch 1815 endgültig Frieden geschlossen wurde, brach diese Konjunktur zusammen. Einzelne Mißernten verstärkten diesen Einbruch. Der Export von Butter und Fleisch, von Getreide, Kartoffeln und Lebendvieh ging drastisch zurück.

Nun wurde ein Problem fühlbar, das eben in den fetten Jahrzehnten entstanden war: Im Siebenjährigen Krieg, im amerikanischen Unabhängigkeitskrieg, in den Revolutionskriegen war das Land, eben weil gute Erlöse winkten, immer intensiver kultiviert worden; von Weidewirtschaft war man verstärkt zu Ackerbau übergegangen. Da man auch von einem kleinen Stückchen Land in Zeiten guter Preise schon sein Leben fristen konnte, heiratete man immer früher und zeugte immer mehr Kinder. In diesen Jahrzehnten wurde also auch der Boden für ein starkes Bevölkerungswachstum bereitet. Dabei war zunächst nicht klar, wie krisenanfällig dieses System war.

Denn in Zeiten guter Agrarpreise waren Pächter leicht bereit, höhere Pachten zu zahlen. Wenn sie aber in lange Pachtzeiten eingewilligt hatten, blieben ihnen die hohen Zinsen auch in Perioden, die bereits einen Preisrückgang kannten, so daß sie unerschwinglich wurden und die Pächter in Not gerieten, weil sie die Pacht nicht mehr bezahlen konnten, die in guten Jahren möglich gewesen war. Oder umgekehrt: Sie hatten nur kurze Verträge bekommen, weil die Grundbesitzer hofften, bei weiter steigender Konjunktur die Pacht immer weiter erhöhen zu können; wenn ein Vertrag abgelaufen war, konnte möglicherweise ein höher bietender Pächter eintreten, so daß ein weniger unternehmungslustiger oder risikofreudiger sein Land verlor. Zusätzlich waren die Verhältnisse in Irland auf dem Lande angespannt, weil es *Middlemen* gab, die zwischen Grundbesitzer und Pächter traten und große Landstriche übernahmen, um sie in kleinen Portionen an Unterpächter auszugeben. Solche *Middlemen* waren Unternehmer und Geschäftsleute; sie zogen auch Pächter von außen herein, um die Konkurrenz zu verschärfen. Daraus entstanden dann leicht ländliche Unruhen und bäuerliche Geheimbünde, die sich an

Höherbietenden rächten, da sie deren Eindringen nicht dulden wollten, oder die die Austreibung wirtschaftlich erfolgloser Pächter verhinderten.

Dieses System führte außerdem dazu, daß man allgemein nur den nächstliegenden Vorteil suchte, sich aber nicht langfristig um Bodenverbesserungen bemühte; die Pächter nicht, weil sie ja nach Ablauf ihrer Pachtzeit damit rechneten, das Land verlassen zu müssen; die *Middlemen* ohnehin nicht, und die Grundbesitzer nicht, weil ihre Investitionen nur den Pächtern die Tasche gefüllt hätten. Die Tendenz zum schnellen Profit bedeutete Raubbau, der sich auf lange Sicht rächen mußte. Außerdem ergab sich daraus, daß sich immer ausschließlicher Kartoffeln durchsetzten. Des weiteren resultierte aus der zunehmend kleinteiligeren Verpachtung, daß man stets mehr auf menschliche Arbeitskraft setzte als auf technische Fortschritte. So wurden große Teile Irlands im 19. Jahrhundert noch mit dem Spaten umgegraben, weil es Massen von armen Leuten gab, die sich von einem kleinen Stückchen Pachtland ernährten. Das Landschaftsbild sah damals ganz anders aus als heute: Die grünen Weiden waren auf ein Minimum geschrumpft; überall, wo man Ackerbau treiben konnte, wurde Ackerbau getrieben.

Ohne das schreckliche Ende in Betracht zu ziehen, könnte man die irische Landwirtschaft der Epoche durchaus auch in einem positiven Licht sehen: Das Pachtsystem wirkte darauf hin, aus einem gegebenen Landstrich möglichst großen Ertrag herauszuholen. Man suchte also immer das hochwertigste Produkt, genauer gesagt: dasjenige, mit dem sich die höchsten Preise erzielen ließen. Dabei fragt sich, wie weit hier überhaupt Marktgesichtspunkte im Spiel waren. Denn bei kleinteiliger Verpachtung an arme Leute ergab sich eine Art Subsistenzwirtschaft mit geringem Anteil von Markt. Allerdings wurde die Pacht allgemein in Geld verlangt, so daß also irgendeine Art von Überschuß erwirtschaftet werden mußte. In manchen Gebieten Irlands, vor allem im Norden, geschah dies durch hausindustriellen

Nebenerwerb, durch Spinnen und Weben. Im übrigen wirkten Tendenzen dieser Zeit durchaus auf eine stärkere Marktverflechtung hin. Beispielsweise wurde der Transport von Agrarprodukten immer einfacher, nachdem man seit dem 18. Jahrhundert schon über ein gutes Kanalsystem verfügte und seit dem frühen 19. Jahrhundert Dampfschiffe eingesetzt werden konnten, um Getreideexporte, Fleisch und Butter nach Amerika zu bringen, bevor sie verderben konnten. Seit den 1830er Jahren wurde Irland zudem durch Eisenbahnen erschlossen, die dem Binnenhandel wie auch dem Export zugute kamen. Vor allem aber profitierte das Land vom gemeinsamen Wirtschaftsraum mit Großbritannien, weil es für seine Agrarüberschüsse einen fast unersättlichen Markt in der Nähe hatte. Großbritannien erlebte im 19. Jahrhundert eine säkulare Industrialisierung und Bevölkerungsvermehrung, die zu einem nicht unerheblichen Teil auf dem Import von Lebensmitteln aus Irland basierte. Das gigantische Wachstum der Industriegebiete im Westen Englands beruhte auf der beständigen Nahrungsmittelzufuhr aus Irland. Während die Kartoffel aufgrund ihrer begrenzten Lagerfähigkeit hauptsächlich im Land selbst verbraucht wurde, gingen die Getreideüberschüsse in den Export. Zudem manifestierte sich ein ökologischer Zusammenhang: Grenzböden, die früher für Getreide nicht in Frage gekommen waren, wurden zum Kartoffelanbau unter den Spaten genommen. Die so angereicherten Böden trugen in späteren Jahren dann auch Getreide. Auf diese Weise entwickelte sich Irland zur Kornkammer für England. Es blieb selbst im wesentlichen agrarisch, ermöglichte aber die Industrialisierung der Schwesterinsel. Das auffallende demographische Wachstum Irlands im 19. Jahrhundert ist nicht Resultat von Industrialisierung, sondern von agrarischer Intensivierung und Expansion. Deshalb ist die Bevölkerungsvermehrung auch nicht, wie fast überall sonst, mit zunehmender Urbanisierung verbunden, sondern mit ländlicher Parzellierung. Dublin blieb die einzige Großstadt; und gerade deren Bedeutung ging im 19. Jahrhundert relativ zurück. Sonst gab es nur zwei beträchtliche Städte, jeweils in der Größenordnung von 80 000 Einwohnern: Cork und Belfast. Die einzige Stadt Irlands, die man zum Typ Industriestadt rechnen kann, die also in gewisser Hinsicht mit den Städten Glasgow, Manchester oder Birmingham verglichen werden kann, ist Belfast. Die ersten einigermaßen verläßlichen ökonomischen Statistiken aus dem 19. Jahrhundert weisen bereits die Provinz Ulster als eindeutig dominierend gegenüber dem Rest des Landes aus, wenn man nämlich die Prozentzahl der Personen nimmt, die ihr Einkommen aus Handel und Gewerbe bezogen.

Die starke Heimindustrie wurde nicht zur Basis einer Industrialisierung. Dafür gibt es zwar keine schlüssige Erklärung, doch lassen sich einige Faktoren sinnvoll isolieren.

1. Zunächst muß man an den Zusammenhang mit der Agrarproduktion denken: Der schiere Erfolg der irischen Landwirtschaft führte dazu, daß sich in Krisenzeiten der Heimindustrie mehr Arbeitskräfte verstärkt wiederum mit Landwirtschaft beschäftigten. Der gemeinsame Wirtschaftsraum mit Großbritannien förderte diese Tendenz: Irland blieb komplementär.

2. Auch die Energiefrage trug dazu bei. Die frühe Industrialisierung Großbritanniens ist undenkbar ohne die Kohle; dieser Rohstoff war in Irland aber nur in geringem Maße vorhanden. Er wurde oft durch Torf ersetzt, der jedoch wegen der schlechteren Brenneigenschaften und der geringeren Energieausbeute nie gleichwertig an die Stelle von Kohle treten konnte. Auch das reichhaltige Angebot an Wasser wurde für die Energiegewinnung nicht in erwartetem Maße genutzt.

3. Wie weit das Angebot an Arbeitskräften ausschlaggebend war, ist ungeklärt: Man könnte denken, daß billige Arbeit zu Manufakturgründungen hätte führen können (irische Arbeiter erhielten halb so viel Lohn wie eng-

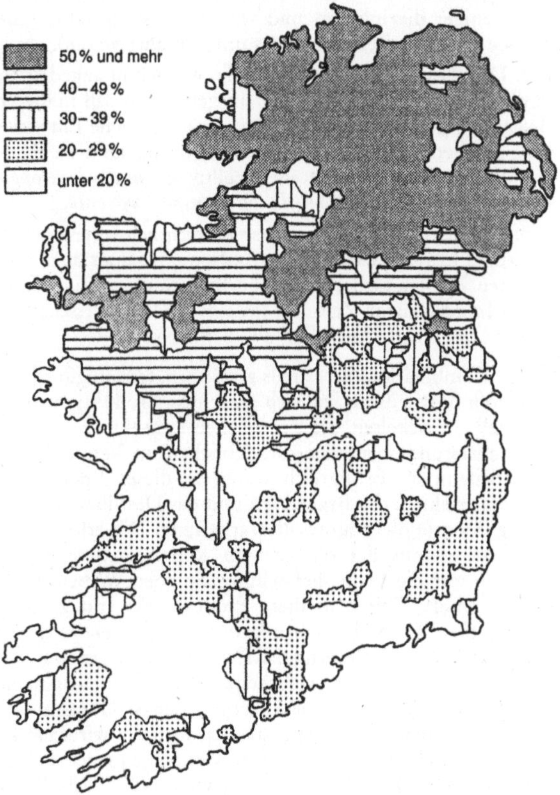

Anteil der Beschäftigten
im Handel und in Manufakturen
(1821)

lische!), andererseits waren irische Arbeiter weniger gebildet, weniger diszipliniert und weniger leistungsfähig (zumal sie oft einen Teil des Jahres unterernährt waren).

4. Das Transportwesen wurde, wie schon angedeutet, in diesem Zeitraum beträchtlich ausgebaut, so daß in dieser Beziehung gute Bedingungen für eine industrielle Entwicklung gegeben waren. Joseph Lee hat in bezug auf diese Epoche die paradoxe Formel aufgestellt: *»an underdeveloped economy with a highly developed transport system«*.

5. Das Kapitalproblem war beträchtlich, aber immerhin stand britisches Kapital sowohl vom Staat als auch von privaten Aktiengesellschaften für Investitionen zur Verfügung. In der ganzen Zeit von 1801 bis 1845 erwirtschaftete Irland stets einen Überschuß aus dem Export.

Die Kombination dieser teils günstigen, teils ungünstigen Faktoren führte dazu, daß sich agrarnahe Produktionen industriell entwickelten, die eigentlichen Leitsektoren der Industrialisierung aber weit zurückblieben im Vergleich mit Großbritannien. Erfolgreich waren in dieser Epoche die Getreidemühlen, das Brauwesen und das Destillieren. Zeitweilig boomte die Baumwollverarbeitung. Die erfolgreichste Branche, aus der die größten Exportgewinne erzielt wurden, war die Leinenherstellung: Spinnen, Weben, Bleichen, Färben. Weil man diese Prozesse nur mit großem Aufwand an Wasser betreiben konnte, unterlagen sie einem Trend zur Dezentralisierung. Relativ konzentriert war die Leinenherstellung und -verarbeitung in Ulster insgesamt und dort vor allem im Dreieck Lurgan-Belfast-Dungannon.

In nationalistischer Perspektive hat man die wirtschaftliche Abhängigkeit Irlands von Großbritannien stets als Desaster gesehen. Das herausragende wissenschaftliche Werk dieser Richtung erschien 1921 unter dem Titel: *The Economic History of Ireland from the Union to the Famine* von George O'Brien. Heutige Wirtschaftshistoriker sind in dieser Frage nicht mehr so sicher. Auch in irischer Sicht erscheinen die Einflüsse und Zusammenhänge nun eher ambivalent. Während Irland in den wesentlichen Sektoren der Industrialisierung den Anschluß an Großbritannien verpaßte, ist der beständig ertragreiche Export an Agrarprodukten nach Großbritannien wesentlich eine Folge der dortigen Industrialisierung. Zumindest in dieser Hinsicht profitierte Irland also von der Entwicklung der Nachbarinsel.

Die Katastrophe
(1845–1848)

1845–1848	Kartoffelfäule, Mißernten, Hungersnot, Auswanderung, demographische Zäsur.
1846	Trennung der Bewegung *Young Ireland* von O'Connell (Gewaltfrage).
1848	Mißglückter Aufstandsversuch (*Battle of Ballingary*).

Die große Hungersnot

1845 trat in Irland erstmals eine bis dahin unbekannte Pflanzenkrankheit auf: *Phytophthora infestans.* Kartoffelpflanzen wurden von einer Art Pilz befallen, der sie von einem Tag auf den anderen dahinraffte. Man nimmt heute an, daß die Krankheit aus Südamerika eingeschleppt wurde, da man in den 1840er Jahren erstmals in größerem Umfange Guano zur Düngung als Rückfracht auf Schiffen geladen hatte. 1842 trat die Kartoffelfäule zunächst in Nordamerika auf; 1845 in Holland und Belgien, kurz darauf auch in England und Irland. In Holland wurden zwei Drittel der Ernte vernichtet, in Belgien sieben Achtel. Im Jahr darauf kam es in diesen beiden Ländern zu einer außergewöhnlichen Dürreperiode, so daß die Kartoffelfäule nicht weiter um sich greifen konnte und schließlich verschwand. Nicht so in Irland: Hier war das Desaster schon deshalb größer, weil ein unverhältnismäßig großer Teil der Bevölkerung von der Kartoffel als einzigem Nahrungsmittel abhängig war. Weder von agrarwissenschaftlicher Seite noch von medizinischer wußte man ein Mittel gegen das Unglück. Die Kartoffelernte wurde jedes Jahr aufs neue vernichtet: 1846, 1847, 1848. Während die Menschen den ersten Hungerherbst noch hatten überstehen können, indem sie statt Kartoffeln andere Nahrungsmittel kauften oder von klugen Maßnahmen der englischen Regierung profitierten – Sir Robert Peel, der Premierminister, hatte insgeheim große Mengen Mais und Maismehl in den Vereinigten Staaten kaufen lassen, um sie in Irland zusätzlich auf den Markt zu bringen –, wurde das zweite Hungerjahr bereits zur Katastrophe: Die große Masse der am Existenzminimum Lebenden hatte ihre Ersparnisse aufgebraucht, ihre Habe verkauft, ihr Vieh geschlachtet, um Nahrungsmittel zukaufen zu können und zu überleben; nun hatten viele nichts mehr zuzusetzen. In England hatte im selben Jahr die Regierung gewechselt: Nun waren die *Whigs* an der Macht, die dem *Laisser faire*-Prinzip anhingen und grundsätzlich gegen Nahrungsmittelspenden waren. Das neueingeführte Armenfürsorgesystem in Irland war völlig überfordert. Für eine Katastrophe solchen Ausmaßes hatte niemand vorgesorgt und wußte niemand ein Rezept. Die englische Regierung favorisierte ein Programm öffentlicher Arbeiten: Wer sich zur Arbeit meldete, erhielt eine Beschäftigung und Lohn, für den er sich Nahrungsmittel kaufen konnte. Denn die irische Hungersnot der Jahre nach 1845 bestand nicht in einem völligen Fehlen von Nahrungsmitteln, sondern wesentlich in einem Verteilungs- und Umschichtungsproblem. Wenn Kartoffeln fehlten, konnte man in gewissem Maße auf andere Nahrungsmittel ausweichen. Sogar während der Hungerjahre exportierte Irland Getreide nach England. Dieses stieg natürlich im Preis und konnte leicht unerschwinglich werden für die Armen. Weizen war ohnehin zu teuer, aber Roggen und Hafer ersetzten zu einem Teil die Kartoffeldiät. Rindfleisch war ebenfalls für den größten Teil der Bevölkerung unerschwinglich und wurde deshalb weiterhin exportiert. Schweinefleisch wurde in den Hungerjahren zur Rarität: Weil Schweine gewöhnlich mit Kartoffeln gefüttert wurden, gab es auch für sie keine Nahrung mehr; sie wurden gleich anfangs geschlachtet und fehlten in den kommenden Jahren. Fisch war keine wirkliche Alternative, da man ihn für eine Luxusspeise hielt, die man sich leistete, wenn man Geld hatte. Die Kartoffelfäule ruinierte deshalb binnen kurzem die Fischer an der Westküste, weil ihnen niemand mehr ihren Fang abkaufen konnte. Mais wurde vor der Hungersnot in Irland kaum importiert; infolge der Not stellte sich nun ein Teil der Bevölkerung auf Gerichte mit Maismehl um. Reis war ebenfalls so gut wie unbekannt; nun importierten die Quäker große Mengen Reis, vor allem für den Westen Irlands. Denn außer der englischen Regierung, amerikanischen Spendern (hauptsächlich aus New York) und dem irischen Armenfürsorgesystem waren es vor allem die Quäker (*Society of Friends*), welche sich um die Rettung der vom Hunger Bedrohten bemühten. Während die *Whig*-Regierung von den Nahrungsmittellieferanten und Händlern unter Druck gesetzt wurde, nicht einzugreifen, um den freien Markt nicht zu gefährden, fanden die Quäker, die das Marktproblem ebenfalls erkannt hatten, den Ausweg, ein Nahrungsmittel anzubieten, das sonst nicht auf dem Markt vorhanden war, so daß sich kein Getreidehändler mit guten Gründen gegen diese Art von Nahrungsmittelimport wehren konnte. Desaströs wirkte die Kartoffelfäule vor allem in den Gebieten, die bis dahin praktisch gar keinen Markt für Lebensmittel gekannt hatten. In weiten Teilen Irlands, vor allem im Westen, betrieb man eine reine Subsistenzwirtschaft und kaufte nichts hinzu. Deshalb gab es zwar Handelsverbindungen zur Vermarktung von Getreideüberschüssen, weil diese regelmäßig exportiert wurden, wie auch für Rinder, Schafe und Schweine, nicht aber umgekehrt ein Distributionssystem, welches die Bevölkerung in Subsistenzwirtschaftsbereichen mit Lebensmitteln hätte versorgen können. So kam es, daß Verhungernde vor allem im Westen oft ungeheure Märsche zurücklegen mußten, um überhaupt Punkte zu erreichen, an denen Nahrungsmittel angeboten wurden. Die Hungersnot legte erstmals unerkannte strukturelle Mängel der gesamten Wirtschaft bloß.

Am gravierendsten war der Ausfall 1845 in den Grafschaften Waterford und Clare, aber auch in Teilen Ulsters. Freilich war in Ulster die Struktur der Landwirtschaft gesünder; man war nicht in so hohem Maße wie im Westen und Süden von der Kartoffel abhängig. Eine Folge der Hungerjahre war deshalb die Veränderung in der Relation zwischen Ulster und den südlichen Provinzen: Ulster hatte früher schon insgesamt besser dagestanden, wurde nun aber durch die Hungersnot noch deutlicher von den armen Gebieten im Süden abgehoben und entwickelte sich im Zuge der Industrialisierung noch weiter.

Im dritten Jahr der Hungersnot nahm das Elend solche Dimensionen an, daß die *Whig*-Regierung in Westminster keinen anderen Rat mehr wußte, als ihre wirtschaftsliberalen Prinzipien über Bord zu werfen und öffentliche Suppenküchen einzurichten. Die Beschäftigungsprogramme wurden im Januar 1847 abrupt eingestellt und kostenlose Massenspeisungen organisiert. In den schlimmsten Zeiten lebten über zwei Millionen Iren aus öffentlichen Suppenküchen!

Wie viele Menschen wirklich an Hunger starben, ist unbekannt. Die meisten kamen durch die Folgen der Hungersnot um, vor allem durch Fieberkrankheiten. In den späteren Jahren der Hungersnot starb ein größerer Teil an

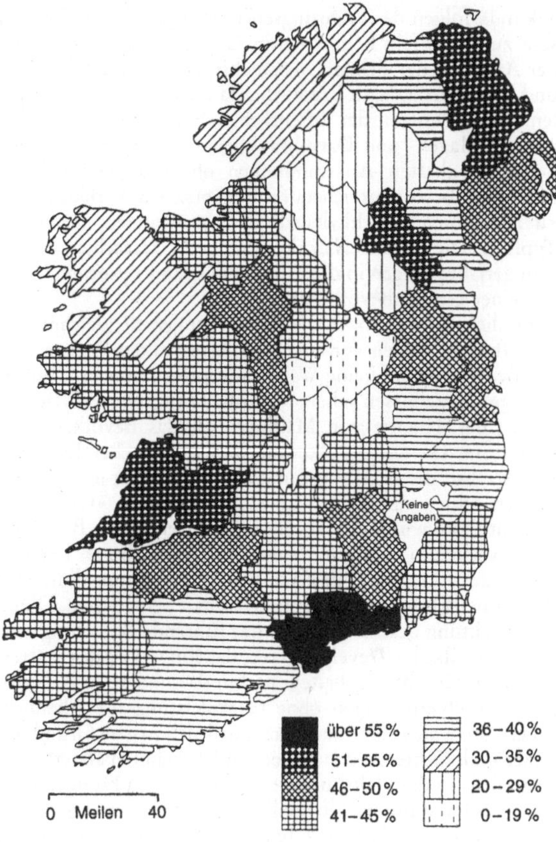

Zerstörung der Kartoffelernte 1845

Sekundärfolgen des Nahrungsersatzes: Da Mais im Gegensatz zu Kartoffeln kein Vitamin C enthält, wurde ein Teil der Ärmsten, der sich auf Maismehlspeisen umgestellt hatte und keine zusätzliche Ernährung fand, von Skorbut befallen. Die Benutzer der öffentlichen Suppenküchen zogen sich oft Magen- und Darmkrankheiten zu, die sich infolge der massenhaften Ansammlungen ohnehin geschwächter Menschen bei unzureichenden hygienischen Verhältnissen zu Epidemien verschiedenster Art ausweiteten, inklusive Typhus. Die Opfer aller kombinierten Ursachen dieser Hungerjahre gingen in die Millionen; Irland verlor ein Viertel seiner Gesamtbevölkerung.

Freilich wurden nicht alle Bevölkerungsteile gleichmäßig getroffen. Es waren vor allem die Ärmsten der Armen, die der Bedrohung auf keine Weise entkommen konnten. Nicht wenige Zeitgenossen sahen die große Hungersnot als Bestätigung der Theorie von Malthus über das Bevölkerungswachstum: Da die Bevölkerung in geometrischer Progression wachse, die Nahrungsmittelmenge aber nur in arithmetischer, schien die Katastrophe unvermeidbar. »Gesunde« Verhältnisse würden erst eintreten, wenn das Bevölkerungswachstum bewältigt wäre. Im Lichte dieser Theorie schien der Hungertod der Ärmsten zu einer konsolidierenden Entwicklung der Gesamtgesellschaft beizutragen. Diese Denkrichtung bestimmte nicht nur führende Regierungsbeamte wie Charles Trevelyan dazu, das Eingreifen des Staates für unerwünscht zu halten und insbesondere alle Nahrungsmittelverteilungen ohne Gegenleistung für schädlich zu erklären; sie führte auch dazu, daß sich irische Grundbesitzer und Pächter in den folgenden Jahrzehnten anders verhielten als in dem Jahrhundert vor der großen Hungersnot. Statt das Land immer kleinteiliger zu verpachten, legte man nun möglichst viele kleine Teile zu lebensfähigen Pachtgütern zusammen. Da durch das nun erstmals hart geprüfte Armenfürsorgegesetz den Grundbesitzern eine schwere Last für alle Notleidenden in ihrem Bereich auferlegt wurde, achteten sie künftig darauf, daß nur noch vielversprechende Pächter eintraten; sie verboten die weitere Unterteilung und den Bau von Hütten; sie vertrieben Pächter, die in Rückstand geraten waren und auf Dauer nur eine Bürde für die Armenkasse darstellen würden. Aber auch die Bauern und Pächter zeigten ein merklich geändertes Verhalten: Sie verzichteten auf immer weitere Teilungen; sie heirateten später als gewohnt und zeugten weniger Kinder. Infolge dieses grundsätzlichen Wandels ging die Bevölkerung Irlands seit 1845 kontinuierlich zurück – am drastischsten in den Jahren der großen Hungersnot, aber auch in den späteren Jahrzehnten. (Dieser Trend kehrte sich erst in der Gegenwart um; erst seit 1960 steigt die irische Bevölkerung wieder an.)

Die große Emigration

Massenemigration aus Irland gab es schon vor der großen Hungersnot von 1845. Allein in den Jahren 1815 bis 1845 verließen 1,5 Millionen Iren ihre Heimat. Etwa 900 000 von ihnen wandten sich nach Nordamerika, der Rest zum größten Teil nach Großbritannien. Trotz dieser hohen Zahlen muß man sagen, daß die Entscheidung für ein Leben in Übersee einer bäuerlichen, tendenziell konservativen Bevölkerung grundsätzlich schwerfiel. Die Überfahrt war gefährlich, die Chancen in der neuen Heimat waren ungewiß. Wenn trotzdem so viele gingen, heißt das, daß sie, wenn nicht blanker Not, so doch drückenden Lebensverhältnissen zu entkommen suchten.

Was in den Jahrzehnten vorher vorsichtig erwogen und nur zaudernd angepackt wurde, änderte sich in den Jahren der Hungersnot radikal: Nun flohen viele panikartig von zu Hause in die nächsten Häfen. Sie akzeptierten alle Bedingungen, auch die unzumutbarsten. Gewinnsüchtige Schiffseigner überluden ihre Schiffe, pferchten die Passagiere eng zusammen und schufen so zusätzliche hygienische Probleme, welche die Ausbreitung von Krankheiten erleichterten. Aus Gewinnsucht kamen nicht selten Schiffe zum Einsatz, die gar nicht mehr überseetauglich waren. Während man früher den Nordatlantik im Winter möglichst gemieden hatte, ging man nun trotz der winterlichen Stürme zur See. Berüchtigt war vor allem die Verbindung nach Kanada (britische Kolonie!): Sie war billiger als die nach den Vereinigten Staaten und wurde weniger überwacht. Auf dieser Strecke betrugen die Verluste im Jahre 1847 17 %!

Die Gesamtzahl der Auswanderer aus Irland beziffert man im schwierigsten Jahrzehnt, zwischen 1845 und 1855, auf 2,1 Millionen. Davon gingen 1,5 Millionen in die Vereinigten Staaten, 300 000 nach Kanada und etwa 200 000 bis 300 000 nach Großbritannien. Innerhalb Großbritanniens waren es vor allem die Industriereviere im Westen Englands (Lancashire) und im Südwesten Schottlands, die von der Einwanderung der Iren profitierten.

Fragt man nach der regionalen Herkunft der Auswanderer, ergibt sich folgendes Bild: Am wenigsten betroffen waren die Provinzen Leinster und Ulster, am stärksten Connaught und Munster. Bei genauerer Betrachtung erkennt man bestimmte Problemregionen, die sowohl in den Jahrzehnten vor der Hungersnot wie auch in den Hungerjahren selbst jeweils die größten Emigrantenkontingente stellten. Allem Anschein nach sind es diejenigen Gebiete, in denen sich hoher Bevölkerungsdruck und landwirtschaftliche Probleme kombinierten mit dem Niedergang der Heimindustrie, vor allem Spinnen und Leineweberei. Hier trafen also Probleme einer traditionalen Gesellschaft mit Folgen der Industrialisierung zusammen: Spinnmaschinen und mechanische Webstühle drückten den Preis für Textilien so weit herunter, daß der jahrhundertealte häusliche Nebenerwerb nicht mehr zum Überleben reichte und große Teile der bäuerlichen Bevölkerung ihr Heil nur noch in der Emigration sehen konnten.

Die soziale Herkunft der Emigranten ist dementsprechend recht eindeutig: Landarbeiter und Knechte machten 80–90 % aus; wirkliche Bauern und gelernte Handwerker stellten nur kleinere Anteile. Der durchschnittliche Emigrant dieser Jahrzehnte war männlich, jung, katholisch, gälischsprechend und Analphabet.

Die Auswanderung des 19. Jahrhunderts hatte also einen ganz anderen Charakter als die des 17. und 18. Jahrhunderts, wo häufig Konfessionsgesichtspunkte ausschlaggebend gewesen waren, so daß sich ein ganz anderes Sozialprofil der Emigranten ergeben hatte.

Die Möglichkeit zur Auswanderung wurde bis etwa 1848 in der Publizistik überwiegend positiv beurteilt. In den letzten Hungerjahren kam es jedoch durch die Kombination mit den politischen Ereignissen zu einem Stimmungsumschwung in der öffentlichen Meinung: Das Emigrierenmüssen sah man nun öfter als Versagen der Politik und legte es der britischen Regierung zur Last.

Der Kampf um das Land, um *Home Rule* und um eine irische Identität
(1848–1912)

1850 *Irish Tenant Right League*.
1858 Gründung der *Irish Republican Brotherhood* (IRB).
1867 Mißglückter Fenier-Aufstand.
1869 *Disestablishment* der anglikanischen Staatskirche in Irland.
1870 Gladstones erster *Land Act*.
Gründung der *Home Government Association* durch Isaac Butt (1873: *Home Rule League*).

1872	Einführung geheimer Wahlen in Großbritannien und Irland.
1879	Gründung der *Irish National Land League*.
1884	Wahlrechtsreform: Abschaffung der Besitzqualifikation.
1886	Scheitern der ersten *Home Rule Bill* Gladstones. *Plan of Campaign* (Boycott).
1890	Charles Stewart Parnell verliert die Parteiführung.
1893	Gründung der *Gaelic League*. Scheitern der (2.) *Home Rule Bill* im Oberhaus.
1896	Gründung der *Irish Socialist Republican Party* durch James Connolly.
1901–1910	Eduard VII. König von Großbritannien und Irland.
1903	*Wyndham Land Purchase Act*.
1905	Gründung der Partei *Sinn Féin* durch Arthur Griffith.
1906	Erdrutschsieg der Liberalen in Großbritannien.
1910–1936	Georg V. besteigt den Thron.
1910/11	Verfassungskrise in Großbritannien.
1911	Ankündigung gewaltsamen Widerstands gegen *Home Rule* durch die Unionisten (Edward Carson).

Ein Neuansatz: *Irish Tenant Right League*

Hungersnot und Emigration hatten zu strukturellen Veränderungen auf dem Lande geführt: Während 1845 nicht mehr als 36 % der Bauernhöfe in der Größenordnung über 15 *acres* lagen, waren es 1851 bereits 51 %. Und Kleinlandwirtschaften unter 5 *acres* gingen im selben Zeitraum von 24 % auf 15 % zurück. Lebensfähige größere Bauerngüter wurden angestrebt.

Komplementär dazu muß man freilich die Austreibungen sehen: Immer öfter entschlossen sich Landbesitzer dazu, ihren Kleinpächtern kein Land mehr zu geben. Dafür lassen sich verschiedene Gründe nennen: Entweder sahen sie wegen des Drucks auf das Land bessere Möglichkeiten, Pachtland zusammenzulegen und selbst zu nutzen, oder sie scheuten die hohen Armenfürsorgekosten, die im Falle neuer Not bei Beibehaltung unrentabler Kleinpächterwirtschaften auf sie zuzukommen drohten, oder sie benötigten mehr Land, weil sie in Anbetracht der steigenden Viehpreise und fallenden Kornpreise vom Ackerbau zur Weidewirtschaft übergehen wollten. So waren die Krisenjahre der Jahrhundertmitte von steigenden Zahlen entlassener Pächter gekennzeichnet: 1847 waren es 6026, 1848 9657, 1849 16 686, 1850 19 949. Die Lage auf dem Lande blieb nach wie vor angespannt; die konfliktreichen Beziehungen zwischen Landbesitzern und Pächtern wurden zusätzlich verbittert, wo diese verschiedenen Konfessionen angehörten. Mit der Landfrage war das große Thema der zweiten Hälfte des 19. Jahrhunderts angeschlagen. Es bedurfte nur noch einer Politisierung der betroffenen Pächter. Diese erfolgte im nationalistischen Sinne, nämlich durch die Verknüpfung mit der *Home-Rule*-Frage.

In den späten 1840er Jahren hatten sich an manchen Orten bereits Pächter organisiert, um erträgliche Pachtzinsen und rechtlich sichere Pachtverträge zu erreichen. Eine der ersten Organisationen dieser Art wurde 1847 von James Finton Lalor in der Grafschaft Tipperary ins Leben gerufen. 1850 gab es bereits etwa 20 solcher Vereine. 1850 gründeten Charles Duffy, Frederick Lucas und andere eine gesamtirische Dachorganisation (*Irish Tenant Right League*). Sie wurde auch unter dem Namen »*League of North and South*« bekannt, weil es eines ihrer Ziele war, die in Ulster geltenden Rechtsbräuche, welche für die Pächter verhältnismäßig günstig waren, ebenfalls im Süden anzuwenden. Die *Tenant League* war die erste außerparlamentarische Organisation, die Einfluß auf die Politik in Westminster nahm, indem sie bereits gewählte Abgeordnete auf ihre Grundsätze verpflichtete. So vermochte sie tatsächlich eine den irischen Belangen nicht aufgeschlossene Regierung in Westminster zu stürzen! 1852 war es der Liga gelungen, eine beträchtliche Zahl von liberalen Abgeordneten darauf einzuschwören, nicht mit einer britischen Regierung zu kooperieren, welche sich nicht um die Belange der irischen Pächter kümmerte. Doch als nach dem Sturz der alten eine neue Regierung gebildet wurde, ließen sich zwei der irischen Abgeordneten als Minister einbinden, was zur Spaltung der *Irish Tenant Right League* führte. So blieb der Bewegung ein Erfolg in der Sache versagt.

Die Vereinigung der Pächter war also nach einem kurzen Triumph gescheitert und brach auseinander. Trotzdem war in dieser Organisationsform ein Muster zu erkennen, auf das in den folgenden Jahrzehnten immer wieder zurückgegriffen werden sollte, wenn es galt, politische Willensbildung in Aktion umzusetzen. Doch führte das Scheitern des parlamentarischen Versuchs von 1852 auch zu einem Drängen auf andere – außerparlamentarische, gewalttätige – Formen politischer Meinungsäußerung.

Die Fenier und 1867

Unter dem Namen »Fenier« (*Fenians*) faßt man verschiedene nationalistische Gruppierungen zusammen, für die vier Punkte charakteristisch sind:

1. Sie waren allesamt irische Nationalisten, die Irland als selbständige Republik von Großbritannien abtrennen wollten.
2. Sie organisierten sich in Form von Geheimbünden mit verpflichtenden Eiden.
3. Sie waren bereit, für ihre Ziele Gewalt einzusetzen.
4. Sie operierten nicht nur in Irland selbst, sondern auch in Nordamerika und in Großbritannien.

In mancher Hinsicht bildeten die Fenier eine Fortsetzung der mißglückten Erhebungen von 1848: Damals waren die Rädelsführer nach Australien transportiert worden, aber einige hatten sich nach Paris und New York in Sicherheit bringen können. Von dort aus organisierten sie militärische und materielle Unterstützung für eine zu gründende irische Befreiungsarmee. In der Mitte des 19. Jahrhunderts machten die Iren in New York ein Viertel der Gesamtbevölkerung aus. Manche von ihnen waren aus politischen Gründen geflohen, viele wegen der Hungersnot, und alle hatten Haß gegen England mitgebracht. Von Amerika aus begannen John O'Mahony, James Stephens und andere den Aufbau von Organisationen. An *St Patrick's Day* 1858 fand die erste Versammlung dieser Art in Dublin statt. Die Gesellschaft nannte sich zunächst *Irish Revolutionary Brotherhood* und später *Irish Republican Brotherhood* (IRB). Die Organisation war zwar konspirativ, trat aber bei bestimmten Gelegenheiten an die Öffentlichkeit und erhielt dann massenhafte Unterstützung. Eine solche war die Beerdigung eines der Ihren, den sie als Helden und Märtyrer betrachteten, Terence Bellew MacManus. Es wurde die längste Beerdigung der irischen Geschichte. Der Sarg wurde zunächst von San Francisco aus nach New York geleitet, dann nach Dublin überführt und von dort in seinen Heimatort (Glasnevin). Als die Leiche in Dublin ankam, betrug die Trauergemeinde 60 000 Menschen.

1863–65 gaben die Fenier, obwohl sie ein Geheimbund waren, eine eigene Zeitung heraus: *The Irish People*. Sie propagierte die Ziele der Bewegung und hämmerte den Lesern immer wieder ein, daß für eine irische unabhängige Republik Gewalt als Mittel legitim sei und alle wirtschaftlichen und sozialen Probleme des Landes gelöst werden könnten, wenn Irland nur unabhängig wäre.

Über die soziale Basis besteht kein eindeutiges Bild. Manche Autoren behaupten, daß die Fenier eine wahre Volksbewegung gewesen seien, andere betonen dagegen, daß sie sich wesentlich auf mittelständische Elemente stützten. Auffallend ist, daß sie zumindest im Westen *Ribbonmen* in ihre Reihen aufnahmen, also Männer aus Unterschichten, die sich traditionell in Form von Geheimbünden organisierten und gelegentliche ländliche Unruhen anzettelten; auffallend ist auch, daß sie unter Soldaten und Polizisten Anhang fanden. Die Gesamtzahl geschworener Fenier schätzte man 1864 in Irland auf über 54 000, in den Vereinigten Staaten auf 45 000; für Großbritannien liegen keine Schätzungen vor.

Die Fenier wollten sich nicht – so wenig wie die *United Irishmen* von 1798 oder *Young Ireland* 1848 – an eine bestimmte Konfession binden. Unter ihren führenden Köpfen waren nicht wenige Protestanten. Trotzdem muß natürlich die große Mehrheit der Mitglieder katholisch gewesen sein. Im Gegensatz zur Nationalbewegung O'Connells hielt sie sich von der katholischen Kirche fern und wurde umgekehrt von dieser gebrandmarkt. Entscheidend waren in der Sicht der Bischöfe und des Papstes der Aufruf zur Gewalt wie auch die Eidesleistung auf möglicherweise unchristliche Personen. Die offizielle Kirche hatte in dieser Frage eine unzweideutige Position, die vermutlich viele gläubige Katholiken in Gewissensprobleme stürzte, denn die Priester wurden angehalten, ihnen die Absolution zu verweigern, wenn sie eine Nähe zu den Prinzipien der Fenier bekannten. Trotzdem hielten sich viele einzelne Priester nicht an diese offizielle Linie. Zumindest in einem Fall, dem des Paters Lavelle, stellte der Klerus einen wichtigen Volksredner und Agitator für die Sache der Fenier, der vom zuständigen Bischof gedeckt wurde. Durch diese Diskrepanz zwischen Theorie und Praxis wurde die Haltung der Kirche für manche katholischen Iren dann wohl doch wieder zweideutig. Ganz davon abgesehen, daß sich der Papst in seinem *Syllabus errorum* (1864) nur in allgemeiner Weise von Materialismus, Kommunismus usw. distanzierte, die Fenier namentlich aber erst 1870 verurteilte, also zu einem Zeitpunkt, als sie sich bereits diskreditiert hatten und nur noch wenige ihre Hoffnungen auf diese Bewegung setzten.

Der Wendepunkt kam 1867. Seit Jahren hatten die Fenier in Amerika und auch sonst Geld gesammelt für den Aufbau einer Befreiungsarmee. Aber immer wieder war der große Schlag verschoben worden. Das hing teilweise mit der Unentschlossenheit der verantwortlichen Führer zusammen, teilweise mit der glänzenden Überwachung durch den britischen Geheimdienst. Immer wieder wurden die entscheidenden Köpfe genau in dem Moment verhaftet, in dem der Ausbruch der großen Revolution angesagt war. Als sie nach mehreren mißglückten Versuchen schließlich 1867 wirklich losschlugen, hatte der Aufstand nicht mehr den Elan einer universalen Freiheitsbewegung, sondern mehr den Charakter einer hoffnungslosen Verzweiflungstat: Da man eingesehen hatte, auf diesem Weg nie zum Ziel kommen zu können, obwohl man sich ideologisch darauf festgelegt hatte, wollte man lieber mit fliegenden Fahnen untergehen, als die »gute Sache« schmählich verlassen. Die Aufstände vom 5. März 1867 in Tipperary, Cork, Limerick, Clare, Wicklow und Tallaght (*County* Dublin) stellten militärisch nirgendwo eine Gefahr für die Regierung dar. Sie hatten eher den Charakter einer pathetischen Geste. Insofern reihten sich diese Aufstandsversuche in die Tradition hoffnungsloser Erhebungen ein – wie 1798, 1803 und 1848.

Was 1867 von den früheren Daten unterschied, war vor allem, daß die irische Sache nun außerhalb Irlands große Beachtung gefunden hatte. Der Einfluß Amerikas war evident. Es gab sogar einen Versuch von Feniern, die im amerikanischen Bürgerkrieg militärische Erfahrung gesammelt hatten, vom Gebiet der Vereinigten Staaten aus Kanada anzugreifen (damals noch eine britische Kolonie!). Auch in England selbst hielten die Fenier die Erinnerung an das ungelöste Problem des irischen Nationalismus wach. Es gab einen Anschlag auf die Burg von Chester, um Waffen zu erbeuten, und einen Bombenanschlag auf das Londoner Gefängnis in Clerkenwell, um Gesinnungsfreunde zu befreien. Am meisten Staub wirbelte eine Aktion in Manchester auf, bei der Fenier einen Polizeitransport überfielen und zwei ihrer Schwurbrüder befreien konnten, dabei aber einen Polizisten töteten. Später wurden drei Verdächtige exekutiert, ohne daß ihre Beteiligung hinreichend bewiesen schien (23. November 1867). Sie gingen als »*Manchester Martyrs*« in die Erinnerung der Iren ein. Zu ihren Ehren wurde das Lied *God Save Ireland* gedichtet, das später eine Art irischer Nationalhymne werden sollte.

Gladstone und Irland (1869/70)

Durch die Aktionen der Fenier war das irische Problem in der britischen Öffentlichkeit mehr und mehr ins Zentrum getreten. Als William Ewart Gladstone 1868 erstmals Premierminister wurde, erklärte er programmatisch: »Meine Mission ist es, in Irland den Frieden herzustellen.« Dafür hatte er zwei Maßnahmen ins Auge gefaßt: die Auflösung der Staatskirche und die Verbesserung der Rechte der Pächter.

Staat und Kirche waren traditionell aufs engste verknüpft. Die privilegierte Position der anglikanischen Staatskirche im Irland des 18. Jahrhunderts war nur aufgrund ihrer Funktion für die politische Sicherung des besiegten Landes verständlich gewesen. Im *Act of Union* von 1800 wurde die Union der anglikanischen Kirchen von England und Irland als wesentlicher Bestandteil der staatsrechtlichen Union bezeichnet. Es war durchaus ein kühner Schritt, wenn der englische Premier die privilegierte Position der Staatskirche in Irland aufzugeben bereit war.

Wie man bei der Frage der Repräsentation schon 1800 einen deutlichen Einfluß quantitativen Denkens wahrnehmen konnte, das auch bei der englischen Verfassungsreform von 1832 eine Rolle spielte, so zeigten sich nun viktorianische Politiker beeindruckt von den Ergebnissen der Volkszählung in Irland. 1834 berechnete man den Anteil der Katholiken in Irland auf 80,9 %, den der Presbyterianer auf 8,1 % und den der *Church of Ireland* auf 10,7 %. In den darauffolgenden Jahrzehnten hatte sich nicht nur im politischen, sondern auch im religiösen Leben vieles geändert. Vor allem hatte die Staatskirche eine Evangelisierungsbewegung begonnen: Während sich im 18. Jahrhundert niemand dafür engagierte, die Katholiken zu missionieren, verband man im 19. Jahrhundert mit der Alphabetisierung, mit der Schulpflicht und Anglisierung oft den Versuch, die Anglikanische Kirche auszubreiten. In Einzelfällen kam es während der großen Hungersnot sogar zu einer unappetitlichen Verknüpfung von Lebensmittelhilfe und Mission (*Souperism*: staatliche Suppe erhielt nur, wer zur Staatskirche übertrat). Die Relation von Katholiken und Protestanten veränderte sich weiterhin dadurch, daß von Hunger, Krankheiten und Emigration stärker die Armen, die Gälischstämmigen und Katholiken betroffen waren. Die Staatskirche erweckte den Eindruck, in Irland überall auf dem Vormarsch zu sein.

Dann kam die Volkszählung von 1861 – die erste Volkszählung in Irland, die einem avancierten Maßstab von Exaktheit Genüge leistete. Und mit ihr wurde das unzweideutige Ergebnis öffentlich: Die Staatskirche hatte zwar prozentual Gewinne erzielt, aber nur in sehr bescheidenem Ausmaß. Man zählte 77,7 % Katholiken, 9 % Presbyterianer und 12 % Anglikaner. Nun konnte niemand mehr die Meinung hegen, die anglikanische Staatskirche würde eines Tages wirklich die Kirche des irischen Volkes werden.

Gladstone war bereit, daraus die Konsequenz zu ziehen. Politisch konnte er davon nur profitieren, weil er sich damit die Stimmen der Liberalen in England sicherte. Die Einnahmen der Staatskirche in Irland wurden in einem staatlichen Fonds zusammengefaßt; aus diesem wurde die eine Hälfte dazu verwendet, die anglikanischen Pfarrer zu besolden, ihre Witwen zu versorgen, milde Stiftungen auszustatten, Ackerbau und Fischzucht anzuregen und Mittel für die Hochschulen bereitzustellen; die andere Hälfte wurde für die Besoldung der presbyterianischen Geistlichen verwendet (an Stelle des alten *regium donum*) und für Belange der Katholiken, namentlich für die Priesterausbildung in Maynooth. Dieses *Disestablishment* war der wesentliche Schritt zur Trennung von Staat und Kirche in Irland. Das war eine Grundforderung der Liberalen; es entsprach darüber hinaus den Bestrebungen des neueren irischen Nationalismus (*Young Ireland*, *Fenians*). Und es war der Schlußstrich unter die *Protestant Nation*-Vorstellung des 18. Jahrhunderts.

Kühn gedacht war auch der *Land Act* von 1870, wenngleich seine Auswirkungen zunächst eher bescheiden waren. Aber er betraf, nicht weniger grundsätzlich, eine zweite Säule des Staates, die protestantischen Landbesitzer. Während man diese im 18. Jahrhundert für die Garanten von Recht und Ordnung, von Staat und Kirche gehalten hatte, würdigte man nun die Bedeutung der großen Zahl der (meist katholischen) Pächter für die soziale Stabilität und für das Gemeinwesen im ganzen. Ihre Rechte sollten verbessert und gesichert werden; den Landbesitzern wurde ein Teilverlust ihrer Privilegien zugemutet. Dabei setzte man voraus, daß ihr Interesse an sozialer Stabilität so elementar sein würde, daß sie auf Einzelnes verzichten würden, um die Hauptsache zu behalten.

Das Gesetz enthielt im wesentlichen drei Bestimmungen: Wo der *Ulster Custom*, eine Regelung des Verhältnisses von Landbesitzern und Pächtern, welche den letzteren eine gewisse Sicherheit gewährte, gewohnheitsrechtlich bestand, wurde er nun Gesetz. Wo er nicht bestand, wurden ersatzweise vergleichbare Regelungen getroffen. Vor allem wurde festgelegt, daß Verbesserungen, welche die Pächter durchgeführt hatten, von den Landbesitzern zu kompensieren seien. Wichtig war außerdem die Bestimmung, daß Pächtern eine Entschädigung zustehen sollte, wenn sie aus anderen Gründen als Pachtrückstand ausgetrieben worden waren.

Die Maßnahmen waren gut gemeint, aber nicht ausreichend materiell abgesichert. Entscheidend war der psychologische Effekt: daß der britische Staat sich der Interessen der Pächter annahm, eine Art von Fürsorgepflicht für diese anerkannte und die Gewalt der Landbesitzer einschränkte.

Der Kampf um das Land und um *Home Rule*

Die Jahrzehnte nach 1870 sind geprägt von zwei Grundproblemen: vom Konflikt zwischen Pächtern und Landbesitzern und vom Drängen der nationalistischen Bewegung auf *Home Rule*, Selbstverwaltung für Irland. Beide Probleme spielten ineinander und beide wurden nach Westminster getragen, wo sie die britische Öffentlichkeit und staatliche Abhilfe finden sollten.

Wenngleich die Fenier 1867 fast am Ende schienen, beschäftigte sich doch die Öffentlichkeit in Irland und England noch jahrelang mit ihnen. Die maßgeblichen Führer saßen im Gefängnis, doch entwickelte sich eine mächtige Bewegung zu ihrer Unterstützung. Ein Antrag auf Amnestie wurde von einer Viertelmillion Unterschriften getragen! Gladstone amnestierte einen Teil von ihnen; sie erhielten die Auflage, sich während der ihnen zuerkannten Haftverschonung nicht in Irland aufzuhalten. Die meisten gingen nach Amerika, um von dort aus erneut die Bewegung zu organisieren.

Unter den Rechtsanwälten, die durch die Verteidigung von Feniern bekannt wurden, ist vor allem Isaac Butt zu nennen. Er gründete 1870 die *Home Government Association*, eine Koalition ganz verschiedener Kräfte: von Feniern und Männern aus der *Tenant Right*-Bewegung bis zu konservativen Protestanten, die sich von Gladstone und den Liberalen in England verkauft fühlten und aus diesem Grund wieder ein eigenes irisches Parlament haben wollten. Dieser Zusammenschluß war freilich kurzlebig, da letztere die Bewegung 1873 verließen, so daß nun die katholischen und nationalistischen Kräfte allein das Sagen hatten.

1872 war das Wahlrecht in Großbritannien und Irland geändert worden: Nun gab es geheime Wahlen. Das Ergebnis war, daß die Landbesitzer ihre Abhängigen nicht mehr kontrollieren konnten; seit den allgemeinen Wahlen von 1874 saßen weniger von ihnen als früher im Parlament, und erstmals wurden Pächter als Abgeordnete ins Unterhaus gewählt. Isaac Butt versuchte, in Westminster eine parlamentarische Partei aufzubauen, die sich auf *Home Rule* verpflichtete. Seine Tätigkeit im Parlament war überzeugungsgeleitet und seine Reden waren eindrucksvoll, aber seine Anträge fanden gewöhnlich keine Mehrheit. Man mußte sich fragen, ob für Irland auf diesem Wege etwas zu erreichen sein würde.

In dieser Situation entwickelten radikale irische Abgeordnete, namentlich Joseph Biggar und der junge Charles Stewart Parnell, die Obstruktionsmethode: Sie benutzten die parlamentarischen Formen, um auf sich aufmerksam zu machen und die üblichen Prozesse zu blockieren. Sie ergriffen jede Gelegenheit zu Wortmeldungen und Anträgen; sie hielten endlose Reden und verhinderten die Abstimmungen selbst in solchen Fragen, für die sie sich überhaupt nicht interessierten. In England machten sie sich damit unbeliebt, aber sie zogen doch die öffentliche Aufmerksamkeit auf die ungelösten irischen Probleme. Und in Irland fanden sie mit dieser parlamentarischen Obstruktionspolitik Zulauf und Anhang.

1877 erreichte Parnell die Amnestierung der letzten Fenier. Bei dieser Gelegenheit wurde auch Michael Davitt nach Amerika entlassen, wo er sich mit John Devoy zusammenschloß, um der Fenierbewegung neue Strukturen und neuen Aufschwung zu geben. Als sie zwei Jahre später nach Europa kamen, fanden sie Irland in einer ernsten ökonomischen Krise.

Zwei unabhängig voneinander wirkende Faktoren hatten Irland aufs härteste getroffen: Erneute Mißernten und Hungersnot auf dem Lande vereint mit Auswirkungen der zunehmenden Industrialisierung und Mechanisierung vor allem in Großbritannien, welche die weniger entwickelten Gewerbe in Irland an den Rand des Ruins brachten. In Mayo kam es zu Massendemonstrationen. Politiker unterschiedlicher Richtungen versuchten, sich an die Spitze der Bewegung zu stellen.

Im Oktober 1879 wurde die *Irish National Land League* gegründet, in der Fenier maßgeblichen Einfluß hatten, deren Präsident jedoch Parnell wurde. Die Organisation verband kurzfristige Zielsetzungen wie Ermunterung bedrohter Pächter zum Widerstand gegen Pachterhöhungen und Austreibungen, Hilfe für Ausgetriebene, Boykottmaßnahmen gegen Landbesitzer und politische Meinungsbildung mit einer langfristigen Strategie der Landablösung, durch welche es den Pächtern ermöglicht werden sollte, mittels zinsgünstiger staatlicher Darlehen das von ihnen bewirtschaftete Land selbst zu kaufen.

Die Taktik Parnells bestand darin, sich einerseits Gefolgschaft in den bedrohten bäuerlichen Schichten im Westen Irlands zu verschaffen, um eine politische Machtbasis aufbauen zu können; andererseits aber gegenüber Parlament und Regierung als verantwortungsbewußter Führer aufzutreten, indem er die elementare Wut ausgetriebener Pächter zu besänftigen suchte und Gewaltausbrüche verurteilte. Parnell entwickelte als Konzept, was kurz darauf in die Wirklichkeit umgesetzt wurde. Bei dieser Gelegenheit wurde der Name »Boycott« zum Begriff. Der Landbesitzer Charles Cunningham Boycott wurde im Oktober 1880 vollkommen isoliert: Seine Pächter und sein Gesinde verließen ihn; die Kaufleute verkauften ihm nichts mehr, der

Briefträger brachte ihm seine Post nicht mehr. Boycott wandte sich in einem Brief an die Londoner *Times*, wodurch sein Fall weltberühmt wurde. In Irland organisierten Orangisten eine Hilfsexpedition, um ihn und andere Betroffene vor dem Ruin zu retten. Landarbeiter aus einer anderen Grafschaft wurden nach Mayo geleitet, um die Ernte Boycotts einzubringen. Dafür brauchte es freilich eine Polizeitruppe von 1000 Mann, um diese Arbeiter zu schützen! Der Aufwand stand in keinem Verhältnis zum Ertrag – aber es ging um ein Prinzip.

Parnell hatte seinen Anhängern empfohlen, sich in örtlichen *Land Leagues* zusammenzuschließen, um die Gesamtorganisation zu stärken und die politische Umsetzung ihrer Anliegen zu erzwingen. Außerdem machte er sich zum Fürsprecher eines Ablösungssystems: Die englische Regierung solle das Geld, das sie für Polizei und Militär aufwende, um den Landbesitzern das Einbringen der Ernte und die Eintreibung der Steuern zu ermöglichen, direkt an die Landbesitzer zahlen, um sie für das Land zu entschädigen, das diese den Pächtern als Eigentum überlassen sollten.

So utopisch das geklungen haben mag: In dieser Richtung suchte man später tatsächlich die Lösung, als es galt, den Kampf um das Land friedlich zu beenden.

1881 brachte Gladstone seinen zweiten *Land Act* ein, in welchem den Pächtern das gewährt wurde, was sie seit Jahrzehnten gefordert hatten: die *3 F.* Darunter verstand man: *Fair Rents*, *Fixity of Tenure* und *Free Sale*. Welcher Pachtzins als gerecht anzusehen war, konnte freilich nicht allgemeingültig bestimmt werden. In der Frage der Pachtdauer schrieb das Gesetz fünfzehn Jahre vor: So lange sollten die Pächter vor Pachterhöhungen oder Austreibung sicher sein. Hinter dem Schlagwort »*Free Sale*« verbarg sich der *Ulster Custom*: Wer eine neue Pacht übernahm, sollte dem vorigen Pächter eine Art Abstandsgeld zahlen, wenn dieser gutwillig abzog. Das Zugeständnis der *3 F* bedeutete grundsätzlich, daß die Landbesitzer nicht mehr unumschränkte

Eigentümer waren, sondern den Pächtern eine Art von Miteigentum an dem von ihnen bewirtschafteten Land zugesprochen wurde. Für alle Streitfälle wurden sie an die neuen Gerichtshöfe für den Ausgleich der Interessengegensätze zwischen Landbesitzern und Pächtern verwiesen.

Konservative und Liberale hießen solche Reformen gut; die um sich greifende Gewaltbereitschaft auf dem Lande schien auf diese Weise aufgehalten werden zu können. Die Fenier auf der anderen Seite wollten keine Landreformen, sondern Revolution. Da Parnell beide Strömungen zusammengehalten hatte, mußte seine Position mit Gladstones zweitem *Land Act* zusammenbrechen. Als Parnell seinen radikalen Anhängern zu Gefallen aufrührerische Reden hielt, wurde er ins Dubliner Gefängnis Kilmainham geworfen. Nach einiger Zeit ließ sich die Regierung in Verhandlungen mit ihm ein, die als »*Kilmainham Treaty*« bekannt wurden: Sie bot weitere Zugeständnisse in der Landfrage gegen die Verpflichtung Parnells, bei der Befriedung des Landes mitzuwirken.

In dieser Situation ermordeten Radikale den neu bestellten *Chief Secretary* nebst seinem *Under Secretary* in *Phoenix Park* – am selben Tag, an dem sie in Dublin angekommen waren. Die Öffentlichkeit war schockiert; Parnell wollte sich gar aus dem politischen Leben zurückziehen. Doch überzeugten ihn beide Seiten, seine Anhänger wie auch die Regierung Gladstone, einen neuen Anfang zu machen. An die Stelle der *Land League* trat nun, 1882, die *Irish National League*, als deren unbestrittener Führer Parnell in die Geschichte eingehen sollte.

Während diese in Irland aufgebaut wurde, setzte Gladstone in Großbritannien Reformen durch, die Rückwirkungen auf Irland zeitigen sollten: 1884 wurden durch eine Wahlrechtsreform irische und englische Wähler erstmals gleichgestellt; nun erhielten alle Haushaltsvorstände das Wahlrecht ohne jede Besitzqualifikation. Daraufhin erhöhte sich die Zahl der Wähler in Irland von 220 000 auf über

700 000. Bei den Wahlen des folgenden Jahres ergab sich daraus ein deutlicher Zugewinn für Parnell und die *Home Rule*-Partei, die dadurch zum Zünglein an der Waage wurde: Ohne diese Partei konnten weder die Liberalen noch die Konservativen eine Regierung bilden. Eine konservative Regierung brachte ein für die Iren höchst vorteilhaftes Gesetz auf die Bahn: den *Ashbourne Land Purchase Act* von 1885. 5 Millionen Pfund wurden bereitgestellt für einen Fonds, aus dem sich irische Pächter Geld leihen konnten, um das von ihnen bewirtschaftete Land zu kaufen, und zwar zu sehr günstigen Konditionen: Bei 5 % Zinsen und einer Laufzeit von 49 Jahren konnten sie sich ausrechnen, daß die aufzuwendende Summe geringer sein würde als der übliche Pachtzins. Die Nachfrage war groß, und drei Jahre später wurde der Fonds um weitere 10 Millionen Pfund aufgestockt. So kamen 25 000 Pächter zu eigenem Grund und Boden.

Doch auch die Liberalen hatten sich weiter den irischen Interessen angenähert. Gladstone brachte 1886 eine erste Gesetzesvorlage für *Home Rule* im Parlament ein, welche für irische innere Angelegenheiten eine Selbstverwaltung in Dublin vorsah, während die äußeren weiterhin in Westminster entschieden werden sollten. Sie scheiterte an der Mehrheit des Unterhauses.

Währenddessen hatten sich nicht nur in Großbritannien, sondern auch in Irland die Gegenkräfte formiert. In Ulster entstand eine *Unionist Party*, die sich zum Ziel setzte, *Home Rule* zu verhindern. Die Motive dafür lagen auf der Hand: Erstens fühlten sich die Grundbesitzer von den Landreformen bedroht, zweitens die Interessenten an Industrie und Handwerk durch das agrarische Übergewicht des Südens, drittens die Protestanten durch die katholische Mehrheit. Seit 1886 gab es also neben der Geheimorganisation des *Orange Order* auch eine parlamentarische Partei dieser Zielrichtung. Die britischen Konservativen fanden in den *Ulster Unionists* einen natürlichen Verbündeten.

Gleichzeitig machten die Unionisten aber auch Anstalten, sich *Home Rule* mit Gewalt zu widersetzen. Der Fall trat jedoch nicht ein, weil die Liberalen sich über dieser Frage spalteten und Gladstones Vorlage nicht Gesetz wurde. Eine Folge für die britische Politik war, daß in den nächsten zwanzig Jahren fast durchgehend konservative Regierungen die Politik bestimmten.

Erneute Agrarkrisen in Irland ließen das Land nicht zur Ruhe kommen. Aktivisten mit engeren Beziehungen zu ländlichen Problemen, als Parnell sie hatte, nahmen nun das Heft in die Hand. In dieser Phase traten vor allem John Dillon, William O'Brien und Timothy Harrington in den Vordergrund. Letzterer publizierte ein Aktionsprogramm, das als *Plan of Campaign* in die Geschichte einging. Aufgrund der Agrardepression waren viele Pächter nicht mehr in der Lage, die Pachtzinsen, auf die sie sich verpflichtet hatten, zu tragen. Der *Plan of Campaign* sah nun vor, alle Pächter eines Gutsherrn sollten gemeinsam zu diesem gehen und eine einheitliche Ermäßigung ihrer Pachtzinsen verlangen. Wenn er sich weigerte, sollten sie gar keine Pacht mehr entrichten und die fälligen Beträge in einen Fonds einzahlen, um die von ihren Heimstätten Vertriebenen zu unterstützen. Gegen neueintretende Pächter sollte grundsätzlich mit Boykott vorgegangen werden. Der *Plan of Campaign* wurde immer mehr ausgedehnt und erfaßte schließlich 116 Landgüter.

Mit Arthur Balfour war 1887 ein neuer *Chief Secretary* für Irland bestellt worden, der eine politische Linie für die Konservative Partei entwickelte und auch durchsetzte. Einerseits wollte er mit aller Härte gegen Gesetzesbrecher vorgehen, andererseits aber die berechtigten Reformanliegen der irischen Landbevölkerung berücksichtigen. Mit einem neuen Gesetz brachte er zunächst eine Reihe von Agitatoren auf dem Lande ins Gefängnis – einschließlich 24 Parlamentsabgeordneter. Dann sorgte er für einen neuen *Land Act*, mit dem eine Anpassung der Pachtzinsen an die gefallenen Preise möglich wurde und rechtliche Schritte weiteren Kreisen von Pächtern eröffnet wurden. Auch wurde ein Syndikat von Landbesitzern gebildet, um abgewirtschafteten Standesgenossen zu helfen, ihre Landgüter wieder rentabel zu machen.

Charles Stewart Parnell war zunächst gegen den *Plan of Campaign* eingestellt gewesen, realisierte jedoch, daß die britische Öffentlichkeit auf Balfours Zwangspolitik in weiten Teilen negativ reagierte. Die *Home Rule*-Politik schien wieder Aufwind zu bekommen.

In dieser Situation wurde Parnell von einem Journalisten in Zusammenhang mit den *Phoenix Park*-Morden gebracht. Als sich die entsprechenden »Dokumente« als Fälschung erwiesen, schlug dem zu Unrecht Beschuldigten eine Welle der Sympathie entgegen. Kurz darauf wurde seinem Image jedoch ein entscheidender Schlag versetzt, als sich ein Fraktionskollege scheiden ließ und Parnell als denjenigen benannte, mit dem seine Frau in langjährigem Ehebruch lebe. In Irland war man geneigt, dem charismatischen Führer diese Liaison nachzusehen. Im viktorianischen England aber wandte sich die öffentliche Meinung gegen Parnell, und Gladstone verweigerte die Zusammenarbeit mit der irischen parlamentarischen Partei, wenn sie sich nicht von ihrem Führer trennen würde. Parnell hielt seinen Führungsanspruch aufrecht, und die Partei spaltete sich darüber. Parnell starb im Jahr darauf – ein gebrochener Mann.

1892 wurde Gladstone erneut Premierminister, und im nächsten Jahr brachte er seine zweite Gesetzesvorlage für *Home Rule* ein. Im Unterhaus fand er zwar eine Mehrheit, scheiterte damit aber im Oberhaus.

1894 bildeten wiederum die Konservativen eine Regierung; sie bemühten sich darum, ihre Irlandpolitik weiterzuentwickeln. Einerseits baute man die Möglichkeiten der Pächter aus, ihr Land zu kaufen; andererseits galt es zu bedenken, daß im Westen des Landes weite Landstriche auch dann keine Lebensmöglichkeit bieten würden, wenn die

Pächter Eigentümer wurden. Um dieses Problem in den Griff zu bekommen, hatte man zuerst 1891 eine Behörde eingerichtet, die sich der überbevölkerten Landstriche im Westen annehmen sollte, indem sie Land aufkaufte und Güter zusammenlegte, lebensfähige Einheiten schuf und weiterverkaufte, landwirtschaftliche Verbesserungen propagierte und Hausindustrien stärkte, die Schulbildung der ländlichen Bevölkerung anhob und die Infrastruktur ausbaute. Die neuen *Land Purchase Acts* verfolgten das Programm weiter, einen möglichst großen Teil des Landes den Pächtern als Eigentum zu übergeben und die Landbesitzer angemessen zu entschädigen. Diese hatten ebenfalls ein verstärktes Interesse daran, ihr Land an die Pächter zu verkaufen, weil durch den *Land Act* von 1881 mit der dort festgesetzten Pachtreduktion viele Güter unrentabel geworden waren. Die konservative Regierung hatte außerdem die Hoffnung, daß die Zufriedenheit der Pächter mit ihren wirtschaftlichen Umständen die politisch so brisante Forderung nach *Home Rule* schließlich zum Verstummen bringen würde.

Das neue Landgesetz des Jahres 1891 setzte 33 Millionen Pfund an, um kaufwilligen Pächtern den Erwerb von Gütern zu ermöglichen; die Rückzahlung wurde auf 49 Jahre gestreckt, zu 4 % Zinsen. Freilich stellte das Gesetz in dieser Fassung keinen vollen Erfolg dar, weil es für die Pächter zu kompliziert abgefaßt war und die Landbesitzer nicht zugreifen wollten, da die Bezahlung nicht in Bargeld erfolgen sollte, sondern in Staatspapieren, die damals von der Börse nur gering bewertet wurden. Doch erwarben immerhin 47 000 Pächter zwischen 1891 und 1903 aufgrund dieses Gesetzes eigenes Land.

Zu einem vollen Erfolg wurde das Programm später, als die Konservativen durch ein Gesetz von 1903 (*Wyndham Land Purchase Act*) 100 Millionen Pfund bereitstellten und die Pächter die Kaufsummen über eine Frist von 68,5 Jahren zu 3,25 % Zins zurückzahlen konnten. Bis 1921 waren nach diesem Gesetz schon über 270 000 Pächter Eigentümer ihres Landes geworden. Die Konservativen schienen ihr Ziel erreichen zu können, ein agrarisches Irland der Hungersnöte und sozialen Unruhen umzuformen in ein stabiles Irland von Kleinbauern, die ihren eigenen Grund bewirtschafteten und davon leben konnten.

Weitere Initiativen dieser Jahrzehnte trugen dazu bei, die Chancen auf eine glückliche Zukunft zu verbessern: Sir Horace Plunkett entwickelte einen Plan landwirtschaftlicher Produktions- und Vermarktungsgenossenschaften, welcher es Kleinbauern ermöglichte, ihre Werkzeuge, Maschinen und Saatgut günstiger einzukaufen und ihre Produkte in besserer Qualität und über weitere Strecken zu Markt zu bringen. Dies war freilich bitter nötig, da dänische und holländische Anbieter, die bereits genossenschaftlich organisiert waren, die irischen Produkte schon weitgehend vom britischen Markt verdrängt hatten.

Plunkett gelang es zudem, die irischen Abgeordneten in einer überparteilichen Initiative zusammenzuschließen, um eine Behörde zu gründen, die sich speziell der Hebung der irischen Landwirtschaft annahm.

Hinzu kam schließlich 1898 noch ein Gesetz zur Reform der lokalen Verwaltung, das einem größeren Kreis von Bürgern als je zuvor Mitspracherechte und Initiativmöglichkeiten einräumte, darunter erstmals auch einem Teil der Frauen.

Gälische Kultur

Als dritte Komponente neben der wirtschaftlichen und politischen verdient die kulturelle Aufmerksamkeit: Schon seit dem Spätmittelalter, vor allem aber seit dem 17. Jahrhundert war die gälische Kultur zurückgegangen und von der englischen zunehmend überformt worden. In Randbereichen bestand sie jedoch fort. Nach der mehrfachen Vertreibung der Eliten – zunächst der gälischen Fürsten und der von ihrer Protektion abhängigen Barden und übrigen Träger der gälischen Kultur, dann der katholischen Elite der *Old English*, schließlich der großflächigen Umsiedlung und Neubesiedlung des 17. Jahrhunderts – waren die Träger gälischer Sprache und Kultur völlig marginalisiert. Das 18. Jahrhundert konnte deshalb als das englischste Jahrhundert Irlands beschrieben werden.

Doch dieser Prozeß war noch keineswegs an sein Ende gekommen. Die Alphabetisierungsbewegung seit dem 18. Jahrhundert bedeutete grundsätzlich den Übergang zur englischen Sprache; die gälische blieb weitgehend auf mündliche Traditionen beschränkt. Als man seit den 1830er Jahren die allgemeine Schulpflicht durchzusetzen begann, bedeutete dies wiederum einen Schlag für die gälische Kultur. Zu einem Aufschrei kam es freilich nicht. Nur wenige verbliebene gälische Dichter artikulierten den Untergang ihrer Lebensgrundlage, wenn sie etwa, da kein Honorar mehr für ihre Dichtung zu erzielen war, hinter dem Pflug gehen mußten und der vergangenen Herrlichkeit, die nun natürlich glorifiziert wurde, nachtrauerten. Aber im ganzen gesehen bestand Konsens darüber, daß Englisch die Sprache der Kultur sei und dem Englischen die Zukunft gehöre.

Dieser Konsens ging sehr weit. Zeugnisse aus dem mittleren 19. Jahrhundert belegen, daß teilweise in bäuerlichem Milieu, wo die Eltern noch selbstverständlich Gälisch sprachen, sie dies ihren Kindern verboten; sie sollten auch nach dem Willen ihrer Eltern, nicht nur nach dem der Schulmeister und der Pfarrer, möglichst ungestört und fehlerlos Englisch lernen. An die Zukunft des Gälischen glaubte im mittleren 19. Jahrhundert niemand.

Diese Einschätzung wurde durch die demographische Katastrophe noch verstärkt. Die Hungersnot betraf in erster Linie die Ärmsten, und zwar vor allem auf dem Lande, in den entlegenen Gebieten. Gerade diese waren aber die

Träger der gälischen Kultur! Und wer überlebte und emigrierte, war wiederum für das Gälische verloren: Ob in den Vereinigten Staaten, in Kanada, in Australien oder in Großbritannien – überall war die Sprache Englisch. Wer Erfolg haben wollte in der neuen Heimat, mußte sich anpassen.

Die Zurückgebliebenen und Überlebenden stellten sich auf die Situation ein: Wenn Eltern, die selbst vielleicht noch gar nicht des Englischen mächtig waren, ihren Kindern diese Sprache einbleuen ließen und sie am Gebrauch ihrer Muttersprache hinderten, hatte dies auch den Sinn, sie für ein Überleben in einer zwangsläufig englisch geprägten Umgebung, sei es nun in der Emigration oder in Irland selbst, vorzubereiten und tauglich zu machen.

Wohl gab es schon seit dem späten 18. Jahrhundert ein paar Gelehrte, die sich darauf verlegten, Zeugnisse gälischer Kultur zu sammeln und zu bewahren. In den meisten Fällen waren es aber gerade die Angloiren, die sich für solche romantischen und historischen Strömungen offen zeigten. Sie standen im Kontakt mit der europäischen Kultur; sie wußten aus Deutschland, aus England und Schottland von Bemühungen um die Rettung alter Kulturgüter. Wie Herder und Goethe im Elsaß und anderswo Volkslieder sammelten; wie Macpherson und seine Anhänger in Schottland nach einer vorchristlichen Urpoesie suchten oder diese erfanden, so reiste in Irland beispielsweise Edward Bunting, ein protestantischer *Ulsterman*, um traditionelle Volksweisen aufzuzeichnen. Im 19. Jahrhundert wurden immer öfter alte Texte in gälischer Sprache ediert und übersetzt. Man tastete sich an die keltische, vorchristliche Kultur Irlands heran, wenngleich in antiquarischer Weise und anfangs oft noch sehr dilettantisch, mit vielen Schnitzern, Fehleinschätzungen und Anpassungen an den herrschenden Geschmack im Ästhetischen wie im Moralischen.

Doch diese Bemühungen ließen sich vervollkommnen; sie ließen sich bündeln und zusammenführen. Wenn das 18. Jahrhundert die gälische Kultur weitgehend ignoriert hatte, entdeckte sie das 19. Jahrhundert neu. Dies hatte Konsequenzen nicht nur für den Stand antiquarischer Wissenschaften; es wurde brisant und politisch, wo es zur Neudefinition einer eigenen irischen Identität beitrug. Und dies war auf die Dauer unvermeidlich. Die Iren lernten also von ihren englischsprachigen Landsleuten, daß sie die Erben einer großen Kultur der Vergangenheit waren, und sie entwickelten selber ein Interesse daran, sich in die Kontinuität dieser eigenen irischen Kultur hineinzustellen. Denn: Wenn es eine solche Kultur gegeben hatte, waren die Iren eine eigene Nation, und zwar vor den Engländern. Wenn die Iren aber eine eigene Nation waren, hatten sie alles Recht, einen eigenen Staat zu fordern. Die Politisierung der Idee einer gälischen Vergangenheit war wohl unausweichlich, wenn sich auch die frühen antiquarischen Gesellschaften stets auf das Prinzip einer unpolitischen Pflege der Sprache und der Wissenschaften beriefen.

Das galt für die 1853 gegründete *Ossianic Society* ebenso wie für die 1877 zusammengetretene *Society for the Preservation of the Irish Language*; und es galt auch noch für die 1893 ins Leben gerufene *Gaelic League*. Diese trat freilich binnen weniger Jahre aus dem Bannkreis kleiner Gelehrtenzirkel heraus und wurde zu einer Volksbewegung von beachtlichem Ausmaß. Patrick Pearse sagte später, die irische Revolution habe mit der Gründung der *Gaelic League* begonnen.

Der wichtigste Kopf und Mitbegründer der *Gaelic League* war ein protestantischer Angloire, Douglas Hyde. Im Jahr vor der entscheidenden Gründung publizierte er ein Manifest *On the Necessity of De-Anglicizing Ireland*. Er ging von einem starken Kontrast aus: von dem, was die irische Nation im frühen Mittelalter war – eine der gelehrtesten und kultiviertesten Nationen Europas –, und der depravierten Gegenwart. Dieser Zustand sei vor allem durch die unmittelbar vorangegangenen Generationen verschuldet, welche sich befleißigt hätten, alles Irische abzulegen, ohne deswegen schon richtig englisch werden zu können. Der zweite Kontrast besteht darin, daß gerade diejenigen, die sich des Englischen bedienten, behaupteten, England zu hassen. Indem diese Assimilanten das Gälische von sich stießen, verzichteten sie in den Augen der ganzen Welt gerade auf das, was ihnen eine eigene nationale Identität verleihen würde. Unlogischerweise würden die englischlernenden Iren aber durch ihren Haß gegen England gerade daran gehindert, wirklich gute Angehörige der Union zu werden. Alle Bewegungen mit einer Spitze gegen England – er nennt *Young Ireland*, die Fenier, die *Land League* und die parlamentarische Obstruktionspolitik – könnten sich der Sympathien aller Iren erfreuen, und zwar just deshalb, weil sie anti-englisch seien. Da es nun offenbar gar nicht möglich sei, die Iren davon abzubringen und zu guten Untertanen der englischen Krone zu machen, empfiehlt ihnen Douglas Hyde: das Zurückgewiesene wieder anzunehmen und zu kultivieren, eine irische Nation nach irischer Façon zu errichten. Es sei die Rasse, die keltische Herkunft der Iren, welche sie im Grunde ihres Herzens daran hindere, Bürger des *Empire* zu werden. Aus diesem Grunde befürwortete Hyde ein Programm der Rückbesinnung auf die keltischen Wurzeln der irischen Nation, gleichbedeutend mit einer Entanglisierung Irlands.

Hyde erging sich in schwärmerischen Erinnerungen an die alte Geschichte, wobei die Iren als keltische Rasse figurieren, die sich einst in Griechenland festsetzte, später Rom plünderte und schließlich einzig in Irland dauerhafte Heimstatt fand. Das Eigene der alten Iren wird gerade dadurch akzentuiert, daß es ihnen gelungen sei, außerhalb des römischen Einflußbereiches zu bleiben. Man dürfe nie vergessen, daß auch die Iren der Gegenwart noch die Nachkommen jener Iren des 7. Jahrhunderts seien, einer Epoche, in welcher die irische Kultur in Blüte stand und ganz Europa vorangeleuchtet habe. Die späteren Einwanderer, Dänen wie Normannen, seien alle absorbiert worden; auch die Engländer seien jahrhundertelang dem Einfluß der irischen Kultur erlegen. Nur an zwei Punkten habe diese Kraft der Absorption nicht ausgereicht: Bei der Neubesiedlung Ulsters und in bezug auf die ohnehin meist abwesenden englischen Landbesitzer der Folgezeit. Das eigentliche Volk sei aber die Schicht darunter, die Swift noch habe geglaubt vernachlässigen zu können: »*the real working population*« – Handwerker, Kaufleute und Bauern, alle diejenigen, die Amerika aufgebaut hätten und die inzwischen bewiesen hätten, daß sie imstande seien, das *Empire* zu zerstören oder zu befestigen. Doch nun, gerade in dem historischen Moment, in dem es die keltische Rasse in der Hand habe, ihr eigenes Land selber zu regieren, werfe sie das keltische Erbe von sich und schneide sich von der eigenen Vergangenheit ab.

Es ist ein flammender, eindringlicher Appell, der in späteren Jahren Früchte tragen sollte. Die Wiedererweckung des Gälischen wurde nirgendwo behindert oder vereitelt; die kulturellen Nationalisten hatten völlig freie Hand. Nicht wenige von ihnen waren ihrer Herkunft nach Engländer oder Angloiren; aber sie glaubten an das irische Volk, auch wenn sie Intellektuelle waren, die ihre Ideen aus ganz anderen Quellen schöpften. Und eine sozialrevolutionäre Komponente war ebenfalls nicht zu übersehen: Das einfache Volk war es, das den Schatz des keltischen Erbes bewahrte. Die Oberschicht der Landbesitzer galt als landfremd, unirisch; es kam auf das wirklich arbeitende Volk an.

Gerade in dem halben Jahrhundert vor der Gründung der *Gaelic League* war der Anteil der Gälischsprechenden drastisch zurückgegangen. 1851 hatte die autochthone Sprache noch einen beträchtlichen Anteil gehabt in der Bevölkerung Munsters, Connaughts und der drei westlichen Ulster-Grafschaften. In Leinster gab es zwei Sprachinseln in den Grafschaften Louth und Meath, in denen sich noch ein Bevölkerungsanteil zwischen ein und zwei Vierteln des Gälischen bediente. Diese Sprachinseln waren 1891 verschwunden. Das gälische Sprachgebiet des Westens war an seiner

Ostflanke deutlich abgebröckelt, auch große Teile Munsters waren nun klar anglisiert; relativ stabil blieb nur der westliche Rand Munsters, Connaughts und Ulsters.

Seit 1893 versuchte die *Gaelic League*, diese Entwicklung aufzuhalten und umzukehren. Man gründete allenthalben Vereine. Man kämpfte für das Gälische als Fach in Schulen. Bereits 1879 war Irisch zugelassen worden, aber nur als freiwilliges, zusätzliches Fach. Die Bewegung wandte sich an die Erwachsenen mit Sprachkursen überall im Lande. Sie besoldete Wanderlehrer, die Abendkurse für Erwachsene gaben. Sie zog die Jugendlichen an durch zusätzliche Veranstaltungen mit irischer Musik, mit Tanz und Geschichte. Die gälische Bewegung machte Freizeit- und Lernangebote; sie war die erste Bewegung in Irland, die Erwachsenenbildung betrieb. Die Methodik des Sprachunterrichts wurde verbessert; Sprachwissenschaftler brachten die damals modernsten Ergebnisse ihrer Wissenschaft zur Anwendung.

Die Folge dieser Bewegung war paradox: Trotz aller Bemühungen der *Gaelic League* ging die Zahl derer, die bei der Volkszählung angaben, Gälisch zu sprechen, von 700 000 im Jahre 1891 auf 580 000 im Jahre 1926 zurück. In Connaught und Munster waren jeweils etwa 100 000 Gälischsprecher verschwunden, Ulster blieb etwa gleich, und in Leinster war die Zahl von 14 000 auf 101 000 angestiegen. Was bedeutet das? 1891 gab es noch keinen Grund, Gälisch als eigene Sprache anzugeben; wahrscheinlich war die Zahl der Gälischsprecher deshalb in Wirklichkeit höher. 1926 dagegen war Gälisch zu einem Bestandteil irischer Identität geworden; die genannten Zahlen sind also wohl zu hoch. Die Zahlen von 1891 spiegeln vermutlich die Mindestzahl derer, die wirklich Gälisch als Muttersprache hatten, während die Angaben von 1926 offenbaren, daß Gälisch als Muttersprache (Connaught, Munster) weiterhin stark zurückging, Gälisch als erlernte Sprache (Leinster) aber stark zugenommen hatte. Die *Gaelic League* hatte also nicht

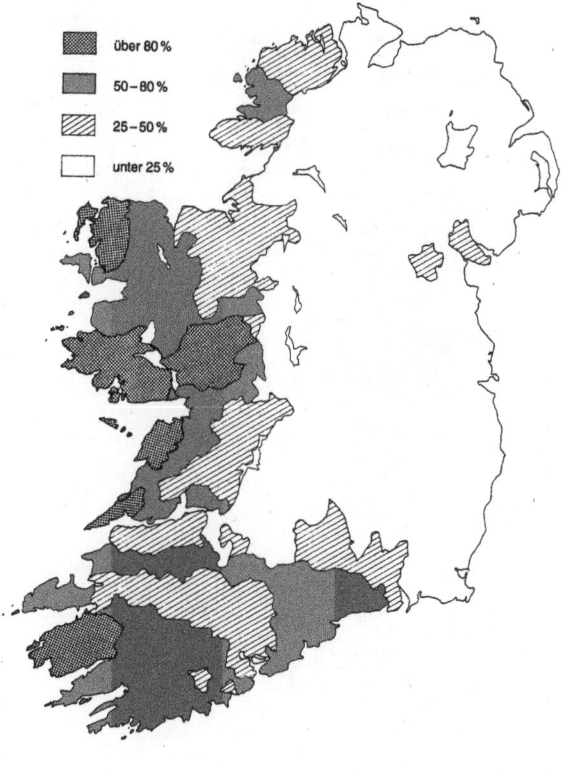

Anteil der Gälischsprechenden 1851

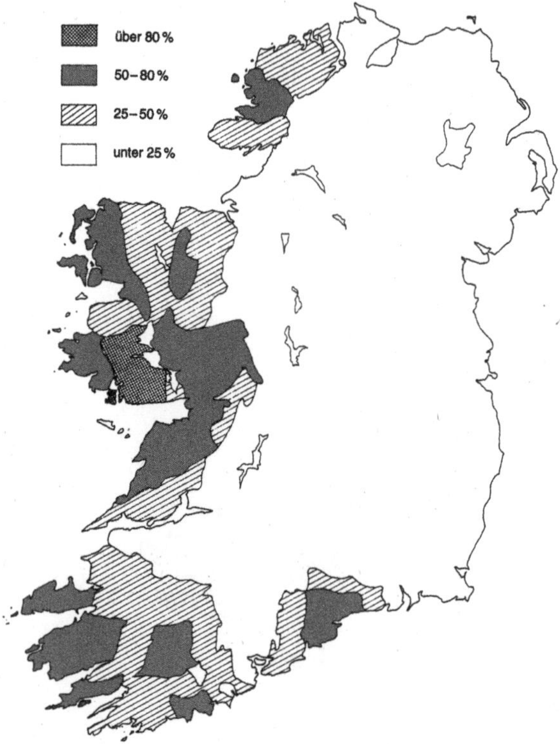

Anteil der Gälischsprechenden 1891

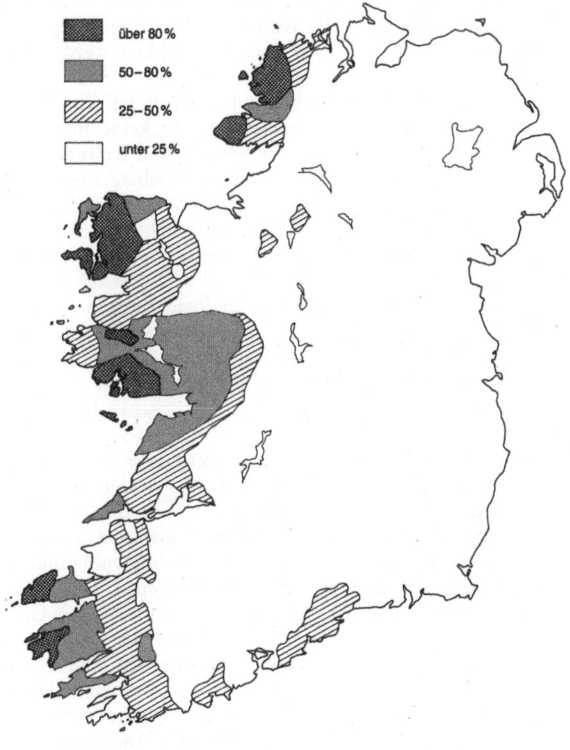

Anteil der Gälischsprechenden 1936

dazu beitragen können, das Verschwinden des Gälischen in der bäuerlichen Bevölkerung aufzuhalten; wohl aber hatte sie gleichzeitig Gälisch als Wunsch- und nationale Identifikationssprache gebildeter Kreise Wirklichkeit werden lassen!

Freilich darf man sich eben aufgrund dieses Charakters des Gälischen als einer Modeerscheinung keine Illusionen über die Tiefenwirkung solcher Sprach- und Kulturstudien machen. Man lernte einige Lieder und Gebete auswendig; man verwendete Grußformeln und Sentenzen aus dem Gälischen. Es erhielt einen Abzeichencharakter, wurde Bestandteil irischer Separationsbestrebungen und der Abgrenzung gegen Großbritannien. Man hat auch feststellen müssen, daß viele der frühen Texte der Propagatoren der gälischen Sprache fehlerhaft waren, selbst die Schulbücher. Die gelehrten Editionen dieser Zeit sind zum Teil von zweifelhaftem Wert. Aber die Pflege des Gälischen war zu einem Kampf für den Wert der autochthonen irischen Kultur geworden.

Daß der Westrand des Verbreitungsgebietes gälischer Sprache immer dünner wurde in den folgenden Jahrzehnten, ist deshalb nur eine Teilerkenntnis. Die *Gaelic League* trug dazu bei, eine irische Identität zu finden und zu stiften; sie unterstützte die Politik des »Los-von-England!« und legitimierte sie. Als dann im 20. Jahrhundert ein unabhängiger Staat erreicht war, entfiel diese operative Funktion des Gälischen. Die Sprachpolitik des neuen Staates war halbherzig. 1908 gab es noch einen schweren Kampf um Gälisch als Voraussetzung für die Aufnahme an der *National University of Ireland*. Im neuen Staat wurde Gälisch selbstverständlich Pflichtfach in Schulen. Aber die Anglisierung Irlands war nicht rückgängig zu machen; sie wurde auch gar nicht ernsthaft in Angriff genommen, nachdem das politische Ziel der Selbständigkeit erreicht worden war. Vor allem mußte Irland erfahren, daß Englisch inzwischen nicht mehr nur die Sprache der ungeliebten Eroberer war, sondern durch Amerika mittlerweile zur Weltsprache des 20. Jahrhunderts geworden war, zu einer neuen *lingua franca*, an der auch dann kein Weg vorbeiführte, wenn man die Engländer haßte.

Das 20. Jahrhundert: Das geteilte Irland

Epochenüberblick

Von den beiden großen Problemen der zweiten Hälfte des 19. Jahrhunderts, Landfrage und *Home Rule*, war es das zweite, das noch ungelöst geblieben war. Die anvisierte Lösung enthielt zugleich ein neues Problem: die Möglichkeit eines eigenen Weges für Ulster. Das Zeitalter des Nationalismus hatte also auch in dieser Region – wie beispielsweise in Palästina – zu einer paradoxen Situation geführt: Während sich das Nationalbewußtsein einer Gruppe entfaltete, entstand zugleich bei einer zweiten Gruppe ein Gegennationalbewußtsein. Ob sich dieser Konflikt friedlich beilegen lassen würde, mußte fraglich erscheinen. Denn der unwiderstehliche Schwung einer Freiheitsbewegung aus der Berufung auf die eigene Nation und das Selbstbestimmungsrecht der Völker, aller Völker, wurde gebrochen und kompliziert, wo Freund und Feind plötzlich innerhalb der eigenen Nation zu finden waren. Es lag nahe, beide Seiten wiederum klar zu definieren, wozu sich – wie in den Zeiten der Reformation und Gegenreformation – die Konfessionsbezeichnungen »Protestant« und »Katholik« anboten.

Damit waren aber schließlich konfligierende Prinzipien zusammengebracht worden. Denn je mehr sich die irische Nation als katholische verstand, desto klarer wurde der protestantische Norden ausgegrenzt. Indem man Ulster jedoch nicht zu integrieren vermochte, trieb man es an die Seite des ebenfalls protestantischen Großbritannien. Damit war allerdings das Prinzip einer Selbstverwaltung für ganz Irland torpediert, da der protestantische Teil seine Interessen unweigerlich auf britischer Seite besser gewahrt finden mußte.

Der katholische Süden erkämpfte sich seinen eigenen Staat und die Unabhängigkeit; der protestantische Norden suchte seinen eigenen Weg in Anlehnung an Großbritannien. In beiden Teilstaaten blieben militante Minderheiten zurück, die für eine Revision der Verhältnisse kämpften. Um an dieses Ziel glauben zu können, mußten sie sich jeweils partielle Blindheit auferlegen. Die eigentliche Tragödie Irlands im 20. Jahrhundert besteht darin, daß keine der beiden Seiten adäquate Formen eines Minderheitenschutzes verwirklichte. Archaische Denkstrukturen (»Entweder wir – oder die anderen!«) wurden religiös und moralisch verbrämt durch den Rekurs auf die Konfessionsbezeichnungen; auch widerstanden die Kirchen nicht der Versuchung, sich einzumischen. Und wo man intellektuell am Ende war, lag es immer nahe, den Knoten durch Bomben sprengen zu wollen.

Daneben ist freilich auch zu würdigen, daß Irland, das im 19. Jahrhundert eine bemerkenswerte demokratische Tradition entwickelt hatte, diese fortzusetzen und zu stabilisieren vermochte. Trotz des Bürgerkrieges, der nicht vermieden werden konnte, festigten sich uneingeschränkt demokratische Teilstaaten. Wenn auch der Weg in die Moderne nur unter großen Schmerzen erkämpft werden konnte, wurde er schließlich doch gefunden. Auf den meisten Gebieten geschah dies in Anlehnung an das britische Vorbild, selbst im Süden; in anderen Fällen durch bemerkenswerte Modifikationen, etwa den republikanischen Akzent, die Präsidialdemokratie. Staatsrechtlich entwickelte sich im Süden eine Republik, die zunächst den Status eines *Dominion* hatte, dann dazu beitrug, daß sich das *British Empire* zum *Commonwealth* wandelte, und am Ende volle Souveränität in jeder Beziehung erlangte. Die fortschreitende europäische Einigung brachte schließlich Großbritannien mit dem Norden Irlands und die eigenständige Republik des Südens wiederum zusammen – doch nun als Partner in einer Europäischen Gemeinschaft. Während die nationalen Sensibilitäten aller Beteiligten offensichtlich noch virulent sind, hat es den Anschein, daß die konfessionelle Prägung überwunden werden kann, wozu auch die Durchsetzung EG-einheitlicher Richtlinien beiträgt.

Ungelöst, aber nicht unlösbar ist die Frage des Terrors. Zwar hat die Verherrlichung der Gewalt und die Heroisierung sinnloser Aufstände eine alte Tradition in Irland. Es scheint aber die Erkenntnis zu wachsen, daß die Unterbindung jeder Art von Terror eine lebensnotwendige Bedingung für jede Rechtsordnung ist. Insofern ist das Interesse aller Seiten an der Bekämpfung des Terrors gleich stark. So zwingt gerade diese Einsicht, die sich aus der neueren irischen Geschichte gewinnen läßt, alle Vertreter demokratischer Kräfte schließlich zu Verhandlungen und zu politischen Maßnahmen, die den Terroristen den Boden entziehen.

Osteraufstand, Teilung und Bürgerkrieg
(1912–1922)

1912 Dritte *Home Rule Bill.*
Ulster Covenant zur Abwehr von *Home Rule.*

1914 Beginn des Ersten Weltkrieges.
Moratorium der Irlandfrage.

1915 Neuorganisation der *Irish Republican Brotherhood.*

1916 Osteraufstand in Dublin: Proklamation einer Irischen Republik durch Patrick Pearse; Niederwerfung der Aufständischen.

1918 Verschärfung der Krise infolge der Ausdehnung der allgemeinen Wehrpflicht auf Irland.
Allgemeine Wahlen nach Kriegsende resultieren im Untergang der Parlamentarischen Partei und im Aufstieg von *Sinn Féin.*

1919 Die gewählten *Sinn Féin*-Abgeordneten treten in Dublin zum *Dáil Eireann* zusammen und bilden eine provisorische Regierung.

1920 *Government of Ireland Act*: *Home Rule* für einen Staat im Norden und einen Staat im Süden der Insel.
Bürgerkrieg.

1922 *Irish Free State* im Süden; der Norden verbleibt im Verbund mit Großbritannien.

Organisatorische Neuansätze

Um 1900 gab es verschiedene Versuche, die Verhältnisse in Irland zu revolutionieren und als Voraussetzung dafür Organisationsstrukturen zu schaffen. Arthur Griffith, Drucker und Journalist, gründete 1899 eine neue Wochenzeitung, *The United Irishman*, in der er an den kulturellen Nationalismus eines Thomas Davis anzuknüpfen suchte und auch organisatorisch die Verbreitung der Kenntnisse über irische Sprache, Literatur, Geschichte und Musik zu verbinden suchte mit praktischen Programmen einer neuen Politik für Irland. Mit denselben Mitteln, mit denen sich Ungarn einen neuen Status innerhalb der Habsburgermonarchie erkämpft hatte, sollte Irland einen neuen Status im *Empire* durchsetzen: Die irischen Abgeordneten sollten sich aus Westminster zurückziehen, und in Dublin sollte ein neues Parlament, ergänzt um neu zugewählte Mitglieder auf die alte Zahl von 300, zusammentreten. Angeregt von Ideen Friedrich Lists sollte Irland als eigener Wirtschaftsraum mit eigener Wirtschaftspolitik konstituiert werden. 1905 gründete Arthur Griffith zu diesem Zweck eine neue Partei, *Sinn Féin* (»Wir selbst«).

Auch die IRB, die durch die *Home Rule*-Politik der britischen Liberalen in den 1880er und 1890er Jahren fast am Ende schien und zudem von Amerika aus nicht mehr die gewohnte Unterstützung erhielt, wurde in den Jahren nach 1900 von jungen Aktivisten wiederbelebt.

Als neue Kraft zeigte sich in dieser Zeit die irische Arbeiterbewegung. Da Irland im 19. Jahrhundert noch wenig industrialisiert gewesen war, konnte die irische Arbeiterbewegung mit der britischen keinen Vergleich aushalten. Aber 1896 gründete James Connolly, der als Sohn irischer Eltern in Edinburgh geboren und aufgewachsen war, eine *Irish Socialist Republican Party* und zwei Jahre später eine eigene Zeitung mit dem sprechenden Titel *The Workers' Republic*. In seiner Sicht war das *Empire* der Feind der Arbeiterklasse in Großbritannien wie in Irland; zur Befreiung der Arbeiter war es notwendig, das *Empire* zu zerstören. Auch der zweite große Arbeiterführer, James Larkin, war als Sohn irischer Eltern in Großbritannien aufgewachsen, in Liverpool nämlich. Er kam 1907 nach Belfast, um zunächst die Dockarbeiter zu organisieren und auf lange Sicht die irische Arbeiterschaft insgesamt. Die folgenden Jahre sahen eine Kette von Streikbewegungen, auf der anderen Seite aber auch Gegenmaßnahmen der Unternehmer, die sich nun ebenfalls zu einer Organisation zusammenschlossen. 1913 war das Jahr, in dem in Dublin Zehntausende streikten und Zehntausende ausgesperrt wurden. Die Kräfteverhältnisse waren so, daß sich die Unternehmer mit einem Lohndiktat und mit der Forderung an Wiedereinzustellende, die Gewerkschaft zu verlassen, durchsetzten. Larkin ging 1914 freiwillig ins Exil nach Amerika.

Die Verfassungskrise Großbritanniens

1906 erzielten die Liberalen einen Erdrutschsieg in Großbritannien. Irland frohlockte, denn nun schien *Home Rule* unaufhaltbar. Doch wurden alle Gesetzesvorlagen der Liberalen vom Oberhaus blockiert. Und in diesen Jahren strebte die Partei grundlegende Schritte zum Sozialstaat an. Zusätzlich verlangte die Flottenpolitik im Wettrüsten mit dem Deutschen Reich immense Mittel. Die liberale Regierung wollte all dies mit einem neuen Steuergesetz ins Werk setzen, das aber ebenfalls vom Oberhaus blockiert wurde. Dies war ein Novum. Traditionell galten finanzielle Maßnahmen als Sache der Regierung, die ja infolge demokratischer Wahlen gebildet wurde. Man hielt es jetzt allgemein für geboten, die Macht des Oberhauses zu brechen und die Demokratisierung Großbritanniens zu vollenden. Dies geschah durch ein Gesetz von 1911, mit dem die Regelung getroffen wurde, daß jede Gesetzesvorlage, die dreimal das Unterhaus passiert hatte, Gesetzeskraft erlangen würde, selbst dann, wenn sie vom Oberhaus zurückgewiesen wurde. Nun schien *Home Rule* nicht mehr zu verhindern.

Die Militarisierung beider Seiten

In Irland hatten sich mittlerweile die unionistischen Gegenkräfte formiert. Die Unionisten stellten auch eine eigene Parlamentsfraktion, die stets mit den britischen Konservativen zusammenarbeitete. 1910 wurde Edward Carson, ein Dubliner, zum Führer dieser Partei gewählt. Er vertrat die Linie, daß es Irland besser habe in einer Union mit Großbritannien, daß die Abtrennung des Südens ruinös wäre, da ein solches Teilirland ohne die Industrie in Ulster gar nicht lebensfähig sei. Am 23. September 1911 verkündete Carson vor einer Massenversammlung in Craigavon bei Belfast: An dem Tag, an dem *Home Rule* Gesetzeskraft erlange, müsse man darauf vorbereitet sein, die Regierungsverantwortung für die protestantische Provinz Ulster zu übernehmen. Damit kündigte er indirekt gewaltsamen Widerstand gegen *Home Rule* an. Die im April 1912 eingebrachte dritte *Home Rule*-Vorlage sah vor, ein irisches Parlament einzurichten, das für innere irische Angelegenheiten zuständig sein sollte, während die äußeren nach wie vor Sache des *Empire* seien. Anfangs sollten noch nicht einmal Polizei und Steuerhoheit in den Bereich dieses irischen Parlamentes fallen. Doch auch diese eingeschränkte Selbstverwaltung wurde allgemein begrüßt in Irland – nur die Unionisten bildeten eine Ausnahme. Sie begannen im Süden eine publizistische Kampagne gegen die Gesetzesvorlage. Im Norden organisierten sich die Gegenkräfte sichtbar: Bei Massenversammlungen, die gleichzeitig an verschiedenen Orten stattfanden, unterzeichneten über 400 000 Menschen eine Bündnisverpflichtung (*Ulster's Solemn League and Covenant*), in der sie gelobten, die »Verschwörung für *Home Rule*« mit allen Mitteln zu bekämpfen, das heißt auch mit Gewalt.

Schon seit 1911 hatten Freiwillige mit militärischen Übungen begonnen. 1913 wurde die *Ulster Volunteer Force* gegründet. Ebenfalls 1913 konstituierte sich im Süden eine *Irish Citizen Army* nach dem Muster der *Ulster Volunteer Force*, nur mit entgegengesetzter Zielrichtung. Ihr Führer, Eoin MacNeill, wollte damit vor allem Großbritannien gegenüber Entschlossenheit demonstrieren, Kämpfe aber möglichst vermeiden. Doch erlangten von Anfang an Mitglieder der IRB wichtige Positionen in dieser Schutztruppe; sie hatten andere Präferenzen. Sir Roger Casement erhielt den Auftrag, Waffen in großer Zahl aus Deutschland zu beschaffen und einzuschmuggeln. 1914 standen sich in Irland zwei gerüstete und gedrillte Privatarmeen gegenüber.

In letzter Minute, am 21. Juli 1914, berief der englische König eine Konferenz nach Buckingham Palace ein, bei der sich die wichtigsten Vertreter der verschiedenen Seiten über die Lösung der Irlandfrage einigen sollten. In der irischen Parlamentarischen Partei, die damals von John Redmond geführt wurde, sah man durchaus die Möglichkeit, Ulster wiederum eine gewisse Selbstverwaltung einzuräumen – *Home Rule Within Home Rule.* Aber es schien unmöglich, ein solches Ulster zur Zufriedenheit beider Seiten zu definieren. In den historischen neun Grafschaften der Provinz Ulster waren Unionisten und *Home Rulers* beinahe gleich stark. In drei Grafschaften, Cavan, Donegal und Monaghan, hatten die Katholiken eine klare Mehrheit; in vier Grafschaften, Derry, Armagh, Antrim und Down, die Protestanten. Aber Tyrone und Fermanagh waren geteilt. Wie sollte man da eine Lösung finden?

Kurz darauf brach der Erste Weltkrieg aus.

Die Bedeutung des Ersten Weltkrieges für Irland

Am 3. August 1914 trat Großbritannien in den Krieg ein. Am 18. September 1914 unterschrieb der König das Gesetz für *Home Rule*, doch sollte es erst nach Beendigung des Krieges in Kraft treten. John Redmond hatte den Einsatz der irischen Freiwilligen für das *Empire* an der Front angeboten und Zusammenarbeit mit der *Ulster Volunteer Force* in Aussicht gestellt. Darüber hinaus wurden irische Freiwillige auch zur regulären britischen Armee eingezogen. Etwa 200 000 Iren kamen im Ersten Weltkrieg zum Einsatz; etwa 60 000 von ihnen fielen.

Nun war *Home Rule* bewilligt und trotzdem keine irische Regierung gebildet worden. Die *Home Rule*-Partei hatte ihren Sinn eingebüßt; die irischen Abgeordneten in Westminster verloren an Einfluß. In Großbritannien hatte sich bei Ausbruch des Krieges eine große Koalition von Liberalen, Konservativen und einigen *Labour*-Abgeordneten gebildet. Mit den Konservativen waren auch die Unionisten an den Kabinettstisch gelangt. Die irische Parlamentarische Partei wurde nicht mehr gebraucht.

Ein weiteres Problem bestand darin, daß die paramilitärischen Organisationen in Irland nicht gesonnen waren, einfach abzuwarten. Sowohl die *Irish Citizen Army* als auch die *Ulster Volunteer Force* standen weiterhin in Waffen und drängten auf Entscheidung. Im Süden wurde die defensive Einstellung Eoin MacNeills überrollt durch ein paar junge Heißsporne, die einen allgemeinen Aufstand anstrebten.

Der Osteraufstand von 1916

An ihre Spitze stellte sich Patrick Pearse, der seit 1915 Vorsitzender der *Gaelic League*, Herausgeber ihrer Zeitung und einer der Führer der IRB war. Seiner Ausbildung nach war er Jurist, aber sein Hauptinteresse galt einer reformierten Nationalpädagogik, die er in einer privaten Musterschule in die Praxis umsetzte. Außerdem war er ein Dichter und Visionär. Patrick Pearse sah im Weltkrieg einen apokalyptischen Endkampf zwischen den Weltmächten England und Deutschland, wobei England für Tyrannei über die Meere stand und Deutschland für einen Befreiungskampf gegen diese Tyrannei. In diesem universalen Rahmen sah er das Schauspiel des Erwachens der Völker: Jedes Volk führe einen Verteidigungskampf für sein jeweiliges Vaterland. In Irland träfen beide Bewegungen zusammen: die universale Freiheitsbewegung gegen ein die ganze Welt bedrückendes *Empire* und der Kampf um die Unabhängigkeit der eigenen Nation.

Patrick Pearse übertrug die Vorstellung eines stellvertretenden Sühneopfers Jesu Christi für die ganze Menschheit auf die politische Situation seiner Zeit. Vorausgegangen war die Aufladung der Nation mit religiösen Inhalten. Dies war keine originelle Idee – vielmehr stand Pearse damit in einer breiten Phalanx junger Enthusiasten von 1914 in allen europäischen Ländern –, aber er verlieh seinen aus katholischer Bildlichkeit gespeisten Appellen an ein katholisches irisches Volk doch eine ganz besondere Note. Denn die Vorstellung eines an sich sinnlosen Blutopfers, das in einer apokalyptischen Situation einen universalen Sinn erhält durch die Überwindung der egoistischen Bestrebungen jedes Menschen und die Hingabe für ein umfassendes Ganzes, die eigene Nation, wurde von Pearse plausibel gemacht durch den expliziten Bezug auf die ebenso vergeblichen und sinnlosen, aber auch ebenso heroischen und bewundernswerten Taten der irischen Geschichte (er nennt etwa 1798, 1848 und 1867) sowie der mythischen keltischen Vergangenheit. Ein Muster, das er seinen Schülern immer wieder in flammenden Farben ausmalte, war das heldisch-tapfere jenes Jungen Cuchúlainn, den das älteste überlieferte irische Prosaepos feierte.

Solche Elemente waren sogar marxistischen Sozialisten wie James Connolly nicht fremd. Dieser suchte Nationalismus und Sozialismus auf irische Weise zu vereinigen, und dabei spielte die Erinnerung an altkeltische Formen des gemeinsamen Landeigentums mit; die Eigentumsverhältnisse der autochthon irischen Gesellschaft vor der Landnahme der Engländer galt irischen Sozialisten als eine Art von Kommunismus. Der Weltkrieg erschien als Tragödie, weil auf Befehl des Kapitals Arbeiter auf Arbeiter zu schießen gezwungen waren; der Krieg konnte aber einen Sinn bekommen, wenn er die unvermeidliche Weltrevolution auslösen würde. Dazu beizutragen, erklärte er zur Aufgabe der bewaffneten irischen Arbeiterbewegung, das heißt der etwa 200 Mann, die Connolly als *Irish Citizen Army* ins Gefecht führen wollte. Kaum anders als der Mystiker Pearse konnte der nationale Sozialist Connolly an entscheidender Stelle formulieren: »Ohne eine Spur von Blasphemie, vielmehr mit der geschuldeten Demut und Ehrfurcht, erkennen wir, daß man von uns, wie von der Menschheit vor dem Kreuzesopfer (Christi), wahrlich sagen kann: ›ohne Vergießung des Blutes gibt es keine Erlösung‹.«

So trafen sich also verschiedene Strömungen des irischen Nationalismus – die Katholiken, die Sozialisten, die Fenier und die Beförderer der *Gaelic League* – in einem einzigen Ziel: Die Bedrohung des *Empire* in einem bald weltweiten Krieg war die Stunde, in der sich Irland nehmen mußte, was man ihm so lange vorenthalten hatte.

Waffen für den geplanten großen Aufstand beschaffte man aus Deutschland mit Geld aus Amerika. Der größte Transport, 20 000 Gewehre, 10 Maschinengewehre und reichlich Munition, sollte am Ostersonntag, dem 23. April 1916, in Tralee Bay an Land gebracht werden. Der Ostersonntag war im messianischen Geist eines Patrick Pearse natürlich kein zufälliges Datum: Die Auferstehung der irischen Nation sollte am Tag der Auferstehung des Herrn ins Fleisch gesetzt werden. Durch Mißverständnisse bei der Koordinierung war das Schiff schon zwei Tage früher dort, mußte lange warten und kreuzen, wurde von den Engländern aufgebracht und in den Hafen von Cork bugsiert. Dort versenkte der Kapitän die ganze Ladung, um sie wenigstens nicht in falsche Hände geraten zu lassen. Die übrigen Vorbereitungen waren ebenso chaotisch und militärisch planlos. Aufrufe und Gegenbefehle jagten sich. Deshalb geschah fast überall in Irland am Ostersonntag nichts.

Am Ostermontag schließlich besetzten Aufständische in Dublin das *General Post Office* und einige andere strategische Punkte von Bedeutung. Es waren etwa 1600 Bewaffnete, die aber trotz der angespannten Lage der Briten während des Krieges in keinem Augenblick eine Chance hatten, den Kampf militärisch für sich zu entscheiden.

Am 24. April 1916 verlas Patrick Pearse die Proklamation der Irischen Republik. In ihr wird das Selbstbestimmungsrecht der irischen Nation betont, ein Recht, das durch die lange Usurpation eines fremden Volkes und einer fremden

Regierung keineswegs erloschen sei, zumal es in jeder Generation neu bekräftigt worden sei. Sechsmal innerhalb der vergangenen dreihundert Jahre hätten sich Iren in Waffen erhoben, um dieses Recht zu bekräftigen.

Man kann gefahrlos spekulieren, welche Daten Pearse wohl ansprechen mag: den Fenier-Aufstand von 1867 und den *Young Ireland*-Aufstand von 1848, den Aufstand des Robert Emmet 1803 und die Aufstände der *United Irishmen* von 1798; an älteren Ereignissen, welche die Spanne von »dreihundert Jahren« ausfüllen, ist wohl am ehesten an den »Krieg der Könige« vor 1691 zu denken und an den Aufstand von 1641. So weit reichte also das irische nationalistische Bewußtsein zurück!

Die Irische Republik habe Anspruch auf die Loyalität jedes Iren und jeder Irin. Sie garantiere religiöse und bürgerliche Freiheit, gleiche Rechte und Chancen für alle ihre Bürger, und erkläre ihre Entschlossenheit, Glück und Wohlstand der ganzen Nation und all ihrer Glieder gleichmäßig zu verfolgen und für alle Kinder der Nation in gleicher Weise zu sorgen; sie sei bereit, die Zwistigkeiten zu vergessen, die absichtlich geschürt worden seien von einer fremden Regierung, welche in der Vergangenheit eine Minderheit von der Mehrheit abgetrennt habe. Dies ist offenbar eine Stellungnahme zu Ulster: Die Republik von 1916 wollte eine Republik aller Iren sein und erhob einen Alleinvertretungsanspruch für ganz Irland. Dabei wurde sorgfältig ignoriert, daß zumindest die östlichen Ulster-Grafschaften mit deutlicher Stimme durch ihre gewählten Politiker und die Bündnisverpflichtung von 1912 gegen *Home Rule* und die Einbeziehung in ein unabhängiges Irland optiert hatten. Daß dieses Votum nur durch die bösartige Intervention einer fremden Regierung (natürlich der britischen!) zustande gekommen sei, ist realitätsfern. Das größte Problem der provisorischen Regierung von 1916, wenn sie sich militärisch hätte durchsetzen können, wäre ohne Zweifel der erklärte Wille des überwiegenden Teils von Ulster gewesen, sich einer solchen Separation nicht zu unterwerfen. Ein Gelingen des Osteraufstandes von 1916 hätte also nicht einfach die Befreiung vom britischen Joch bedeutet, sondern gleichzeitig den Anfang eines irischen Bürgerkrieges.

Die Aufständischen hielten einige Gebäude bis zu einer Woche lang besetzt. Die britische Armee schloß die Stadt ein und griff die betreffenden Gebäude an. Das GPO und die angrenzenden Straßen wurden bombardiert und weitgehend zerstört. Patrick Pearse und die Seinen ergaben sich. Man zählte 450 Tote und 2614 Verwundete, größtenteils Zivilisten. 3500 Menschen wurden verhaftet, von denen über die Hälfte ohne Verfahren in englischen Gefängnissen verschwanden. 170 Menschen wurden von Kriegsgerichten verurteilt, davon 90 zum Tode. 15 Todesurteile wurden sukzessive zwischen dem 3. und 12. Mai vollstreckt.

Damit hatte die Revolution wiederum Märtyrer hervorgebracht, und dieses Faktum war es schließlich, das sich als bedeutsam erweisen sollte. Die öffentliche Meinung, die anfangs keineswegs einhellig Partei für die Aufständischen ergriffen hatte, schwenkte um: Durch die brutale Zerstörung eines Teils der Innenstadt von Dublin und durch die erbarmungslose Hinrichtung weitgehend idealistischer Nationalisten hatte sich die britische Macht schließlich auch in den Augen derjenigen desavouiert, die vorher nicht bereit gewesen waren, gegen sie zu den Waffen zu greifen.

Revolutionäre Folgen

Den Osteraufstand von 1916 als Revolution zu bezeichnen, ist nicht üblich. Dagegen sprechen schon der ausgebliebene Erfolg und die fehlende Massenbasis. Doch muß man andererseits auch den Kontext revolutionärer Ereignisse während des Ersten Weltkrieges berücksichtigen: Wie die Russische Revolution von 1917 das kriegführende Rußland aus dem Krieg herauszog, wollten die irischen Aufständischen von 1916 Großbritannien lahmlegen. Die als Tyrannei betrachtete traditionelle Herrschaft sollte hier wie dort in der Phase ihrer größten Anspannung getroffen werden.

Eine breitere Unterstützung wuchs der Sache der irischen Freiheit und Unabhängigkeit erst infolge der Verarbeitung der Ereignisse von 1916 zu. Um sie zu verstehen, muß man aber wiederum die Kriegslage Großbritanniens beachten. In britischer Sicht waren hier Extremisten dabei, dem *Empire* einen Dolchstoß in den Rücken zu versetzen, während es selbst für wesentliche Werte der Menschheit zu Felde gezogen war. Bei dieser Beurteilung konnte die Niederwerfung des Aufstandes und die Bestrafung der Schuldigen gar nicht hart genug ausfallen. Die britische Macht mußte nun so in Erscheinung treten, wie sie von irischer Seite immer schon dargestellt worden war. Und wo man Grenzen vermutet hatte, waren sie angesichts des Krieges außer Kraft. Beispielsweise war der Gewerkschaftsführer Connolly der Meinung gewesen, Gebäude und Eigentum würde die bourgeoise britische Regierung nicht aufs Spiel setzen. Das war durch das großflächige Granatenwerfen in Dublin aufs sichtbarste widerlegt. Auch die humane Schonung einzelner unbewaffneter Zivilisten war in dieser Situation nicht mehr gewährleistet. Infolge der Militärzensur wie auch der Zerstörungen war die Zeit nach dem Osteraufstand von Gerüchten aller Art geprägt, die leicht ins Phantastische auswuchern konnten.

Eine Folge des Osteraufstands war auch, daß die Parlamentarische Partei in Bedeutungslosigkeit versank. Daß sie in Westminster angesichts der großen Kriegskoalition nichts mehr zu bestellen hatte, war schon seit 1916 offenbar. Umgekehrt saßen die Unionisten als Konservative in der Regierung! Und *Home Rule* schien längst keine vollgültige Lösung mehr für die irischen Probleme, wie sie sich nun darstellten.

Hinzu kam der Aufstieg einer neuen Partei: *Sinn Féin.*

Obwohl sich Arthur Griffith nicht am Osteraufstand beteiligt hatte, hielt man diesen wesentlich für einen *Sinn Féin*-Aufstand. Dies kam der Partei in der Folgezeit zugute, zumal sich verschiedene Gruppierungen auf einen attraktiven und diplomatischen Führer einigen konnten, der ihnen infolge des Osteraufstandes erwachsen war: Eamon de Valera. Er war zum Tode verurteilt, aber begnadigt worden. Als Sohn einer irischen Mutter und eines spanischen Vaters in den USA geboren, vermochte er es, auch in Amerika die Sache der Iren in ein neues Licht zu stellen und große Spendenmittel für eine irische unabhängige Regierung flüssig zu machen.

1918 breitete sich eine Art von Panik aus, als Großbritannien, schwer in den Weltkrieg verwickelt, die allgemeine Wehrpflicht, die in England und Schottland schon seit 1916 bestand, auf Irland ausdehnen wollte. In britischer Sicht war dies eine naheliegende, fast selbstverständliche Sache: Während auf der Hauptinsel immer ältere Jahrgänge eingezogen werden mußten und die Zahl der Gefallenen und Gefangenen eine beängstigende Höhe erreichte, konnte man erwarten, daß auch Irland seinen Teil beitragen würde. Dies bedeutete eine eklatante Verkennung der irischen Mentalität. Wie nie zuvor kehrten sich alle wichtigen gesellschaftlichen Organisationen des Landes in der Frage der allgemeinen Wehrpflicht einmütig gegen die Hegemonialmacht: die katholischen Bischöfe, die Gewerkschaften und natürlich alle Nationalisten mit *Sinn Féin* an der Spitze. Als 1918 erstmals nach einer überlangen Periode wieder allgemeine Wahlen abgehalten wurden, und zwar unter neuen Bedingungen, kam es an den Tag, daß mittlerweile politisch eine ganz neue Welt entstanden war.

Das geänderte Wahlrecht hatte die Wählerschaft mehr als verdoppelt: Nachdem erstmals auch Männer wählen durften, die keine Haushaltsvorstände waren, sowie Frauen über 30, hatten nun statt 700 000 Iren plötzlich 1,9 Millionen das Wahlrecht. Die meisten von ihnen wählten erstmals in ihrem Leben und kannten keine Bindung an traditionelle Parteien. Das führte zur fast vollständigen Vernichtung der Parlamentarischen Partei, die statt 78 Sitze nur noch 6 erzielte, und zum Aufstieg von *Sinn Féin* (73 Sitze statt 7). Die Unionisten in Ulster hatten ihren Anteil von 18 auf 26 erhöhen können – deutliches Zeichen einer Polarisierung. Die nationalistischen Extreme strebten auseinander.

Sinn Féin war keine politische Partei vom Schlage der alten. Ihre Kandidaten hatten angekündigt, die Sitze in Westminster nicht einzunehmen, sondern statt dessen in Dublin zusammenzutreten. Dies geschah auch (*Dáil Eireann*). Die *Sinn Féin*-Abgeordneten bildeten 1919 eine provisorische Regierung, zu der sie die gewählten Abgeordneten der Unionisten und *Home Ruler* einluden, welche aber natürlich nicht erschienen. Durch die beinahe flächendeckende Repräsentation von *Sinn Féin* in den Provinzen Leinster, Munster und Connaught war damit auch die Teilung des Landes, die Abtrennung des Südens von Ulster, weithin vorgegeben. Problematisch blieb nur die Grenzziehung.

De Valera wurde Präsident der neu gebildeten Regierung. Diese suchte diplomatische Anerkennung zunächst vergeblich; auch die Beteiligung an der Pariser Friedenskonferenz wurde durch Großbritannien verhindert. Allein die Sozialistische Internationale konnte für eine Anerkennung gewonnen werden, weil *Sinn Féin* seinem Regierungsprogramm sozialistische Akzente gegeben hatte. Im Lande selbst aber fand die Regierung erstaunlich schnell Anklang. Dazu trug die rechtliche Lage bei: Fast überall wurden *Parish Courts* aufgebaut, lokale Schiedsgerichte, die unter *Sinn Féin*-Beteiligung aus örtlichen Honoratioren zusammengesetzt wurden und zunehmend das englische Rechtssystem ersetzten.

Schwieriger war die Frage des Gewaltmonopols. Die *Irish Volunteers* begriffen sich als Armee der neuen Irischen Republik, als *Irish Republican Army* (IRA). Auf der anderen Seite wurde die Polizei des britischen Staates, die *Royal Irish Constabulary*, verstärkt durch neu rekrutierte Hilfstruppen aus Offizieren des Weltkriegs, die bald berüchtigten *Auxiliaries* und *Black and Tans* (so bezeichnet nach ihren gemischten Uniformen aus Polizei- und Militärbeständen). Von beiden Seiten geschahen brutale Überfälle, Waffenbeschaffungsmaßnahmen und Ausschreitungen. Es war eine Bürgerkriegssituation.

Die Teilung

Der 1914 aufgeschobene *Home Rule Act* stand mit den Pariser Friedensverträgen auf der Tagesordnung. Die britische Regierung hatte auch die öffentliche Meinung Amerikas und der Welt zu berücksichtigen. Amerika war nicht zuletzt für das Selbstbestimmungsrecht der kleinen Nationen in den Krieg gezogen und zeigte starkes Interesse an einer unabhängigen irischen Republik. Auf der anderen Seite konnte das protestantische Interesse keineswegs aufgeopfert werden; schließlich hatten vor allem die Protestanten Ulsters einen wichtigen militärischen Beitrag geleistet.

Das Ergebnis war eine Vorlage, die im Februar 1920 eingebracht wurde und im Dezember 1920 das Parlament passierte. Der *Government of Ireland Act* sah eine Trennung in zwei selbständige irische Staaten vor: Nordirland, bestehend aus den Grafschaften Antrim, Armagh, Down, Fermanagh, Londonderry und Tyrone; Südirland, aus den übrigen 26 Grafschaften bestehend, also inklusive dreier Grafschaften der historischen Provinz Ulster. Staatsoberhaupt beider Staaten sollte der König von England bleiben; beide Staaten sollten jeweils eigene Zweikammerparlamente nach englischem Muster bekommen. Das Oberhaus Südirlands sollte nach einer hoch angesetzten Besitzqualifikation zusammengesetzt werden; somit wäre dort die ja immer noch vorhandene Schicht protestantischer Landbesitzer repräsentiert gewesen. Zudem hätte Irland weiterhin seine Repräsentation im Parlament von Westminster gehabt, wenn auch auf 46 Sitze vermindert. Des weiteren war als Vorstufe für ein später mögliches Parlament eines vereinigten Irland eine gemeinsame Institution (*Council of Ireland*) vorgesehen, mit festgelegten Anteilen für das nordirische Unterhaus und das südirische Oberhaus. Diese komplizierte Maschinerie für die Legislative wurde aufgewogen durch den englischen König als Exekutive für beide Staaten. Aber auch die Legislative sollte sich auf Teilbereiche beschränken; Großbritannien behielt sich die Außenpolitik vor, das Recht über Krieg und Frieden, das gesamte Heer (einschließlich Marine und Luftwaffe) sowie Kronangelegenheiten.

An diesem Dokument ist verschiedenes bemerkenswert:

1. Der Zuschnitt der Teilstaaten folgte den Bedürfnissen der herrschenden Unionisten in Ulster. Weil sie in den neun Grafschaften nur eine hauchdünne Mehrheit gehabt hätten, mußte der nordirische Staat auf sechs Grafschaften beschränkt werden, die sie sich zu behaupten zutrauten.
2. Auch in diesen blieb eine beträchtliche katholische Minderheit zurück, um deren rechtliche Sicherung sich aber niemand kümmerte.
3. Umgekehrt sollten die Protestanten im Süden durch das auf sie zugeschnittene Oberhaus Einfluß ausüben können.
4. Die Möglichkeit zur Vereinigung der Staaten wurde offengehalten; aber die Wirklichkeit entwickelte sich so, daß auf der Basis des *Government of Ireland Act* ein weitgehend selbständiger Staat im Norden entstand; die Trennungslinie zwischen beiden Staaten wurde so gezogen, wie sie heute noch besteht.

Das Gesetz wurde im Norden angenommen; die vorgesehenen Institutionen wurden entsprechend aufgebaut. Allgemeine Wahlen setzten das Unterhaus des Nordens so zusammen: 40 Unionisten, 6 *Home Ruler* und 6 *Sinn Féin*. Auf dieser Basis konnten die Unionisten ihren Teilstaat auf-

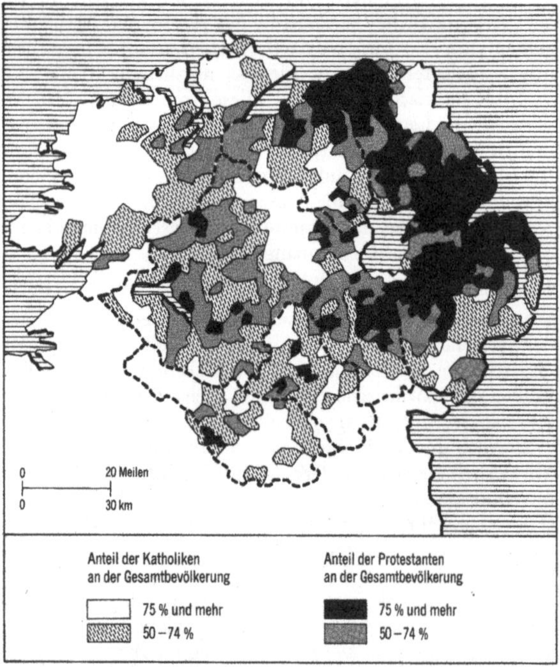

Verteilung von Katholiken und Protestanten 1911

bauen und ausbauen; die Minderheit war zwar nicht adäquat repräsentiert, aber doch immerhin vertreten.

Im Süden verlief die Entwicklung anders. Die allgemeinen Wahlen ergaben 124 Sitze für *Sinn Féin* und 4 für die Unionisten. Die Klippe bestand darin, daß ja mit dem 1919 zusammengetretenen *Dáil Eireann* bereits ein Parlament bestand, das im *Government of Ireland Act* gar nicht berücksichtigt war. Als das neue Parlament im Süden zusammentreten sollte, hielten sich die 124 *Sinn Féin*-Abgeordneten fern, so daß es keine andere Wahl hatte, als sich zu vertagen. Der britischen Regierung blieben nur zwei Möglichkeiten: ihre Verfassung mit militärischer Gewalt durchzusetzen oder weiterhin Verhandlungen zu führen. Sie wählte das letztere.

Aus langwierigen Verhandlungen, die auch durch bürgerkriegsähnliche Zustände in Irland nicht erleichtert wurden, ging schließlich ein Dokument hervor, welches das Parlament in Westminster im Dezember 1921 verabschiedete und eine knappe Mehrheit des *Dáil Eireann* im Januar 1922: *Irish Free State (Agreement) Act*. Das gälische Wort für Republik (*Saorstát*) wurde ins Englische mit *»Free State«* rückübersetzt. Der neue Staat sollte selbständig werden, aber im *Empire* verbleiben. Er sollte den Status eines *Dominion* erhalten, und zwar in gleicher Weise wie Kanada, und seine eigene Legislative zugesprochen bekommen, aber der König blieb als Haupt des *Commonwealth* die Spitze der Exekutive. Die Befürworter hatten die Erwartung, daß sich die *Dominions* eines *Commonwealth* nicht mehr wie die Kolonien der Vergangenheit regieren lassen würden – und tatsächlich wurde das Verhältnis Großbritanniens zu seinen *Dominions* in den folgenden Jahrzehnten auf eine ganz neue Basis gestellt.

Die Gegner stießen sich vor allem an zwei Punkten: an der Souveränitätsbeschränkung, die in der Überlassung von Marinestützpunkten zum Ausdruck kam, und am Eid auf den König. Dabei war die Eidespflicht sehr vorsichtig verpackt worden: In erster Linie sollte ein Abgeordneter Loyalität zur Republik schwören, und erst in zweiter Linie sollte er hinzufügen, dem englischen König gegenüber »*faithful*« zu sein, und auch dies nur insofern, als der König als Haupt der Nationengruppe anzusehen sei, welche das *British Commonwealth of Nations* bildet.

Das Gesetz galt zunächst für ganz Irland, doch erhielten die Ulster-Grafschaften die Option zugesprochen, sich der Dubliner Regierung zu entziehen; in diesem Falle sollte allerdings eine Grenzkommission zusammentreten, welche sich um die Details der Grenzziehung zwischen Nord und Süd kümmern sollte. Die Option der sechs Grafschaften wurde erwartungsgemäß eingebracht, und auch die Grenzkommission wurde gebildet. Diese trat mehrere Jahre lang zusammen, führte aber nicht zu der von den Nationalisten des Südens erwarteten Verkleinerung Nordirlands, sondern zur Festschreibung der bestehenden Grenze (1925).

Die Spannungen nahmen in jenen Jahren dramatische Ausmaße an: In Belfast wurden Tausende von katholischen Werftarbeitern entlassen, und der Freistaat empfahl gar einen Boykott von Waren aus Belfast. *Sinn Féin* spaltete sich über diesem Gesetz, das von de Valera und seinen Anhängern nicht angenommen wurde. Sie bildeten dann eine eigene Partei. Im April 1922 rebellierte eine Gruppe von IRA-Offizieren, die zentrale Gebäude in Dublin besetzten und erst nach längeren Kämpfen von der irischen Regierung mit Hilfe von Kanonen niedergeworfen werden konnten, welche sie bei den Briten leihen mußten. Bis zum Mai 1923 tobte ein Bürgerkrieg. Wo man vorher in Schwarz-Weiß-Manier gedacht hatte und glaubte, nur die Briten bekämpfen und vertreiben zu müssen, war es nun offenbar, daß es um Spaltungen zwischen den Iren ging, die nicht weniger kompromißlos ausgekämpft wurden.

Getrennte Wege im Süden und Norden (1923–1949)

1923	Erste Wahlen zum *Dáil Eireann* unter der neuen Verfassung des Freistaates: *Sinn Féin* verweigert sich; Anhänger des Vertrages bilden Regierung unter W.T. Cosgrave und formieren sich als Partei *Cumann na nGaedheal.* Aufnahme des Freistaates Irland in den Völkerbund.
1925	Nach dem Scheitern der Grenzkommission Festschreibung der Staatsgrenze zwischen den sechs Grafschaften des Nordens und den 26 Grafschaften des Südens. Die katholischen Nationalisten des Nordens nehmen erstmals ihre Sitze im Unterhaus des Nordirland-Parlamentes ein.
1926	De Valera gründet neue Partei: *Fianna Fáil.*
1927	*Fianna Fáil*-Abgeordnete leisten den geforderten Eid, treten in das Parlament ein und bilden die Opposition.
1931	Westminster-Statut: weitgehende Autonomie der *Dominions* des *Commonwealth.*
1932–1948	Nach Wahlsiegen für *Fianna Fáil* jeweils Regierungen unter Führung de Valeras.
1932–1938	Zoll- und Handelskrieg zwischen dem Freistaat und Großbritannien.
1932	Neuerrichtetes Parlamentsgebäude in Stormont bei Belfast eröffnet.
1933	Gründung der Partei *Fine Gael* (Zusammenschluß von *National Guard* und *Cumann na nGaedheal*).
1936	Beteiligung am Spanischen Bürgerkrieg: Eoin O'Duffys *Blueshirts* auf Francos Seite; radikaler Flügel der IRA auf seiten der Internationalen Brigaden. Verbot der IRA. Abschaffung des Oberhauses im Freistaat.

1936/37 Neue Verfassung für *Éire*: volle Souveränität (1938 Rückgewinnung der Marinestützpunkte von Großbritannien), Abschaffung des Eides auf den brit. König.

1938 Douglas Hyde erster Präsident von *Éire*.

1939–1945 Zweiter Weltkrieg: *Éire* bleibt neutral; Nordirland kämpft mit Großbritannien an der Seite der Alliierten.

1946 Brit. Gesetzgebung für einen Wohlfahrtsstaat wird sukzessive auch von Nordirland übernommen (1947 Recht auf höhere Bildung, 1948 *National Health Service*).

1949 *Republic of Ireland Act*: Irland unabhängige Republik, Austritt aus dem *Commonwealth* rechtskräftig.
Großbritannien sichert Nordirland die Aufrechterhaltung der Teilung zu.

Der Süden sucht seinen Weg (1923–1949)

Der neue Staat im Süden sah sich zunächst vor große Probleme gestellt: Vom materiellen Elend und den Schäden von Krieg und Bürgerkrieg ganz abgesehen, ging es darum, die divergierenden politischen Richtungen in ein ziviles Staatswesen zu integrieren und zu verhindern, daß Irland nach dem Abzug der Briten erneut in Anarchie, Chaos und Terror versänke. Faktoren der Integration waren der Bezug auf die irische Geschichte, namentlich den Osteraufstand von 1916, der Haß gegen das britische *Empire*, der Rückbezug auf die gälische Tradition und Kultur, die republikanische Ausrichtung und die katholische Religion. Für Politiker verschiedener Couleur stellte es immer wieder eine Herausforderung dar, eine lebensfähige Balance zwischen diesen Elementen zu finden.

Dabei erwies es sich als ein gravierender Einschnitt, daß gerade in diesen Jahren eine ganze Reihe gestaltender Persönlichkeiten der Bürgerkriegszeit die politische Bühne verließ – verlassen mußte. Außer den im Zusammenhang mit 1916 und dem Bürgerkrieg Hingerichteten und Gefallenen gilt dies auch für Arthur Griffith, der zunächst an der Spitze des neuen Staates stand und sich trotz aller Bedenken für einen Vertrag mit Großbritannien und die Annahme der Verfassung eingesetzt hatte (er erlag 1922 einem Herzinfarkt), für Michael Collins, der den Vertrag mit den Briten als »die Freiheit, die Freiheit zu erlangen« proklamiert hatte (und der wohl deshalb 1922 ermordet wurde), schließlich für den erfolgreich durchgreifenden Justizminister Kevin O'Higgins, eine Symbolfigur des neuen Staates, der 1927 einem Attentat zum Opfer fiel.

Im Sommer 1923 stellte sich der Nachfolger Griffiths, Premierminister W. T. Cosgrave, erstmals freien Wahlen (es waren übrigens die ersten, die nach allgemeinem Wahlrecht durchgeführt wurden, so daß auch volljährige Frauen uneingeschränkt wahlberechtigt waren – anders als in Großbritannien, wo diese Regelung erst 1928 eintrat). Cosgrave gründete eine neue Partei (*Cumann na nGhaedeal*), deren deutlichster Programmpunkt die Befürwortung des Vertrages mit Großbritannien und der neuen Verfassung war. Von 153 Sitzen erlangte er 63; mit Hilfe von Splitterparteien und Einzelkandidaten vermochte er eine Regierung zu bilden. Die Gegenseite, geführt von Eamon de Valera, lehnte nicht nur den Vertrag ab, sondern weigerte sich auch, die Sitze im Parlament einzunehmen, anders als die *Labour Party* (14 Sitze), die als Opposition ins Parlament einzog. In vierjähriger Regierungsarbeit schuf W. T. Cosgrave mit *Cumann na nGhaedeal* die politischen Rahmenbedingungen für eine friedliche und demokratische Entwicklung.

Eine offene Wunde war das Verhältnis zu Ulster, also zu jenen sechs Provinzen, die dafür optiert hatten, Teil des Vereinigten Königreiches zu bleiben und ihre Region zu einem protestantischen irischen Teilstaat auszubauen. Das runde Drittel katholischer Bevölkerung in diesem Teil des Landes blickte nach Süden und verweigerte sich weitgehend der Mitarbeit am Aufbau dieses neuen Staates, was es den Unionisten erleichterte, die Verhältnisse in ihrem Sinne zu gestalten. Im Süden dagegen, der damals etwa ein Zehntel Protestanten zählte, war eine gewisse (wenngleich eingeschränkte) politische Mitwirkung über die zweite Kammer, das Oberhaus, gewährleistet. In diesem Oberhaus saßen berufene Künstler und Wissenschaftler, Industriekapitäne und Grundbesitzer. Auf Dauer erwies sich ihr politisches Gewicht als eher gering, doch symbolisierte ihre bloße Existenz, daß der Freistaat Irland kein ausschließlich katholischer Staat war. (1936 wurde dieses Oberhaus abgeschafft.)

Eine weitere Institution des Überganges, in der divergente Strömungen zum Ausdruck kamen und an die widersprüchliche Hoffnungen geknüpft wurden, war die Grenzkommission, die über den endgültigen Verlauf der Grenze zwischen Nord und Süd befinden sollte. Der Freistaat hatte vorausgesetzt, daß diese Grenzkommission eine Korrektur zu seinen Gunsten herbeiführen würde, etwa eine Reduktion Ulsters auf nur vier Grafschaften, die man damals allgemein für wirtschaftlich nicht überlebensfähig hielt. Das Ergebnis der Kommission war jedoch ein anderes; als es durch Indiskretionen der Presse zugespielt worden war, wurde der Report zurückgehalten; der Freistaat suchte statt dessen 1925 ein Abkommen mit Großbritannien, das die faktische Grenze (abgesehen von winzigen Korrekturen) bestätigte. Einerseits trug diese Klärung zur politischen Konsolidierung des neuen Staates im Süden bei, andererseits führte sie aber auch zum Wiederaufleben des Terrorismus (IRA). Während Cosgrave bereit war, die Teilung Irlands zu akzeptieren, wurde es für alle späteren Regierungen zum Prinzip, von einem ungeteilten Irland auszugehen und einen Alleinvertretungsanspruch für das irische Volk zu erheben. (Erst in der Gegenwart läßt sich eine Aufweichung dieser Haltung erkennen.)

1927 wurden die politischen Karten neu gemischt. De Valera hatte im Vorjahr eine neue Partei gegründet (*Fianna Fáil*) und den Boden für konstitutionelle Mitwirkung bereitet. Bei den allgemeinen Wahlen im Juni 1927 erreichte er 44 Sitze (Cosgrave 46), *Labour* 22. Eine stabile Regierungsbildung war auf dieser Basis nicht möglich, so daß im September 1927 erneut Wahlen ausgeschrieben werden mußten. Nun steigerte sich de Valera zwar auf 57 Sitze, Cosgrave aber auf 67, so daß erneut eine stabile Regierung unter Cosgrave gebildet werden konnte. Diese nutzte die folgenden vier Jahre für Reformen und Konsolidierung: Die Bauern wurden gefördert (Subventionierung des Zuckerrübenanbaus); der Staatshaushalt wurde knapp gehalten; Verkehrswesen und Energiewirtschaft wurden ausgebaut (am Shannon entstand das erste Wasserkraftwerk, das Elektrizität landesweit lieferte). Diese insgesamt eher erfolgreiche Politik war jedoch angesichts der Weltwirtschaftskrise zum Scheitern verurteilt; sie machte sich in den Jahren nach 1929 auch in Irland bemerkbar und führte zu hoher Arbeitslosigkeit, Unzufriedenheit und politischer Umorientierung. 1932 wurde Cosgrave abgewählt.

Der irische Freistaat hatte nach der Verfassung von 1922 den Status eines *Dominion* im *Commonwealth* eingenommen (auf gleichem Fuß wie Kanada); es war immer eine populäre Politik in Irland, die Souveränität herauszustellen, die Abhängigkeit von der britischen Krone zu lockern und auch andere *Dominions* auf diesem Weg zu ermutigen. Das Ergebnis war 1931 das Statut von Westminster, in dem die Gleichberechtigung der *Dominions* mit Großbritannien proklamiert und ihre eigene Gesetzgebungskompetenz herausgestellt wurde.

Eine weitere Bühne solcher Souveränitätsbestrebungen war der Völkerbund, in den der Freistaat 1923 aufgenommen wurde; de Valera wurde gar an die Spitze des Leitungsgremiums gewählt. Irland gewann international an Statur.

Die Wahlen von 1932 brachten de Valera endlich an die Macht; *Fianna Fáil* erlangte 72 Sitze und konnte eine Koalitionsregierung bilden. Daß dieser Regierungswechsel in regulären Bahnen verlief, erwies, daß Irland die in der Bürgerkriegszeit noch fehlende demokratische Reife erlangt hatte. Nun beriefen sich Regierung und Opposition auf das Erbe von 1916 – wenn auch mit verschiedener Akzentsetzung. De Valera änderte sogleich die Verfassung, indem er den Eid auf den König abschaffte; er erlangte außenpolitisch völlige Handlungsfreiheit und bezog sich nur noch aus diplomatischen Gründen auf die britische Krone. Die Krise der britischen Monarchie von 1936 (Rücktritt Eduards VIII.) wurde sogleich ausgenützt: 1937 legte de Valera eine neue Verfassung vor, in der an die repräsentative Stelle eines Staatsoberhauptes des nun republikanisch verfaßten irischen Staates ein Präsident gestellt wurde. Das irische Volk wählte 1938 als ersten Präsidenten den Gründer der *Gaelic League*, den Protestanten Douglas Hyde. Der Premierminister heißt seitdem *Taoiseach*. Der Staatsname wurde in *Éire* (*Ireland*) geändert.

Element der Verfassung von 1937 war auch eine stärkere Bindung an die Dogmen der katholischen Kirche. In irischer Sicht hatte die römische Kirche Entscheidendes zur Unabhängigkeit von Großbritannien und zum Zusammenhalt der irischen Nation beigetragen; im Gegenzug gewährte man Rom nun eine stärkere Anerkennung seiner Normen innerhalb des neuen Staates. Zwar wurden auch andere Religionsgemeinschaften verfassungsmäßig anerkannt (Art. 44), doch erhielt die römische Kirche einen besonderen Rang. Elemente katholischer Dogmatik wurden in die Verfassung aufgenommen, beispielsweise die Unauflöslichkeit der Ehe.

In diesem Zusammenhang ist eine Besonderheit Irlands im 20. Jahrhundert zu sehen, durch die es sich weitgehend von der europäisch-amerikanischen Moderne isolierte: restriktive Zensurpraxis und Pressepolitik. Die Liste der in Irland verbotenen Schriften ergibt einen Katalog der Moderne; Sexualität und Geburtenkontrolle waren verpönte Themen, aber auch politisch und wissenschaftlich Anstößiges wurde der irischen Bevölkerung über Jahrzehnte hinweg vorenthalten. – Das Erwachen in den 1960er Jahren war um so schockierender.

Die neue Regierung steuerte wirtschaftspolitisch ebenfalls einen antibritischen Kurs, indem sie die Zahlungen an das britische Schatzamt einstellte. Aus den Landablösungsgesetzen seit dem späten 19. Jahrhundert waren immer noch Raten der Bauern fällig, die von der irischen Regierung gesammelt und nach Großbritannien abgeführt wurden. De Valera stellte diese Abgaben ein, was in Irland zu seiner Popularität beitrug, den neuen Staat aber in einen Handelskrieg mit Großbritannien verwickelte. Denn britischerseits belegte man die irischen Agrarexporte daraufhin mit hohen Zöllen; Irland seinerseits hob die Zölle auf britische Industriegüter an. Diese nationalistisch-ideologische Auseinandersetzung verschärfte die Spannungen zwischen beiden Staaten, schädigte aber wirtschaftlich den schwächeren Teil, nämlich Irland. Daß die Bauern des Südens nun nur noch erschwert nach Großbritannien exportieren konnten, half den Bauern des Nordens, die größtenteils an ihre Stelle traten; mithin wurde das Band zwischen Ulster und Großbritannien gegen den Willen der Nationalisten des Südens verstärkt. Die ausgefallenen Importe von Industriegütern konnten in jenen Jahren durch die heimische Industrie des neuen Staates noch nicht sogleich ersetzt werden, da die Turbulenzen der Weltwirtschaftskrise Neuinvestitionen und Umstrukturierungen nur in sehr begrenztem Umfang zuließen. Während de Valera und *Fianna Fáil* politisch aus diesem Kurs Nutzen zogen, schadeten sie Irland wirtschaftlich. Zwischen 1931 und 1938 mußte das Land einen Rückgang des Bruttosozialprodukts um 3 % verkraften, während es sich in Großbritannien im selben Zeitraum um 27 % erhöhte.

Der unglückselige Handelskrieg wurde 1938 beigelegt, als man sich auf eine letzte Einmalzahlung zur Landablösung einigte, und zwar im Gegenzug für die Rückgabe der britischen Marinestützpunkte auf irischem Boden an Irland.

Während der neue Staat 1938 zu einem gewissen Ausgleich mit Großbritannien kam, blieben innere Probleme noch ungelöst. De Valeras *Fianna Fáil* entwickelte sich zu einer staatstragenden Partei; und die IRA geriet mehr und mehr in Gegensatz zu *Fianna Fáil*. Nach einer Serie von Morden blieb de Valera nichts anderes übrig, als die IRA 1936 zu verbieten. Damit war sie zwar nicht aus der Welt geschafft, aber es waren doch klare Fronten gezogen. Die Politik entwickelte sich von da an in zivilen Bahnen und konnte sich von militärischen Flügeln unabhängig machen.

Dazu hatte in gewisser Hinsicht die vorherige Polarisierung beigetragen. Mit der *National Guard*, meist *»Blueshirts«* genannt, war seit 1933 eine paramilitärische Organisation hervorgetreten, welche die IRA bekämpft und im Äußeren einiges von faschistischen Organisationen übernommen hatte. Die *Blueshirts* gingen 1936 nach Spanien, um am Bürgerkrieg auf seiten Francos teilzunehmen. Ein Kontingent der IRA kämpfte auf seiten der Kommunisten im spanischen Bürgerkrieg. Dies erleichterte es de Valera, in Irland Ruhe zu schaffen.

Freilich machte eine neu organisierte IRA unter neuen Führern seit 1938 wieder von sich reden. 1939 schickte sie ein »Ultimatum« an Großbritannien, aus Nordirland abzuziehen. Als dieses unbeachtet blieb, kam es zu einer nicht enden wollenden Serie von Bombenanschlägen auf Ziele in Großbritannien. Die öffentliche Meinung wandte sich schließlich völlig gegen die IRA. In Irland wurde sie nun auch von staatlicher Seite möglichst streng verfolgt. In Großbritannien führten erst die drakonischen Sicherheitsmaßnahmen nach dem Ausbruch des Zweiten Weltkrieges zu einem Ende des IRA-Terrors.

Das wichtigste Ergebnis der Selbständigkeit *Éires* war die Neutralität im Zweiten Weltkrieg. Die offizielle Begründung dafür lautete, daß die Teilung Irlands noch immer bestehe, obwohl der irischen Nation Selbstbestimmung zuerkannt worden sei. Die öffentliche Meinung Irlands stand in dieser Frage geschlossen hinter de Valera; der Hauptgrund war wohl der alte Haß gegen Großbritannien, der es undenkbar scheinen ließ, noch einmal dessen Kriege auszufechten. Als einziges *Commonwealth*-Land stand Irland nicht an der Seite der Alliierten. Winston Churchill versprach die Wiedervereinigung Irlands nach dem Krieg als Gegenleistung für den Kriegseintritt. Doch de Valera wollte davon nichts wissen, weil er nicht daran glaubte, daß Churchill die Unionisten zum Einlenken bringen könnte.

Die irische Neutralität war durchaus differenzierter Natur: Der Staat ließ es zu, daß sich gegen 50 000 seiner Bürger als Freiwillige zu britischen Regimentern meldeten. Beim Luftangriff der Deutschen auf Belfast rückten auch Feuerwehren und Rettungsmannschaften aus Dublin und Dun Laoghaire aus, um im Norden zu helfen. Aber die grundsätzliche Linie wurde eingehalten und erfolgreich durchgestanden.

So entging Irland den Schrecken des Zweiten Weltkrieges. Allerdings war es auch in diesen Jahrzehnten ein armes, industriell zurückgebliebenes Land, das Mühe hatte, seine Bevölkerung zu ernähren. Lebensmittelrationierungen blieben bis 1954 bestehen!

Der Norden sucht seinen Weg (1923–1949)

Die Geschichte Nordirlands läßt sich nur aus der Situation heraus verstehen, in der dieser Staat entstand: In den ersten Jahren, bis zur Auflösung der Grenzkommission 1925, schien das Ulster der sechs Grafschaften durchaus prekär, kaum lebensfähig und in seinen Grundlagen bedroht. Allein die Unruhen des Sommers 1922 in Belfast forderten 232 Menschenleben (größtenteils Katholiken); viele hundert Opfer blieben schwerverletzt zurück; Tausende Katholiken strömten über die Grenze nach Süden in den Freistaat. In dieser Situation konstituierte sich im Norden ein defensiv ausgerichtetes Staatswesen, das sich an Großbritannien anlehnte, aber eine eigentümliche protestantische Wagenburgmentalität ausprägte. Während Großbritannien selbst ein weitgehend demokratischer und pluralistischer Staat geworden war, hatte sich der Horizont in Nordirland, trotz der Ausrichtung auf Großbritannien, merkwürdig verengt. Alle Konflikte, die es anderwärts gab (namentlich auch den zwischen Kapital und Arbeit!), zogen sich in Ulster auf den Hauptgegensatz von Protestanten und Katholiken zusammen.

Die Katholiken und Nationalisten der Ulster-Grafschaften (weitgehend Synonyme in dieser Situation!) blickten auf den Freistaat im Süden und verweigerten dem sich ausbildenden Protestantenstaat des Nordens weitgehend ihre Mitarbeit. Wenn sie etwa ins Parlament gewählt wurden, nahmen sie gewöhnlich ihre Sitze nicht ein. Im Beamtenapparat und in der Polizei ging der Anteil von Katholiken immer weiter zurück. Anfangs weigerten sich katholische Lehrer sogar zum Teil, Gehälter vom neuen Staat anzunehmen. Das Ergebnis war ein Protestantenstaat, in dem die Proportionen völlig verzerrt waren. Wo der englisch-irische Vertrag von 1920 ein Verhältniswahlrecht vorgesehen hatte, wurde dies durch das Mehrheitswahlrecht abgelöst, das rigoros zugunsten der protestantischen (knappen) Bevölkerungsmehrheit eingesetzt wurde. Ulster wurde zum Land des *gerrymandering*, der Benachteiligung durch Wahlkreiseinteilung. Das begann schon mit der Besitzqualifikation, welche die (durchschnittlich wohlhabenderen) Protestanten bevorteilte, setzte sich fort über Mehrfachvoten für die (meist protestantischen) Unternehmer und gipfelte in einer parteiischen Zuteilung von Sitzen an groß zugeschnittene Katholikenviertel und klein zugeschnittene Protestantenviertel. Notorisch waren die Verhältnisse in Londonderry, wo eine zahlenmäßige Mehrheit der Katholiken stets in das Verhältnis von 8 Katholiken zu 12 Protestanten im Stadtrat mündete. Aber auch auf der Ebene des Gesamtstaates ging es nicht anders: 1920 etwa entsandte Belfast vier Abgeordnete in das Parlament (davon ein Katholik); 1921 wurde die Anzahl auf 16 erhöht (davon ein Katholik). Die Zurückhaltung und Verweigerung der Katholiken in der Aufbauphase des neuen Staates auf der einen Seite und die Ängste und Sicherungsbestrebungen der Protestanten auf der anderen wirkten auf dasselbe Ergebnis hin.

In einem solchen Klima gespannter Konfessionsverhältnisse wurde jedes soziale Faktum auf seine Auswirkungen bezüglich des Konfessionsproporzes überprüft und bewertet. Beim Hausbau wie bei der Vergabe von Sozialwohnungen wurde stets mitbedacht, welche Veränderungen sich für das politische Mikro- und Makrosystem ergeben würden. Bei der Besetzung von Beamtenstellen und Arbeitsplätzen aller Art wurde primär auf die Konfession Rücksicht genommen. Dies gilt zunächst für sicherheitsrelevante Bereiche wie Armee und Polizei; im herrschenden Klima dieser Jahrzehnte witterte man allenthalben Sicherheitsrisiken. (Ein Minister weigerte sich, irgendwelche Dinge von Belang telefonisch zu verhandeln, solange am Nordirland-Parlament in Stormont noch ein katholischer Telefonist angestellt war.) In der Grafschaft Fermanagh waren von 77 Schulbusfahrern nicht mehr als 7 Katholiken. Je schlechter Ulster wirtschaftlich dastand, desto wichtiger wurde es für die dünne Mehrheit der Protestanten, den eigenen Leuten Privilegien zuzuteilen und ihre Mentalität der Überlegenheit zu stärken.

Nordirland entsandte zwölf Abgeordnete in das britische Parlament in Westminster, die dort in bezug auf Außenpolitik und Verteidigungsangelegenheiten Stimmrecht hatten, während die inneren Angelegenheiten Nordirlands durch ein eigenes Parlament geregelt wurden, für das seit 1932 ein großes und prächtiges Parlamentsgebäude in Stormont bei Belfast zur Verfügung stand. Eine Eigentümlichkeit nordirischer Politik blieb es jedoch, daß hier nicht eigentlich von Regierung und Opposition gesprochen werden konnte; nie gab es auch, wie in Großbritannien üblich, ein Schattenkabinett, das auf einen Regierungwechsel hinarbeitete und eine Alternative für die Wählerschaft darstellte. Nordirlandpolitik war jahrzehntelang die Domäne der Unionisten, die das protestantische Interesse kraftvoll und einheitlich vertraten und keine anderen Standpunkte neben sich aufkommen ließen. Die Katholiken isolierten sich anfangs selbst; später erwies es sich immer deutlicher, daß sie auch dann, wenn sie politisch mitzuarbeiten bereit waren, durch das Sicherheitssystem des Ulster-Staates an entscheidender Einflußnahme gehindert wurden. Unter diesen Umständen versteinerte die Politik jahrzehntelang; die Kontinuität der Persönlichkeiten an der Macht war beeindruckend. James Craig war der erste Premierminister; er blieb es bis zu seinem Tode 1940. Sein Nachfolger J. M. Andrews hatte schon seit 1921 am Kabinettstisch gesessen. Dessen Nachfolger Basil Brooke (später Lord Brookeborough) war bereits seit 1933 unter Craig Landwirtschaftsminister gewesen und blieb Premierminister bis 1963.

Dieses politische System operierte im Kontext der britischen Schutzmacht, der Feindschaft zur Republik des Südens und einer grundierenden ökonomischen Malaise. Die Ausgangsbedingungen waren schon durch die Jahre des Bürgerkrieges alles andere als vielversprechend; die Weltwirtschaftskrise verschärfte die Lage weiterhin. In den 1930er Jahren lag die Arbeitslosigkeit (berechnet nach dem Anteil der Versicherten) stets bei mehr als 25 %! Die einst mächtigen Industrien (Schiffsbau und Leinen) siechten dahin; neue Industriezweige wurden in dem prekären und von Gewaltausbrüchen bedrohten Rumpfstaat nicht angesiedelt – mit Ausnahme des Flugzeugbaues. Die Landwirtschaft profitierte in den 1930er Jahren vom Handelskrieg de Valeras mit Großbritannien. Aber insgesamt war Ulster auf dem Wege der Verelendung. Mit den Slums von Belfast war in Europa kaum etwas zu vergleichen. In ganz Irland waren WC und fließendes Wasser in Wohnhäusern eine Seltenheit. Die meisten Wohnräume waren überbelegt. Epidemische Krankheiten forderten immer wieder zahlreiche Opfer; Tuberkulose war weitverbreitet. Ein Charakteristikum Nordirlands war das britische Armenwesen mit seinen Arbeitshäusern und Zwangsanstalten; ein Viertel derjenigen Kinder, welche das erste Lebensjahr nicht überstanden, starben in Arbeitshäusern.

Diese harten Fakten lassen Irland als Armenhaus am Rande Europas erscheinen, wobei die beiden Staaten nur zwei leicht abweichende Ausprägungen derselben Grundbefunde darstellten. Unterschiede der Mentalität wurden jedoch forciert durch die politisch-ideologische Ausrichtung der jeweiligen Regierungen. Während sich der Süden im Zeitalter de Valeras schadete durch Isolationismus und Sozialkonservatismus, verließen sich die Politiker des Nordens zunehmend auf die Unterstützung durch Großbritannien. Die Gesetzgebung Westminsters wurde schlicht kopiert; ob die wirtschaftliche Grundlage für eine gleichartige soziale Sicherung in Ulster überhaupt gegeben war, wurde nie gefragt. Während Nordirland in den ersten Jahren noch hohe Eigenbeiträge zu den Verteidigungslasten des *Empire* leistete, reduzierten sich diese in den 1930er Jahren beinahe auf Null. Der britische Staatshaushalt wurde durch die Fürsorge für Ulster zunehmend belastet.

Ein wesentliches Datum in diesen Beziehungen stellte 1938 die Rückgabe der britischen Stützpunkte an den Freistaat dar; nun rückte Ulster in die entscheidende strategische Position der Unentbehrlichkeit für Großbritannien (und später auch für die USA). Belfast und die anderen Städte wurden erneut zur großen Waffenschmiede im Zuge der Aufrüstung gegen Hitler-Deutschland. Der Schiffsbau wurde wiederum wichtig am Vorabend des Zweiten Weltkrieges, nun ergänzt um den Flugzeugbau. Ulsters Beteiligung auf seiten der Alliierten war überhaupt keine Frage. Wenn dies auch eine neue Gefährdung und überraschende Zerstörung einzelner Gebiete bedeutete (vor allem die deutschen Luftangriffe auf Belfast 1941 blieben in Erinnerung!), ging Ulster doch gestärkt aus dem Krieg hervor: militärisch, wirtschaftlich und sozialpolitisch. Denn die britische Entwicklung zum Sozialstaat in den 1940er Jahren wurde hier selbstverständlich mitvollzogen, während sich die Republik des Südens in katholischer Soziallehre, korporatistischem Gedankengut und *Laissez-faire*-Politik verstrickte. Während der Lebensstandard im Norden und Süden Irlands 1930 fast gleich (niedrig) gewesen war, lag er 1950 im Norden schon 75 % über dem im Süden.

Der Hunger nach Gerechtigkeit, die Versuchung der Gewalt und die Chancen des Friedens (1949–1998)

1948–1951 John A. Costello (*Fine Gael*), *Taoiseach* an der Spitze einer Koalitionsregierung.

1951 Minister Noel Browne scheitert mit dem *Mother and Child Scheme* am Widerstand der katholischen Kirche.

1951–1954 *Fianna Fáil* erneut an der Macht; de Valera *Taoiseach*.

1952 Einrichtung der Tourismusbehörde (*Bord Fáilte*).

1954–1957 Koalitionsregierung unter Costello.

1955 Aufnahme der Republik Irland in die UNO.

1956–1962 Grenzkampagne der IRA.

1957–1973 *Fianna Fáil* an der Macht; de Valera *Taoiseach* (1957–1959).

1958 Beginn aktiver Industrieansiedlungspolitik (T. K. Whitaker: *Economic Development*).

1959–1973 De Valera Präsident der Republik Irland.

1959–1966 Sean Lemass (*Fianna Fáil*) *Taoiseach*.

1961 Landesweites Fernsehen nimmt Sendung auf (31. Dez.).

1963–1969 Terence O'Neill Premier in Nordirland.

1965 Historisches Treffen zwischen O'Neill und Lemass zunächst in Belfast, dann in Dublin.
Erstmals seit 1921 nehmen die katholischen Nationalisten (unter Edward McAteer) ihre Sitze im Nordirland-Parlament ein.

1966–1973 Jack Lynch (*Fianna Fáil*) *Taoiseach*.

1967 Gründung der NICRA (*Northern Ireland Civil Rights Association*).
Abschaffung des Schulgeldes für Sekundarschulen in der Republik Irland. Erleichterung der Zensurgesetze.

1968 Beginn der Expansion des Hochschulwesens in der Republik Irland.
Erste Demonstration der NICRA (Dungannon, 24. Aug.). Zusammenstoß der Bürgerrechtsbewegung mit der Polizei (Londonderry, 5. Okt.).

1969 Protestanten überfallen Friedensmarsch der Organisation *People's Democracy* von Belfast nach Londonderry (Burntollet Bridge, 4. Jan.).

1969–1971 James Chichester-Clark Premier in Nordirland.

1969 Unruhen an verschiedenen Orten in Nordirland. Eingreifen der brit. Armee.

1970 Spaltung der IRA in einen offiziellen (verhandlungsfähigen) und provisionellen (terroristischen) Flügel. Zwei Minister der Republik in IRA-Waffengeschäfte verwickelt.
Gründung der *Irish School of Ecumenics* (Katholiken, *Church of Ireland*, Presbyterianer, Methodisten).
Gründung der SDLP (*Social Democratic and Labour Party*) in Nordirland.
1971 Ian Paisley gründet *Democratic Unionist Party.*
1971–1972 Brian Faulkner Premier in Nordirland.
1971–1975 Internierungen in Nordirland (Vorbeugehaft für Verdächtige, fast nur Katholiken).
1972 30. Januar: *Bloody Sunday*; brit. Fallschirmspringer richten in Londonderry Blutbad unter Demonstranten an.
Gewalttätigkeiten treiben auf ihren Höhepunkt zu.
21. Juli: *Bloody Friday* (IRA-Attentate in Belfast).
Westminster übernimmt Direktregierung in Nordirland (Aufhebung der Regierung und des Parlamentes von Stormont).
Republik Irland streicht die Vorrangstellung der kath. Kirche aus der Verfassung.
1973 Republik Irland und Großbritannien treten der EG bei. Sunningdale-Konferenz: Übereinkunft zwischen der brit. und der ir. Regierung (*Council of Ireland*). Streikwelle in Nordirland.
Referendum in Nordirland: Mehrheit spricht sich für Verbleib bei Großbritannien aus.
1973–1977 Liam Cosgrave (*Fine Gael*) *Taoiseach.*
1975 Auf brit. Veranlassung tritt eine gewählte Versammlung unter William Craig zusammen, um eine Lösung für Nordirland zu finden. Nach Scheitern erneute Gewaltausbrüche.
1976 Friedensbewegung (*Women's Peace Movement*).
1977 Friedensnobelpreis für die Frauen von Nordirland (Mairéad Corrigan, Betty Williams).
1977–1979 Wahlsieg für *Fianna Fáil*: Jack Lynch *Taoiseach.*

1979	Europäisches Währungssystem: Republik Irland tritt bei, Großbritannien nicht.
1979–1981	Charles Haughey (*Fianna Fáil*) *Taoiseach*.
1980	Treffen zwischen Haughey und Margaret Thatcher.
1980–1981	Monatelange Hungerstreiks in nordirischen Gefängnissen: 10 Inhaftierte finden den Tod (Prominentester: Bobby Sands).
1981	Einrichtung ständiger Regierungskonferenzen zwischen Großbritannien und der Republik Irland.
1981–1982	Koalitionsregierung unter Garret FitzGerald (*Fine Gael*).
1982	Haughey erneut *Taoiseach*.
1982–1987	FitzGerald erneut *Taoiseach*.
1983	Gründung des *New Ireland Forum* für Frieden und Stabilität.
1985	*Hillsborough Agreement* zwischen Thatcher und FitzGerald: Mitspracherecht der Republik Irland in Nordirland betreffenden Fragen.
1987–1992	Haughey erneut *Taoiseach*.
1992–1994	Koalitionsregierung unter Albert Reynolds (*Fianna Fáil*).
1994–1997	John Bruton (*Fine Gael*) *Taoiseach*.
1995	»Gespräche über Gespräche«: Nachdem die IRA erklärt hat, vorläufig auf Gewalt zu verzichten, kommt es zu Vorverhandlungen über Nordirland, die an der Forderung der Unionisten nach Entwaffnung der IRA scheitern.
1997	Gesetz ermöglicht erstmals Ehescheidung in der Republik Irland.
	Unter gemeinsamer Leitung der britischen und der irischen Regierung erstmals *Sinn Féin* und Ulster-Unionisten zusammen am Verhandlungstisch.
1998	Friedensabkommen (10. April) sieht parlamentarische Versammlung für Nordirland und Bildung eines Nord-Süd-Gremiums vor. Bekräftigt durch Volksabstimmungen in Nord und Süd (22. Mai).

Mit Großbritannien beschritt Nordirland den Weg zum Wohlfahrtsstaat und zu einem umfassenden System sozialer Fürsorge lange vor der Republik. Auch das Bildungssystem wurde rapide reformiert: 1947 wurde ein entscheidendes Gesetz zur Verlängerung der Schulzeit, zur Abschaffung von Schulgeld im Sekundarschulbereich und zur Öffnung der Universitäten erlassen. Freilich konnte Bildungspolitik in einem konfessionell gespaltenen Staat nie neutral sein. Als eine zweite Universität gegründet wurde, wählte man dafür nicht die zweitgrößte Stadt (das überwiegend katholische Londonderry), sondern die Protestantenhochburg Coleraine.

Während die Ulster-Unionisten grundsätzlich der Unterstützung durch Großbritannien versichert sein konnten (1949 erneut feierlich erklärt durch die britische Regierung!), fanden sich die Katholiken nach wie vor nicht mit dem Staat im Norden ab. Ein Indiz dafür ist das Wiederaufleben der IRA nach 1950. Ihre Gewalt richtete sich gegen Grenzposten und Polizisten. Die Regierungen in Nord und Süd waren gleichermaßen schockiert angesichts der überraschenden Brutalität der Ausbrüche, die auch auf städtische Zentren übergriffen. Die Protestanten organisierten sich ihrerseits in paramilitärischen Bündnissen. Beide Seiten lieferten sich erbitterte Straßenschlachten, vor allem in gemischtkonfessionellen Städten wie Belfast und Londonderry. Der Staat sah sich zu drakonischem Durchgreifen genötigt; immer öfter ging man dazu über, bloß Verdächtigte vorübergehend festzunehmen. Diese Praxis vermehrte die Verbitterung, weil davon fast immer nur Katholiken betroffen waren.

Seit 1963 änderte sich die politische Landschaft Nordirlands allmählich, indem das unionistische Lager in zwei politische Flügel auseinanderbrach. Für die gemäßigten Protestanten, die von freundlicher Nachbarschaft und Ausgleich der Diskriminierung sprachen, stand vor allem Terence O'Neill, Premierminister von 1963 bis 1969. O'Neill traf sich, was als spektakulär galt, mit Sean Lemass, dem *Taoiseach* der Republik Irland. Gerade solche Gesten trieben aber die härteren Unionisten zur Weißglut, die sich um den Methodistenprediger Ian Paisley scharten, der eine eigene Sekte und eine eigene Partei gründete. Mit seinem grobschlächtigen und demagogischen Auftreten wurde er zum Sprachrohr vieler Arbeiter und einfacher Leute.

Ein unvorhergesehenes Ereignis der Bildungsreform zeigte sich in den 1960er Jahren, als die erste Generation von Jugendlichen auf diesem Weg eine bessere Bildung erfahren hatte. Denn während das traditionelle britische System der Bildungsprivilegien zur Regenerierung des Establishments tauglich war, begünstigte das reformierte System Bildung für alle, auch für die von Hause aus Schlechtergestellten, und das bedeutete in der Realität Nordirlands: für die Katholiken. Die neue Generation besser gebildeter Katholiken war aber nicht mehr gewillt, die alltägliche soziale Benachteiligung hinzunehmen. Dazu trug die Menschenrechtsbewegung der 1960er Jahre bei, die von Amerika nach Europa übergriff. Seit 1967 kam es zu einer Bürgerrechtskampagne, die auf das herrschende Unrecht aufmerksam machte (NICRA: *Northern Ireland Civil Rights Association*). 1968 formierte sich erstmals ein friedlicher Protestmarsch in Dungannon, der sofort die Medienöffentlichkeit fand (landesweites Fernsehen gab es in der Republik Irland seit dem 31. Dezember 1961). Als einige Wochen später ein ähnlicher Demonstrationszug in Londonderry stattfinden sollte, mischte sich die IRA ein und provozierte Zusammenstöße mit der (protestantischen) Polizei (RUC: *Royal Ulster Constabulary*). Nun begann die Zeit der Barrikaden und Benzinbomben, der penibleren Segregation und der *No-Go-Areas* zwischen protestantischen und katholischen Wohnvierteln, in denen man mit einer gelegentlichen Kugel rechnen mußte und in denen der Staat die Sicherheit nicht mehr gewährleisten konnte. 1969 sah sich O'Neill gezwungen, Wahlen herbeizuführen, und jetzt stellten sich erstmals zwei konkurrierende Unionistenparteien zur Wahl. O'Neill wurde bestätigt, konnte aber in seinem Kabinett keine einheitliche Linie mehr durchsetzen und überließ die Regierungsführung einem seiner Verwandten, James Chichester-Clark.

Doch die Unruhen griffen immer weiter um sich. Die jährlichen Umzüge der Protestanten zogen mit Notwendigkeit Angriffe auf sich; die britische Armee wurde immer weiter verstärkt. Anfangs von den Katholiken günstig aufgenommen, da anscheinend Recht und Ordnung sichernd, erwies sie sich in der Bürgerkriegssituation Nordirlands ihrer Aufgabe nicht gewachsen. Bald galten die britischen Soldaten den Katholiken als brutale Schergen des diskriminierenden Unionistenstaates. In diesem Zusammenhang spielt vor allem ein Ereignis eine große Rolle: *Bloody Sunday*, jener 30. Januar 1972, an dem britische Fallschirmspringer in Londonderry ein Blutbad unter unbewaffneten Demonstranten anrichteten, welche gegen die Praktiken der nordirischen Sicherheitsorgane auf die Straße gegangen waren. 13 wurden getötet, und die Sache wurde dadurch verschlimmert, daß dieses Vorgehen offenbar behördlich vertuscht werden sollte. In der Öffentlichkeit stand Großbritannien im schlechtesten Licht; es kam zu Ausbrüchen der Gewalt an anderen Orten in Nordirland, in Großbritannien und auch in der Republik Irland, wo Demonstranten die britische Botschaft in Dublin verwüsteten.

Durch die um sich greifende Gewalt sah sich die Regierung in Westminster 1972 gezwungen, die Selbstverwaltung Ulsters aufzuheben und die Provinz direkt von der Zentrale aus zu regieren. In der Folge konnte die Lage in dieser Bürgerkriegsregion tatsächlich etwas stabilisiert werden. Allerdings bedeutete das Eingreifen von 1972 auch das Scheitern des Arrangements von 1920; *Home Rule* für Ulster war am Ende.

Unter solchen Umständen konnten die positiven Ansätze leicht übersehen werden. Die Direktregierung Großbritanniens in Ulster war keine bloß militärische Aktion, keine gewaltsame Unterdrückung der Katholiken. In den ersten Jahren gab es interessante Experimente des *power-sharing*, das heißt der Beteiligung auch katholischer Interessenvertreter an Verwaltung und Regierung; doch scheiterten diese schließlich vor allem an der Intransigenz der Unionisten (Generalstreik 1973). Die britische Regierung erzwang Reformen in Ulster, etwa die Auflösung der RUC oder die Neuumschreibung der Wahlkreise; Maßnahmen gegen Diskriminierung und für mehr soziale Gerechtigkeit wurden angeordnet. Aus der Sicht Paisleys und seiner Anhänger erschien das als »Ausverkauf«. Aber auch auf katholisch-nationalistischer Seite fand Westminster wenig Dank. Die IRA, die sich mittlerweile in einen offiziellen Flügel gespalten hatte, der die Einheit der Arbeiterklasse jenseits der Konfessionsgrenzen suchte, und einen provisionellen, der durch Überfälle und Attentate von sich reden machte, hing weiter dem Mythos von 1916 nach und dem Haß gegen das kapitalistische *Empire*.

Die 1970er Jahre waren in Nordirland ein Jahrzehnt der Gewalt. 1972: 474 Morde; 1973: 252; 1974: 221; 1975: 244; 1976: 221; 1977: 55; 1978: 31; 1979: 31. Spektakuläre IRA-Aktionen waren der Mord an einem Mitglied der Königshauses (Lord Mountbatten, August 1979) und das mißglückte Attentat auf Margaret Thatcher und den Parteitag der britischen Konservativen in Brighton (1984). Auch in den 1990er Jahren wurden immer wieder Waffenstillstände der IRA von Extremisten durchbrochen, die sich nicht politisch zügeln ließen.

Bemerkenswerte Ansätze einer Friedensbewegung in Nordirland (1976: *Women's Peace Movement*) machen deutlich, daß es jenseits der sektiererischen Gewalt auch eine einfache menschliche, unpolitische Friedenssehnsucht gibt. Auf Dauer war ihnen kein Erfolg beschieden. Als Zeichen fanden sie vor allem im Ausland Beachtung (Friedensnobelpreis 1977).

Als neue politische Kraft trat auf katholischer Seite seit 1970 die SDLP hervor (*Social Democratic and Labour Party*), welche auf Reformen in Nordirland drängte, aber am Fernziel der Wiedervereinigung festhielt. In jüngeren Jahren kam *Sinn Féin* unter Gerry Adams empor, als nationalistische Partei, die der Gewalt abschwor und die Interessen des katholischen Bevölkerungsteiles durch politisches Vorgehen zu sichern suchte.

Im Wandel Nordirlands spielt die demographische Gegebenheit eine Rolle, daß die Katholiken zahlenmäßig stärker zunehmen als die Protestanten. Manche leiten daraus ab, die Katholiken würden »automatisch« in eine bessere Situation kommen. Da sich die Protestanten jedoch vom demographischen Faktor bedroht fühlen, fragt es sich, ob alle Kräfte in einen Prozeß friedlicher Veränderung eingebunden werden können. Daß die Stadt Belfast 1996 erstmals eine katholische Mehrheit in den Stadtrat brachte und einen katholischen Bürgermeister wählte, verdankt sich nicht der Demographie, sondern dem Wahlrecht – dem Verzicht auf die diskriminierenden Manipulationen der Vergangenheit.

Normalisierung und Stabilisierung im Süden

1948 verlor *Fianna Fáil* vorübergehend die Macht. Eine Koalitionsregierung wählte John Aloysius Costello als *Taoiseach*. Unter dieser Regierung wurden einige bemerkenswerte Reformen in Angriff genommen, namentlich von Gesundheitsminister Noel Browne. Er hatte festgestellt, daß Tuberkulose in Irland außerordentlich viele Opfer forderte; es gelang ihm, durch ein teures Hilfsprogramm die Zahl von 3000 bis 4000 Tuberkuloseopfern pro Jahr zunächst auf die Hälfte, dann auf unter ein Viertel zu senken. Dagegen scheiterte er mit seinem *Mother and Child Scheme*. In Irland war damals nämlich die Säuglingssterblichkeit besonders hoch, und Browne glaubte, durchgreifende Besserung durch kostenlose medizinische Versorgung erreichen zu können. Diese sollte Müttern und Kindern bis zum 16. Lebensjahr zustehen. Im Vergleich mit dem *National Health Service* in Großbritannien kann dieser Vorschlag nicht als revolutionär eingestuft werden. In Irland gab es damals aber erst kleine Ansätze zu einem Wohlfahrtsstaat (beispielsweise Altersrente). Brownes *Mother and Child Scheme* löste einen Sturm der Entrüstung aus: Die Ärzte sahen die Beziehung zwischen Arzt und Patient gefährdet. Alle Liberalen empörten sich über den Vormarsch des Staates und sein Eingreifen in die Persönlichkeitssphäre. In breiten Kreisen sah man in der bevorstehenden Reform ein Stück Sozialismus. Und die katholische Kirche befürchtete den Zusammenbruch christlicher Moral. Die Reform scheiterte am Einspruch der Kirche. Noel Brown trat zurück. Die Regierung Costello war kurz darauf, als weitere Probleme hinzutraten, am Ende.

Auf Costello folgte 1951 erneut de Valera, auf diesen 1954 wieder Costello. Allmählich entwickelte sich in Irland ein Zweiparteiensystem: *Fianna Fáil* auf der einen Seite und *Fine Gael* auf der anderen, dazwischen wechselnde Neu- und Kleinparteien, die sich alle auf Dauer nicht durchsetzen konnten, aber gelegentlich Koalitionsregierungen ermöglichten. Die beiden wichtigsten Parteien unterschieden sich in ihrer Ideologie nicht wesentlich; beide waren Volksparteien, die je nach Konjunktur mehr oder weniger Zuspruch fanden, wobei sich die Wähler zumeist an den aktuellen Wahlprogrammen orientierten. Auffallend ist im internationalen Vergleich, daß die *Labour Party* nie mehr als ein paar Sitze erreichte. Offenbar gab es keine gewerkschaftlich-industrielle Basis. Irland blieb stark agrarisch dominiert.

Die Folge der Regierungen führte, insgesamt gesehen, dazu, daß sich auch in Irland allmählich Elemente des

Wohlfahrtsstaates verstärkten und daß sich der Sektor der Staatstätigkeit vergrößerte. Insbesondere wurde eine erfolgreiche Industriepolitik entwickelt: Ausländische Unternehmen erhielten staatliche Hilfen in Form von Steuerfreiheit für die Aufbauphase. In den 1960er Jahren ging die materielle Not allmählich zurück; die Arbeitslosigkeit sank; eine gewisse Prosperität machte sich breit.

Diese hatte auch demographische Auswirkungen. Während die Bevölkerungszahl Irlands im 20. Jahrhundert immer weiter abgesunken war (Tiefstand 1961: 2,8 Millionen), kehrte sich dieser Trend nun um. 1993 war die Bevölkerung auf 3,6 Millionen angestiegen. Das bedeutet vor allem, daß in den letzten Jahrzehnten weniger Iren als früher auswanderten; ein größerer Prozentsatz fand im eigenen Lande Arbeit und Brot. Das schuf zwar Probleme im Wohnungsbau, aber insgesamt konnte das Bevölkerungswachstum doch bewältigt werden.

Als Gewinn erwies sich dabei der Beitritt zur EG im Jahre 1973. Denn die noch stark agrarische Struktur des Landes machte es zum Großempfänger von Agrartransferleistungen. Vor allem in den ersten Jahren (Höhepunkt: 1978) gewannen diese eine große Bedeutung für die Republik Irland (nicht hingegen für das stärker industrialisierte Ulster!).

Eine steigende Bevölkerung hatte auch eine starke Nachfrage nach Waren aller Art zur Folge. Ein verhältnismäßig großer Prozentsatz der Bevölkerung ist jung. Für viele Industrien wurde Irland zu einem attraktiven Standort.

In diesen Jahrzehnten erfolgte in Irland ein Strukturwandel der Beschäftigung, der in anderen europäischen Ländern schon früher eingesetzt hatte. 1961 waren 36,9 % der Beschäftigten in der Landwirtschaft, 23,5 % in der Industrie und 39,6 % im Dienstleistungssektor tätig; bereits zehn Jahre später hatten sich diese Anteile deutlich verschoben: 26,9 % Landwirtschaft, 29,6 % Industrie und 43,5 % Dienstleistungen; 1984 noch ausgeprägter: 16,7 % Landwirtschaft, 28,7 % Industrie und 54,6 % Dienstleistungen. Freilich gab es in Irland kontinuierlich eine weit höhere Arbeitslosigkeit als etwa in Deutschland. Die internationale Wirtschaftskrise infolge der Ölkrise in den 1970er Jahren traf das Land empfindlich; die Arbeitslosigkeit schnellte auf 15 % und betrug in den mittleren 1980er Jahren sogar 20 %. Darauf verstärkte sich erneut die Emigration, und die Regierung unternahm vermehrte Anstrengungen zur Industrieansiedlung, wodurch die Arbeitslosenquote 1990 auf 16 % gefallen war. Gleichzeitig wurde die wirtschaftliche Struktur modernisiert und der internationalen Entwicklung angepaßt: Während 1970 die Agrarexporte noch 34,4 % des Exportvolumens ausgemacht hatten, waren es 1990 nur noch 19,9 %, weil mittlerweile die Elektroerzeugnisse von 13,8 % auf 28,4 % gestiegen waren und als neuer Zweig Computersoftware hinzugekommen war, die 1990 bereits 7,7 % der irischen Exporte ausmachte.

Das politische Leben der letzten Jahrzehnte zeigt häufige Regierungswechsel, wobei die beiden Volksparteien *Fianna Fáil* und *Fine Gael* jeweils abwechselnd den Regierungschef stellten. Doch anders als in Großbritannien mit seinem Zweiparteiensystem, das durch ein Mehrheitswahlrecht stabilisiert wird, waren in Irland meist Koalitionsregierungen an der Macht, so daß auch kleinere Parteien in wechselnden Gruppierungen mitzusprechen hatten. Dies konnte beispielsweise dazu führen, daß 1990 erstmals eine Frau zur Staatspräsidentin gewählt wurde: Mary Robinson, die weder zur einen noch zur anderen Volkspartei gehörte, sondern von verschiedenen kleineren unterstützt wurde.

Auch in der politischen Stimmung einer breiteren Öffentlichkeit lassen sich in den letzten Jahrzehnten deutliche Verschiebungen wahrnehmen. Früher war Irland fixiert auf das Verhältnis zu Großbritannien; seit dem beiderseitigen EG-Beitritt haben viele Iren den europäischen Kontinent für sich entdeckt, und zwar nicht nur als Markt für ihre Exporte, sondern auch als Arbeitsmarkt und als Kulturraum, dessen Sprachen inzwischen in den irischen Schulen eine größere Bedeutung erlangt haben. Zugleich hat sich das Verhältnis zur eigenen Nation gewandelt: In ihrer Verfassung erhob die Republik Irland ja einen Anspruch auf die ganze Insel, und noch 1968 meinten nur 20 %, man müsse die Mehrheit der Bevölkerung Nordirlands in dieser Frage entscheiden lassen; aber zehn Jahre später standen bereits 60 % der Iren auf dem Standpunkt, daß die Mehrheit der Einwohner Nordirlands über ihre Zukunft selbst befinden müsse. Der gewissermaßen naive Nationalismus der Bürgerkriegszeit ist also inzwischen einer reflektierteren Position gewichen, welche die andere Seite mitsprechen lassen will – eigentlich eine Selbstverständlichkeit, die aber unter existentiellen Kämpfen verdrängt worden war.

Hoffnungsvolle Ansätze

Die Republik Irland scheint am Ende des 20. Jahrhunderts einen Weg der Freiheit und des Friedens, der Stabilität und Normalität gefunden zu haben, begleitet von einer gewissen Prosperität und nicht ungünstigen wirtschaftlichen Prognosen. Sprechendstes Indiz sind hier die Auswandererzahlen; in Irland traditionell hoch, schnellen sie in die Höhe, wenn sich die wirtschaftliche Perspektive verdüstert. Die 1990er Jahre sind jedoch gekennzeichnet durch hohe Zahlen von Rückwanderern, die in einzelnen Jahren sogar die Zahlen der Auswanderer übertrafen.

Die Fixierung auf das Feindbild Großbritannien ist zumindest aufgebrochen. Ausdruck dessen ist zum Beispiel der erste Staatsbesuch eines irischen Staatsoberhauptes bei der englischen Königin (Mary Robinson, 1996). Die Säkularisierung der Lebensverhältnisse reduziert die bis dahin konfessionell versteiften Konflikte. Die Ausrichtung auf Europa hat die Republik in einen politischen und sozialen

Bezugsrahmen zurückgeführt, den sie in den Jahrhunderten der Überformung durch Großbritannien eingebüßt hatte.

Als größtes Problem bleibt die Wunde Ulster, die nur langsam heilt. Trotz gegenwärtig günstiger politischer Konstellationen ist zu bedenken, daß das Aussterben der Generation, die durch 1916 geprägt war, nicht genügt hat, um der ganzen Insel den Frieden zu bringen. Es leben Tausende von Iren, deren nächste Angehörige Opfer von Terroranschlägen waren. Es leben Tausende, die Unrecht litten, beispielsweise durch die Internierungen von 1971–75, bis hin zu Folterungen.

Das macht deutlich, daß es nicht damit getan sein kann, wenn Politologen Modelle staatlicher Organisation für ein neues Irland entwickeln und Politiker Kompromisse am Verhandlungstisch suchen. Wie schon der Unionistenführer James Molyneux vor langer Zeit feststellte: Politische Führer müssen aufpassen, daß sie sich nicht so weit vorantreiben lassen, daß ihnen ihre Truppen nicht mehr folgen. Letztlich ist also gefordert, die Verhältnisse so zu gestalten, daß beide Seiten eines Tages ohne die Angst leben können, von der jeweils anderen Seite vergewaltigt und unterdrückt zu werden.

Dabei wird der Pädagogik eine wichtige Funktion zukommen. Traditionell war Irland ein Land konfessioneller Erziehung. 1921 machte das anglo-irische Abkommen zunächst den Weg für ein säkulares Schulwesen frei. Doch die Spezifik der irischen Situation trieb von beiden Seiten die Re-Konfessionalisierung geradezu zwangsläufig hervor. Die Republik Irland entwickelte sich unter dem Drängen der katholischen Kirche zu einem katholischen Staat. In Nordirland wirkten das Sicherheitsbestreben der Protestanten auf der einen Seite und das Sicherheitsinteresse der Katholiken auf der anderen darauf hin, daß 98 % der Schulen Konfessionsschulen wurden. Erst in jüngerer Zeit ist man – abgesehen von früheren Versuchen, durch gemeinsame Ferienlager wenigstens zeitweilig einen Blick über den Zaun zu gestatten – in größerem Maße dabei, katholische und protestantische Kinder schon im Grundschulalter aneinander zu gewöhnen. Vielleicht entsteht aus dieser Generation dereinst der Wille zum Frieden, der schon lange ersehnt wird.

In diesem Zusammenhang kommt dem Umgang mit der Geschichte höchste Bedeutung zu. In den ersten Jahrzehnten der Teilung war auch die Geschichtswissenschaft beiderseits nationalistisch; sie sah ihre vornehmste Aufgabe darin, die jeweilige Identität historisch zu legitimieren. Das hat sich längst geändert. Ein eindrückliches Beispiel früher Versuche, Brücken zu schlagen, ist die Kooperation zwischen T. W. Moody, Professor am (protestantischen) Trinity College Dublin, und F. X. Martin, Professor am (katholischen) University College Dublin. 1967 organisierten sie eine weithin rezipierte Rundfunkserie zur irischen Geschichte (deren Buchversion eines der verbreitetsten historischen Werke in Irland überhaupt geworden ist!); seit 1962 schon planten sie gemeinsam das maßgebliche Handbuch der irischen Geschichte, dessen erster Band 1976 erschien (*A New History of Ireland*). Seit 1982 gibt es gemeinsame Konferenzen der *Royal Irish Academy* und der *British Academy*, welche, im Mittelalter beginnend, die Differenzen des englisch-irischen und protestantisch-katholischen Geschichtsbildes wissenschaftlich aufarbeiten. Das allgemeine Bewußtsein einer breiteren Öffentlichkeit ist zwar noch weit von einem überkonfessionellen Standpunkt entfernt; daß jedoch auch hier eine Annäherung zu verzeichnen ist, erkennt man am deutlichsten aus dem Gedenken des Osteraufstandes von 1916, gewissermaßen des Gründungsereignisses der Republik Irland: 1966 im Süden noch triumphal gefeiert, wurde der Osteraufstand 1991 in den Medien bereits sehr verhalten, ja selbstkritisch reflektiert.

Was man auch immer über Politiker und Parteien aller Schattierungen denken mag (Korruptionsfälle sind in Irland notorisch und gehören mehr als in anderen Staaten zum Tagesgeschäft): Bis auf wenige extremistische Ausnahmen sind es nicht mehr sie, die dem Frieden im Wege stehen. Seit der letzten großen und schließlich erfolglosen Anstrengung, mit der Großbritannien 1972 und danach versucht hat, die Situation in den Griff zu bekommen, hat sich die Lage gründlich geändert – noch mehr aber die Einschätzung dieser Lage durch die Briten. In den 1940er Jahren wurde Ulster als integraler und essentieller Teil des Vereinigten Königreiches angesehen; seit den 1970er Jahren gilt es als Belastung für den Gesamtstaat. Dies hat zunächst eine finanzielle Dimension: Seit Jahrzehnten fließt immer mehr Geld für Sozialleistungen und anderes von Großbritannien nach Nordirland, als dort an Steuern zum Gesamtetat aufgebracht wird – ganz zu schweigen von den zeitweilig horrenden Kosten militärischer Präsenz. Und dies hat eine psychologische Auswirkung: Für Verhaltensweisen und Mentalität der protestantischen Ulster-Bevölkerung bringt ein großer Teil der Briten heute kaum noch Verständnis auf – und zwar um so weniger, als diese grundsätzlich politische Lösungen blockieren und zu Terror und Gewalt Zuflucht nehmen. Durchschnittlichen Briten erscheint die Zusammengehörigkeit mit Ulster geradezu peinlich – eine Blessur des eigenen Selbstbildes. Sukzessive britische Regierungen sind diesem Mentalitätswandel gefolgt, indem sie die Verständigung mit der Republik Irland suchten und über tastende Versuche (*Council of Ireland*), über Treffen auch auf höchster Ebene und Einrichtung ständiger Regierungskonferenzen schließlich der Republik Irland ein förmliches Mitspracherecht in Nordirland-Fragen eingeräumt haben (*Hillsborough Agreement*, 1985). Das bietet den Katholiken Nordirlands eine Perspektive der Sicherung und konnte dazu dienen, der terroristischen IRA den Boden zu entziehen. Wie freilich die Unionisten, die sich von aller Welt alleingelassen fühlen, in einen Friedensprozeß eingebunden werden können, bleibt offen.

1994 schienen nach einer Waffenruhe alle politischen Möglichkeiten gegeben; doch bevor etwas erreicht wurde, war es Extremisten gelungen, die Verhandlungspartner wieder auseinanderzubringen. Die lange blockierende Forderung, die IRA möge zuerst alle Waffen abgeben, wurde schließlich zurückgestellt, nachdem dies in einem Gutachten des als Vermittler anerkannten amerikanischen Senators Mitchell empfohlen worden war. Ein Treffen aller politischen Kräfte wird gegenwärtig nur noch von extremistischen unionistischen Gruppen abgelehnt. Verhandlungen, zu denen die Regierungen Großbritanniens und der Republik Irland 1997 erstmals auch *Sinn Féin* und die Ulster-Unionisten an einen Verhandlungstisch brachten, wurden bereits als historisch bezeichnet. Ein Friedensabkommen (10. April 1998) sieht eine parlamentarische Versammlung für Nordirland vor, die Demokratie nach dem Mehrheitswahlrecht, Gewaltenteilung und das Selbstbestimmungsrecht für Katholiken und Protestanten Nordirlands sichern soll; aus Wahlen soll ein Nord-Süd-Gremium hervorgehen, in dem Vertreter des Nordens und des Südens über die gemeinsame Zukunft Irlands entscheiden. Diese gestufte Lösung machte den Kompromiß erst möglich, enthält aber die Paradoxie, daß der Führer der Unionisten seinen Anhängern dieselbe Lösung als Sicherung der Zugehörigkeit zu Großbritannien empfiehlt, die der *Sinn Féin*-Führer seinen Anhängern als Weg zu einem wiedervereinigten Irland anpreist. Das Friedensabkommen wurde in einer Volksabstimmung (22. Mai 1998) von mehr als 71 % der Nordiren gutgeheißen (angesichts der außergewöhnlich hohen Wahlbeteiligung von 81 % also wohl auch von einer Mehrheit der Protestanten!), während sich am selben Tag in einer Volksabstimmung in der Republik Irland 94 % dafür aussprachen, die Verfassung bezüglich der Artikel 2 und 3 (Anspruch auf alle 32 Grafschaften Irlands) dem Friedensabkommen anzupassen. Mit dem Friedensabkommen verknüpft ist eine Amnestie, die für mehr als tausend Attentäter (beider Seiten) die Freiheit bringen soll. Während dem Weg der Gewalt durch die Volksabstimmungen jede Legitimation entzogen scheint, wäre es nicht das erste Mal in der irischen Geschichte, daß Extremisten gangbar scheinende Lösungen unmöglich machen. Es bedarf, nach so vielen historischen Durchbrüchen, wie sie seit dem Treffen zwischen Terence O'Neill und Sean Lemass 1965, der Sunningdale-Konferenz von 1973 und dem *Hillsborough Agreement* von 1985 schon bejubelt wurden, einer kräftigen Dosis Optimismus, nun eine endgültige Lösung des Nordirland-Problems erreicht zu sehen. Andererseits kann nur ein eingefleischter Pessimist übersehen, daß die Rahmenbedingungen heute so günstig sind wie noch nie.

Das 21. Jahrhundert: Hoffnungen und Enttäuschungen

1990–2011	Erstmals Frauen an der Spitze der Republik Irland (1990–1997 Mary Robinson, 1997–2011 Mary McAleese).
1990–2008	Wirtschaftsaufschwung (Irland als ›Keltischer Tiger‹). Bedeutende Investitionen ausländischer, vor allem amerikanischer Großunternehmen (chemisch-pharmazeutische Industrie, Computer und Software, Banken, Bauindustrie). Zweistellige Wachstumsraten (bis 1999). Rückgang der Arbeitslosigkeit: Vollbeschäftigung.
1992	Erstmals überwiegt die Einwanderung die Auswanderung.
1996	Erster Staatsbesuch eines Staatsoberhauptes der irischen Republik (Mary Robinson) bei der englischen Königin.
1997	IRA verkündet Waffenstillstand.
1998	Friedensnobelpreis gemeinsam für den Protestanten David Trimble und den Katholiken John Hume.
1999	Erste gemischte (protestantisch-katholische) Regierung in Nordirland. *Power-sharing*. David Trimble (Ulster Unionists) *First Minister*, Seamus Mallon (Social Democratic Labour Party) *Deputy First Minister*.
2006	Erneuertes Friedensabkommen von St Andrews (Fortführung des Karfreitagsabkommens von 1998).
2007	Erneut gemischte (protestantisch-katholische) Regierung in Nordirland. *Power-sharing*. Ian Paisley (Democratic Unionist Party) *First Minister*, Martin McGuinness (Sinn Féin) *Deputy First Minister*. Abzug der britischen Truppen aus Nordirland.
2008	Internationale Bankenkrise trifft Irland besonders hart.

2009 Report der Ryan Commission dokumentiert das Ausmaß des sexuellen Mißbrauchs über Jahrzehnte. Glaubwürdigkeit der katholischen Kirche beschädigt.

2010 Staatsschuldenkrise der Republik Irland kann nur durch massive Stützung seitens des IWF und der EU aufgehalten werden.
Autonomiestatut für Nordirland: Übertragung der Kompetenzen für Justiz und Polizei auf die (gemischte) Regionalregierung.

2011 Die unwürdige Handhabung der Finanzkrise wird dem Premierminister Brian Cowen und seinem Finanzminister Brian Lenihan zur Last gelegt. Nach 23 Jahren wird in Dublin erstmals wieder eine Regierung ohne Fianna Fáil gebildet.
Erster Staatsbesuch der britischen Königin in der Republik Irland.

2012 Handschlag der britischen Königin bei ihrem Besuch in Belfast für Martin McGuinness wird als historische Geste betrachtet.
Flaggenstreit in Belfast: Krawalle über die Frage, wann der *Union Jack* über dem Rathaus von Belfast wehen dürfe, ob immer oder nur zu gewissen Gelegenheiten.
Immer mehr und immer höhere ›Friedensmauern‹ trennen Wohngebiete der Katholiken und Protestanten in Belfast und Londonderry.

2013 In Nordirland beginnt eine Debatte über Amnestie: Ob die Opfer der *Troubles* die Gerichte um Aufklärung und Verfolgung lange zurückliegender Straftaten anrufen dürften oder ob ein ›Schlußstrich‹ gezogen werden müsse.

2014 Der Süden Irlands wird erschüttert durch Debatten um die Zwangsarbeit ›gefallener Mädchen‹ in Nonnenklöstern sowie um in deren Gärten aufgefundene Skelette von Kindern und Säuglingen.

2015 In einem Referendum der Republik Irland spricht sich eine Mehrheit für die Öffnung der Ehe für gleichgeschlechtliche Lebenspartnerschaften aus (gegen die Meinung der katholischen Kirche, aber auch im Widerspruch zu den Bestrebungen der Protestanten in Nordirland).

2016 Knappe Mehrheit bei einer Volksabstimmung in Großbritannien für einen Austritt aus der EU (›Brexit‹). Nordirland votiert (wie Schottland) mehrheitlich für Verbleib. Probleme für Irland zeichnen sich dadurch ab, daß im Falle des Brexit erneut eine harte Grenze zwischen Nordirland und dem Süden der Insel zu entstehen droht.

2017 In der Wahl Leo Varadkars zum Ministerpräsidenten der Republik Irland zeigt sich symbolisch die völlige Veränderung des Landes: ein junger, 38-jähriger Arzt, bekennender Homosexueller mit indischen Wurzeln.

2018 Eine Mehrheit votiert im Süden in einem Referendum für die Abschaffung der harten Gesetze gegen Abtreibung, die 1983 infolge eines Referendums eingeführt worden waren: Liberalisierung nach Vertrauensverlust der katholischen Kirche.

2020 Brexit: Austritt Großbritanniens (mit Nordirland) aus der Europäischen Union. Schwierigkeiten an der neuen Grenze zwischen Irland und dem Vereinigten Königreich.

2021 Nach überraschendem Wahlsieg, der Sinn Féin die meisten Stimmen eintrug, Bildung einer großen Koalition von Fianna Fáil, Fine Gael und den Grünen mit alternierendem Ministerpräsidenten (zunächst: Micheál Martin).

Sprung und Sturz des ›Keltischen Tigers‹

1994 hörte man erstmals das Schlagwort vom ›Keltischen Tiger‹: Nachdem die Ökonomen schon länger von den boomenden Staaten in Südostasien (Singapur, Taiwan, Südkorea usw.) als ›Tigerstaaten‹ gesprochen hatten, verlieh die Übertragung dieser Metapher auf die kleine Insel am Nordwestrand Europas dieser eine ganz neue Werbewirksamkeit. Während man früher Irland mit Armut, Auswanderung und Rückständigkeit assoziiert hatte, sollte man nun an einen boomenden Staat der ›New Economy‹ mit märchenhaften Wachstumsraten denken.

Die beeindruckenden Wachstumsraten der Wirtschaft konnten nicht geleugnet werden. Während sich für weite Teile des ländlichen Irland zunächst gar nichts änderte, konnte man doch in der Hauptstadt Dublin (und in manchen anderen Städten) die neue Welt mit Händen greifen: Industrieansiedelung, Bauboom, Konsumtempel. Heinrich Böll hätte sein Irland nicht wiedererkannt!

Noch mehr beeindruckte die Zeitgenossen die Tatsache, daß die traditionell in Irland besonders hohe Arbeitslosigkeit schrumpfte und daß nun eigentlich jeder, der arbeiten wollte, auch einen Job finden konnte. Die Arbeitslosigkeit sank von 20 % im Jahre 1990 auf 4,2 % im Jahre 2000. Ja, mehr noch: Während Irland seit Jahrhunderten ein Auswanderungsland gewesen war, kamen nun immer mehr irischstämmige Menschen aus anderen Ländern zurück. 1992 war das denkwürdige Jahr des Umschlags, in dem erstmals mehr Einwanderer als Auswanderer gezählt wurden (40 000 gegen 33 000). Diese Einwanderung beschleunigte sich in den folgenden Jahren noch beträchtlich. Irland erreichte einen Bevölkerungshöchststand von 4,1 Millionen: So viele Menschen haben seit 1881 nicht mehr im Süden der Insel gelebt. Aber nicht nur Iren kamen: Auch Ausländer, vornehmlich aus Osteuropa, selbst aus Südamerika, suchten nun ein besseres Leben in Irland. Und von verschiedenen Krisenherden der Welt meldeten sich plötzlich Asylbewerber, die Irland auf der Landkarte entdeckt hatten. So etwas war den Iren bis dahin völlig fremd: Die vielfarbigen Bevölkerungen, die man in London oder New York sehen konnte, begegneten ihnen zu ihrer Verwirrung nun auch in irischen Städten. Und dies war kein Zeichen von Krise, sondern Folge eines Wirtschaftsbooms, wie ihn Irland noch nicht erlebt hatte.

Inzwischen wissen wir, daß dieses Wunder endlich war. Es begann um 1990 und endete präzise im September 2008 mit der internationalen Bankenkrise. Trotzdem hat die Zeit der Herrschaft des ›Keltischen Tigers‹, die sich nun als Episode herausgestellt hat, dem früher katholisch, ländlich und gälisch-nationalistisch geprägten Irland einen ungeahnten Modernitätsschub gegeben (wenn dieser auch aktuell vom Leiden an einer Krise gezeichnet ist). Was als Generationserfahrung bleiben kann: Irland ist nicht vom Schicksal (oder dem übermächtigen Nachbarn Großbritannien) zu Armut und Rückständigkeit verurteilt; die Verhältnisse sind veränderbar, umkehrbar.

Vom Beginn des 20. Jahrhunderts bis in die mittleren 1980er Jahre betrug das Durchschnittseinkommen in der Republik Irland etwa zwei Drittel dessen, was man in Großbritannien verdiente – in schlechten Zeiten noch deutlich weniger. 2000 aber lag das Durchschnittseinkommen in Irland nicht nur höher als im Nachbarstaat, sondern weltweit in der Spitzengruppe. Natürlich verschleierte die Statistik das beängstigende Gefälle zwischen immensem Reichtum für wenige und nach wie vor bescheidenen Lebensverhältnissen für viele (auch in der Armutsstatistik blieb Irland prominent), aber daß sich etwas geändert hatte, sahen doch alle.

Gründe für die unerwartete wirtschaftliche Entwicklung lassen sich auf verschiedenen Ebenen finden. Natürlich sahen die Wachstumsraten auch deshalb so eindrucksvoll aus, weil das Niveau, auf das sie sich bezogen, so bescheiden gewesen war. Aber trotzdem war die Veränderung merklich. Entscheidend dafür waren in erster Linie die Investitionen von Ausländern, vor allem von US-Amerikanern: 700 amerikanische Firmen ließen sich in den 1990er Jahren in Irland nieder und beschäftigten 90 000 Mitarbeiter. Gute Grundlagen dafür waren durch die europäische Strukturpolitik geschaffen worden, welche jahrzehntelang das zurückgebliebene Irland begünstigt hatte. Ein Teil des Erfolges ist auch auf entsprechende Werbemaßnahmen der irischen Regierung zurückzuführen. Was die Propagatoren für Irland als Industriestandort in die Waagschale werfen konnten: Es sei ein relativ ruhiges und sicheres Land mit entwickelter Infrastruktur, verläßlichem Rechtswesen, geringen Steuern (auffallend vor allem der Körperschaftssteuersatz 12,5 % – zum Vergleich das benachbarte Großbritannien: 30 %; aber auch steuerliche Begünstigung ausländischer Firmenmitarbeiter!), mäßigem Lohnniveau, geringer Streikbereitschaft und einem großen, zudem relativ gut ausgebildeten und englisch sprechenden Arbeitskräftereservoir.

In den 1990er Jahren gelang es nämlich, Früchte einer Bildungspolitik zu ernten, die schon in den 1960er Jahren eingesetzt hatte. Nicht nur verfügte Irland über gute Schulen und traditionelle Universitäten; vor allem hatte es den Ausbau von *Technical Colleges* überall im Land forciert. Patrioten fühlten sich jahrzehntelang beunruhigt dadurch, daß in Irland viel Geld für Erziehung und Ausbildung ausgegeben wurde, dann aber, weil Arbeitsplätze nicht in gewünschtem Umfang zur Verfügung standen, diese gut ausgebildeten jungen Leute auswandern mußten und ihre Fähigkeiten und Kenntnisse anderen Ländern zur Verfügung stellten. Dieser Trend kehrte sich nun um. 1965 hatten etwa 20 % eine höhere Schulbildung abgeschlossen; 1995 waren es etwa 80 %. Der Besuch von Hochschulen war sprunghaft gewachsen. Allein zwischen 1978 und 1983 nahmen die Abschlüsse in den Ingenieurwissenschaften um 40 % zu, die der Informatiker verzehnfachten sich. Unter diesen Umständen machte der Zugang zum europäischen Wirtschaftsmarkt 1987 Irland nun plötzlich für internationale Unternehmen zu einem höchst attraktiven Standort.

Als Investoren meldeten sich vor allem chemisch-pharmazeutische Unternehmen (das potenzfördernde Medikament Viagra wird größtenteils in Irland hergestellt), aber auch Lebensmittelkonzerne und Computer nebst einer verzweigten elektronischen Industrie. Irland ist auch zu einem wichtigen internationalen Bankenstandort geworden (vor allem Fondsgeschäfte und Vermögensverwaltung). Außerdem entwickelte sich ein stupender Boom des Bauwesens (wofür eine sonderbare Kombination von Faktoren entscheidend wurde: neben den allgemein positiven Wirtschaftsaussichten auch Strukturmittel der EU und billige Arbeitskräfte aus Osteuropa in Verbindung mit einem niedrigen Zinsniveau). In den 1990er Jahren verzeichnete die irische Volkswirtschaft Jahr für Jahr Zuwachsraten von 9 bis 11 % (die freilich seit dem Platzen der Internet-Blase 2001 bereits in den Bereich von 5 % zurückfielen). Sekundäre Effekte des wirtschaftlichen Aufschwunges spürten beinahe alle Branchen: Viele Iren hatten nun Geld in der Tasche, und sie zögerten nicht, es auszugeben.

An dieser Stelle stoßen wir auf eine tiefere Motivationsschicht: Schon seit den 1960er Jahren stand Irland in einem Prozeß des Wandels und der Modernisierung. Die irische Gesellschaft war schon seit Jahrzehnten unabhängiger von der Kirche, materialistischer und leistungsorientierter geworden. Die Vereinigten Staaten von Amerika, zu denen viele Iren familiäre Beziehungen unterhielten, galten als Vorbild eines modernen Lebensstiles. Die hier maßgeblichen Iren städtischer Milieus orientierten sich nicht mehr an der katholischen Kirche, sondern am Business.

Dies war besonders auffallend bezüglich der Rolle der Frau in der Gesellschaft. Sie änderte sich nicht nur allgemein in der westlichen Welt seit den 1980er Jahren, sondern besonders forciert in Irland, weil man hier besonders lange und nachhaltig die Rolle der Frau für Kinder und Haushalt in den Vordergrund gestellt hatte. Nun aber wurde das Bild der selbständigen Frau auch in Irland gesellschaftlich leitend: einer gut ausgebildeten Frau, die nicht mehr von einem Mann materiell abhängig war und deshalb natürlich berufstätig sein mußte. 1966 hatten verheiratete Frauen im Arbeitsleben nur eine kleine Minderheit von 5 % ausgemacht; 2000 waren es 40 % und 2006 50 %. Der gesellschaftliche Prozeß der Emanzipation der Frau, der in Irland besonders abrupt erfolgte und besonders einschneidende Wirkungen hatte, fand symbolisch sichtbaren Ausdruck auch darin, daß 1990 mit Mary Robinson eine Sozialistin zur Staatspräsidentin gewählt wurde (1997–2011 gefolgt von Mary McAleese).

Auch wenn auf den großen Boom mittlerweile ein großer Crash gefolgt ist, wird Irland nach diesen beiden goldenen Jahrzehnten nie mehr das werden, was es einmal gewesen war. Das beginnt schon damit, daß gewisse Richtungsentscheidungen wie der Übergang von der katholischen Kirche zur materiell orientierten Konsumgesellschaft nicht mehr rückgängig zu machen sind. Auf der Habenseite stehen das hohe Bildungsniveau und die modernisierte Infrastruktur. Allerdings hat sich mittlerweile gezeigt, daß seitens des Staates (anders als etwa in Norwegen) der Gesichtspunkt der Nachhaltigkeit vollkommen vernachlässigt wurde: Die erhöhten Steuereinnahmen wurden überwiegend zur weiteren Senkung des Steuersatzes eingesetzt (von der eine Spitzengruppe der Verdiener am meisten profitiert). Aber bleiben wird neben der Emanzipation der Frau auch ein verändertes Verhältnis zu Fremden. Während in früheren Jahrzehnten durch die notwendige Abgrenzung gegen Großbritannien, die zeitweise Abschließung gegen modernisierende Einflüsse unter Führung der katholischen Kirche und die Entwicklung einer keltischen Identität auch eine Art von Rassismus in Irland allgemein verbreitet war, bedeutete die Konfrontation mit Arbeitskräften aus Osteuropa und Südamerika sowie Asylbewerbern von allen Kontinenten natürlich eine Herausforderung für das öffentliche Bewußtsein. Zumal sie sich räumlich in bestimmten Städten bzw. Stadtteilen auffallend massierten: etwa die Brasilianer in Gort (Süd-Galway) und die Polen in Millstreet (Grafschaft Cork). Im Zentrum von Dublin (südlich von Parnell Street) sind inzwischen 44 % der Einwohner außerhalb Irlands geboren. Es liegt nahe, daß hier Probleme entstehen, wenn nicht nur der Kampf um die nach dem Crash verbliebenen Arbeitsplätze härter wird, sondern auch als Fremde angesehene Mitbürger als Konkurrenten um Sozialleistungen verstärkt in Erscheinung treten.

Durch die Wirtschaftskrise im Gefolge des Finanzcrashs 2008 treten die positiven und negativen Folgen des vorhergehenden Wirtschaftsbooms besonders krass hervor. Die goldenen Jahrzehnte führten nicht nur dazu, daß die Iren nun noch mehr als zuvor eigene Häuser bauten und diese mit Waschmaschinen, Geschirrspülmaschinen, Mikrowelle, Hifi-Anlagen, Satelliten- und Kabelfernsehen sowie Computern mit Internet ausrüsteten, sondern sich auch fanatisch mobilisierten: 1986 gab es nur 750 000 private Autos in der Republik Irland, 1996 mehr als eine Million und 2007 mehr als zwei Millionen. Gleichzeitig nahmen die Auslandsreisen von Iren sprunghaft zu: ob nun zum Urlaub oder anderen Zwecken. (Zum Massenaufkommen trugen auch Billigflieger bei wie das zeitweise europaweit führende irische Unternehmen Ryanair.)

Zu den negativen Folgen des Booms, die auch nach dem Crash anhaltend bestehen bleiben oder sich gar noch mehr ausgebreitet haben, gehört ein grassierender Alkoholismus (freilich ein in der irischen Geschichte nicht unbekanntes Phänomen), beängstigende Drogenabhängigkeit (völlig unbekannt in den Zeiten der irischen Isolation), Bandenkriminalität und Korruption (wobei Politiker wie der frühere *Taoiseach* Charles J. Haughey besonders negativ auffielen). In der Bankenkrise wurde auch bekannt, daß Irland nicht nur durch niedrige Steuern Investoren angezogen hatte, sondern auch durch eine Kultur begünstigter Steuerhinterziehung und illegalen Investments in dubiosen ausländischen Kanälen.

Am Ende der märchenhaft klingenden Erzählung vom ›Keltischen Tiger‹ steht ein beispielloser Niedergang: Während die von Amerika und der Pleite der Lehman Bank ausgehende globale Finanzkrise von gesünderen Volkswirtschaften verkraftet oder zumindest aufgefangen werden konnte, erwies sich Irland als besonders anfällig. Irland war das erste Land der Eurozone, das in die Rezession rutschte, bereits im Herbst 2008. Die irische Konjunktur beruhte sehr einseitig auf den Bereichen Computer und Software (die schon seit der Jahrtausendwende einen Rückgang zu verzeichnen hatten: internationale Unternehmen wie Dell und Motorola verlagerten einen Teil ihrer Produktion nach Indien), Bauindustrie (anfällig für Zinsschwankungen) und Bankwesen. Die Anglo Irish Bank, die besonders in die riskanten Finanztransaktionen involviert war, hätte eigentlich geopfert werden müssen, wurde aber vom Staat als systemrelevant in eigene Regie genommen, also verstaatlicht. Andere Banken wurden mit aufwendigen Hilfsmaßnahmen gerettet. Die daraus entstehende Beanspruchung des Staatshaushalts konnte nicht kompensiert werden, zumal gleichzeitig die Steuereinnahmen zurückgingen und die Arbeitslosigkeit stieg; Irland mußte als erstes Land die Hilfe der EU und des IWF in Anspruch nehmen. Es sind nicht nur die daraus folgenden Belastungen für den Steuerzahler und die Einschränkung der politischen Handlungsfreiheit, welche die Iren verstimmen; hinzu kommt eine ungelöste Wirtschaftskrise, in deren Zentrum ein aufgeblähter Immobilienmarkt steht, der nach dem Crash zu einem völligen Verfall der Immobilienpreise geführt hat, zu einer für viele Familien unlösbaren Überschuldung bei gleichzeitigem Einkommensrückgang und steigenden Steuern. Durch neue Einsichten in Korruption, wirtschaftliche und politische Inkompetenz und Skandale aller Art, welche zahlreiche Untersuchungsausschüsse und Tribunale in den letzten Jahren öffentlich gemacht haben, sank gleichzeitig das Vertrauen in die politische Klasse. Die Iren, die nicht in ähnlichem Ausmaß streiken und kämpfen wie Spanier, Italiener und Griechen, scheinen nach dem Absturz des ›Keltischen Tigers‹ in ihren traditionellen Fatalismus zurückgefallen zu sein.

Die katholische Kirche in der Krise

Kaum irgendwo in Europa waren Staat und katholische Kirche so eng verflochten wie in Irland. Umso schmerzhafter mußte für alle Beteiligten der Ansehensverlust der katholischen Kirche werden, der just seit den 1990er Jahren, gleichzeitig mit dem Boomen der Wirtschaft, eingetreten ist. Während die katholische Kirche durch ihre Rolle in der irischen Nationalbewegung zentral für die Identität der Republik Irland gewesen war, kann die Entwicklung der letzten Jahrzehnte nur so gedeutet werden, daß sich inzwischen in Irland ein Staat stabilisiert hat, der nolens volens weltlich geworden ist – und sich mithin auch in dieser Hinsicht den anderen europäischen Staaten angenähert hat.

Der Einfluß der katholischen Kirche auf den irischen Staat war in der Verfassung der Republik bis 1972 verankert; nicht nur in bezug auf die Religion selbst, sondern auch auf das Bildungswesen und die öffentliche Moral hatte die katholische Kirche in Irland eine besondere Bedeutung. Während man nun allgemein in Europa einen Prozeß der Säkularisierung im Zuge der Modernisierung wahrnehmen kann, kommen für Irland noch spezielle Faktoren hinzu, welche die Glaubwürdigkeit der katholischen Kirche erschüttert haben.

Der Papstbesuch von 1979 hatte noch einmal einen Triumph des Katholizismus bedeutet: Die allgemeine Beteiligung und Feierstimmung schien unter Beweis zu stellen, daß die Iren eben ein katholisches Volk waren. Doch genau diese Stimmung des Triumphalismus reizte extremere Gruppen vom Rande des religiösen Spektrums dazu an, die führenden Politiker auf ihre sexualmoralischen Vorstellungen einzuschwören. Es zeigte sich, daß sie damit letztlich den Bogen überspannten. Das deutlichste Indiz dafür war ein Referendum über ein generelles Verbot der Abtreibung 1983: Zwar wurde dies mit 66,5 % bekräftigt, doch mit einer für irische Verhältnisse ausgesprochen geringen Beteiligung (54,6 %), so daß die öffentlich heftig umstrittene Kampagne letzten Endes als Pyrrhussieg gewertet werden mußte.

Ähnlich verhielt es sich mit einem als Skandal empfundenen Urteil des Obersten Gerichts 1992, mit dem einem 14jährigen Vergewaltigungsopfer die Ausreise zum Zwecke der Abtreibung nach Großbritannien verweigert wurde. Damals ging ein Aufschrei nicht nur durch Irland, sondern um die Welt.

Seit 1979 können Eheleute in Apotheken auf Rezept empfängnisverhütende Mittel bekommen. Seit 1993 dürfen Kondomautomaten auch öffentlich aufgestellt werden. Den Durchbruch brachten hier neue EU-Richtlinien sowie die Notwendigkeit von AIDS-Prävention.

Homosexualität war in Irland seit viktorianischen Zeiten strafbar; nun standen 1983 Kläger auf, welche die Gültigkeit eines Gesetzes aus der Zeit vor der Staatsgründung anfechten wollten. Der irische Verfassungsgerichtshof bekräftigte zwar das alte Gesetz und verdammte Homosexualität ausdrücklich als »unnatürlich« und »schwere Sünde«; allerdings konnte er nicht verhindern, daß seit einem Appell an den europäischen Gerichtshof für Menschenrechte 1993 homosexuelle Handlungen zwischen Erwachsenen straffrei bleiben müssen.

Lange war die Republik Irland der einzige Staat Europas, in dem eine Ehescheidung gesetzlich nicht möglich war. Noch 1986 wurde dies durch eine Mehrheit in einer Volksabstimmung bekräftigt. 1995 sprach sich eine (allerdings hauchdünne) Mehrheit für die Gegenposition aus; daraufhin wurde ein Gesetz erarbeitet, das Ehescheidungen ermöglicht, wenn auch mit harten Auflagen (1997 in Kraft getreten).

Während man solche Versuche der Implementierung einer katholischen Sexualmoral durch den weltlichen Staat letztlich als Rückzugsgefechte interpretieren muß, erhielt die Debatte über diesen Fragenkomplex eine ganz neue Dynamik durch Mißbrauchsfälle, die seit den 1990er Jahren immer öfter bekannt gemacht wurden. Während man anfangs noch denken konnte, es handle sich um Einzelfälle eines Fehlverhaltens von Priestern und Ordensleuten, wurden allmählich so viele Fälle öffentlich angezeigt, daß man über kirchliche Strukturen des Mißbrauchs nachdenken mußte. Während man anfangs von kirchlicher Seite aus noch argwöhnen konnte, dies sei ein Feld protestantischer oder atheistischer Propaganda einiger Journalisten gegen die katholische Kirche, wurde in den 1990er Jahren deutlich, daß hier ein objektiver Befund vorlag, der auch gerichtlicher Nachprüfung standhielt.

Der alarmierende Tatbestand eines weitverbreiteten sexuellen Mißbrauchs von Kindern und Jugendlichen in kirchlichen Schulen, Internaten, Klöstern und Priesterseminaren war für das Ansehen der Kirche deshalb so gefährlich, weil ihre Interventionen in Sachen Scheidung, Geburtenplanung und Abtreibung ja prinzipiell moralische Integrität zur Voraussetzung hatten. Weiterhin waren die Enthüllungen deshalb besonders gefährlich, weil die Betreffenden sich ja nach jedem möglichen Maßstab vergangen hatten – katholisch: Sünde; weltlich: Straftatbestand. Die Glaubwürdigkeit der kirchlichen Predigt wurde grundlegend beschädigt, wo erkennbar wurde, daß sich nicht nur einzelne verfehlt hatten, sondern viele, und wo aufgedeckt wurde, daß die Kirche als Institution solche Verbrechen gedeckt und mithin begünstigt hatte.

Denn die katholische Kirche in Irland hatte nicht nur großen Einfluß auf den Staat, sondern begriff sich auch in gewisser Hinsicht als Institution über dem Staat. Beklagte sich jemand über Mißbrauchsfälle, wurde der Tatbestand geleugnet oder vertuscht. Rechtsbrecher wurden dem Zugriff der staatlichen Justiz entzogen, indem man sie versetzte – in eine andere Pfarrei, eine andere Diözese oder, wenn nötig, ins Ausland. Wie die Politiker in den letzten Jahrzehnten ihre Glaubwürdigkeit verloren, indem man sie als hochgradig bestechlich überführte, verloren die Kirchenleute ihre Glaubwürdigkeit, indem man sie nicht nur einer menschlichen Schwäche zeihen konnte, sondern ein komplexes System der Lüge, Heuchelei und Vertuschung von Straftaten – verbunden mit Unterschlagung und Veruntreuung von Geldern – aufdeckte.

Während sich die Öffentlichkeit viele Jahre lang über Skandale erregte, die teils aktuell waren, teils Jahrzehnte zurücklagen, wurde 2009 von einer Regierungskommission ein Report vorgelegt, der offenbarte, daß es hier nicht um die Skandalisierung des Fehlverhaltens einzelner Priester und Mönche ging, sondern um nachprüfbare Fakten beträchtlichen Ausmaßes. Während 1983 nur 37 Fälle von Kindesmißbrauch durch kirchliche Personen angezeigt wurden, waren es 1995 schon 2500. Der Report der Ryan Commission griff bis in die 1930er Jahre zurück und dokumentierte eine erschreckende Vielzahl von sexuellen Übergriffen, Vergewaltigungen, Gewalt gegen Minderjährige bis zur Folter.

Es bot den Betroffenen wenig Trost, daß solche Übergriffe auch aus anderen Ländern berichtet wurden und daß die öffentliche Aufmerksamkeit offensichtlich eine neue Sensibilität erzeugt hatte, mit der man in früheren Jahrzehnten nicht rechnen konnte. Entschuldigend kann auch nicht angeführt werden, daß es sexuellen Mißbrauch auch in protestantischen und staatlichen Schulen gegeben hat. Es bedeutet auch keine Entlastung, daß kirchlicher Mißbrauch im Kontext eines verbreiteten familiären Mißbrauchs zu sehen ist (wie die Enthüllungen des Sinn-Féin-Führers Gerry Adams 2010 über die Familie seines Vaters und eines Bruders erneut deutlich gemacht haben). Das Problem wird auch auf kirchlicher Seite als so gravierend angesehen, daß mittlerweile öffentliche Anhörungen im Vatikan veranstaltet wurden, denen man nicht mehr vorwerfen kann, daß sie der Abwiegelung und Vertuschung dienten (seit 2012). Die katholische Kirche hat das Problem erkannt und mittlerweile auch einen Fonds zur materiellen Entschädigung von Opfern errichtet. Freilich bleibt zu fragen, ob die zerstörte Glaubwürdigkeit jemals wiederhergestellt werden kann.

Während das Ansehen kirchlicher Institutionen in vielen Ländern Europas als marginale Frage angesehen werden kann, ist es für die mit der katholischen Kirche aufs engste verflochtene irische Republik von zentraler Bedeutung. Das Unterlassen des sonntäglichen Kirchenbesuches, der rapide Rückgang geistlicher Berufungen, die Überalterung der Priesterschaft, die Ausdünnung der Kirchenstruktur werden das Gesicht Irlands weit mehr verändern, als dies in anderen Ländern, in denen die Kirche mit analogen Problemen zu ringen hat, der Fall sein könnte.

Nordirland – der letzte Konfessionskonflikt Europas?

Handelt es sich beim aktuellen Zustand der Beziehungen zwischen Protestanten und Katholiken in Nordirland um einen Konfessionskonflikt, den letzten Konfessionskonflikt Europas?

Eine Möglichkeit zur Beurteilung dieser Frage wäre die ›Kirchlichkeit‹. Bekanntlich gibt es einen langfristigen Trend der Entkirchlichung in ganz Europa; Nordirland hat daran aber nur geringen Anteil. Kirchenaustritte, wie sie säkulare Gesellschaften kennzeichnen, sind in Nordirland kaum bekannt; 40 % gehören der katholischen Kirche an, 46 % den verschiedenen protestantischen Kirchen (von denen es in Nordirland 50 verschiedene gibt). Anhänger anderer Religionen (Islam, Judentum usw.) machen weniger als 1 % aus; etwa 14 % bezeichnen sich als ›konfessionslos‹. Der allgemeine Trend zu seltenerem Gottesdienstbesuch betrifft in Nordirland vor allem die Katholiken: Während 1968 noch 95 % wöchentlich an der Heiligen Messe teilnahmen, waren es 2005 nur noch 68 %. Weil der Gottesdienstbesuch für Protestanten nicht die gleiche Priorität hat (46 % gingen 1968 wöchentlich zum Gottesdienst), war der Rückgang geringer (34 % 2005). Insgesamt unterliegt auch die nordirische Gesellschaft einem Verhalten, das man als ›*believing without belonging*‹ bezeichnet hat: Das Weltbild bleibt christlich, obwohl die Zugehörigkeit im formalen Sinne zurückgeht. Dieses Phänomen verbindet sich mit einer Öffnung ins Unverbindliche: Mystische, esoterische, buddhistische und andere religiöse Einflüsse lassen sich auch im Denken von Katholiken und Protestanten feststellen. Religiosität ist weniger orthodox, d. h. an den Doktrinen der jeweiligen Konfessionen orientiert, und folgt mehr dem Baukastenprinzip einer individuellen Zusammensetzung heterogener Elemente.

Religiosität ist auch in Nordirland generationenspezifisch: Ältere gehen eher in die Kirche als die mittlere Generation. Im Unterschied zu anderen Ländern ist in Nordirland aber die religiöse Bindung der Kinder und Jugendlichen viel stärker aufgrund des konfessionellen Schulwesens. Nur 5,5 % der Kinder besuchen gegenwärtig ›integrierte‹ Schulen, also gemischt-konfessionelle, während die übrigen 94,5 % entweder katholische oder protestantische Schulen frequentieren. Da die katholische Seite Bedenken gegenüber den staatlichen Schulen hat, daß dort die religiöse Erziehung nicht genügend Berücksichtigung finde, und aus diesem Grunde ein eigenes Schulsystem aufgebaut hat, gehen protestantische Kinder meist auf staatliche Schulen, weil sie diese für protestantisch halten (private Schulen einzelner protestantischer Glaubensgemeinschaften sind Ausnahmen). Die religiöse Unterweisung in katholischer oder protestantischer Richtung findet also in den Schulen selbst statt. Die Lehrpläne der übrigen Fächer sind sehr ähnlich; auch im Fach Geschichte gibt es kein konfessionell geprägtes Sondercurriculum.

Es sind eher die sozialen Effekte, die sich aus der Konfessionstrennung der Schulen ergeben, welche das Leben in Ulster bestimmen: Man findet seine Freunde in der Schule, zumal auch Ferienaktivitäten, Freizeitaktivitäten usw. sich an die schulischen und Stadtteilbindungen anschließen. Auch Lebenspartnerschaften werden fast durchweg im eigenen Kreis geschlossen: Katholikinnen heiraten Katholiken, Protestantinnen Protestanten. Nordirland ist durch besonders hohe Endogamie gekennzeichnet: 1968 gab es nur 5 % Mischehen, am Ende des Jahrhunderts 12 %. Die soziale Lebenswelt ist also nach wie vor konfessionell geprägt, auch dort, wo die Orthodoxie zurückgegangen ist. Dazu tragen subtilere Orientierungen bei: Ideen von Gemeinschaft verbinden sich im katholischen Bevölkerungsteil grundsätzlich mit der katholischen Kirche, weil sich aus der Geschichte eine Distanz zum Staat ergeben hat. Auf protestantischer Seite wird dagegen der Staat als eigene Sache angesehen, während die Zugehörigkeit zu einer bestimmten Glaubensgemeinschaft einer starken Pluralisierung unterliegt. Dementsprechend ist politisches Engagement und staatliche Mitwirkung für Protestanten selbstverständlich, für Katholiken eher fremd. Im protestantischen Milieu findet man oft Prediger, die zugleich für eine politische Partei oder Richtung tätig sind, während sich katholische Priester grundsätzlich aus der Politik fernhalten. Das bedeutet nicht, daß sie den politischen Vertretern des katholischen Interesses neutral gegenüberstehen: Sinn Féin und in neueren Jahrzehnten die SDLP können in gewissem Sinne als katholische Parteien angesehen werden, auch wenn sich die katholische Kirche nicht offiziell mit ihnen identifiziert. Jahrzehntelang waren Polizei und Militär Sache der Protestanten; erst seit dem Friedensprozeß und dem Aufbau einer nichtkonfessionellen Polizei hat sich das geändert. Neutral zu sein, ist in der Lebenswelt Nordirlands unmöglich: Die Opfer von Anschlägen werden selbstverständlich von den Geistlichen ihrer Konfession bestattet, und die Trauerfeierlichkeiten können leicht politische Untertöne annehmen. Auch wenn die Kirchen gegen Gewalt predigen, wurden nie Gewalttätern die Sakramente verweigert, sie wurden nie stigmatisiert oder ausgeschlossen. Katholische Priester engagierten sich sichtlich für die Hungerstreikenden der IRA in den Gefängnissen und für ihre Angehörigen. Wenn ein Geistlicher gegen Gewalt predigt, nachdem es Exzesse der Gegenseite gegeben hat, kann das auch als parteiische Äußerung aufgefaßt werden.

Die konfessionelle Wahrnehmung ist in einer derart gespaltenen Gesellschaft allumfassend. Auch ohne engere Kontakte über die Grenzen hinweg hat man auf beiden Seiten klare Vorstellungen von den jeweils anderen. Aufgrund der traditionellen Entgegensetzung gibt es beispielsweise auf protestantischer Seite einen allgemeinen Antikatholizismus, der die Orientierung der Katholiken nach außerhalb betont, die rituelle Komponente der Glaubensausübung, die starke Prägung durch konfessionelle Erziehung und päpstliche Moral. Katholiken werden für ›abergläubisch‹ gehalten, für leichtgläubig und verführbar. Protestanten sind allgemein der Meinung, Katholiken seien ›unfrei‹ in ihren Entscheidungen und letztlich unverantwortlich, während sie sich selber für frei und freidenkend halten, für gemeinwohlorientiert und demokratisch. Katholiken betonen an ihren Gegenspielern die Ineinssetzung des Religiösen und Politischen, die Militanz in der Durchsetzung ihrer Interessen, Fanatismus und Intoleranz.

Aus Befragungen von Schülern weiß man, daß diese den Konflikt in Ulster als einen Konfessionskonflikt zwischen Protestanten und Katholiken auffassen. Unter Gebildeten, hauptsächlich aber unter Sozialwissenschaftlern, hat sich in den letzten drei Jahrzehnten die Meinung durchgesetzt, der

Konflikt sei nicht als Konfessionskonflikt zu verstehen, die Konfessionsbezeichnungen seien nur Etiketten für divergierende ökonomische, soziale und politische Interessen. Die konfessionskulturelle Untersuchung lehrt, daß dies zu kurz gegriffen ist: Auch wenn es sich in Nordirland heute nicht mehr um eine Auseinandersetzung zwischen Katholiken und Protestanten in dem Sinne handelt, wie sich diese Konfessionen im 17. Jahrhundert gegenüberstanden, ist doch unübersehbar, daß durch eine konfessionelle Sozialisation auf beiden Seiten eine Polarisierung begünstigt wird, welche die konfessionellen Grenzen betont, ja überzeichnet.

Das Ergebnis ist also doppelt paradox: Nirgendwo in Europa spielt die Zugehörigkeit zu einer Konfession eine solche Rolle wie in Nordirland. Insofern könnte man die allgemeine Säkularisation und nachlassende Kirchlichkeit, die auch in diesem Teil des *United Kingdom* nicht übersehen werden kann, zunächst für einen Weg zum Frieden halten. Andererseits hat der politische Prozeß seit dem Karfreitagsabkommen 1998 gezeigt, daß die tendenziell paritätische politische Struktur die Konfessionsgrenzen noch verstärkt, so daß das Interesse beider Seiten nun darin liegt, die Konfessionalität noch mehr zu betonen. Der Frieden im Sinne des Waffenstillstands mag zu einer Eindämmung aktueller Gewaltbereitschaft führen und zu einer Integration der verschiedenen politischen Gruppen; seine Voraussetzung bleibt aber die Konfessionsverschiedenheit, an deren Überwindung keine der am politischen Friedensprozeß beteiligten Seiten interessiert ist. In diesem Sinne bleibt Nordirland das letzte Land Europas mit einem offenen Konfessionskonflikt, auch wenn sich dessen Potential nicht aus religiösen Quellen speist und auch wenn der Weg zum Frieden von beiden Seiten mit Mut beschritten worden ist.

Endlich Frieden?

Die politische Perspektive einer verfassungsmäßigen Gewaltenteilung in Nordirland führte im Dezember 1999 erstmals zu einem sichtbaren Ergebnis, zu einer gemischten Regierung, die freilich 16 Monate später schon wieder zerbrach. Innerhalb der beiden politischen Lager führten die Jahre nach dem Karfreitagsabkommen zu einer Polarisierung: Während zuvor lange die *Ulster Unionist Party* (UUP) die Mehrheit innerhalb des Protestantenlagers vertreten hatte, traute man nun eher der radikaleren *Democratic Unionist Party* (DUP) von Ian Paisley zu, den Vormarsch der Nationalisten zu stoppen. Genauso auf der Gegenseite: Während sich in den Jahrzehnten seit den 1960er Jahren die *Social Democratic Labour Party* (SDLP) zum Sprachrohr katholischer Emanzipationsforderungen entwickelt hatte, erbrachten die Wahlen seit dem Karfreitagsabkommen stets Mehrheiten für *Sinn Féin*, die radikalere Variante innerhalb des katholischen Lagers. Diese Hardliner beider Seiten sind nun in einer gemeinsamen Regierung zusammengespannt, in der sie einerseits versuchen müssen, *Power-sharing* als sinnvoll und erfolgversprechend zu erweisen, andererseits ihrer jeweiligen Wählerschaft den Eindruck zu vermitteln, ihre speziellen Interessen zu vertreten – oder zumindest nicht zu verraten.

Die Regierungen sowohl des Vereinigten Königreiches als auch der Republik Irland (wie auch der Vereinigten Staaten) drängen auf eine Fortführung des Friedensprozesses. Dies zeigte sich nicht zuletzt im Abkommen von St Andrews 2006, in dem (in Fortführung des Karfreitagsabkommens) auf Regierungseintritt der DUP, Anerkennung der neustrukturierten Polizei (PSNI) durch Sinn Féin und Fortschritte in bezug auf die Menschenrechte von Seiten des britischen Staates gedrängt wurde. 2007 wurden die britischen Truppen aus Ulster abgezogen. Ebenfalls 2007 konnte man bestaunen, wie Ian Paisley, seit Jahrzehnten Führer der Extremsten unter den Unionisten, das Amt eines *First Minister* übernahm, flankiert von Martin McGuinness als *Deputy First Minister*, der jahrzehntelang als einer der strategischen Führer der IRA gegolten hatte. 2008 folgte Peter Robinson dem greisen Paisley nach. Die gemischten Regierungen in Nordirland befestigten einen verbesserten Status quo, brachten jedoch keinen neuen Aufbruch, keine neue Dynamik. Sie zementierten vielmehr die politischen Besitzstände von Katholiken und Protestanten.

Die nordirischen Befindlichkeiten, die Außenstehenden kaum zu vermitteln sind und außerhalb oft wie ›Stammesfehden‹ betrachtet werden, stehen allerdings längst in einem Kontext, in dem von außen ein starker Druck für eine friedliche Lösung ausgeübt wird. Solange die Republik Irland die Nationalisten stützte und Großbritannien die Unionisten, konnten sich die Hardliner beider Seiten darauf verlassen, daß ihre Interessen gewahrt blieben. Seit sich die Republik Irland und Großbritannien gemeinsam auf einen Friedensprozeß verständigt haben (und das ist zumindest seit dem Karfreitagsabkommen von 1998 und dem von St Andrews 2006 unübersehbar), besteht für die politisch Verantwortlichen ein gewisser Zwang zur Verständigung: Nur so können sie ihre Ziele erreichen; nur so können sie positive Ergebnisse für ihre Wahlkreise erzielen. Eine Folge von irischen und britischen Regierungen hat deshalb immer wieder darauf hingewirkt, daß die Schatten der Vergangenheit nicht zu düster wurden und daß praktische Regelungen gefunden werden konnten, um Verbesserungen für die Bevölkerung in Nordirland zu erreichen. In diesen Jahren wurden gemeinsame Infrastrukturprojekte durchgeführt, in denen beispielsweise auch Mittel aus dem Süden für Straßen, Brücken und Flughäfen in Nordirland eingesetzt wurden. Und auf britischer Seite wurde die Autonomie Nordirlands auch im Kontext einer Devolutionspolitik gefördert, die gleichzeitig Schottland und Wales betraf. Solche gemeinsamen Anstrengungen haben etwa bewirkt, daß die

Regierung des *Power-sharing* in Belfast weitergehende Autonomiebefugnisse übertragen bekommen hat: Das Autonomiestatut von 2010, das unter Beteiligung sowohl von London als auch von Dublin erarbeitet wurde, legte die Befugnisse für Justiz und Polizei in die Hände der Nordiren selbst. Die Bekämpfung von Attentaten, Aufruhr und Gewalt kann nun nicht mehr einfach der britischen Regierung angelastet werden: Ulster trägt Verantwortung für sich selbst.

Zu diesem Prozeß der Annäherung früher verfeindeter Lager hat übrigens auch das britische Königshaus maßgeblich beigetragen. Obwohl die *Royals* früher bei der IRA ganz oben auf der Liste der zu ermordenden Personen standen (1979 war Lord Mountbatten, ein Onkel der Königin, tatsächlich einem Attentat zum Opfer gefallen), kam Elisabeth II. 2011 als erstes britisches Staatsoberhaupt zu einem Staatsbesuch in die Republik Irland, bei dem sie u. a. auch den ›Garten der Erinnerung‹ in Dublin besuchte, also den Ort des Gedenkens für die irischen Opfer des Kampfes gegen Großbritannien. Als sie aus Anlaß ihres *Diamond Jubilee* 2012 auch noch in Belfast Martin McGuinness, dem früheren IRA-Mann und jetzigen *Deputy Minister*, den Handschlag nicht verweigerte, wurde dies als historische Geste betrachtet.

Es kommt also nun allein auf die Bewohner Nordirlands selbst an. Paradoxerweise scheint es so, als bedeute *Power-sharing* nicht Überwindung, sondern Verfestigung der traditionellen Konfessionsfronten. Während die am politischen Prozeß beteiligten größeren Parteien auf Frieden und Zusammenarbeit setzen, ist die terroristische Gewalt extremistischer Splittergruppen noch längst nicht besiegt. Sie machen gerade in den letzten Jahren wieder durch einzelne spektakuläre Morde auf sich aufmerksam. Die unionistischen Marschtage im Sommer sind auch aktuell noch ein Fokus von Gewaltausbrüchen und Straßenschlachten.

Neue Schwierigkeiten

Eine neue Situation trat durch den »Brexit« ein. Im Juni 2016 entschied sich die Bevölkerung Großbritanniens überraschend (entgegen den demoskopischen Voraussagen) mit knapper Mehrheit dafür, die Mitgliedschaft in der Europäischen Union aufzukündigen. Mit Irland schien das nichts zu tun zu haben; in der öffentlichen Debatte im Vorfeld spielte es keine Rolle. Der britische Regierungschef David Cameron hatte das Referendum aus parteitaktischen Gründen angekündigt, um die europaskeptischen Hardliner in seiner eigenen Partei auszumanövrieren, nachdem die Unzufriedenheit mit der Mitgliedschaft in der EU der Ukip-Bewegung von Nigel Farage mehr und mehr Wähler zugetrieben hatte (*United Kingdom Independence Party*). Vor allem ging es dabei um Stimmungen und Konflikte, die durch Immigranten ausgelöst worden waren, wenn auch nicht nur durch solche aus den Ländern der EU. Und eine britische Grundbefindlichkeit besteht nun einmal darin, die Kontrolle über die nationalen Angelegenheiten wiedererlangen zu wollen; schließlich hatte es seit Jahrzehnten schon eine Anti-Brüssel-Stimmung in Großbritannien gegeben, stärker oder schwächer. Diese brach sich nun Bahn, zumal sie in einem demagogischen, von falschen Versprechungen und sogar Falschdarstellungen nicht freien Wahlkampf aufgeheizt worden war.

Was auch immer sich die knappe Mehrheit der Befürworter eines Austritts aus der EU davon versprochen haben mag: Niemand hatte Irland im Blick. Das ergibt sich schon aus der geläufigen Terminologie, die zwischen *Europe* und *Britain* gerne trennt und Europa mit dem Kontinent gleichsetzt. In Wirklichkeit gehört natürlich auch die Insel westlich von Großbritannien, Irland, zu *Europe*. Freilich hatte man das Referendum ja unter der Annahme angesetzt, daß es abgelehnt werden würde. Als es aber angenommen worden war und die Konservativen Theresa May zur Parteiführerin und mithin auch an die Spitze der Regierung wählten, versteifte diese sich auf die Formel: *Brexit means Brexit.* Sie sah also ihre Aufgabe darin, nun die knappe Mehrheitsentscheidung der Briten umzusetzen. Mittlerweile dämmerte einigen, daß dies auch für die irische Frage von Bedeutung werden könnte. Als sie gar, in einer erneuten Fehleinschätzung bzw. in falschem Glauben an die Zahlen der Meinungsumfragen, 2017 eine Neuwahl des Unterhauses ansetzte, womit sie die absolute Mehrheit der Konservativen aufs Spiel setzte und verlor, saßen die Iren plötzlich mit am Regierungstisch, nämlich in Gestalt der Abgeordneten der nordirischen Unionistenpartei, der DUP (*Democratic Unionist Party*), die nun für die Mehrheit der Konservativen im Unterhaus als Koalitionspartner gebraucht wurden. Zunächst schien deren Einbindung genauso zu verlaufen, wie auch in der Vergangenheit schon oft vergleichbare Probleme gelöst worden waren: Die Unionisten schlugen in Verhandlungen möglichst hohe Zahlungen für Nordirland heraus, wobei die Interessen der Protestanten natürlich vorrangig berücksichtigt wurden und auch der Parteiapparat im engeren Sinne nicht leer ausgehen durfte. Zwar hatte Schottland sogleich Alarm geschlagen, als das Ergebnis des Brexit-Referendums bekannt wurde, weil sich die Schotten erneut um ihren Einsatz geprellt fühlten. Schließlich hatten sie ja in einer Volksabstimmung kurz zuvor (2014) nur zähneknirschend für die Fortführung der Einheit mit Großbritannien gestimmt, in der Erwartung, damit auch den Verbleib in der EU zu sichern. Nordirland hingegen blieb verhältnismäßig ruhig. Entgegen dem Gesamttrend hatte Nordirland (wie Schottland) mehrheitlich für *Remain* gestimmt (55,8 %), wenn auch die stark protestantisch dominierten ländlichen Wahlkreise im östlichen Teil der Region Mehrheiten für den Brexit erbracht hatten.

Erst im Zuge der Verhandlungen zwischen Großbritannien und der EU zeichnete sich das Problem deutlicher ab, daß ein Ausscheiden Großbritanniens gleichzeitig die Entstehung einer neuen EU-Außengrenze quer durch Irland bedeuten würde. Anders gesagt: Der irische Friedensprozeß, der sich seit dem gemeinsamen Beitritt beider Staaten zur EU abzuzeichnen begonnen hatte, um schließlich im Karfreitagsabkommen 1998 und im Abkommen von St. Andrews 2006 Früchte zu tragen, wurde nun torpediert. Man mußte damit rechnen, daß erneut eine wirkliche Grenze mit Personen- und Warenkontrollen zwischen Nordirland und der Republik Irland entstehen würde. Diese Aussicht war vor allem dadurch belastet, daß diese Grenze ja nicht (wie andere Grenzen in Europa) als durchlässig angesehen werden konnte, weil es in den Jahrzehnten der *Troubles* gerade an den Grenzposten zu Attentaten und Gewaltausbrüchen gekommen war. Ganz davon abgesehen, daß es mittlerweile einen regen Verkehr von Pendlern gibt, die täglich diesseits oder jenseits der irischen Grenze zur Arbeit gehen. Pessimisten fürchteten nun, daß Zollschranken, Paßkontrollen und bewaffnete Grenzposten auch zu einem Wiederaufleben des Terrors führen könnten.

Zum Reizwort in den Verhandlungen zwischen Großbritannien und der EU entwickelte sich im Laufe des Jahres 2018 das harmlos klingende *Backstop*, womit eigentlich nur eine Auffanglösung für den Eventualfall künftig einmal scheiternder Verhandlungen um einen Handelsvertrag gemeint war. Im Interesse ihrer Verhandlungsführung hatte Theresa May stets den Anschein erweckt, die alt-neue irische Grenze spiele überhaupt keine Rolle mehr; auch im Falle des Ausstieges Großbritanniens aus der EU sei keine wirkliche Grenzkontrolle nötig. Die Kontrolle des Güterverkehrs sei allenfalls ein technisches Problem, das durch Überwachungskameras und digitale Erfassung wie bei Mautsystemen gelöst werden könne. Nun aber wurde das Reizwort *Backstop* nicht nur von den Anhängern eines Verbleibs in der EU (*Remainers*), sondern plötzlich auch von den Befürwortern eines harten, sogar ungeregelten Brexits mit Verve aufgegriffen. Für einen möglichen Austritt hatte man sich mittlerweile nicht nur auf eine großzügige Übergangsfrist verständigt, in welcher alles beim Alten bleiben sollte, sondern auch auf eine Zeit für Verhandlungen über einen neuen Handelsvertrag zwischen Großbritannien und der EU. Sollte aber ein solcher Handelsvertrag nicht binnen einer gesetzten Frist zustande kommen, müßte Großbritannien in der Zollunion und Nordirland gar im Binnenmarkt verbleiben, was auch die Freizügigkeit für Personen umfaßte. Letztere aber lehnte Großbritannien grundsätzlich ab; vor allem darin sollte ja die Wiedergewinnung der Souveränität des Landes bestehen.

Nun hatte freilich die europäische Seite zwar grundsätzlich ein gleiches Interesse an Handelsfreiheit, verband damit aber das Nebeninteresse, daß sie ihre Standards in Bezug auf Sicherheit, Produkthaftung usw. durchsetzen wollte. Man vermutete, Großbritannien könnte sich durch geringere Sicherheitsstandards einen Marktvorteil verschaffen wollen. Die Regelung solcher Details sollte auf einen künftigen Handelsvertrag der dann geschiedenen Partner verschoben werden. Deshalb behielt sich die EU vor, die bisherige offene Grenze in Irland bis zum Abschluß eines solchen Handelsvertrages bestehen zu lassen.

Zur vertraglichen Lösung des Knotens wurde das am 1. Januar 2021 in Kraft getretene »Nordirland-Protokoll« zwischen der EU und dem Vereinigten Königreich ausgearbeitet, das eine Zollgrenze zwischen Nordirland und der Republik Irland vermeiden sollte. Die dafür nötig gewordene Kontrolle des Warenverkehrs an einer imaginären Grenze in der Irischen See wurde von London mehrfach verschoben, ausgesetzt und modifiziert. Die vom britischen Premier Boris Johnson geforderten Nachverhandlungen werden von der EU abgelehnt. Händler und Spediteure klagen über einen gestiegenen bürokratischen Aufwand. Praktisch ergaben sich Lieferschwierigkeiten und Leerstellen in nordirischen Supermärkten. Diese Probleme sind gegenwärtig noch nicht gelöst. Auch Anschläge an der inneririschen Grenze (z. B. auf Zollbeamte) konnten nicht verhindert werden. Der Konflikt zwischen der EU und dem Vereinigten Königreich ist weiterhin virulent.

Die Schwierigkeiten, die sich aus dem ›Brexit‹ ergeben haben, wurden verschärft durch die Coronapandemie der Jahre 2020/21 und die Auseinandersetzungen über Impfstoffe. Außerdem wird Nordirland erschüttert durch Korruptionsskandale, insbesondere betreffend die Förderung erneuerbarer Energien, die zu mehrfachen Wechseln an der Regierungsspitze und zu einer Destabilisierung der auf protestantischer Seite lange führenden DUP geführt haben. Schließlich hat auch die Sprachenfrage erneut ihr Konfliktpotential entfaltet, nachdem die (von katholischer Seite verlangte) Förderung des Gälischen mit einer Förderung des *Ulster Scots* verknüpft worden war, das nur von einer kleinen Minderheit gesprochen wird, für die Protestanten aber symbolische Bedeutung hat.

In der Parteienlandschaft der Republik Irland hat sich ebenfalls eine auffällige Verschiebung gezeigt, deren langfristige politische Auswirkungen noch nicht abzusehen sind. Seit den 1930er Jahren hatten sich die beiden großen Parteien *Fine Gael* und *Fianna Fáil* regelmäßig an der Regierung abgewechselt. Sie konnten beide als Volksparteien gelten, die zusammen mehr als zwei Drittel der Wählerschaft repräsentierten. Programmatisch unterschieden sie sich wenig: Beide konnten politisch der rechten Mitte zugeordnet werden. Ihr Hauptgegner *Sinn Féin*, die Partei Eamon de Valeras, galt seit den *Troubles* als verdächtig, weil man sie als politischen Arm der gewaltsam vorgehenden IRA ansah. Diese Einschätzung änderte sich seit dem Ausscheiden des Parteiführers Gerry Adams. Seine Nachfolgerin im Parteivorsitz, Mary Lou McDonald, positionierte *Sinn Féin* als linke Reformpartei mit den Hauptanliegen soziale Gerechtigkeit, verbesserte Gesundheitspolitik und Behebung der Wohnungsnot. Mit diesen Themen erzielte sie bei den Parlamentswahlen von 2020 einen spektakulären Wahlerfolg mit 24,5 % der Stimmen, die ihr mehr Sitze eintrugen, als sie mit ihren Kandidaten besetzen konnte. Die traditionellen Parteien *Fianna Fáil* (22 %) und *Fine Gael* (21 %) blieben dahinter zurück, so daß die erstarkten Grünen für die Regierungsbildung ausschlaggebend wurden. Diese zog sich über Monate hin und führte am Ende zu einer großen Koalition von *Fianna Fáil*, *Fine Gael* und den Grünen, bei der man sich auf einen Wechsel im Amt des Regierungschefs einigte, als der zunächst Micheál Martin, ab der Hälfte der Legislaturperiode sein Vorgänger Leo Varadkar fungieren soll, während die Grünen ihre Anliegen in der sachlichen Agenda des Regierungsprogrammes zum Ausdruck brachten.

Welche Bedeutung die Nichtbeteiligung der immer stärker werdenden Oppositionspartei *Sinn Féin* haben wird, bleibt abzuwarten. Sie vertritt (wie auch die Grünen) eine gesamtirische Position: Die im Karfreitagsabkommen vorgesehene Möglichkeit eines Referendums über den Zusammenschluß mit Nordirland gehört zu ihrem Programm.

Literaturhinweise

Allgemeines

Boyce, D. George / O'Day, Alan (Hrsg.): The Making of Modern Irish History. Revisionism and the Revisionist Controversy. London 1996.

Brady, Ciaran: Interpreting Irish History. The Debate on Historical Revisionism, 1938-94. Dublin 1994.

– (Hrsg.): The Hutchinson Encyclopedia of Ireland. Oxford 2000.

De Paor, Liam: The Peoples of Ireland. From Prehistory to Modern Times. London [u. a.] 1986.

– (Hrsg.): Milestones in Irish History. Cork/Dublin 1986.

Edwards, Ruth Dudley: An Atlas of Irish History. London / New York ²1981.

Fitzgerald, P. / Lambkin, B.: Migration in Irish History, 1607–2007. Basingstoke 2008.

Flower, R.: The Irish Tradition. Oxford ⁸1979.

Geary, Laurence M. (Hrsg.): Rebellion and Remembrance in Modern Ireland. Dublin [u. a.] 2001.

Gkotzaridis, Evi: Trials of Irish History. Genesis and Evolution of a Reappraisal, 1938–2000. London und New York 2006.

Graham, B. J. / Proudfoot, L. J. (Hrsg.): An Historical Geography of Ireland. London [u. a.] 1993.

Graham, Colin: Deconstructing Ireland. Identity, Theory, Culture. Edinburgh 2001.

Harrington, John P. (Hrsg.): The English Traveller in Ireland. Accounts of Ireland and the Irish through Five Centuries. Dublin 1991.

Hickey, D. J. / Dogherty, J. E.: A Dictionary of Irish History 1800–1980. Dublin 1981.

Irland. Eine Landeskunde. Stuttgart [u. a.] 1983.

Jäger, Helmut: Irland. Eine geographische Landeskunde. Darmstadt 1990.

Loughrey, Patrick (Hrsg.): The People of Ireland. Belfast 1988.
MacCurtain, Margaret / O'Corrain, Donncha (Hrsg.): Women in Irish Society: The Historical Dimension. Dublin 1978.
MacLaughlin, Jim: Reimagining the Nation State. The Contested Terrains of Nation Building. London [u. a.] 2001.
Maurer, Michael: Nordirland – Wurzeln des Konflikts. In: Großer Historischer Weltatlas. Tl. 4: Neueste Zeit. Kartenteil. München 1995. S. 7. – Erläuterungen: Ebd. 1996. S. 42–57.
Moody, T. W. / Martin, F. X. / Byrne, F. J.: A Chronology of Irish History to 1976. Oxford 1982. (A New History of Ireland. Bd. 8.)
– Maps, Genealogies, Lists. Oxford 1984. (A New History of Ireland. Bd. 9.)
Newman, Peter R.: Companion to Irish History. From the Submission of Tyrone to Partition 1603–1921. Oxford / New York 1991.
Tanner, Marcus: Ireland's Holy Wars. The Struggle for a Nation's Soul, 1500–2000. New Haven (Conn.) 2001.
Walker, Brian: Past and Present. History, Identity and Politics in Ireland. Belfast 2000.

Gesamtdarstellungen

Beckett, James Camlin: Geschichte Irlands. Bis zur Gegenwart fortgef. von Karl H. Metz. Stuttgart [3]1991.
Bottigheimer, Karl S.: Geschichte Irlands. Stuttgart [u. a.] 1985.
Cronin, Mike: A History of Ireland. Basingstoke [u. a.] 2001.
Curtis, Edmund: A History of Ireland. London / New York 1936. [Neuausg. 1950, 1961, 1990.]
Duffy, Seán: A Concise History of Ireland. Dublin 2000.
Elvert, Jürgen: Geschichte Irlands. München 1993.
Foster, R. F. (Hrsg.): The Oxford Illustrated History of Ireland. Oxford / New York 1989.
Hachey, Thomas E. (Hrsg.): The Irish Experience: A Concise History. Neuausg. Armonk (N. Y.) [u. a.] 1996.
Hill, J. R.: New History of Ireland. Oxford 2003.
Jackson, Alvin (Hrsg.): The Oxford Handbook of Modern Irish History. Oxford 2014.
Kee, Robert: Ireland. A History. London 1980. [Neuausg. 1982 und 1992.]

Kinealy, Christine: New History of Ireland. Stroud 2004.
Moody, T. W. / Martin, F. X. (Hrsg.): The Course of Irish History. Cork 1967. [Rev. und erw. Neuausg. Cork 1984.]
O'Brien, Conor Cruise / O'Brien, Máire: A Concise History of Ireland. London / New York 1972. [Neuausg. 1985 und 1991.]
Ranelagh, John O'Beirne: A Short History of Ireland. Cambridge [u. a.] 1983. [Neuausg. 1990.]
Somerset Fry, Peter / Somerset Fry, Fiona: A History of Ireland. London / New York 1988.

Quellensammlungen

Curtis, Edmund / McDowell, R. B. (Hrsg.): Irish Historical Documents, 1172–1922. London 1943.
Lenox-Conyngham, Melosina (Hrsg.): Diaries of Ireland. An Anthology, 1590–1987. Dublin 1998.
O'Day, Alan / Stevenson, John (Hrsg.): Irish Historical Documents since 1800. Dublin 1992.

Kulturgeschichte, epochenübergreifend

Corish, Patrick J.: The Irish Catholic Experience. A Historical Survey. Dublin 1985.
Cronin, Michael / O Cuilleanain, Cormac: Languages of Ireland. Dublin 2003.
Crowley, Tony: War of Words. The Politics of Language 1537–2004. Oxford 2004.
Cullen, Fintan: Ireland on Show. Art, Union, and Nationhood. Farnham 2012.
Griffin, Fiana (Hrsg.): Extracts from Irish Literature. Dublin 1992.
Harbison, Peter / Potterton, Homan / Sheehy, Jeanne: Irish Art and Architecture. From Prehistory to the Present. London 1978. [Neuausg. 1993.]
Hast, Dorothea E. / Scott, Stanley: Music in Ireland. Oxford [u. a.] 2004.
Kearney, Richard (Hrsg.): The Irish Mind. Exploring Intellectual Traditions. Dublin 1985.
Kelleher, Margaret / O'Leary, Philip (Hrsg.): The Cambridge History of Irish Literature. 2 Bde. Cambridge 2006.

Kiberd, Declan: Inventing Ireland. The Literature of a Modern Nation. London 1995.
Kinsella, Thomas (Hrsg.): The New Oxford Book of Irish Verse. Oxford / New York 1986.
Larkin, Emmet: The Historical Dimensions of Irish Catholicism. New York 1976. Nachdr. Dublin 1997.
McCarthy, Mark: Ireland's Heritages. Critical Perspectives on Memory and Identity. Aldershot 2005.
McHugh, Roger / Harmon, Maurice: Short History of Anglo-Irish Literature. From Its Origins to the Present Day. Dublin 1982.
Morash, Christopher: History of the Media in Ireland. Cambridge [u. a.] 2012.
Ó Cuív, Brian (Hrsg.): A View of the Irish Language. Dublin 1969.
Phillips, Walter Alison (Hrsg.): History of the Church of Ireland from the Earliest Times to the Present Day. 3 Bde. London 1933/34.
Rockel, Martin: Grundzüge einer Geschichte der irischen Sprache. Wien 1989.

Das Mittelalter: Kelten, Wikinger, Anglonormannen

Barry, T. B. / Frame, Robin / Simms, Katharine (Hrsg.): Colony and Frontier in Medieval Ireland. London 1995.
Bieler, Ludwig: Irland. Wegbereiter des Mittelalters. Olten [u. a.] 1961.
Blair Gibson, D.: From Chiefdom to State in Early Ireland. Cambridge [u. a.] 2012.
Britnell, Richard: Britain and Ireland. 1050–1530. Oxford [u. a.] 2004.
Byrne, Francis John: Irish Kings and High Kings. London 1973.
– Die keltischen Völker (5.–11. Jahrhundert). In: Europa im Wandel von der Antike zum Mittelalter. Hrsg. von Theodor Schieffer. Stuttgart 1976. (Handbuch der europäischen Geschichte. Hrsg. von Theodor Schieder. Bd. 1.) S. 448–493.
Charles-Edwards, T. M.: Early Christian Ireland. Cambridge [u. a.] 2000.
Cosgrove, Art: Late Medieval Ireland, 1370–1541. Dublin 1981.
– (Hrsg.): Medieval Ireland, 1169–1534. Oxford 1987. (A New History of Ireland. Bd. 2.)

Crooks, Peter: Government, War and Society in Medieval Ireland. Dublin 2009.
De Paor, Máire / De Paor, Liam: Alt-Irland. Köln 1960.
Dillon, Myles (Hrsg.): Early Irish Society. Cork 1954.
– / Chadwick, Nora K.: Die Kelten. Von der Vorgeschichte bis zum Normanneneinfall. München 1976. [Neuausg. 1983.]
Dolley, Michael: Anglo-Norman Ireland, c. 1100–1318. Dublin/London 1972.
Doran, Linda / Lyttleton, James: Lordship in Medieval Ireland. Dublin 2007.
Downham, Clare: Vikings in Ireland. 795–1014. Amsterdam 2005.
Duffy, Patrick [u. a.] (Hrsg.): Gaelic Ireland c. 1259–1650. Land, Lordship, and Settlement. Dublin [u. a.] 2001.
– [u. a.]: Gaelic Ireland. c. 1250 – c. 1650. Land, Lordship, and Settlement. Dublin 2004.
Duffy, Seán: Ireland in the Middle Ages. Basingstoke [u. a.] 1997.
– (Hrsg.): Robert the Bruce's Irish Wars. The Invasion of Ireland, 1306–1329. Stroud [u. a.] 2001.
Edel, Doris: Cultural Identity and Cultural Integration. Ireland and Europe in the Early Middle Ages. Blackrock [u. a.] 1995.
Edwards, David: Regions and Rulers in Ireland. c. 1100 – c. 1650. Dublin 2003.
Frame, Robin: Colonial Ireland, 1169–1369. Dublin 1981.
– The Political Development of the British Isles 1100–1400. Oxford / New York 1990.
– Later Medieval Ireland 1200–1450. London / New York 2004.
Gerald of Wales: The History and Topography of Ireland. Hrsg. von John J. O'Meara. Dundalk 1951. [Neuausg. Harmondsworth 1982.]
Hanson, R. P. C.: Saint Patrick. His Origins and Career. Oxford 1968.
Hughes, Kathleen: The Church in Early Irish Society. London 1966.
– Church and Society in Ireland A. D. 400–1200. London 1987.
Jackson, K. H: The Oldest Irish Tradition: A Window to the Iron Age. Cambridge 1946.
– Language and History in Early Britain. Edinburgh 1954.
Jaski, Bart: Early Irish Kingship and Succession. Dublin 2000.
Kruta, Venceslav: Die Kelten. Freiburg [u. a.] 1979.
Laing, Lloyd / Laing, Jennifer: Celtic Britain and Ireland. Art and Society. London 1995.

Lanczkowski, Günter: Keltische Kirchen. In: Theologische Realenzyklopädie. Hrsg. von Gerhard Krause und Gerhard Müller. Bd. 18. Berlin / New York 1989. S. 85–97.
Löwe, Heinz (Hrsg.): Die Iren und Europa im früheren Mittelalter. 2 Bde. Stuttgart 1982.
Lydon, James: The Lordship of Ireland in the Middle Ages. Toronto/Buffalo 1972.
– Ireland in the Later Middle Ages. Dublin/London 1973.
– England and Ireland in the Later Middle Ages. Dublin 1981.
– (Hrsg.): The English in Medieval Ireland. Dublin 1984.
– (Hrsg.): Law and Disorder in Thirteenth-Century Ireland. The Dublin Parliament of 1297. Dublin [u. a.] 1997.
MacCana, Proinsias: Celtic Mythology, London 1970.
MacCotter, Paul: Medieval Ireland. Territorial, Political and Economic Divisions. Dublin 2008.
MacNeill, Eoin: Phases of Irish History. Dublin [3]1937.
MacNiocaill, Gearoid: Ireland before the Vikings. Dublin/London 1972.
Meek, Christine / Simms, Katharine (Hg.): The Fragility of Her Sex? Medieval Irishwomen in Their European Context. Blackrock 1996.
Metternich, Wolfgang: Burgen in Irland. Herrschaftsarchitektur im Hochmittelalter. Darmstadt 1999.
Meyer-Sickendiek, Ingeborg: Gottes gelehrte Vaganten. Die Iren im frühen Europa. Düsseldorf 1996.
Ní Chatháin, Próinséas (Hrsg.): Irland und Europa im früheren Mittelalter: Bildung und Literatur. Stuttgart 1996.
– / Richter, Michael (Hrsg.): Irland und Europa. Die Kirche im Frühmittelalter. Stuttgart 1984.
Nicholls, Kenneth: Gaelic and Gaelicised Ireland in the Middle Ages. Dublin/London 1972.
O'Brien, Jacqueline / Harbison, Peter: Ancient Ireland. From Prehistory to the Middle Ages. London 1996.
Ó Córrain, Donncha: Ireland before the Normans. Dublin/London 1972.
Ó Cróinín, Dáibhí: Early Medieval Ireland. London / New York 1995.
Ó Cuív, Brian (Hrsg.): The Impact of the Scandinavian Invasions on the Celtic Speaking Peoples, 800–1100. Dublin 1975.
O'Rahilly, T. F.: Early Irish History and Mythology. Dublin 1946.

Otway-Ruthven, A. J.: A History of Medieval Ireland. London / New York 1968. [Neuausg. 1980.]
Richter, Michael: Irland im Mittelalter. Kultur und Geschichte. Stuttgart [u. a.] 1983. [Neuausg. München 1996.]
– Die inselkeltischen Völker vom 11. bis 15. Jahrhundert. In: Europa im Hoch- und Spätmittelalter. Hrsg. von Ferdinand Seibt. Stuttgart 1987. (Handbuch der europäischen Geschichte. Hrsg. von Theodor Schieder. Bd. 2.) S. 863–883.
– Die Kelten im Mittelalter. In: Historische Zeitschrift 246 (1988) S. 265–295.
Ross, Ann: Pagan Celtic Britain. London 1967.
Schreiber, Georg: Irland im deutschen und abendländischen Sakralraum. Köln/Opladen 1956.
Smith, Brendan: Britain and Ireland. 900–1300. Cambridge [u. a.] 2006.
Valante, Mary A.: Vikings in Ireland. Dublin 2008.
Watt, John: The Church in Medieval Ireland. Dublin/London 1972.

Das 16. und 17. Jahrhundert: Das Ende des gälischen Irland und die Unterwerfung durch England

Armstrong, Robert: Protestant War. The ›British‹ of Ireland and the War of the Three Kingdoms. Manchester 2005.
Barnard, Toby Christopher: Cromwellian Ireland. English Government and Reform in Ireland 1649–1660. Oxford 2000.
– Kingdom of Ireland. 1641–1760. London [u. a.] 2004.
Bartlett, Thomas: The Fall and Rise of the Irish Nation. The Catholic Question 1690–1830. Dublin 1992.
Berresford Ellis, Peter: Hell or Connaught! The Cromwellian Colonisation of Ireland 1652–1660. London 1975.
Bossy, John: The Counter-Reformation and the People of Catholic Europe. In: Past & Present 47 (1970) S. 51–70.
– The Counter-Reformation and the People of Catholic Ireland, 1596–1641. In: Historical Studies 8 (1971) S. 155–169.
Bottigheimer, K. S.: English Money and Irish Land: The »Adventurers« in the Cromwellian Settlement of Ireland. Oxford 1971.
– The Failure of the Reformation in Ireland: Une Question

Bien Posée. In: Journal of Ecclesiastical History 36 (1985) S. 196–207.
Boyce, D. C. [u. a.] (Hrsg.): Political Discourse in Seventeenth and Eighteenth-Century Ireland. Basingstoke 2001.
Bradshaw, Brendan: The Dissolution of the Religious Orders in Ireland under Henry VIII. Cambridge 1974.
– The Irish Constitutional Revolution of the Sixteenth Century. Cambridge [u. a.] 1979.
Brady, Ciaran / Gillespie, Raymund (Hrsg.): Natives and Newcomers. Essays on the Making of Irish Colonial Society, 1534–1641. Dublin 1986.
– / Ohlmeyer, Jane: British Interventions in Early Modern Ireland. Cambridge [u. a.] 2005.
Canny, Nicholas: The Formation of the Old English Elite in Ireland. Dublin 1975.
– The Elizabethan Conquest of Ireland: A Pattern Established, 1565–76. Hassocks 1976.
– Why the Reformation Failed in Ireland: Une Question Mal Posée. In: Journal of Ecclesiastical History 30 (1979) S. 423–450.
– The Formation of the Irish Mind: Religion, Politics and Gaelic Irish Literature 1580–1750. In: Past & Present 95 (1982) S. 91–116.
– From Reformation to Restoration: Ireland 1534–1660. Dublin 1987.
– Kingdom and Colony. Ireland in the Atlantic World 1560–1800. Baltimore/London 1988.
– Making Ireland British, 1580–1650. Oxford [u. a.] 2001.
Carcy, Eamon: The Irish Rebellion of 1641 and the Wars of the Tree Kingdoms. London 2013.
Clarke, Aidan: The Old English in Ireland 1625–42. Ithaca / New York 1966.
– The Genesis of the Ulster Rising of 1641. In: Plantation to Partition. Essays in Ulster History in Honour of J. L. McCracken. Hrsg. von Peter Roebuck. Belfast 1981. S. 29–45.
– Prelude to Restoration in Ireland. Cambridge [u. a.] 2006.
Connolly, S. J.: Contested Island. Ireland 1460–1630. Oxford 2007.
– Divided Kingdom. Ireland 1630–1800. Oxford 2008.
– Religion, Law, and Power. The Making of Protestant Ireland 1660–1760. Oxford 1992.
Cope, Joseph: England and the 1641 Irish Rebellion. London 2009.

Corish, P. J.: The Catholic Community in the Seventeenth and Eighteenth Centuries. Dublin 1981.
Cunningham, John: Conquest and Land in Ireland. The Transplantation to Connacht, 1649–1680. London 2011.
Dickson, David: New Foundations: Ireland 1660–1800. Dublin 1987.
Dudley Edwards, Robert: Ireland in the Age of the Tudors. The Destruction of Hiberno-Norman Civilization. New York 1977.
Ellis, Steven G.: Tudor Ireland. Crown, Community and the Conflict of Cultures, 1470–1603. London / New York 1985.
Fitzpatrick, Brendan: Seventeenth-Century Ireland: The Wars of Religion. Dublin 1988.
Ford, Alan: The Protestant Reformation in Ireland, 1590–1641. Frankfurt a. M. [u. a.] 1985.
Foster, R. F.: Modern Ireland 1600–1972. Harmondsworth 1989.
Gibney, John: The Shadow of a Year. The 1641 Rebellion in Irish History and Memory. Madison 2013.
Gillespie, Raymond: Reading Ireland. Print, Reading and Social Change in Early Modern Ireland. Manchester 2005.
– Seventeenth-Century Ireland. Dublin 2006.
Hayton, D.: Stuart Ireland 1603–1735. London / New York 2004.
Heal, Felicity: Reformation in Britain and Ireland. Oxford [u. a.] 2005.
Herron, Thomas / Potterton, Michael: Ireland in the Renaissance. c. 1540–1660. Dublin 2007.
Kearney, H. F.: Strafford in Ireland, 1633–1641. Manchester 1959.
Lennon, Colm: Sixteenth-Century Ireland: The Incomplete Conquest. New York 1995.
Lotz-Heumann, Ute: Die doppelte Konfessionalisierung in Irland. Konflikt und Koexistenz im 16. und in der ersten Hälfte des 17. Jahrhunderts. Tübingen 2000.
Lyttleton, James / Rynne, Colin: Plantation Ireland. Settlement and Material Culture. c. 1550 – c. 1700. Dublin 2009.
Macrory, P.: The Siege of Derry. London 1980. [Neuausg. 1988.]
MacCuarta, Brian: Catholic Revival in the North of Ireland. 1603–41. Dublin 2007.
– Reshaping Ireland. 1550–1700. Dublin 2011.
MacCurtain, Margaret: Tudor and Stuart Ireland. Dublin/London 1972.

Maguire, W. A. (Hrsg.): Kings in Conflict. The Revolutionary War in Ireland and its Aftermath 1689–1750. Belfast 1990.
McGurk, John: Elizabethan Conquest of Ireland. Manchester / New York 2009.
Mitchison, Rosalind / Roebuck, Peter (Hrsg.): Economy and Society in Scotland and Ireland 1500–1939. Edinburgh 1988.
Moody, T. W.: The Londonderry Plantation 1609–41. The City of London and the Plantation in Ulster. Belfast 1939.
– The Ulster Question 1603–1973. Dublin/Cork 1974.
– / Martin, F. X. / Byrne, F. J. (Hrsg.): Early Modern Ireland 1534–1691. Oxford 1976. (A New History of Ireland. Bd. 3.)
Morgan, Hiram: Political Ideology in Ireland, 1541–1641. Dublin [u. a.] 1999.
Murray, James: Enforcing the English Reformation in Ireland. Cambridge [u. a.] 2011.
Myers, James P., Jr. (Hrsg.): Elizabethan Ireland. A Selection of Writings by Elizabethan Writers on Ireland. Hamden (Conn.) 1983.
O'Ciardha, Éamonn: Ireland and the Jacobite Cause, 1685–1766. A Fatal Attachment. Dublin [u. a.] 2002.
O'Connor, Thomas (Hrsg.): The Irish in Europe, 1580–1815. Dublin 2001.
O'Dowd, Mary: A History of Women in Ireland, 1500–1800. Harlow 2005.
O'Farrell, Patrick: Ireland's English Question. Anglo-Irish Relations 1534–1970. New York 1971.
Ó Siochrú, Micheál / Ó Ciardha, Éamonn (Hrsg.): The Plantation of Ulster. Manchester 2013.
Ohlmeyer, Jane H. (Hrsg.): Political Thought in Seventeenth-Century Ireland. Kingdom or Colony. Cambridge [u. a.] 2000.
– English Conquest of Ireland: 1530–1690. London / New York 2004.
– Making Ireland English. New Haven / London 2012.
Palmer, Patricia: Language and Conquest in Early Modern Ireland. Cambridge [u. a.] 2009.
Palmer, William: The Problem of Ireland in Tudor Foreign Policy 1485–1603. Woodbridge (Suffolk) [u. a.] 1994.
Schüller, Karin: Die Beziehungen zwischen Spanien und Irland im 16. und 17. Jahrhundert: Diplomatie, Handel und die soziale Integration katholischer Exulanten. Münster 1999.

Simms, J. G.: The Williamite Confiscation in Ireland, 1690–1703. London 1956.
– Jacobite Ireland, 1685–91. London 1969.
– War and Politics in Ireland 1649–1730. London 1987.
Wheeler, James Scott: Cromwell in Ireland. Dublin 1999.

Das 18. Jahrhundert: Die protestantische Nation

Bartlett, Thomas: Ascendancy Ireland, 1735–1860. Harlow 2004.
– / Hayton, D. W. (Hrsg.): Penal Era and Golden Age. Essays in Irish History 1690–1800. Belfast 1979.
Beckett, J. C.: Protestant Dissent in Ireland. 1687–1780. London 2008.
Connell, K. H.: The Population of Ireland, 1750–1845. Oxford 1950.
– The Potato in Ireland. In: Past & Present 23 (1962) S. 57–71.
Connolly, S. J. (Hrsg.): Political Ideas in Eighteenth-Century Ireland. Dublin 2000.
Conway, Stephen: Britain, Ireland, and Continental Europe in the Eighteenth Century. Oxford [u. a.] 2011.
– War, State, and Society in Mid-Eighteenth-Century Britain and Ireland. Oxford [u. a.] 2006.
Craig, Maurice: Dublin 1660–1860. Dublin 1952. [Neuausg. Harmondsworth 1992.]
Cullen, L. M.: Irish History Without the Potato. In: Past & Present 40 (1968) S. 72–83.
– An Economic History of Ireland since 1660. London 1972. [Neuausg. 1987.]
Dickinson, Harry: Ireland in the Age of Revolution. 1760–1805. London 2012.
Dickson, Charles: The Wexford Rising in 1798: Its Causes and Course. Tralee 1955.
Elliott, Marianne: Partners in Revolution: The United Irishmen and France. London 1982.
– Wolfe Tone, Prophet of Irish Independence. New Haven / London 1989.
Fagan, Patrick: Divided Loyalities. The Question of the Oath for Irish Catholics in the Eighteenth Century. Dublin [u. a.] 1997.

Ferguson, Oliver W.: Jonathan Swift and Ireland. Urbana (Ill.) 1962.
Gargett, Graham u. a. (Hrsg.): Ireland and the French Enlightenment, 1700–1800. Basingstoke [u. a.] 1999.
Geoghegan, Patrick M.: The Irish Act of Union. A Study in High Politics, 1798–1801. New York 1999.
Gough, Hugh / Dickson, David (Hrsg.): Ireland and the French Revolution. Dublin 1990.
Greaves, C. Desmond: Theobald Wolfe Tone and the Irish Nation. Dublin [3]1991.
Herlihy, Kevin (Hrsg.): The Religion of Irish Dissent, 1650–1800. Dublin 1996.
Hoppit, Julian: Parliaments, Nations, and Identities in Britain and Ireland. 1660–1850. Manchester / New York 2003.
James, Francis Godwin: Ireland in the Empire, 1688–1770. A History of Ireland from the Williamite Wars to the Eve of the American Revolution. Cambridge (Mass.) 1973.
Jeffery, Keith (Hrsg.): An Irish Empire? Aspects of Ireland and the British Empire. Manchester [u. a.] 1996.
Johnston, Edith M.: Great Britain and Ireland, 1760–1800: A Study in Political Administration. Edinburgh 1963.
– Ireland in the Eighteenth Century. Dublin 1974.
Leerssen, J. Th.: Mere Irish and Fíor-Ghael. Studies in the Idea of Irish Nationality, its Development and Literary Expression Prior to the Nineteenth Century. Cork 1996.
MacCormack, W. J.: The Pamphlet Debate on the Union between Great Britain and Ireland, 1797–1800. Dublin [u. a.] 1996.
MacGrath, Charles Ivar: The Making of the Eighteenth-Century Irish Constitution. Government, Parliament and the Revenue 1692–1714. Dublin 2000.
Mansfield, Harvey C., Jr. (Hrsg.): Selected Letters of Edmund Burke. Chicago/London 1984.
McBride, Ian: Eighteenth-Century Ireland. The Isle of Slaves. Dublin 2009.
McDowell, R. B.: Irish Public Opinion, 1750–1800. London 1944.
– Ireland in the Age of Imperialism and Revolution, 1760–1801. Oxford 1979. [Neuausg. 1991.]
McGrath, Charles Ivar [u. a.]: Converts and Conversion in Ireland. 1650–1850. Dublin 2005.
Moody, T. W. / Vaughan, W. E. (Hrsg.): Eighteenth-Century Ireland 1691–1800. Oxford 1986. (A New History of Ireland. Bd. 4.)

O'Connell, Maurice R.: Irish Politics and Social Conflict in the Age of the American Revolution. Philadelphia 1965.
O'Halloran, Clare: Golden Ages and Barbarous Nations. Antiquarian and Cultural Politics in Ireland c. 1750–1800. Cork 2004.
Smyth, Jim: The Men of No Property. Irish Radicals and Popular Politics in the Late Eighteenth Century. Dublin 1992.
– (Hrsg.): Revolution, Counter-Revolution and Union. Ireland in the 1790s. Cambridge 2000.
Swift, Jonathan: Irish Tracts 1720–1723. Hrsg. von Herbert Davis. And Sermons. Hrsg. von Louis Landa. Oxford 1963.
Wall, Maureen: The Penal Laws, 1691–1760: Church and State from the Treaty of Limerick to the Accession of George III. Dundalk 1961.
– Catholic Ireland in the Eighteenth Century. Collected Essays. Dublin 1989.
Whelan, Kevin: The Tree of Liberty: Radicalism, Catholicism and the Construction of Irish Identity, 1760–1830. Cork 1996.
– Fellowship of Freedom. The United Irishmen and 1798. Cork 1998.
Yates, Nigel: The Religious Condition of Ireland, 1770–1850. Oxford 2006.

Das 19. Jahrhundert: Die Union und der Kampf um *Home Rule*; das Wiedererwachen des gälischen Irland

Adelman, Juliana / Agnew, Eadaoin: Science and Technology in Nineteenth-Century Ireland. Dublin 2011.
Alter, Peter: Die irische Nationalbewegung zwischen Parlament und Revolution. Der konstitutionelle Nationalismus in Irland 1880–1918. München/Wien 1971.
Bew, Paul: Land and the National Question in Ireland, 1858–1882. Dublin 1978.
– Charles Stewart Parnell. Dublin 1980. [Neuausg. 1991.]
– Conflict and Conciliation in Ireland, 1890–1910. Oxford 1987.
Bielenberg, Andy: Ireland and the Industrial Revolution. London / New York 2009.
Blackstock, Allan: Loyalism in Ireland, 1789–1829. London 2007.
Bourke, Austin: The Visitation of God? The Potato and the Great Irish Famine. Dublin 1993.

Boyce, D. George: Nationalism in Ireland. London 1982. [Neuausg. 1991.]
– (Hrsg.): The Revolution in Ireland, 1879–1923. Basingstoke/London 1988. [Neuausg. 1992.]
– Nineteenth-Century Ireland: The Search for Stability. Dublin 1990.
– Ireland 1828–1923. From Ascendancy to Democracy. Oxford / Cambridge (Mass.) 1992.
Brown, Stewart: Religion, Politics and Society in Britain and Ireland. 1815–1914. London / New York 2004.
Buckland, Patrick: Irish Unionism I: The Anglo-Irish and the New Ireland 1885–1922. Dublin 1972.
– Irish Unionism II: Ulster Unionism and the Origins of Northern Ireland 1886–1922. Dublin 1973.
Clarkson, Leslie / Crawford, E. Margaret: Famine and Disease in Ireland. London 2005.
Clear, Catriona: Social Change and Everyday Life in Ireland. 1850–1922. Manchester / New York 2007.
Collins, Kevin: Roman Catholic Church and the Celtic Revival in Ireland. 1848–1916. Dublin 2003.
Comerford, R. V.: Inventing the Nation. Ireland. London 2003.
– The Fenians in Context: Irish Politics and Society 1848–1882. Dublin 1985.
– (Hrsg.): National Questions. Reflections on Daniel O'Connell and Contemporary Ireland. Dublin 2000.
Connolly, Claire: A Cultural History of the Irish Novel, 1790–1829. Cambridge 2012.
Connolly, Linda / Hourigan, Niamh: Social Movements and Ireland. Manchester / New York 2006.
Connolly, Sean J.: Religion and Society in Nineteenth-Century Ireland. Dundalk 1985.
– Priests and People in Pre-Famine Ireland, 1780–1845. Dublin 2001.
Cronin, Sean: Irish Nationalism. A History of Its Roots and Ideology. Dublin 1980.
Crossman, Virginia: Politics, Pauperism, and Power in Late Nineteenth-Century Ireland. Manchester / New York 2006.
Crowley, John / Smyth, W. J. / Murphy, Mike (Hrsg.): Atlas of the Great Irish Famine. Cork 2012.
Daly, Mary E.: A Social and Economic History of Ireland since 1800. Dublin 1981.
– The Famine in Ireland. Dundalk 1986.

Davis, Richard: The Young Ireland Movement. Dublin 1987.
Delaney, Enda: The Curse of Reason. The Great Irish Famine. Dublin 2012.
Donnelly, J. S., Jr.: Irish Peasants. Violence and Political Unrest 1780–1914. Manchester 1983.
Donnelly, James S.: The Great Irish Potato Famine. Stroud 2001.
Edwards, Robin Dudley / Williams, T. Desmond (Hrsg.): The Great Famine. Dublin 1956.
Farrell, Sean: Rituals and Riots. Sectarian Violence and Political Culture in Ulster, 1784–1886. Lexington, Kentucky 2000.
Garvin, Tom: The Evolution of Irish Nationalist Politics. Dublin 1981.
– Nationalist Revolutionaries in Ireland, 1858–1928. Oxford 1987.
Geary, L. M.: The Plan of Campaign, 1886–1891. Cork 1986.
Gibbon, Peter: The Origins of Ulster Unionism: The Formation of Popular Protestant Politics and Ideology in Nineteenth-Century Ireland. Manchester 1975.
Hachey, Thomas E. / MacCaffrey, Lawrence J. (Hrsg.): Perspectives on Irish Nationalism. Lexington (Kentucky) 1989.
Helle, Andreas: Ulster. Die blockierte Nation. Nordirlands Protestanten zwischen britischer Identität und irischem Regionalismus (1868–1922). Frankfurt a. M. [u. a.] 1999.
Hodge, Tim: Parnell and the Irish Question. Harlow 1998.
Hoppen, K. Theodore: Ireland since 1800: Conflict and Conformity. London / New York ²1999.
Howe, Stephen: Ireland and Empire. Colonial Legacies in Irish History and Culture. Oxford 2000.
Hutchinson, John: The Dynamics of Cultural Nationalism: The Gaelic Revival and the Creation of the Irish National State. London 1987.
Jackson, Alvin: Home Rule. An Irish History 1800–2000. London 2003.
Jackson, T. A.: The Ulster Party: Irish Unionism in the House of Commons, 1884–1911. Oxford 1989.
Jalland, Patricia: The Liberals and Ireland: The Ulster Question in British Politics to 1914. Brighton 1980.
Jeffery, Keith (Hrsg.): ›An Irish Empire‹? Aspects of Ireland and the British Empire. Manchester 2006.
Kee, Robert: The Green Flag. 3 Bde. London 1972. [Neuausg. Harmondsworth 1989.]

Kennedy, Liam / Ollerenshaw, P. (Hrsg.): An Economic History of Ulster, 1820–1940. Manchester 1985.
Kenny, Kevin: Ireland and the British Empire. Oxford [u. a.] 2005.
Kinealy, Christine: The Great Irish Famine. Impact, Ideology and Rebellion. Basingstoke 2001.
King, Carla (Hrsg.): Famine, Land and Culture in Ireland. Dublin 2000.
Kissane, Noel: The Irish Famine: A Documentary History. Dublin 1995.
Lee, Joseph J.: The Modernisation of Irish Society 1848–1918. Dublin 1973.
Lyons, F. S. L.: Ireland since the Famine. London 1971. [Neuausg. Hammersmith 1973.]
– Charles Stewart Parnell. London 1977. [Neuausg. Hammersmith 1991.]
– Culture and Anarchy in Ireland, 1890–1939. Oxford 1979.
MacCaffrey, Lawrence J.: The Irish Question: Two Centuries of Conflict. Lexington (Kentucky) ^{2}1995.
MacDonagh, Oliver: The Hereditary Bondsman: Daniel O'Connell, 1775–1829. London 1988.
– The Emancipist: Daniel O'Connell, 1830–1847. London 1989.
McCartney, Donal: The Dawning of Democracy: Ireland 1800–1870. Dublin 1987.
McDonnough, Terrence (Hrsg.): Was Ireland a Colony? Economics, Politics and Culture in Nineteenth-Century Ireland. Dublin 2005.
McDowell, R. B.: Public Opinion and Government Policy in Ireland, 1801–1846. London 1952.
Mansergh, Nicholas: The Irish Question, 1840–1921. London 1975.
Miller, D. W.: Queen's Rebels: Ulster Loyalism in Historical Perspective. Dublin 1978.
Mokyr, Joel: Why Ireland Starved: A Quantitative and Analytical History of the Irish Economy, 1800–1850. London 1983.
Moody, T. W.: Davitt and Irish Revolution. Oxford 1981.
Morash, Christopher: Writing the Irish Famine. Oxford 1995.
O'Connell, Maurice (Hrsg.): Daniel O'Connell. Political Pioneer. Dublin 1991.
O'Day, Alan (Hrsg.): Reactions to Irish Nationalism. London 1987.
O'Ferrall, Fergus: Catholic Emancipation: Daniel O'Connell and the Birth of Irish Democracy, 1820–1830. Dublin 1985.

Ó Gráda, Cormac: Ireland Before and After the Famine: Explorations in Irish Economic History 1800–1925. Manchester 1988.
– The Great Irish Famine. Basingstoke/London 1989.
O'Leary, John: Recollections of Fenians and Fenianism (1896). Shannon 1968.
O'Murchadha, Ciarán: The Great Famine. Ireland's Agony 1845–52. London 2011.
Ó Tuama, Seán (Hrsg.): The Gaelic League Idea. Cork 1972.
Ó Tuathaigh, Gearoid: Ireland Before the Famine, 1798–1848. Dublin 1972.
Philpin, C. H. E.: Nationalism and Popular Protest in Ireland. Cambridge [u. a.] 1987.
Póirtéir, Cathal (Hrsg.): The Great Irish Famine. Cork 1995.
Rynne, Colin: Industrial Ireland 1750–1930. Dublin 2006.
Smith, Jeremy: Britain and Ireland. From Home Rule to Independence. Harlow [u. a.] 2000.
Solow, B. L.: The Land Question and the Irish Economy, 1870–1903. Cambridge (Mass.) 1971.
Townshend, Charles: Political Violence in Ireland: Government and Resistance since 1848. Oxford 1983.
Vaughan, W. E. (Hrsg.): Ireland Under the Union I (1801–1870). Oxford 1989. (A New History of Ireland. Bd. 5.)
Watson, George: Irish Identity and the Literary Revival: Synge, Yeats, Joyce, O'Casey. London 1979.
Winstanley, M. J.: Ireland and the Land Question, 1800–1922. London 1984.
Woodham-Smith, Cecil: The Great Hunger. Ireland 1845–1849. London 1962. [Neuausg. Harmondsworth 1991.]

Das 20. Jahrhundert: Das geteilte Irland

Arthur, Paul / Jeffery, Keith: Northern Ireland since 1968. London ²1989.
Bardon, Jonathan: A History of Ulster. Belfast 1992.
Bell, J. Bowyer: The Secret Army. The IRA 1916–1979. Dublin 1979.
Bew, Paul / Patterson, Henry: The British State and the Ulster Crisis. From Wilson to Thatcher. Manchester 1986.

Bew, Paul / Gibbon, Peter / Patterson, Henry: The State in Northern Ireland 1921–1972. Political Forces and Social Classes. Manchester 1979.
Bielenberg, Andy / Ryan, Raymond: Economic History of Ireland since Independence. London / New York 2011.
Bittner, Jochen / Knoll, Christian Ludwig: Ein unperfekter Frieden. Die IRA auf dem Weg vom Mythos zur Mafia. Frankfurt a. M. [2]2001.
Bowen, Kurt: Protestants in a Catholic State. Ireland's Privileged Minority. Dublin 1983.
Bowman, Timothy: Carson's Army. The Ulster Volunteer Force, 1910–22. Manchester 2008.
Brown, Terence: Ireland. A Social and Cultural History 1922–1985. London [3]1985.
Bruce, Steven: God Save Ulster. The Religion and Politics of Paisleyism. Oxford 1986.
Bryan, Dominic: Orange Parades. The Politics of Ritual, Tradition, and Control. London 2000.
Buckland, Patrick: A History of Northern Ireland. Dublin 1981.
Carroll, J. T.: Ireland in the War Years. Newton Abbot 1975.
Cash, John Daniel: Identity, Ideology and Conflict: The Structuration of Politics in Ireland and European Union Integration. Aldershot [u. a.] 1996.
Catterall, Peter / McDougall, Sean (Hrsg.): The Northern Ireland Question in British Politics. Basingstoke [u. a.] 1996.
Collins, Kevin: The Cultural Conquest of Ireland. Cork/Dublin 1990.
Collins, M. E.: An Outline of Modern Irish History 1850–1966. Dublin [2]1985.
Connolly, Linda: The Irish Women's Movement. From Revolution to Devolution. Basingstoke 2002.
Coogan, Tim Pat: 1916. The Easter Rising. London 2001.
– Ireland in the Twentieth Century. London 2006.
Cooney, John: The Crozier and the Dail. Church and State in Ireland 1922–1986. Dublin/Cork 1986.
Cronin, Mike: Sport and Nationalism in Ireland. Gaelic Games, Soccer and Irish Identity since 1870. Dublin 1999.
Cullen Owens, Rosemary: Social History of Women in Ireland. 1870–1970. Dublin 2004.
Cunningham, Michael J.: British Government in Northern Ireland, 1969–2000. Manchester 2001.

Dixon, Paul: Northern Ireland. The Politics of War and Peace. London 2008.
– / O'Kane, Eamonn: Northern Ireland since 1969. London / New York 2011.
Dolan, Anne: Commemorating the Irish Civil War. History and Memory, 1923–2000. Cambridge 2003.
Dunleavy, Janet Egleson / Dunleavy, Gareth W.: Douglas Hyde. The Maker of Modern Ireland. Berkeley [u. a.] 1991.
Edwards, Owen Dudley: Eamon de Valera. Cardiff 1987.
– / Pyle, Fergus (Hrsg.): 1916: The Easter Rising. Dublin 1968.
Elliott, Marianne: The Catholics of Ulster. A History. New York 2001.
– (Hrsg.): The Long Road to Peace in Northern Ireland. Liverpool 2007.
Elvert, Jürgen: Vom Freistaat zur Republik. Der außenpolitische Faktor im irischen Unabhängigkeitsstreben zwischen 1921 und 1948. Bochum 1989.
English, Richard (Hrsg.): Unionism in Modern Ireland: New Perspectives on Politics and Culture. Basingstoke [u. a.] 1996.
Fanning, Ronan: Independent Ireland. Dublin 1983.
Ferriter, Diarmaid: The Transformation of Ireland 1900–2000. London 2004.
Fisk, Robert: The Time of War. Ireland, Ulster, and the Price of Neutrality 1939–1945. Philadelphia 1983.
Fitzpatrick, David: Ireland and the First World War. Dublin 1986.
– (Hrsg.): Terror in Ireland 1916–1923. Dublin 2012.
Foy, Michael / Barton, Brian: The Easter Rising. Stroud 1999.
Fraser, Thomas G.: Ireland in Conflict, 1922–1998. London [u. a.] 2000.
Fuller, Louise: Irish Catholicism since 1950. The Undoing of a Culture. Dublin 2002.
Garvin, Tom: Preventing the Future: How Was Ireland So Poor for So Long? Dublin 2004.
Gillespie, Gordon: A Short History of the Troubles, Dublin 2010.
– Troubled Images. The Northern Ireland Troubles and Peace Process 1968–2007, [Belfast und] Newtownards 2007.
– Years of Darkness. The Troubles Remembered, Dublin 2008.
Goodman, James: Nationalism and Transnationalism. The National Conflict in Ireland and European Union Integration. Aldershot [u. a.] 1996.

Grayson, R. S.: Belfast Boys. How Unionists and Nationalists Fought and Died Together in the First World War. London 2010.
Gregory, Adrian / Paseta, Senia (Hrsg.): Ireland and the Great War. ›A War to Unite Us All‹? Manchester 2002.
Haddick-Flynn, Kevin: Orangeism. The Making of a Tradition. Dublin 1999.
Harbison, John F.: The Ulster Unionist Party 1882–1973. Its Development and Organisation. Belfast 1973.
Harkness, David: The Restless Dominion. The Irish Free State and the British Commonwealth of Nations 1921–1931. London [u. a.] 1969.
– Northern Ireland since 1920. Dublin 1983.
Hepburn, Anthony C.: The Conflict of Nationality in Modern Ireland. London 1980.
Herz, Dietmar: Frieden und Stabilität. Die Nordirland-Politik der Republik Irland 1969–1987. Bochum 1989.
Hickey, John: Religion and the Northern Ireland Problem. Dublin 1987.
Hill, Myrtle: Women in Ireland. A Century of Change. Belfast 2003.
Horne, John (Hrsg.): Our War. Ireland and the Great War. Dublin 2008.
Inglis, Tom: Moral Monopoly. The Catholic Church in Modern Irish Society. Dublin 1987.
Kearney, Richard: Post Nationalist Ireland: Politics, Culture, Philosophy. London [u. a.] 1996.
Kennedy, Liam: People and Population Change: A Comparative Study of Population Change in Northern Ireland and the Republic of Ireland. Dublin [u. a.] 1994.
Keogh, Dermot: Twentieth-Century Ireland. Revolution and State Building. Dublin 2005.
Kloevekorn, Andreas: Die irische Verfassung von 1937. Entstehung und Rezeption. Stuttgart 2000.
Lambkin, Brian K.: Opposite Religions Still? Interpreting Northern Ireland After the Conflict. Aldershot [u. a.] 1996.
Lee, Joseph J.: Ireland 1912–1985. Politics and Society. Cambridge [u. a.] 1989.
Magee, John: Northern Ireland: Crisis and Conflict. London/Boston 1974.
Martin, F. X. (Hrsg.): Leaders and Men of the Easter Rising: Dublin 1916. London 1967.

McBride, Ian (Hrsg.): History and Memory in Modern Ireland. Cambridge [u. a.] 2001.
McGarry, Fearghal: The Rising. Ireland: Easter 1916. Oxford 2010.
McIntosh, Gillian V.: The Force of Culture. Unionist Identities in Twentieth Century Ireland. Cork 1999.
Megahey, Alan: The Irish Protestant Churches in the Twentieth Century. Basingstoke [u. a.] 2000.
Mitchel, Patrick: Evangelicalism and National Identity in Ulster, 1921–1998. Oxford 2003.
Moody, T. W.: The Ulster Question, 1603–1973. Dublin 1974.
Murphy, J. A.: Ireland in the 20th Century. Dublin [4]1981.
Mulholland, Marc: The Longest War. Northern Ireland's Troubled History. Oxford [u. a.] 2002.
Nelson, Sarah: Ulster's Uncertain Defenders. Loyalists and the Northern Ireland Conflict. Belfast 1984.
Ní Dhonnchadha, Máirín / Dorgan, Theo (Hrsg.): Revising the Rising. Derry 1991.
Nowlan, K. B. (Hrsg.): The Making of 1916: Studies in the History of the Rising. Dublin 1969.
O'Brien, John: Discrimination in Northern Ireland. 1920–1939. Myth or Reality? Cambridge 2010.
Ó Corrain, Daithí: Rendering to God and Caesar. The Irish Churches and the Two States in Ireland 1949–73. Manchester 2006.
Patterson, Henry: Ireland since 1939. Harmondsworth 2006.
– / Kaufmann, Eric: Unionism and Orangeism in Northern Ireland since 1945. Manchester 2007.
Porter, Norman: Rethinking Unionism: An Alternative Vision for Northern Ireland. Belfast 1996.
Purdie, Bob: Politics in the Streets. The Origins of the Civil Rights Movement in Northern Ireland. Belfast 1990.
Purdon, Edward: The 1916 Rising. Dublin 1999.
Raatz, Hans: Der Nordirland-Konflikt und die britische Nordirland-Politik seit 1968. Stuttgart 1990.
Rapp, Michael: Nordirland am Scheideweg. Britische Direktherrschaft, anglo-irische Dimension und internationale Verflechtung. München 1987.
Ryan, Brendan: Keeping Us in the Dark: Censorship and Freedom of Information in Ireland. Dublin 1995.
Stadler, Klaus: Nordirland. Analyse eines Bürgerkriegs. München 1979.

Teague, Paul (Hrsg.): Beyond the Rhetoric. Politics, the Economy, and Social Policy in Northern Ireland. London 1987.
Townshend, Charles: Ireland. The 20th Century. London [u. a.] 1999.
Walsh, Dermot: Bloody Sunday and the Rule of Law in Northern Ireland. Basingstoke [u. a.] 2000.
Walsh, Oonagh: Ireland's Independence, 1880–1923. London [u. a.] 2002.
Whyte, John H.: Church and State in Modern Ireland 1923–1979. Dublin [2]1980.
– Interpreting Northern Ireland. Oxford 1990.
Wichert, Sabine: Northern Ireland since 1921. London / New York 2008.
Wills, Clair: That Neutral Island. A Cultural History of Ireland in the Second World War. London 2007.
Wilson, Tom: Ulster. Conflict and Consent. Oxford 1989.

Das 21. Jahrhundert: Hoffnungen und Enttäuschungen

Aughey, Arthur: The Politics of Northern Ireland. Beyond the Belfast Agreement. London 2005.
Bartlett, Thomas: Ireland. A History. Cambridge [u. a.] 2010.
Bourke, Richard: Peace in Ireland. The War of Ideas. London 2003.
Campbell, Matthew (Hrsg.): The Cambridge Companion to Contemporary Irish Poetry. Cambridge 2003.
Coulter, Colin / Murray, Michael (Hrsg.): Northern Ireland after the Troubles. A Society in Transition. Manchester / New York 2008.
Croinin, Daibhi: New History of Ireland. Oxford 2008.
Elliott, Marianne: When God Took Sides. Religion and Identity in Ireland - Unfinished History. Oxford 2009.
Farrington, Christopher: Ulster Unionism and the Peace Process in Northern Ireland. Basingstoke 2006.
Hegarty, Neil: The Story of Ireland. In Search of a New National Memory. [London] 2012.
Kaufmann, Eric: The Orange Order. A Contemporary Northern Irish History. Oxford 2007.
Mackay, James P. / McDonagh, Enda: Religion and Politics in Ireland at the Turn of the Millennium. Dublin 2003.

Miller, David W.: Queen's Rebels. Ulster Loyalism in Historical Perspective. Dublin 2007.
Mitchell, Claire: Religion, Identity and Politics in Northern Ireland. Boundaries of Belonging and Belief. Aldershot 2005.
Spencer, Graham: Protestant Identity and Peace in Northern Ireland. London 2012.

Verzeichnis der Karten

Namenregister

Das Register enthält sämtliche Personennamen (abgesehen von den Literaturhinweisen) und Ortsnamen (abgesehen von den Karten).